Robert Irwin

Die Welt von Tausendundeiner Nacht

Aus dem Englischen übersetzt
und für den deutschen Leser
ergänzt von
Wiebke Walther

Insel Verlag

Originaltitel: *The Arabian Nights. A Companion*
Penguin Books Limited, London 1994

Erste Auflage 1997

Druck: Allgäuer Zeitungsverlag, Kempten
Printed in Germany

Inhalt

Einleitung

»Unter den Bäumen Englands sann ich über dieses verlorene Labyrinth nach: ich sah es unversehrt und vollkommen auf dem geheimen Gipfel eines Berges liegen; ich stellte es mir von Reisfeldern überschwemmt oder unter Wasser vor. Ich stellte es mir unendlich vor, nicht aus achteckigen Kiosken und gewundenen Pfaden bestehend, sondern aus Strömen, aus Provinzen und Reichen … Ich dachte an ein Labyrinth aus Labyrinthen, an ein kurvenförmig anwachsendes Labyrinth, das die Vergangenheit umfaßte und die Zukunft und das auch die Sterne irgendwie mit einbezog.«

Jorge Luis Borges, *Der Garten der Pfade, die sich verzweigen.*[1]

»Man hat Lust, sich in *Tausendundeiner Nacht* zu verlieren; man weiß, daß man beim Betreten dieses Buchs sein armseliges menschliches Los vergessen kann; man kann in eine Welt treten, und diese Welt besteht aus vielen archetypischen Gestalten und aus Individuen.«

Jorge Luis Borges, *Tausendundeine Nacht.*[2]

Wer *Tausendundeine Nacht* ganz liest, wird noch im selben Jahr sterben, so lautete eine abergläubische Vorstellung, die in Kairo im ersten Drittel des vorigen Jahrhunderts verbreitet war, als der Engländer Edward William Lane dort für einige Jahre in einem Volksviertel lebte.[3] Es gab tatsächlich Zeiten, besonders, als ich mich durch Richard Burtons höchst unattraktive Übersetzung der *Tausendundeinen Nacht* quälte, in denen ich dachte, ich würde mir eher die Halsschlagader aufschneiden, als dieses Unternehmen fortzusetzen. Aber ich lebe noch. Vielleicht habe ich ja in meiner Jugend bei der Lektüre von Gibbons *Geschichte des Verfalls und Untergangs des Römischen Reiches*[4] und Prousts *Auf der Suche nach der verlorenen Zeit* ein gewisses Durchhaltevermögen erworben. *Tausendundeine Nacht* im weitesten und freiesten Sinn des Titels ist ein sehr langes Werk. Burtons »Sammelsurium«-Übersetzung, die auf einer unkritischen Kollationierung damals vorliegender arabischer Drucke beruht, umfaßt sechzehn Bände und enthält 468 Geschichten, je nachdem, wie man zählt, auch etwas mehr oder weniger. Zudem darf eine kritische Untersuchung der Sammlung nicht nur auf der Lektüre der Burtonschen Übersetzung beruhen. Natürlich mußte seine Version mit der konkurrierender Übersetzer und all das mit den arabischen Originalen verglichen werden. Dann waren da noch die verschiedenen Versionen der kanonischen Texte zu lesen, war der größere Kontext der mittelalterlichen arabischen Literatur zu erforschen, war die kritische Sekundärliteratur durchzuarbeiten, und es galt, den mannigfaltigen Quellen der *Tausendundeinen Nacht* nachzugehen, darüber hinaus dem Einfluß, den die Sammlung ausgeübt hat.

Die meisten Leser in der westlichen Welt werden höchst überrascht sein zu hören, daß *Tausendundeine Nacht* umfangreicher ist als Proust. Im neunzehnten Jahrhundert war Burtons Übersetzung, vielleicht auch die von John Payne oder die von Edward William Lane, ein Standardwerk in der Bibliothek jedes Gebildeten in England. Im zwanzigsten Jahrhundert ist die Sammlung nicht mehr so populär. Überlebt haben im Bewußtsein der Leser nur für »gereinigte« Kinderausgaben zurechtgestutzte Fassungen einiger Geschichten: *'Ala ed-Din*, *Sindbad*, *Ali Baba*, und die Geschichte von Schehrezad selbst. Auch die meisten Arabisten wissen erschreckend wenig über den Inhalt von *Tausendundeiner Nacht*. Man hält das Buch allgemein für eine arabische Märchensammlung, für das orientalische Äquivalent zu den Märchen der Brüder Grimm. Es stimmt zwar, daß Geschichten in *Tausendundeiner Nacht* märchenhafte Züge tragen, aber die Sammlung umfaßt sehr viel mehr. Sie enthält lange Heldenepen, Weisheitsliteratur, Fabeln, kosmologische Phantasien, Pornographie, skatologische Witze, Geschichten von mystischer Frömmigkeit, Aufzeichnungen von Volksszenen, rhetorische Debatten und massenhaft Poesie. Einige Geschichten sind Hunderte von Seiten lang, andere umfassen nicht einmal eine Seite.

Der arabische Titel der Erzählsammlung ist *Alf Laila wa-Laila*, wörtlich *Tausendundeine Nacht*, aber die englische Übersetzung der Gallandschen französischen Version aus dem achtzehnten Jahrhundert trägt den Titel *Die arabischen Nachtunterhaltungen*, *The Arabian Nights' Entertainments*. Allen Sammlungen gemeinsam ist, daß diese Erzählungen von Schehrezad dem König Schehrijar erzählt worden sein sollen. Wir erfahren aus *Tausendundeiner Nacht*, daß Schehrijar, ein mythischer König in alter Zeit, seine Frau umbrachte, als er ihren Treubruch mit einem Küchendiener entdeckte, und von da an, aus Furcht vor weiteren sexuellen Betrugsmanövern, jeweils für eine Nacht eine Jungfrau in sein Bett nahm, die er jeweils am nächsten Morgen enthaupten ließ. Nachdem diese Deflorierererei und Morderei eine Weile so gegangen war, bot sich die Tochter des Wesirs, sehr gegen den Willen ihres Vaters, als nächste Kandidatin für des Königs Bett an. Als sie zum König gebracht wurde, bat sie darum, daß ihre Schwester Dinazad (oder Dunjazad) mit ihr sein sollte. Die hatte sie bereits dahingehend instruiert, daß sie sie um eine Geschichte bitten sollte. Dinazad, unauffällig in Schehrijars Schlafzimmer installiert, wartete, bis er ihre Schwester defloriert hatte. Dann, als sie den richtigen Moment für gekommen hielt, bat sie ihre Schwester um eine Geschichte. Schehrezad tat ihr den Gefallen mit der *Geschichte vom Kaufmann und dem Dämon* (Li I, S. 32-48), aber da sie die ganze Geschichte in dieser Nacht nicht schaffte, war Schehrijar gezwungen, ihre Hinrichtung zu verschieben, damit er in der nächsten Nacht den Schluß hören konnte. In der dieser folgenden Nacht ging die Geschichte weiter, doch sie ging noch nicht zu Ende. Denn Schehrezad begann eine andere Geschichte, in die erste gefügt, und hörte mit dieser Geschichte ebenso auf, ohne sie abzuschließen, als die Morgendämmerung anbrach. Und so ging das einige Jahre – zwei Jahre und 271 Tage, wenn wir die Zahl 1001 des Titels wörtlich nehmen –, während deren Schehrezad Nacht für Nacht erzählend um ihr Leben kämpfte. Schließlich, als sie mit ihrem umfangreichen Geschichtenrepertoire am Ende war, war sie Mutter einiger Kinder von Schehrijar geworden, und er war von seinem ursprünglichen Ziel, sie zu exekutieren, abgekommen.

In den Originalmanuskripten werden die Geschichten etwa alle fünf Seiten durch die Zeilen unterbrochen: »Da merkte Schehrezad, daß der Morgen begann, und sie hielt in der verstatteten Rede an. Da sagte ihre Schwester: ›Schwester, was war das für eine unterhaltsame Geschichte!‹ Schehrezad antwortete: ›Das ist nichts im Vergleich zu der Geschichte, die ich dir morgen Nacht erzählen werde!‹« Aber die meisten Kompilatoren und Abschreiber der *Tausendundeinen Nacht* haben darüber die Geduld verloren, und danach folgt eine Geschichte auf die andere ohne Rückgriff auf den Rahmen, in dem Schehrezad dem Schehrijar und der Dinazad Geschichten erzählt. Doch es erzählt nicht nur Schehrezad Geschichten, sondern einige Gestalten in ihren Geschichten tun das ebenfalls, und einige Gestalten in deren Geschichten erzählen gleichfalls Geschichten. Das bemerkenswerteste Beispiel für dieses Ineinanderschachteln oder auch die Technik der Rahmenerzählung ist der *Buckligen*-Zyklus (Li I, S. 290-404). Hier erzählt unter anderem der Schneider eine Geschichte, die ihm ein Lahmer erzählt hat, und die Geschichte des Lahmen enthält die Geschichte des Barbiers und dessen Geschichten über seine sechs unglücklichen Brüder.

Bei Unterhaltungen in Pubs, wo ich viel über dieses Thema nachgedacht habe, wurde ich manchmal, wenn ich all diese Dinge erklärt hatte, gefragt: »Na schön, aber aus welcher Zeit stammt das denn nun?« Das ist eine Gewissensfrage, auf die die Antwort nur lauten kann: »Das hängt davon ab, was Sie unter *Tausendundeiner Nacht* verstehen!« Auf den folgenden Seiten soll versucht werden, eine ausführliche Antwort auf diese Frage zu geben. Aber jetzt kann die kurze – und irreführende – Antwort nur sein, daß sicherlich im zehnten Jahrhundert eine Version der Erzählsammlung kursierte, die allerdings den Titel *Tausend Nächte*, nicht *Tausendundeine Nacht*, trug, doch wir wissen nur sehr wenig darüber, was die Sammlung vor dem fünfzehnten Jahrhundert enthielt oder nicht enthielt. Außerdem basierte die Sammlung aus dem zehnten Jahrhundert auf älteren Sammlungen, und bis ins frühe neunzehnte Jahrhundert wurden dem ursprünglichen Korpus immer wieder andere Geschichten hinzugefügt. Eine noch kürzere Antwort für den inquisitorischen Fragesteller im Pub könnte sein, daß niemand weiß, wann die *Tausendundein Nächte* anfingen – und wann sie enden werden.

Bis jetzt hat *Tausendundeine Nacht* im Englischen eine kurze und ziemlich paternalistische Behandlung in allgemeinen Darstellungen der Geschichte der arabischen Literatur gefunden, zum Beispiel in denen von Nicholson und Gibb.[5] Von vielen arabischen Intellektuellen im modernen Vorderen Orient wird *Tausendundeine Nacht* überhaupt nicht für Literatur gehalten. Schriftsteller allerdings schöpfen gern aus der Sammlung, jedenfalls seit der zweiten Hälfte des vorigen Jahrhunderts.[6] Es ist richtig, daß der literarische Wert der Geschichten unterschiedlich und bis zu einem gewissen Grad auch Geschmackssache ist. Manche der Geschichten in *Tausendundeiner Nacht* sind naiv und vulgär, schlimmstenfalls in der Form, in der sie auf uns gekommen sind, sogar völlig unbegreiflich. Die besten Geschichten allerdings sind kunstvoll konstruierte, raffiniert erdachte Fiktionen. Sie sind im wahrsten Sinne des Wortes literarische Werke. Die Autoren sind zwar anonym, aber sie waren nicht durchgängig unkultiviert. Die komparativistischen und strukturalistischen Untersuchungen von Folkloristen könnten dazu beitragen, die wirkliche Bedeutung einiger Geschichten von *Tausendundeiner Nacht* herauszuarbeiten, aber die meisten verdienen es jedenfalls, als Erzeugnisse einer hohen literarischen Kultur gelesen zu werden. Es bedarf dafür jedoch einiger Kenntnisse des vielschichtigen Hintergrunds dieser Kultur. Eines der Ziele dieses Buchs ist es, diesen Hintergrund in großen Zügen darzustellen, nur um westlichen Lesern die Fremdartigkeit der arabischen literarischen Kultur deutlich zu machen und auf die Existenz ganzer literarischer Gattungen hinzuweisen, die in der westlichen Literaturtradition unbekannt sind. Dieses Buch geht auch den Zielen der Autoren der Geschichten nach, untersucht, wie die Zuhörer der damaligen Zeit diesen Geschichten lauschten und wie dieselben Geschichten in Europa und den USA übersetzt, interpretiert, nachgeahmt und parodiert wurden.

Aber *Tausendundeine Nacht* hat nicht nur literarische Bedeutung, und dieses Buch ist nicht in erster Linie ein literaturwissenschaftliches Werk. Mia Gerhardts *The Art of Story-Telling*, *Die Kunst des Erzählens*, kann denen empfohlen werden, die einen stärker literaturwissenschaftlichen Ansatz wünschen.[7] *Tausendundeine Nacht* ist auch eine wichtige sozialhistorische Quelle für den Vorderen Orient im Mittelalter und der frühen Neuzeit. Selbst wenn ich mich in einigen Kapiteln, die dem Inhalt der Geschichten gewidmet sind, auf eher unerfreuliche und absonderliche Aspekte des Lebens im mittelalterlichen Vorderen Orient konzentriere, sollte man im Gedächtnis behalten, daß die Mehrzahl der Untertanen der Abbasidenkalifen und Mamlukensultane keine Zauberer, Schlangenbeschwörer, Drogenkonsumenten oder Ehebrecher waren. In *Tausendundeiner Nacht* finden sich auch zahlreiche fromme und erbauliche Geschichten über wundertätige Heilige und tugendhafte Weise und Fabeln, die der Förderung menschlicher Moral dienen sollten und die zu Standhaftigkeit, Vorsicht, Großzügigkeit und so weiter anhalten. Es gibt aber viele Bücher über die Helden, Gelehrten und Heiligen des mittelalterlichen Islam. Arabische Chroniken und biographische Lexika haben die Leistungen der Großen und der Guten in beträchtlichem Umfang gepriesen. Es ist viel schwieriger, etwas über die Kriminellen, die Inkompetenten, die Narren, die Bettler und die übrigen einfachen Leute in Bagdad und Kairo zu finden, über die also, die weder fromm waren, noch ein Luxusleben führten. *Tausendundeine Nacht* ist eine wichtige Quelle für Phänomene wie die islamische Unterwelt und das mittelalterliche Privatleben, allerdings sicherlich eine Quelle, die mit einer gewissen Vorsicht zu handhaben ist.

Ich habe nicht nur *Tausendundeine Nacht* als eine Quelle zur Sozial- und Mentalitätsgeschichte behandelt, sondern auch versucht, einen Überblick über die verschiedenen Methoden zu geben, in denen *Tausendundeine Nacht* untersucht wurde, und dabei den Blick auf das zu lenken, womit Übersetzer, Texteditoren, Strukturalisten, Sozialhistoriker und Ethnologen befaßt sind. Ein solches Unterfangen kann sich ins Endlose verästeln, und wenn ich eine Frage beantwortete, fiel mir meist auf, daß ich damit andere Fragen angerissen hatte, die noch verwirrender sind. Dieses Buch mag als ein Führer in das Labyrinth dienen, aber es zeigt keinen Weg hinaus. Doch wenn man einmal in einem Irrgarten ist, warum sollte man ihn je wieder verlassen wollen?

Ein Buch über *Tausendundeine Nacht* kann ein riesiges Themenspektrum haben. Es ist, als wenn man Fenster hin zu fremden Landschaften öffnet, um sie dann recht schnell wieder zu schließen. Themen, auf die nur hingewiesen wird oder die im Buch gar nicht erst genannt werden, sind die Gedichte in *Tausendundeiner Nacht*, Fabeln und Weisheitsliteratur in *Tausendundeiner Nacht*, politische Theorien in *Tausendundeiner Nacht*, Mystik und Religion in *Tausendundeiner Nacht*, Theaterstücke, Filme und Musik, die durch *Tausendundeine Nacht* inspiriert wurden, und der Einfluß von *Tausendundeiner Nacht* auf moderne arabische und persische Literatur. Das hat nicht den Grund, daß ich diese Themen für unwichtig oder uninteressant halte. Im Gegenteil, ich hoffe, sie in einer künftigen Untersuchung oder in Untersuchungen behandeln zu können. Nein, ich wollte kein Buch produzieren, das so umfangreich ist wie *Tausendundeine Nacht* selbst, ein Buch, das so umfangreich wäre, daß niemand es lesen könnte, ohne darüber zu sterben.

Ich behandele jede Geschichte, die in den vier auf Arabisch gedruckten Ausgaben des neunzehnten Jahrhunderts (Kalkutta I, Bulak, Breslau, Kalkutta II) erschienen ist, als Teil von *Tausendundeiner Nacht*. Ich finde zwar, daß diese Geschichten eine klar definierte Untersuchungseinheit darstellen, aber meine Vorgehensweise ist doch zugegebenermaßen etwas willkürlich, und es könnte Wissenschaftler geben, die einwenden, daß der eigentliche Geschichtenkanon von *Tausendundeiner Nacht* ganz eng als der definiert werden müßte, der sich in der frühesten erhaltenen Handschriftenversion findet. Sie werden einwenden, daß ich die ursprünglichen Geschichten von *Tausendundeiner Nacht* mit einem späteren und viel umfangreicheren Corpus von, wie es aussieht, »Nacht-Apokryphen« vermische. Davon soll in Kapitel 2 die Rede sein.

1984 hat Muhsin Mahdi eine kritische Ausgabe einer arabischen Handschrift von *Tausendundeiner Nacht* aus der Bibliothèque Nationale in Paris veröffentlicht.[8] Abgesehen von einer fragmentarischen Seite aus einer Fassung des neunten Jahrhunderts enthält die von Mahdi veröffentlichte Handschrift die älteste erhaltene Version der Rahmengeschichte. Es ist außerdem die Version, die Galland für seine Übersetzung benutzte. Mahdis Ausgabe bietet der Forschung eine neue Grundlage. 1990 hat Husain Haddawy eine sehr lesbare englische Übersetzung des von Mahdi edierten Texts publiziert. Diese Übersetzung ist jedem sehr zu empfehlen, der die authentische Würze dieser Erzählungen kosten will.[9] Aber die Handschrift der Bibliothèque Nationale, die Mahdi ediert hat, enthält nur 35 und eine halbe Geschichte. Für die ersten 35 Geschichten wird hier also nach der Mahdischen Ausgabe zitiert.[10]

Ich möchte Helen Irwin, Dr. Hugh Kennedy, Miles Litvinoff, Juri Gabriel, Professor Muhsin Mahdi, Dr. Peter Caracciolo und Dr. Abdullah al-Udhari für Anregungen und Ratschläge danken, ebenso Peter Carson für seine Geduld und seinen Glauben daran, daß dieses Buch geschrieben werden würde. Es war vor allem Donald McFarlans Enthusiasmus, der mich mit dem Buch beginnen ließ. Besonders dankbar bin ich Dr. Patricia Crone, die das Manuskript gelesen und kommentiert hat und viele wertvolle kritische Bemerkungen dazu gab. Aber ich muß betonen, daß Irrtümer in diesem Buch auf mich zurückgehen. Ich habe außerdem aus Gesprächen mit dem verstorbenen Martin Hinds viel gewonnen. Er fehlt mir sehr.

1

Schöne Ungetreue

Jorge Luis Borges hat einmal gesagt: »Nichts ist so wesensgleich mit Literatur und ihrem bescheidenen Geheimnis wie die Fragen, die durch eine Übersetzung heraufbeschworen werden.« *Tausendundeine Nacht*, eine Sammlung, die im Orient jahrhundertelang kaum Beachtung fand, ist in solchem Umfang und so häufig in europäische Sprachen übersetzt worden, daß man, obwohl die arabischen Originale für die Geschichten ja vorliegen, fast versucht sein könnte, sie vor allem als ein Werk der europäischen Literatur anzusehen. Aber es gibt keine auch nur annähernd befriedigende Übersetzung von *Tausendundeiner Nacht* ins Englische oder Französische. Husain Haddawys kürzlich erschienene Übersetzung ist ebenso textgetreu wie flüssig zu lesen, aber sie ist eine Übersetzung der ersten 271 Nächte. Frühere englische Übersetzungen haben Mängel, die in mancher Hinsicht in der Zeit, aus der sie stammen, begründet sind, in anderer in den Schrullen der Übersetzer, die sie anfertigten. Aber jede Übersetzung aus dem Arabischen ist in einem Maße problematisch, wie es Übersetzungen aus europäischen Sprachen nicht sind. Die fremdartige gekräuselte und getüpfelte Schrift, die den Nicht-Arabisten so sehr verwirrt, ist noch das geringste Problem, das Übersetzer aus dieser Sprache zu meistern haben. Nur ein paar der ernsthafteren Probleme sollen hier aufgelistet werden. Erstens findet man in arabischen Handschriften und Texten bis mindestens zum Ersten Weltkrieg nahezu keine Interpunktion. Ein Satz geht (scheinbar) bis ans Ende eines Abschnitts, ja bis ans Ende eines Buches, und es gibt auch keine Satzzeichen, die deutlich machen, wo direkte Rede beginnt und endet. Zweitens, da es keine Großbuchstaben gibt und die Bedeutung vieler Namen bis heute klar erkennbar ist, können Eigennamen leicht als Gegenstände, Ideen usw. mißverstanden werden. Eine weitere Eigenheit der arabischen Schriftsprache, die Leser unter Umständen in die Irre führen kann, ist der relativ schwierige Gebrauch der Pronomina. Eins der üblichsten Probleme, vor dem ein Übersetzer aus dem Arabischen steht, ist, herauszufinden, ob ein bestimmtes Pronomen zum Subjekt, zum Objekt oder zu irgendeinem Instrument in dem Absatz gehört, ob zum Beispiel ein *hu* (»er« oder »es«) sich auf den Sultan, den Lastträger oder den Knüppel bezieht, mit dem der Lastträger malträtiert wird. Übersetzungen aus dem Arabischen sind ganz besonders abhängig davon, wie man den Kontext und die Plausibilität beurteilt. Als besonderen Verdunkelungseffekt hat die Sprache Züge einer Stenographie: Es werden nur die Konsonanten und die langen Vokale und Diphtonge geschrieben, die kurzen Vokale werden als erkennbar vorausgesetzt. Außerdem unterscheiden sich einige Buchstaben von anderen nur durch kleine Pünktchen, die über oder auch unter die Hauptform des Buchstabens plaziert werden. So unterscheidet sich der Buchstabe *za* (stimmhaftes s) nur dadurch vom ansonsten identischen *ra* (r), daß er ein Pünktchen über sich hat. Aber die Schreiber und Kopisten von Handschriften haben manchmal einige solcher Pünktchen ziemlich sorglos ausgelassen und den Leser oder Übersetzer vor das Problem gestellt, zu überlegen, welches Wort oder welche Wörter gemeint sein könnten.

Außerdem gibt es lexikalische Probleme. Wir haben immer noch kein zufriedenstellendes Wörterbuch für das vormoderne Arabisch. Der Sprachgelehrte hat nichts zur Verfügung, was auch nur im entferntesten dem *Oxford English Dictionary* zu vergleichen wäre, in dem die Ursprünge und der Wandel im Gebrauch eines Wortes über die Jahrhunderte registriert sind. Eins der besten Wörterbücher, das bis jetzt erarbeitet wurde, ist Edward William Lanes umfangreiches, aber leider fragmentarisch gebliebenes, *Arabic-English Lexicon* (1863-93), ein Werk, das im wesentlichen auf mittelalterlichen arabischen Wörterbüchern des klassischen Arabischen beruht. Hans Wehrs *Arabisches Wörterbuch für die Schriftsprache der Gegenwart*[1] ist das Standardlexikon für das moderne Hocharabische. *Tausendundeine Nacht* ist aber, in der Form, in der uns die Sammlung überliefert ist, weder im klassischen Arabischen, noch im modernen (Hoch-)Arabischen abgefaßt, sondern in einer Sprache, die ziemlich vage als *Mittelarabisch* bezeichnet wird. Das Mittelarabische, die Alltagssprache vom zwölften bis zum sechzehnten Jahrhundert, hat seine grammatikalischen Besonderheiten und bis zu einem gewissen Grad auch sein eigenes Vokabular. Seine Besonderheiten spiegeln den Einfluß gesprochener und regionaler Dialekte auf die ältere »Hoch-« oder »klassische« Sprache. Das Arabische von *Tausendundeiner Nacht* hat außerdem auch ein wenig der türkischen und durch es der persischen Syntax und Lexik zu verdanken. Vielleicht die wichtigste und für den Übersetzer strapazierendste Eigentümlichkeit des Mittelarabischen ist die, auf Modus- und Kasusendungen bei Verben und Nomina zu verzichten. Wenn man mittelalterliche Texte dekodieren will, können instinktive Vermutungen ebenso wichtig sein wie gute Kenntnisse der Grammatik. Da es keine umfassenden Wörterbücher oder Grammatiken speziell für das Mittelarabische gibt, fehlen dem Wissenschaftler, der sich daran wagt, aus *Tausendundeiner Nacht* zu übersetzen, einige der elementarsten Hilfsmittel für seine Arbeit. Die Übersetzer früherer Jahrhunderte wie Galland und Lane hatten natürlich noch weniger Arbeitsmittel zur Verfügung.[2]

Eine ganze Reihe von Problemen erwächst daraus, daß der umgangssprachliche oder regionale Gebrauch der Sprache auf Grund der religiös bedingten Vorherrschaft des Hocharabischen als der Sprache des Korans durch die Schrift nicht voll registriert wird. Infolgedessen gibt es in *Tausendundeiner Nacht* keinen Dialog zwischen vorderorientalischen Äquivalenten zu Dickens' Sam Weller, Joe Gargery oder Mrs. Gamp.[3] Für arabische Autoren war es immer schwierig, die soziale oder regionale Zugehörigkeit ihrer Helden durch eine besondere Art zu sprechen zu charakterisieren, obwohl ein arabischer Leser, der mit dem geographischen oder sozialen Ambiente vertraut ist, diese Formen von sich aus sehr wohl bilden kann, wenn ihm zum Beispiel gesagt wird, daß eine Gestalt in einer Erzählung ein ägyptischer Bauer, ein schwarzer Sklave oder ein maghrebinischer, das heißt nordafrikanischer König ist.

Das Arabische hat eine reiche, vielleicht sogar berüchtigte, Lexik. John Julius Norwich treibt in seinem unterhaltsamen *Weihnachtsfeuerwerk* seinen liebenswürdigen Spott mit dem arabischen Wort *chal*, für das das *Arabisch-Englische Wörterbuch* von J. G. Hava folgende Bedeutungen angibt: »Gewaltiger Berg; Großes Kamel; Fahne eines Fürsten; Leichentuch; Phantasievorstellung; schwarzer Hengst; Eigentümer einer S.(ache); sich selbst erhöhend; Kalifat; einsamer Platz; Meinung; Verdacht; Junggeselle; guter Manager; Pferdebiß; liberaler Mann; feiger Mann mit schwächlichem Körper; unverdächtig; Mann mit Einfallsgabe.« A. L. Beeston stellt in seinem Buch *The Arabic Language Today*, *Die arabische Sprache heute*, ziemlich resigniert fest, daß »das semantische Spektrum vieler Eintragungen in Lexika für das Arabische welcher Zeit auch immer Europäern unnötig verworren erscheinen mag.«

In mancher Hinsicht könnte die arabische Lexik und Syntax Europäern trocken und beschränkt vorkommen. Zum Beispiel übersetzt man gewöhnlich *wa* mit »und« und *fa* mit »dann«. Aber diese beiden Konjunktionen umfassen oder beinhalten sehr viel mehr als ihre als möglich angegebenen englischen (oder deutschen) Äquivalente. In manchen Kontexten ist die korrekte Übersetzung von *wa* nicht »und«, sondern »daher« oder »während« oder »aber« oder »jetzt« oder »manch einer« oder sogar ein emphatisches »bei« etwa: »beim Barte des Propheten«. Da es außerdem im Arabischen bis heute keine Interpunktionsregeln gibt wie in europäischen Sprachen, können *wa* und *fa* auch Punkte oder Kommas in Prosaabschnitten ersetzen. Und obwohl arabische Autoren des Mittelalters mindestens ebenso gern wie ihre europäischen Zeitgenossen Sprache elegant variierten, existiert ein ähnliches Problem beim Wort *kala*, das man mit »er sagte« übersetzen kann. Das Verb *kala* in seinen verschiedenen Formen und Aspekten wird im Arabischen weitaus häufiger verwendet als »to say« im Englischen oder »sagen« im Deutschen. Wo ein englischer (oder deutscher) Romancier in längeren Dialogen dazu neigt, Verben wie »er fragte«, »unterbrach er«, »er antwortete«, »er spöttelte«, »er murmelte« und ähnliches zu benutzen, wird ein arabischer Autor ganz monoton an *kala* festhalten. Eine wichtige Schlußfolgerung aus dieser lexikalischen Eintönigkeit ist, daß jede wörtliche Übersetzung aus welchem Werk der arabischen Literatur auch immer unattraktiv und in mancher Hinsicht auch ziemlich irreführend ausfallen würde. So könnte also nur ein Schwachkopf oder ein Lügner behaupten, daß es möglich wäre, eine vollständige und wortgetreue Übersetzung von *Tausendundeiner Nacht* anzufertigen, indem man einfach arabische Wörter in europäische umsetzt. Doch Mardrus hat, wie wir noch sehen werden, diesen Anspruch für seine Übersetzung ins Französische erhoben.

Die begrenzte Form syntaktischer Muster, vor allem aber die strikten Regeln der Wort- und Formenbildung machen das Arabische zu einer Sprache, in der es sich relativ leicht reimen läßt, und Reime ebenso wie Metren werden in Momenten höchster Erregung und zu rhetorischen Zwecken in *Tausendundeiner Nacht* reichlich verwendet. Reimprosa, *sadsch'*, wird im Arabischen benutzt, um pompöse Zeremonien, blutige Schlachten, außerordentliche Schönheit[4] und anderes zu beschreiben. Jeder Versuch, dies im Englischen nachzuvollziehen, läuft Gefahr, im absonderlich Erscheinenden zu enden. Richard Burton jedoch hat es versucht und infolgedessen viele unattraktive Passagen produziert.[5] Reime und Metren arabischer Dichtung nachzubilden, kostet sehr viel Mühe und Anstrengung. Es ist natürlich immer schwierig, Poesie von einer Sprache in eine andere zu übertragen, aber arabische Poesie zu übersetzen, bringt so viele Probleme mit sich, daß man sie hier nicht alle aufzählen könnte. Nur ein besonders auffälliges und überzeugendes Problem soll erwähnt werden, nämlich die Lust arabischer Dichter an Wortspielen. Der Übersetzer wird immer wieder feststellen, daß er eine Bedeutung eines Couplets übertragen kann, aber nur, wenn er auf die zweite Bedeutung, die der Autor auch zum Ausdruck bringen wollte und die seinem Vers Witz und Kraft verleiht, verzichtet. Obwohl es in *Tausendundeiner Nacht* sehr viel Poesie gibt und die Protagonisten kaum Schwierigkeiten haben, sie von sich zu geben, selbst wenn sie in einen Schiffbruch oder eine Vergewaltigung verwickelt oder sogar mit dem Tod konfrontiert sind, so scheint doch nur sehr wenig von der Poesie, die in den Geschichten vorkommt, einen wirklichen Einfluß auf die Handlung zu haben. Es ist also durchaus verständlich, wenn einige Übersetzer sich dafür entschieden, auf die Poesie ganz zu verzichten.[6]

Es haben zwar alle Übersetzungen aus dem vormodernen Arabischen ihre Probleme, aber Übersetzungen von *Tausendundeiner Nacht* haben ihre ganz besonderen Schwierigkeiten. Schon der Umfang der Sammlung hat viele Arabisten abgeschreckt, auch nur darüber nachzudenken, mit einer Übersetzung zu beginnen. Darüber hinaus sind viele Geschichten durch Wiederholungen schwerfällig, vielleicht, weil sie aufgeschrieben wurden, um laut vorgelesen zu werden.[7] Wichtiger als das aber ist, daß das Fehlen einer einzigen etablierten Quelle bisher allen Übersetzern ins Englische Schwierigkeiten bereitet hat. Wenn die in Kalkutta, Bulak und Breslau gedruckten Texte einander zwar ähnelnde, aber doch signifikant verschiedene Fassungen dessen geben, was wahrscheinlich **eine** Geschichte ist, auf welchen Text soll sich ein Übersetzer dann stützen? Keine der vier Versionen der *Tausendundeinen Nacht*, die im neunzehnten Jahrhundert gedruckt wurden, war eine Edition im wissenschaftlichen Sinn, und es gibt in allen gedruckten Versionen Abschnitte, die ganz einfach Kauderwelsch sind. Darüber hinaus sind nicht alle Geschichten wirklich gut geschrieben. Sie sind grammatisch zudem nicht gerade vollkommen und stilistisch manchmal etwas ungeschlacht. Daraus folgt, daß jede Übersetzung in flüssiges und grammatisch richtiges Englisch oder Deutsch eine Verbesserung des Originals ist – eine eigentlich irreführende Verbesserung. Eine »gute« Übersetzung von *Tausendundeiner Nacht* ist deswegen nicht zwingend eine genaue Übersetzung.

Antoine Galland (1646-1715), der erste europäische Übersetzer von *Tausendundeiner Nacht*, spielte eine so große Rolle bei der Entdeckung der Erzählungen, bei ihrer Popularisierung in Europa und dabei, das zu gestalten, was später als die kanonische Sammlung angesehen wurde, daß er auf die Gefahr der Übertreibung und des Paradoxons hin sogar als der eigentliche Autor von *Tausendundeiner Nacht* bezeichnet worden ist.[8] Gallands Geburtsort war Rollot in der Picardie. Er studierte klassisches Griechisch und Latein am Collège Royal und der Sorbonne in Paris. Es waren Gallands exzellente Kenntnisse des Griechischen, die den französischen Botschafter Marquis de Nointel veranlaßten, ihn 1670 als Angehörigen der französischen Mission zum osmanisch-türkischen Sultan mitzunehmen. Von 1670 bis 1675 hielt sich Galland in der Levante auf, war als Dolmetscher tätig und lernte zunächst Türkisch und Neugriechisch, danach Arabisch und Persisch. Galland spürte auch für den Botschafter seltene Handschriften, Münzen, Statuetten und Edelsteine auf. Nach seiner Rückkehr nach Frankreich wurde er zum Kurator der Königlichen Münzen- und Medaillensammlung ernannt. Er besuchte die Levante noch zu zwei weiteren Gelegenheiten, nämlich um, als »Antiquar des Königs«, Inschriften zu kopieren und Kuriositäten zu sammeln. Er publizierte eine große Anzahl von Übersetzungen und Abhandlungen über orientalische Themen, darunter *Paroles remarquables, bons mots et maximes des orientaux*, *Bemerkenswerte Aussprüche, Bonmots und Maximen der Orientalen*, *De l'origine et progrès du café* (*Über den Ursprung und den Fortschritt des Kaffees*) und *Contes et fables indiennes de Bidpai et de Lokman* (*Indische Erzählungen und Fabeln von Bidpai und Lukman*).

1692 wurde Galland Mitarbeiter von Barthélemy d'Herbelot bei dessen großem Werk, der *Bibliothèque orientale ou Dictionaire universel contenant généralement tout ce qui regarde la connoissance des peuples de l'Orient* (*Orientalische Bibliothek oder Universallexikon, generell alles enthaltend, was die Kenntnis der Völker des Orients betrifft*).[9] Dieses Werk mit seinen über 8000 Eintragungen ist als der erste Versuch zu einer *Enzyklopädie des Islams* bezeichnet worden.[10] Es war eine etwas eigenartige Kompilation, gedacht vor allem als Nachschlagewerk, aber auch zum vergnüglichen Lesen. Die Artikel über vorderorientalische Völker, Orte und Dinge verwenden sehr stark illustrierende Anekdoten, die arabischen, türkischen und persischen Chroniken und Enzyklopädien entnommen sind. Das Buch war eine Fundgrube orientalischer Weisheit und orientalischen Humors. Nach d'Herbelots Tod 1695 führte Galland die Kompilation zu Ende. Er veröffentlichte das vollständige Werk 1697.

Die *Bibliothèque orientale* ist ein Werk, das am Anfang der Orientalistik steht. Sie wurde zu einer Zeit geschaffen, als der Vordere Orient noch nicht als ein Teil der unterentwickelten dritten Welt begriffen wurde – immerhin waren die osmanischen Türken noch 1683 bis vor Wien gelangt und hatten es bedroht. Im Vorwort zur *Bibliothèque orientale* fragt sich Galland, warum Europäer an der islamischen Welt so interessiert seien, während es nur ein geringes Gegeninteresse an der Zivilisation und Gesellschaft des christlichen Europa von seiten der Muslims gebe. Galland begründet das damit, daß die islamische Literatur so reich und von so hoher Qualität sei, daß sie sich selbst genüge. Die *Bibliothèque* stützte sich auf einige der besten Werke dieser Literatur.[11] Als sie erschien, pries der für seine Sammlung von Feenmärchen bekannte Charles Perrault das Werk, weil es seine Leser in einen neuen Himmel und auf eine neue Erde führe. Die *Bibliothèque orientale* sollte einige Generationen von Schriftstellern und Gelehrten in die Welt des Islams einführen. Die kulturhistorischen Anmerkungen zu William Beckfords orientalisierendem Roman *Vathek*, verfaßt von Reverend Samuel Henley in Absprache mit dem Verfasser,[12] stützen sich mit ihren ausführlichen Hinweisen auf vorderorientalische Sitten und Bräuche stark auf die *Bibliothèque orientale*. Und tatsächlich scheint die Anregung für Beckfords Roman von d'Herbelots Artikel über den Abbasidenkalifen al-Wathik[13] in der *Bibliothèque orientale* ausgegangen zu sein.

Ebenso beruhen die Anmerkungen zu Robert Southeys (1774 bis 1843) langer Verserzählung *Thalaba the Destroyer* (1801) (*Thalaba, der Zerstörer*) teilweise auf der *Bibliothèque orientale*.[14]

Das Werk aber, das Galland den größten Ruhm einbrachte, war seine Übersetzung von *Tausendundeiner Nacht*. Irgendwann in den neunziger Jahren des siebzehnten Jahrhunderts hatte Galland eine Handschrift von *Sindbad dem Seefahrer* erworben – es gibt keinen Beweis dafür, daß dieser Geschichtenzyklus jemals zur Originalversion der *Alf Laila wa-Laila* gehörte. Galland veröffentlichte die Sindbad-Geschichten 1701, und im selben Jahr begann er, angeregt durch den Erfolg der Sindbad-Übersetzung, mit der Übersetzung von *Tausendundeiner Nacht*, nachdem ihm die Handschrift aus Syrien zugesandt worden war. Band 1 und 2 von *Les Milles et une nuit* (sic!) erschienen 1704. Der letzte, der zwölfte, Band erschien 1717.[15] Galland benutzte für seine Übersetzung eine drei- oder vierbändige Handschrift aus dem vierzehnten oder fünfzehnten Jahrhundert. Vielleicht oder auch nicht ist ein Band seitdem verloren gegangen, aber die restlichen drei Bände befinden sich in der Bibliothèque Nationale in Paris (Mss arabes 3609-11). Zufällig war die Handschrift, nach der Galland arbeitete, die älteste erhaltene der *Alf Laila wa-Laila*, wenn wir eine fragmentarische Seite eines Papyrus aus dem neunten Jahrhundert beiseitelassen.[16]

Wir wissen nicht genau, ob diese dreibändige Handschrift Gallands einzige Quelle war, denn schon zu Beginn der Rahmengeschichte gibt es gravierende Unterschiede zwischen Gallands Übersetzung und dem Text der Handschrift. Zum Beispiel beginnt Gallands Übersetzung damit, daß Schehrijar und sein königlicher Bruder ihre Vorfahren nennen. Diese werden aber in der erhaltenen Handschrift gar nicht erwähnt. Es gibt keinen ersichtlichen Grund, warum Galland dieses Detail hätte erfinden sollen. Manchmal hat Galland Details eingefügt, um die Geschichten für das französische aristokratische Lesepublikum zu verdeutlichen und sie dessen Geschmack anzupassen.

Doch manche Details, die sich bei Galland finden, werden durch andere erhaltene Handschriften bestätigt. So können sicher nicht alle zusätzlichen Details Gallands persönlichen Einfällen zugeschrieben werden. Er könnte auch eine zweite Handschrift zur Verfügung gehabt haben, die heute nicht mehr erhalten ist.

Als Gallands Übersetzung fertig war, enthielt sie wesentlich mehr Erzählungen als die Handschrift der Bibliothèque Nationale oder auch als diese enthalten haben dürfte, wenn der hypothetische vierte Band wieder aufgetaucht wäre. Tatsächlich wissen wir, daß Galland sich für seine Kompilation nicht ausschließlich auf diese Handschrift stützte. Nicht nur fügte er die *Geschichte von Sindbad dem Seefahrer* (Li IV, S. 97-206) an einer Stelle ein, wo er sie passend fand. Nachdem er mit der Übersetzung seiner Handschrift fertig war und der vom Erfolg begeisterte Verleger ihn zur Fortsetzung drängte, wurde er 1709 mit Hanna Diab bekannt gemacht, einem maronitisch-christlichen Araber aus Aleppo, der durch einen Freund Gallands, den Orientreisenden Paul Lucas, nach Paris gekommen war. Diab betätigte sich als Informant für Galland und erzählte ihm aus dem Gedächtnis vierzehn Geschichten, von denen sieben später in Gallands Ausgabe der *Tausendundeinen Nacht* erschienen. Wenn man sich die meist knappen Notizen anschaut, die sich Galland von diesen ihm mündlich vorgetragenen, Erzählungen machte, und sie mit den Endfassungen der Geschichten vergleicht, wird deutlich, daß Galland sich bei den Geschichten, die er von Diab hörte, außerordentliche Freiheiten herausnahm. Zum Beispiel fügte er in die *Geschichte von dem Prinzen Ahmed und der Fee Peri Banu* (Li III, S. 7-84) eine ganze Menge pittoresken Materials aus einem nichtfiktionalen Text eines Persers namens Abd ar-Razzak aus dem fünfzehnten Jahrhundert über eine Reise nach Indien ein, an dessen Übersetzung er gerade arbeitete. Wenn in derselben Geschichte in der Burtonschen Übersetzung ein Sermon gegen arrangierte Ehen folgt, so stammt dies vom Übersetzer Burton, nicht von Galland, und ist wohl aus seiner Lebensgeschichte zu verstehen.[17]

Gallands *Les Mille et une nuit* waren es, die europäische Leser mit den Geschichten *Von 'Ala ed-Din und der Wunderlampe* (Li II, S. 649-780), *Ali Baba und den 40 Räubern* (Li II, S. 780-848), von dem *Prinzen Ahmed und der Fee Peri Banu* (Li III, S. 7-84) und *Den beiden Schwestern, die ihre jüngste Schwester beneideten* (Li V, S. 153-218) bekannt machten. Das erstaunliche ist, daß keine dieser Geschichten sich in einer der arabischen Handschriften findet, die aus der Zeit vor der Gallandschen Übersetzung stammen. *Die Geschichte vom Ebenholzpferd* (Li III, S. 344-378) erscheint zwar in *Tausendundeine-Nacht*-Handschriften, aber nur in solchen aus der Zeit nach Galland. Das läßt also durchaus die Möglichkeit offen, daß die später gefundenen arabischen Versionen auf den Gallandschen Geschichten beruhen.[18] Tatsächlich gingen einige Leser und Kritiker des achtzehnten Jahrhunderts so weit, Galland vorzuwerfen, er habe all diese »Nachtgeschichten« erfunden. James Beattie schrieb 1783 in *Über Fabeln und Romanzen*:

> »Ob die Geschichten wirklich arabische sind oder eher von Monsieur Galland erfunden, habe ich nie richtig herausfinden können. Wenn sie orientalisch sind, sind sie jedenfalls mit unverantwortlicher Lässigkeit übersetzt: der ganze Tenor der Geschichten entspricht der französischen Art. Der Kalif von Bagdad wird ebenso wie der Kaiser von China in einem Zeremoniell angesprochen, wie es am französischen Hof üblich ist.«

Bei einigen Geschichten gibt es tatsächlich Verdachtsgründe. Denn es sind zwar Handschriften für *'Ala ed-Din* und für *Ali Baba* aufgetaucht, aber sie stammen aus der Zeit nach Gallands *Les Mille et une nuit* und könnten Übertragungen (oder Adaptionen) der Gallandschen französischen Prosa sein. Der Werdegang der *Les Mille et une nuit* ist aber noch komplizierter, denn nicht alle Geschichten der Sammlung wurden von Galland übersetzt oder ausgewählt: Der siebente Band enthält die Geschichten von *Zain el-Asnam* (Li VI, S. 213-237), *Chudadad und seinen Brüdern* (Li VI, S. 298-335),[19] die von einem anderen Orientalisten dieser Zeit, Petit de la Croix, aus dem Türkischen übersetzt wurden. Das geschah ohne Gallands Wissen oder auch nur seine Zustimmung durch den Verleger Claude Barbin, der wegen des außerordentlichen Erfolgs der Geschichten schnell weiter Geld machen wollte und dem Petit de la Croix' Manuskript gerade vorlag.[20]

Perraults *Contes de ma mère l'Oye* (*Erzählungen meiner Mutter Gans*) hatten französische Leser schon mit Geschichten wie *Rotkäppchen*, *Aschenputtel*, *Der gestiefelte Kater* und *Ritter Blaubart* in dieser französischen, Perraultschen, Version bekannt gemacht und dazu beigetragen, daß Gebildete Geschmack an solchen Geschichten fanden. Charles Perrault (1628-1703) war tatsächlich einer der enthusiastischsten Bewunderer der *Bibliothèque orientale*. Er und Galland hatten denselben Verleger. Als *Tausendundeine Nacht* zu erscheinen begann, wurden die Geschichten in den Salons gelesen und diskutiert, und genauso wie bei Perrault waren es Damen der guten Gesellschaft, die zu Gallands einflußreichsten Anhängerinnen wurden. Die Veröffentlichung der *Les Mille et une nuit* rief eine Manie für orientalische Geschichten, gleich ob übersetzt oder frisiert, hervor – diese Konkurrenzunternehmungen und Imitationen werden im folgenden Kapitel besprochen.

Im achtzehnten und neunzehnten Jahrhundert stellten Homers Epen ein oder zwei Hauptkampffelder für Debatten über die Theorie und die Ziele des Übersetzens dar. Ein anderes war die Bibel. Im achtzehnten Jahrhundert galt es nicht als lächerlich, wenn ein Übersetzer für sich in Anspruch nahm, er habe den Text, nach dem er übersetzte, verbessert. Viele hielten genau das für die Aufgabe des Übersetzers. Es gab Engländer, die meinten, daß Popes oder Chapmans Homer-Übertragungen besser seien als das zwar interessante, aber doch letztlich barbarische Original. Intellektuelle Modeströmungen haben sich geändert, doch auch heute noch gibt es Leute, die Baudelaires Übertragungen von Edgar Allan Poe oder Nabokovs Übersetzung von *Alice im Wunderland* für besser als ihre Originale halten. Während der französischen Renaissance und noch bis ins Ancien Régime hatten humanistische Übersetzer von Werken der antiken Literatur – deren Produkte man als »die schönen Ungetreuen« bezeichnete – gesagt, guter Geschmack müsse beim Übersetzen Vorrang vor strikter Akkuratesse haben. Gallands ehrenhaftes Ziel bei der Übersetzung von *Alf Laila wa-Laila* war nicht so sehr, die reale Textgestalt der mittelalterlichen arabischen Prosa wiederzugeben, als in ihr Themen aufzuspüren, die er für geeignet hielt, die französischen Salons des achtzehnten Jahrhunderts zu erfreuen. So wurde das Grausame und das zu Exotische abgemildert oder ganz ausgelassen. Das Galante und Erfreuliche wurde betont oder sogar eingefügt. Viel später stigmatisierte André Gide, der der Übersetzung seines Freundes Mardrus den Weg ebnen wollte, Gallands Übersetzung als so anmutig und bezaubernd »wie den lauwarmen Dampf in dem Raum vor dem heißen Raum im *Hammam*, im türkischen Bad«. Gallands Art zu übersetzen war tatsächlich eine ganz andere als die von Mardrus oder Burton, denn wenn Mardrus und Burton die Obszönitäten des Originals noch steigerten, so übte Galland Zensur, allerdings weniger prüde als später E. W. Lane. Galland exstirpierte nicht nur das meiste an Pornographischem, er entschloß sich auch, den größten Teil der Poesie nicht zu übersetzen. Vermutlich glaubte er, das würde den relativ strengen Gesetzen des französischen literarischen Geschmacks des achtzehnten Jahrhunderts nicht entsprechen. Während Galland nur gelegentlich Fußnoten unter die Seiten setzte, hatte er keine Hemmungen, auch längere Glossen in den Text zu fügen, die ungewöhnliche Dinge und Institutionen erklärten. Das ist ein Hilfsmittel, das viele Übersetzer in Maßen durchaus für akzeptabel halten werden. Deutlich ist, daß Galland *Les Mille et une nuit* in gewisser Weise für einen didaktischen Text hielt, der das gute Werk der *Bibliothèque orientale* fortsetzen sollte, nämlich seine Landsleute über die Sitten und

Bräuche der Araber zu belehren: in einer reizenden Mischung aus Entzücken und Erbauung.

Die Übersetzungen, die unmittelbar auf die Gallandsche folgten, waren solche von Gallands Text in andere europäische Sprachen, nicht nach irgendeiner arabischen Version der *Alf Laila wa-Laila*, und schon bevor der letzte Band der Gallandschen Adaption in Frankreich erschienen war, hatte man einige der Erzählungen ins Englische übersetzt. Sie kursierten als billige Volksbücher auf dem Markt.[21] Obwohl viele Übersetzungen vorgaben, direkt nach dem Arabischen gefertigt zu sein, waren es tatsächlich nur die wenigsten. Sie waren Überarbeitungen von Galland mit gelegentlichem zusätzlichem Material aus anderen, später entdeckten Quellen.

Joseph von Hammer (1774-1856)[22] war ein österreichischer Orientalist, der nach und nach zehn Sprachen erlernte und der als Dolmetscher, Übersetzer und Fremdenführer in der Levante tätig war.[23] Eine seiner ersten Absichten in Konstantinopel 1799 war, eine Handschrift der *Alf Laila wa-Laila* ausfindig zu machen. Doch war ihm dabei kein Erfolg beschieden. Später ging er in besonderer Mission nach Ägypten, traf dort den britischen Marineadmiral William Sidney Smith und trat in dessen Dienste. Wieder in Europa fand er bis 1835 eine Anstellung bei Metternich und in der österreichischen Botschaftskanzlei. Dann zog er sich vom diplomatischen Dienst zurück, um sich ganz dem Schreiben zu widmen. Wahrscheinlich unter Metternichs Einfluß entwickelte er eine durchaus kritische Leidenschaft für Freimaurerei und für konspiratorische Geheimgesellschaften ganz allgemein. Seine *Enthüllung der Mysterien des Baphomet* (1818) sollten beweisen, daß die Templer heimlich gnostische Idole verehrten, darunter einen gewissen Baphomet. Im selben Jahr veröffentlichte er *Die Geschichte der Assassinen nach morgenländischen Quellen* (Stuttgart, Tübingen), in der er die mittelalterliche schiitische Sekte der Assassinen einen »Verein von Betrügern und Betrogenen« nannte, einen »Orden von Meuchelmördern«, und die Templer, die Jesuiten und die Königsmörder der Französischen Revolution mit ihnen verglich. Er publizierte außerdem 1806[24] in London einen mittelalterlichen arabischen Traktat über fremde und okkulte Alphabete,[25] und übersetzte ihn ins Englische. Aber Hammer ist heute hauptsächlich für seine vielbändige *Geschichte des Osmanischen Reichs* bekannt, die immer noch nicht ganz überholt ist, obwohl sie zwischen 1827 und 1835 erschien. Er fertigte außerdem eine Übersetzung des Diwans des persischen Dichters Hafis von Schiras aus dem vierzehnten Jahrhundert, eine Übersetzung, die einen sehr großen Einfluß auf Goethes *West-Östlichen Diwan* (1819) hatte.

Hammers Suche nach einem Manuskript der *Alf Laila wa-Laila* in Konstantinopel blieb zwar erfolglos, doch es sieht so aus, als hätte er eine solche Handschrift in Kairo gefunden. Die Handschrift ist zwar verlorengegangen, aber sie scheint die erste Handschrift zu sein, die eine Schlußversion der *Tausendundeinen Nacht* enthielt, in der Schehrijar schließlich seinen Entschluß bereut, Schehrezad hinrichten zu lassen. Nach seiner Rückkehr nach Konstantinopel zwischen 1804 und 1806 begann Hammer damit, seinen Text ins Französische zu übersetzen. Sowohl die Handschrift als auch seine Übersetzung sind verlorengegangen. Aber eine deutsche Übersetzung der französischen Fassung wurde 1825 veröffentlicht und ist erhalten geblieben. Er kürzte die Erzählungen, die er übersetzte, denn er fand manche von ihnen zu wortreich und außerdem langweilig. Verdächtig ist, daß seine Übersetzung einige der Geschichten enthält, die Galland in seine *Les Mille et une nuit* aufnahm, die sich aber bis dahin nicht in einem arabischen Originaltext gefunden hatten.[26]

Die ersten arabischen Drucke der *Alf Laila wa-Laila*, der Shirwani-Text von 1814-1818 (Kalkutta I), die Breslauer Ausgabe von 1824-43, der Bulaker Text, in Bulak, damals einer Vorstadt von Kairo, 1835 gedruckt, die Macnaghtensche Ausgabe von 1839-42, als zweite Kalkuttaer Ausgabe bekannt, gaben der Produktion von Übersetzungen einen neuen Anstoß, die vorgaben, von Galland unabhängig zu sein, oder es tatsächlich waren. Aber es gibt beträchtliche Probleme im Hinblick auf die Quellen und den Status all dieser Texte, insbesondere beim Breslauer Text, dessen erste acht Bände von Maximilian Habicht veröffentlicht wurden.

Habicht, 1775 in Breslau geboren, hatte bei dem großen französischen Arabisten und Philologen Silvestre de Sacy (1758-1838)[27] in Paris studiert. Er ging dann nach Breslau, um dort Arabisch zu lehren. Nach seinen Angaben erhielt er eine vollständige Handschrift der *Alf Laila wa-Laila* aus Tunesien von einem gewissen Mordechai Ibn an-Naddschar zugesandt. Er begann 1824, sie ins Deutsche zu übersetzen und veröffentlichte das Ergebnis 1825. Noch im selben Jahr ging er an die Veröffentlichung der Handschrift, von der er vorgab, er habe sie übersetzt. Als er 1839 starb, hatte er acht Bände publiziert, aber die Ausgabe war noch nicht vollständig. Heinrich Leberecht Fleischer (1801-1888),[28] ebenfalls ein Schüler von Silvestre de Sacy in Paris (W. W.: ein angesehener deutscher Orientalist, damals Professor der orientalischen Sprachen an der Universität Leipzig), besorgte die Ausgabe der restlichen vier Bände (1842-43). Habichts tunesische Handschrift war tatsächlich eine Fiktion. Was er bewerkstelligte, war, eine Sammlung von Erzählungen aus verschiedenen Handschriften der *Alf Laila wa-Laila* und anderer Sammlungen arabischer Erzählungen aus europäischen Bibliotheken zusammenzustellen (W. W.: oder eher von dem tunesischen Juden Mordechai Ibn en-Naddschar, mit dem er eine Zeitlang in Paris im selben Haus lebte, zusammenstellen zu lassen). Als 1835 der Bulaker Text erschien, nutzte er den ebenfalls. Wie einige seiner Vorgänger und Nachfolger war Habicht von dem Verlangen besessen, eine Übersetzung und eine Edition zu schaffen, die umfangreich genug war, die 1001 Nächte zu füllen, die der Titel der arabischen Erzählsammlung verhieß. Vielleicht träumte er auch davon, dadurch reich zu werden. Habichts *Tunesische Handschrift* ist eine von mehreren »Geisterhandschriften«, deren vermeintliche Existenz das Studium dessen, was jedenfalls als die Gesamtgeschichte der Übermittlung der *Tausendundeinen Nacht* angesehen werden muß, ausgesprochen quälend gestaltet. Aber wir werden sehen, daß Sabbagh, Chavis und Mardrus ähnlich betrügerisch verfuhren.

Gustav Weil (1808-89),[29] hatte in Paris Arabisch gelernt. Danach polierte er sein Arabisch in Kairo auf.[30] Da er Kritik an Hammer Übersetzung von Zamachscharis *Goldenen Halsbändern* geübt hatte, wurde er nach längerem Bibliotheksdienst erst 1848 außerordentlicher und relativ spät, 1861, ordentlicher Professor der orientalischen Sprachen. Weils dreibändige *Geschichte der Kalifen* (1846-51) wie deren Fortsetzung *Die Geschichte des Abbasidenchalifates in Ägypten* (1860-62) sind auf Grund ihrer intensiven Quellenverwertung heute durchaus noch lesbar. Weil fertigte 1837-41 eine Übersetzung von *Tausendundeiner Nacht* ins Deutsche an.[31]

Jonathan Scott (1754-1829) hatte, wie viele Engländer des achtzehnten Jahrhunderts, Arabisch- und Persischkenntnisse in Indien erworben. (Er war eine Zeitlang persischer Sekretär bei Warren Hastings.) Scott hielt sich tatsächlich an Galland, korrigierte nur gelegentlich und fügte ein paar zusätzliche Geschichten aus anderen Quellen hinzu. Scotts Übersetzung mit dem Titel *The Arabian Nights' Entertainments*, erschienen 1811, war die erste genaue Übersetzung von Gallands Werk ins Englische – anders als die opportunistischen Übersetzungen einiger Schreiberlinge. Sie wurde später vielfach für gereinigte und volkstümliche englische Kinderausgaben verwendet. Der nächste Engländer, der sich daran probierte, war Henry Torrens, der in Simla begann, die ersten fünfzig Nächte der zweiten Kalkuttaer Ausgabe zu übersetzen, die er 1838 publizierte. Doch Torrens fand das ziemlich mühsam, denn er hatte zwar literarische Ambitionen, konnte aber nicht besonders gut Arabisch. Als er hörte, daß Lane eine Konkurrenzübersetzung begonnen hatte, überließ er ihm bereitwillig dieses Feld.

Edward William Lane, Sohn eines anglikanischen Domherrn, wurde 1801 geboren.[32] 1825 ging er nach Ägypten in der Absicht, dort als Lithograph seinen Lebensunterhalt zu verdienen und auf pittoreskes Material zu stoßen, das er veröffentlichen konnte. Als er 1828 nach England zurückkehrte, machte er sich daran, das, was er während seines Aufenthalts in Ägypten beobachtet hatte, in geschriebener und in Bildform zugänglich zu machen. Dies wurde 1836 unter dem Titel *On the Manners and Customs of the Modern Egyptians* veröffentlicht (überarbeitete Fassung 1842). Das ungeheuer einflußreiche Werk stellte religiöse Praktiken, häusliches Leben, Sitten und Gebräuche, abergläubische Vorstellungen, Unterhaltungen und das materielle Leben der Bürger von Kairo dar. Es verdient es, als ein frühes Werk der Anthropologie/Ethnologie bezeichnet zu werden. Obwohl Lane in seinen *Manners and Customs* feststellte, daß Handschriften der *Alf Laila wa-Laila* teuer und schwer zu finden waren, kam er zu der Ansicht, daß ihre Geschichten in wundervoller Weise einen Lebensstil widerspiegelten und illustrierten, wie es ihn in Kairo immer noch gab. Als er wieder nach Kairo zurückkehrte, begann er eine Übersetzung nach dem inzwischen gedruckten Bulaker Text. Lanes Übersetzung erschien während der Jahre 1838-41 monatlich, bevor sie in einer dreibändigen, gebundenen Ausgabe herauskam. Seine Übersetzung war ein bemerkenswertes Unterfangen, aber er begann sogleich mit einem noch umfangreicheren Unternehmen. Von 1842-49 arbeitete er in Kairo an seinem *Arabic-English Lexicon*. Das bedeutete, daß er zahlreiche Handschriften vielbändiger Arabisch-Arabischer Lexika, die von arabischen Philologen während des Mittelalters erarbeitet worden waren, sammeln und kollationieren mußte.[33] Er mußte die Anordnung der arabischen Wurzeln nach dem letzten Wurzelbuchstaben, wie sie in den arabischen Nationalwörterbüchern üblich ist, auf die in Europa gewohnte nach dem ersten umstellen und natürlich englische Äquivalente für die arabischen Bedeutungen finden. 1849 kehrte Lane nach England zurück und setzte sein Projekt dort fort. Er arbeitete intensiv und versenkte sich so in diese Riesenarbeit, daß er immer wieder darüber klagte, englische Texte zu lesen, bereite ihm Augenschmerzen. Als er 1876 starb, blieben noch acht von 28 Buchstaben des arabischen Alphabets, die er in seinen acht voluminösen Bänden nicht oder kaum behandelt hatte.

So wie Galland seine Übersetzung auch als Fortsetzung der *Bibliothèque Orientale* gedacht hatte, war Lanes Übersetzung die Erweiterung seines früheren Werks, nämlich der Beschreibung der Sitten und Gebräuche der modernen Ägypter, von denen er der Ansicht war, sie hätten sich seit dem Mittelalter kaum geändert. Da er ein belehrendes Werk schreiben wollte, ist seine Übersetzung mit einer Unmenge von Fußnoten versehen, über Gewürznelken, Friedhöfe, Gips, Schachspiel, Nilpferde, Erbgesetze, Schweiß, Polygamie bis zu ziemlich albernen Hinweisen und noch vielem, vielem anderen. Es erwies sich später tatsächlich als möglich, diese Anmerkungen unter dem Titel *Arabian Society in the Middle Ages: Studies from the Thousand and One Nights* (*Die arabische Gesellschaft im Mittelalter: Untersuchungen zu Tausendundeiner Nacht*)[34] als unabhängiges Werk zu veröffentlichen.

Wie die meisten seiner Nachfolger fühlte Lane sich bemüßigt, seiner Übersetzung Ansehen zu verschaffen, indem er die Arbeit seines Vorgängers schlechtmachte. Er erklärte: »Ich versichere, daß Galland das Werk völlig entstellt hat. Seine Kenntnis arabischer Sitten und Gebräuche war so unzulänglich, daß sie ihn selbst vor Irrtümern schlimmster Art nicht bewahrt hat.« Später setzte Lanes Großneffe und postumer Herausgeber Stanley Lane-Poole den Angriff fort, indem er darauf hinwies, wie »steif, kindisch und indezent« Gallands Übersetzung sei. Lane verwies besonders auf Gallands Stil, von dem er spürte, daß er dem Geist des Originals nicht entsprach. Aber Lane war weder Literat noch Literaturkenner. Außer arabischer Literatur hatte er allenfalls die Bibel gelesen. Sein eigener Stil tendiert zum Pompösen und Pseudobiblischen. Sein Text wimmelt von Leuten, die ›*lo*‹ und ›*ye*‹ und ›*thou*‹ sagen und die einander ›beschwören‹ und ›abschwören‹. Die Wortfolge in seinen Sätzen ist häufig und sinnentstellend verdreht. Wo der Stil nicht hochtrabend pompös erscheint, ist er oft geradezu peinlich und langweilig genau (zum Beispiel zieht Lane es vor, das Arabische *ma zala* wörtlich mit »hörte nicht auf zu« statt mit »immer noch« wiederzugeben). Außerdem hat er seine

Übersetzung mit Latinismen gespickt. Allerdings, um der Wahrheit die Ehre zu geben, Lanes Übersetzung liest sich leichter als die von Burton. Aber das will, wie wir sehen werden, nicht sehr viel heißen.

Lane arbeitete in Kairo nach dem in Bulak gedruckten Text, verglich ihn aber gelegentlich mit dem ersten Kalkuttaer Druck und auch mit der Breslauer Ausgabe, obwohl er der wissenschaftlich nicht bestätigten Ansicht war, daß der Bulaker Text seinen Konkurrenten klar überlegen sei und daß die Diskrepanzen zwischen den einzelnen Textversionen kaum von Belang seien. Ein Punkt, der dagegen spricht, daß Lanes Übersetzung die beste sei, ist, daß sie keine vollständige Übersetzung der *Alf Laila wa-Laila* ist. Lane wollte Familienlektüre produzieren. Deswegen reinigte er ganze Abschnitte, beziehungsweise schrieb sie um, Abschnitte, oder Passagen nämlich, die er für Kinder- oder jungfräuliche Ohren für ungeeignet hielt. Da, wo er ganze Geschichten zu obszön fand, überging er sie. Er zensierte nicht nur prüde seinen Text, sondern nahm Geschichten gar nicht erst auf, wenn er sie als langweilig, als Wiederholung oder als unverständlich empfand. Ein Leser, der es auf sich genommen hat, sich durch alles hindurchzuarbeiten, sei es nun in Arabisch oder in Burtons umfangreicher Übersetzung, mag gewisse Sympathien für Lanes Verfahren entwickeln, aber Tatsache ist, daß Lanes literarisches Urteil unzuverlässig und seine Editionsweise willkürlich war. Einige sehr gute Geschichten sind aus der Laneschen Ausgabe »herausgefallen«. Aber er hat nicht überall deutlich gemacht, wo er gekürzt hat. Außerdem hat er den größten Teil der Poesie – wie aber vor ihm bereits Galland und andere nach ihm – als irrelevant weggelassen. Darum sollte man Lanes Übersetzung eher als eine größere Auswahl aus den Originalgeschichten denn als eine umfassende Übersetzung ansehen.

Lane glaubte, die endgültige Version der *Tausendundeinen Nacht*, wie sie sich im Bulaker Text findet, sei das Werk eines einzigen Autors, der im siebzehnten Jahrhundert lebte. Das verrät eine solche Unsensibilität gegenüber Fragen des Stils und des Inhalts bei diesem mit Sicherheit heterogenen Text, daß man auch Lanes Urteil in anderen Fragen anzweifeln muß. Trotzdem wurde Lanes Übersetzung begeistert aufgenommen. Leigh Hunt schrieb in der Zeitschrift *London and Westminster*: »Herrn Lanes Version ist zweifellos ein sehr kostbares, lobenswertes, genaues, gelehrtes und erfreuliches Werk; es hat es verdient, von allen Verehrern der *Arabian Nights* respektvoll und dankbar aufgenommen zu werden und einen Wendepunkt in der Geschichte orientalischer Volksliteratur darzustellen.« Lanes schottische Landsleute, angeführt von Andreas Lang, waren ganz besonders begeistert. Sie sollten die Opposition gegen Paynes anschließende Konkurrenzübersetzung der *Tausendundeinen Nacht* anführen.

John Payne (1842-1906) zeigte schon früh eine Begabung für Poesie und fremde Sprachen.[35] Als er neunzehn war, hatte er Dichtung aus dem Deutschen, Französischen, Italienischen, Spanischen, Portugiesischen, Griechischen, Lateinischen, Türkischen, Persischen und Arabischen übersetzt. Es erscheint nahezu unglaublich, daß Payne sich alle diese Sprachen autodidaktisch aneignete und daß er Arabisch, Persisch und Türkisch beherrschte, ohne je im Orient gewesen zu sein. Obwohl die East India Company eine Ausbildung im Arabischen sponsorte und ihre Angestellten, die sich einer offiziellen Prüfung in dieser Sprache unterzogen hatten, für eine bessere Besoldung in Frage kamen, gab es in England keine umfassende und genaue Grammatik des Arabischen, bis William Wright 1859-62 seine zweibändige Grammatik vorlegte. Payne durchlief verschiedene Lehrstellen und hatte eine kurze Karriere als Anwalt. Schließlich aber war er in der Lage, seinen Lebensunterhalt als Übersetzer und Poet zu bestreiten. Er arbeitete gern an seinen Übersetzungen, während er hoch oben auf einem von Pferden gezogenen Omnibus um London fuhr. Als junger Literat erfreute er sich vieler literarischer Freundschaften, zum Beispiel mit Mallarmé, Swinburne und anderen. Zwei seiner engsten Freunde waren Englands bekannteste Sammler und Experten auf dem Gebiet der Pornographie, Foster Fitzgerald Arbuthnot und H. S. Ashbee.[36] Arbuthnot war in Bombay im Civil Service tätig und hatte großes Interesse an indischer Pornographie und auch allgemeiner an orientalischen Literaturen. Ashbee stellte Erotica-Bibliographien unter dem Pseudonym Pisanus Fraxi zusammen. Einige Wissenschaftler vermuten, daß der letztere auch die anonymen pornographischen Memoiren *Mein geheimes Leben* geschrieben haben könnte.

1877 gründete Payne mit einigen Freunden eine Villon-Gesellschaft, vor allem um Paynes Übersetzungen von François Villons mittelalterlichen Versen zu publizieren. – Die viktorianische Zeit war eine Epoche riesiger gelehrter Publikationsprojekte, die viele Bände umfaßten und sich über Jahrzehnte erstreckten, darunter Alexander Murrays *Oxford English Dictionary*, Leslie Stephens *Dictionary of National Biography*[37] und die Veröffentlichungen der Hakluyt Society[38] und der Early English Text Society, der »Gesellschaft für frühe englische Texte«. Subskriptionsgesellschaften wie die Early English Text Society, die Publikationen förderten, die sich sonst finanziell nicht getragen hätten, waren typisch für diese Zeit. – Es war die Villon Society, die Villon-Gesellschaft, die Paynes Übersetzung der *Tausendundeinen Nacht* publizieren sollte. Nicht nur subventionierte sie diese Publikation, sie sorgte auch für einen gewissen Schutz für Payne gegen Anschuldigungen der Obszönität. Und es muß betont werden, daß die Publikationen der Gesellschaft nur Mitgliedern zur Verfügung gestellt wurden, die subskribiert hatten. Im Fall der Payneschen Übersetzung von *Tausendundeiner Nacht* wurden nur 500 Exemplare gedruckt, und alle 500 waren sehr schnell vergriffen.

Payne begann 1876 oder 1877 mit seiner Übersetzung des zweiten Kalkuttaer Drucks. Obwohl Paynes Übersetzung weitaus vollständiger war als die von Lane, war sie keine wirklich vollständige Übersetzung des arabischen Texts, denn er nahm erotische Passagen nur dann auf, wenn sie sich auch in der Bulaker und der Breslauer Ausgabe fanden. Trotz seiner Freundschaft zu Arbuthnot und Ashbee war es nicht so, daß Payne nach Obszönitäten im arabischen Text suchte oder das, was er fand, in übersteigerter Weise wiedergab. Vielmehr versuchte er, die obszönen Stellen in anspielungsreiche Paraphrasen umzusetzen, so, als wollte er die Leserschaft nicht vor den Kopf stoßen. Er machte keinerlei Anstalten, den knüttelversähnlichen *Sadsch'*, die Reimprosa des Arabischen, in englische Reimprosa umzusetzen. Aber er nahm die Poesie ernster, als seine Vorgänger das getan hatten, und übersetzte sie vollständig. Payne wollte ein Literaturwerk schaffen, nicht eine Art Enzyklopädie orientalischer Sitten und Gebräuche. Deswegen machte er sich nicht die Mühe, irgendwelche Anmerkungen zu liefern. Payne brauchte sechs Jahre, um seine Übersetzung des zweiten Kalkuttaer Drucks fertigzustellen. Sie wurde zwischen 1882 und 1884 in neun Bänden publiziert. Als er damit fertig war, fuhr er fort zu übersetzen, nämlich zusätzliche Geschichten, die er in der Breslauer Ausgabe und im ersten Kalkuttaer Druck gefunden hatte. Diese Geschichten veröffentlichte er 1884 unter dem Titel *Tales from the Arabic*, *Geschichten aus dem Arabischen*. Als ihm ein Exemplar der Handschrift Zotenbergs von *Zain el-Asnam* und *'Ala ed-Din* zugänglich wurde, übersetzte er auch diese Geschichten und veröffentlichte sie 1889.

Payne holte bei vielen führenden Orientalisten der Zeit Rat ein und erhielt Hilfe von ihnen, darunter waren E. J. W. Gibb, der Autor einer fünfbändigen *Geschichte der osmanischen Poesie*, Dr. F. Steingass, Verfasser eines bis heute gern benutzten *New Persian English Dictionary*, eines *Neupersisch-Englischen Wörterbuchs*, Yacoub Artin Pascha, einem aristokratischen Orientalisten von einigem Rang, und H. Zotenberg, der gelehrte Bibliothekar, der den Handschriften von *Tausendundeiner Nacht* eine eigene Untersuchung gewidmet hatte. Trotzdem übten Anhänger der Laneschen Übersetzung, unter ihnen John Ruskin, Andrew Lang, William Robertson Smith und natürlich Lanes Großneffe Stanley Lane-Poole eifrige Kritik an den Übersetzungen von John Payne. Im Hinblick auf den Stil war ihre Kritik nicht ganz unberechtigt. Payne hatte eine gewisse Vorliebe für obskure und archaische Wörter. Die Veröffentlichungen der Early English Text Society und Alexander Murrays Arbeit am *Oxford English Dictionary* hatte den Zugriff auf immer mehr dieser Wörter geschaffen, und Payne verwendete sie für seine Übersetzung reichlich. Obwohl er sich bei seinen Übertragungen der arabischen Poesie sehr große Mühe gab, kann heute kaum noch eine so recht befriedigen. Sein engster Freund und Biograph Thomas Wright war es, der behauptete, daß »Payne als ein origineller Dichter und Übersetzer der größte englische Literat des ausgehenden neunzehnten und frühen zwanzigsten Jahrhunderts war... Er hat Kilburn (seinem Geburtsort) eine literarische Bedeutung gegeben, wie sie Schiras,[39] Avignon und Weimar besitzen«.[40] Dieses Urteil hat jedenfalls der Zeit nicht standgehalten, nicht einmal in Kilburn. Payne war eigensinnig und voller Streitlust und erwiderte auf die Kritiken an seinem Werk, die die Parteigänger der Laneschen Übersetzung vorbrachten. Er erhielt bei seinen Auseinandersetzungen kraftvolle Unterstützung durch Sir Richard Burton.

Sir Richard Burton (1821-90) hatte damals bereits als Autor, Abenteurer und Entdecker einige Berühmtheit erlangt.[41] Sein Aussehen entsprach dieser Rolle, und der junge Dichter Swinburne, praktisch ein Schüler von ihm, sagte: »Burton hat die Kinnbacken eines Teufels und die Augenbrauen eines Gottes.« Und Burton spielte diese Rolle allerdings auch. Seinem Freund Lord Redesdale zufolge war er »der einzige Mann, den ich kannte, der pausenlos das altmodische Elephantengewehr unter der Schulter hervor abfeuern konnte. Sein Durchhaltevermögen war einfach wunderbar. Er konnte Brandy mit einem Heroismus trinken, der sogar Dr. Johnson[42] befriedigt hätte.« Burton war nacheinander britischer Konsul in Santos in Brasilien, Damaskus und Triest gewesen. Er hatte sich ausgiebig über Themen wie Fechtkunst, Falkenzucht, indische Bordelle, Bergbautechniken, Mormonen und afrikanische Geographie geäußert. 1864 gab es eine heftige Kontroverse zwischen ihm und seinem früheren Freund, dem Entdeckungsreisenden John Hanning Speke, über die Lage der Nilquellen. Burton war aber vor allem wegen seiner Reise berühmt geworden, die er als Muslim verkleidet zu den islamischen heiligen[43] Städten des Hidschas unternommen hatte. Er hatte den Bericht über diese Reise 1855 unter dem Titel *A Pilgrimage to Mecca and Medina* (*Eine Pilgerfahrt nach Mekka und Medina*) veröffentlicht.

Burton wurde auf die Übersetzung der *Tausendundeinen Nacht*, die Payne herausbringen wollte, durch einen Brief von Payne in der Zeitschrift *Athenaeum* vom 5. 11. 1881 aufmerksam, in dem Payne um Subskribenten warb. Als Burton den Brief las, war er etwa zehn Jahre lang der langweiligen und unbedeutenden Aufgabe nachgekommen, britische Interessen in Triest zu vertreten. Er schrieb sofort an Payne und bot ihm an, dessen Übersetzung zu korrigieren und ihm in jeder Hinsicht die Hilfestellung zu leisten, die Payne für sinnvoll halten würde. Er behauptete, daß er bereits seit 1852 eine unabhängige Übersetzung der *Tausendundeinen Nacht* vorbereite, nämlich seitdem er und der Forschungsreisende Steinhauser dieses Projekt in Somaliland besprochen hatten. Tatsächlich sieht es nicht so aus, als habe Burton vor 1880 eine größere Übersetzungsarbeit von einer der Versionen der *Tausendundeinen Nacht* geleistet, auch wenn Lord Redesdale, der Burton 1871 besucht hatte, als dieser Konsul in Damaskus war, behauptete, daß Burton ihm damals die ersten zwei oder drei Kapitel seiner Übersetzung gezeigt habe. Payne jedoch begrüßte Burtons Hilfsangebot, sowohl das, ihn bei schwierigen Passagen des Arabischen zu konsultieren, als auch später, ihn bei der Kontroverse zu unterstützen, die in Literaturzeitschriften über die unterschiedlichen Verdienste der Übersetzungen von Payne und von Lane hohe Wellen schlug.

Burton hatte sich in Triest nicht nur gelangweilt und um seine Anerkennung betrogen gefühlt, er litt auch unter Geldmangel. Nachdem er Payne kennengelernt hatte, wußte er, daß sich für Paynes Übersetzung viermal mehr Interessenten gemeldet hatten, als die Auflagenhöhe betrug, daß Payne aber trotzdem beschlossen hatte, keine weiteren Auflagen seines Werks herauszubringen. – Wie die Dinge stehen, brachte diese Übersetzung Payne ungefähr 4000 £ ein. – Mit Paynes Billigung entschloß sich Burton, »seine eigene« Übersetzung herauszubringen. Das konnte er mit Hilfe einer Subskribentenliste von 2000 Personen bewerkstelligen. Burtons zehnbändige Ausgabe des Hauptwerks der *Tausendundeinen Nacht* wurde 1885 publiziert. Wie Payne bediente sich Burton einer Subskriptionsgesellschaft, einmal um zu Geld zu kommen und dann, um das Risiko, wegen Obszönität vor Gericht gestellt zu werden, gering zu halten. Burtons Ausgabe erschien mit dem Impressum *Kama Shastra Society*, Benares.[44] Die *Kama Shastra Society* war von Burton und seinem Freund Arbuthnot gegründet worden, ursprünglich, um klassische indische Erotika zu veröffentlichen. Sie hatte zu dieser Zeit das *Ananga Ranga* und das *Kama Sutra* publiziert. Später sollte Burtons Neuübersetzung eines klassischen arabischen Erotikons, des *Duftenden Gartens* des Tunesiers en-Nafzawi, bei demselben Verlag erscheinen. Benares war natürlich eine Fiktion. Die Bücher wurden tatsächlich in Stoke Newington gedruckt, damals ein Vorort, heute ein Stadtteil von London. Nachdem Burton seine Fassung der Übersetzung von Kalkutta II beendet hatte, ging er, wie Payne, daran, Geschichten zu übersetzen und zu veröffentlichen, die er in anderen Drucken und Handschriften gefunden hatte. Diese erschienen 1886-88 in sechs Supplementbänden.

Tatsächlich stützt sich ein großer Teil der Burtonschen Übersetzung sehr stark auf Paynes früher erschienene Version, obwohl Burton alle Anstrengungen unternahm, um das zu kaschieren. Zum Beispiel hat Payne zu Beginn der *Geschichte des zweiten Bettelmönchs* »sieben Schulen«, Burton statt dessen »sieben Lesungen«. Wo Payne von »der Wissenschaft von den Sternen«, »Handschrift«, »Ind« und »aufbrechen« spricht, hat Burton »Sternkunde«, »Kalligraphie«, »Hind« und »sich aufmachen«. Burtons Suche nach Alternativen zu Paynes Lexik war systematisch und manchmal krampfhaft. Das soll aber nicht heißen, daß Burton zu einer eigenen, unabhängigen Übersetzung nach dem arabischen Original nicht in der Lage gewesen wäre. Seine Übersetzungen der Poesie in den Geschichten scheinen von denen Paynes im wesentlichen unabhängig zu sein. Außerdem bemühte sich Burton im Gegensatz zu Payne, die gereimte Prosa des *Sadsch'* wiederzugeben. Zudem übersetzte Burton einige Erzählungen der Supplementbände früher als Payne, darunter die von *Zain el-Asnam* und *'Ala ed-Din*. Und hier sind Paynes spätere Übersetzungen denen von Burton sehr ähnlich. Burton übersetzte auch einige Geschichten, an denen sich Payne gar nicht versuchte. Aber es ist auch zu beobachten, daß Burton Schwierigkeiten hatte, einige von ihnen zu übersetzen. Burton hatte eine solch katholische Haltung eingenommen, daß er sich sehr weit auf das Feld der Apokryphen der *Tausendundeinen Nacht* wagte. Da weder er noch andere arabische Originale zu einigen Geschichten der Gallandschen *Les Mille et une nuit* hatten ausfindig machen können, kam er auf ein eigenartiges Verfahren, nämlich nach der Gallandschen französischen Fassung ins Hindustani gefertigte Übersetzungen neu ins Englische zu übersetzen. So hoffte er, diesen Geschichten einiges von ihrem ursprünglichen Reiz wiedergeben zu können.

Stilistische Ähnlichkeiten zwischen Payne und Burton lassen sich zum Teil auch dadurch erklären, daß die beiden Männer einen ähnlichen literarischen Geschmack hatten und miteinander befreundet waren. Swinburne, Ashbee und Arbuthnot waren nicht nur Paynes, sondern auch Burtons Freunde. Sie alle handelten mit Büchern ebenso wie mit schmutzigen Witzen. Burton teilte Paynes Begeisterung für archaische und nicht mehr gebräuchliche Wörter. Burtons Stil könnte man als eine Art Pseudo-Barock bezeichnen, eine Mischung aus mittelenglischen Elementen, einer autorisierten Version der Bibel und dem Jacobinischen Drama. Die meisten heutigen Leser werden sich außerdem von Burtons viktorianischen Vulgarismen unangenehm berührt fühlen. Aber Burtons Übersetzung der *Tausendundeinen Nacht* kann denjenigen durchaus empfohlen werden, die ihre englische Lexik erweitern wollen.[45] Sein Wortschatz ist umfangreicher und ausgefallener als der von Payne. Er schlingert irgendwo zwischen gelehrt und schlicht erdgebunden, so daß Harun er-Raschid und Sindbad im sprachlichen Niemandsland herumwandern und plaudern.

Burton teilte Paynes Enthusiasmus für Rabelais' *Gargantua und Pantagruel*. Genauer, Burton war geradezu von einer Leidenschaft für die ersten drei Bücher dieses Werks besessen, wie sie der exzentrische schottische Ritter und Sprachtheoretiker Sir Thomas Urquhart 1653 übersetzt hatte.[46] Urquhart war ein Verfechter der Logopandozie, das heißt, die Bereitschaft, Wörter aller Art in einer Sprache zuzulassen. Seine Rabelais-Übersetzung hat den Charakter einer Wortorgie. Sie macht etwas den Eindruck einer surrealistischen Überarbeitung von Rogets *Thesaurus*. Urquhart hat in seiner englischen Rabelais-Übersetzung Wörter und Wendungen verwendet wie »Schmalhinternspiel«, »das zweirückige Vieh«, »quellisch«, »Bett-Schieter«, »Trunkenbold«, »Stoffel«,[47] die in Burtons *Tausendundeine-Nacht*-Übersetzung neu aufgeputzt werden. Urquharts englische Fassung von Rabelais war insgesamt wortreicher, farbenprächtiger und obszöner als das französische Original. Burton verfolgte eine ähnliche Methode mit seinem Versuch, das arabische Orginal zu verbessern. Zum Beispiel wird der »schwarze Sklave«, dem sich die Frau von Schehrijar im Prolog der Rahmenerzählung hingibt, bei Burton zu »einem großen, sabbernden, rabenschwarzen Neger mit rollenden Augen, in denen man das Weiße sah, ein wirklich gräßlicher Anblick«. In ihren besten Passagen enthält die Burtonsche Fassung im Urquhartschen Stil prächtig-pompöse Prosa, aber in ihren schlechtesten ist sie schwülstig und undurchschaubar-obskur. Francesco Gabrieli, der später *Tausendundeine Nacht* ins Italienische übersetzte, bemerkte trocken, daß er öfter das arabische Original habe konsultieren müssen, um Burtons Englisch zu verstehen. Jorge Luis Borges dagegen verteidigte in seinem ebenso geistvollen wie boshaften Essay *Die Übersetzer der Märchen von ›Tausendundeiner Nacht‹* die Burtonsche Übersetzung.[48] Borges argumentiert provozierend damit, eine genaue und neutrale Übersetzung leiste keinen Beitrag zur Literatur. Burtons Prosa andererseits solle auf Grund ihres kulturellen Werts geschätzt werden. »Der nahezu unerschöpfliche Prozeß der englischen Literatur ist bei Burton gleichsam schattenhaft zugegen – die schroffe Obszönität John Donnes, das gigantische Vokabular Shakespeares und Cecil Tourneurs, Swinburnes Hang zum Archaischen, die krasse Gelehrsamkeit der Traktatschreiber von 1600, die Energie und Unbestimmtheit, die Liebe zu den Stürmen und zur Magie.«[49] So schloß Borges, daß Burtons Übersetzung die beste englische Übertragung der *Tausendundeinen Nacht* sei. Nicht jeder würde Borges hier zustimmen. Wie auch nicht jeder Borges' Überzeugung teilen wird, daß Robert Louis Stevenson und G. K. Chesterton die beiden größten englischen Schriftsteller seien. Aber Burtons *Tausendundeine-Nacht*-Übersetzung ist zweifellos eine der Kuriositäten der englischen Literatur. Um mit Husain Haddawy zu sprechen, sie ist »ein literarischer Brighton Pavillon«.[50]

Eine der größten Kuriositäten dieser Kuriosität der englischen Literatur sind die aufdringlichen und oft völlig überflüssigen Fußnoten. Burton wollte in der gelehrten Welt als Anthropologe oder Ethnologe Anerkennung finden, aber Lanes Ausgabe mit ihren ausführlichen Anmerkungen hatte im Grunde alles, was der Laie, der das Buch las, an Wissen über arabische Sitten und das materielle Leben in der arabisch-islamischen Welt benötigte, dargelegt. Lane hat wahrscheinlich sogar weit mehr erklärt, als irgendein durchschnittlicher Leser überhaupt wissen wollte. Doch aus seiner Rivalität zu Lane heraus scheint Burton sich veranlaßt gefühlt zu haben, in seinen ebenfalls sehr zahlreichen Anmerkungen noch mehr und entlegenere Dinge zu erklären.

Burton war ein Mann mit vielen Vorurteilen, und es gab nachdrückliche. Er war Rassist zu einer Zeit, in der Rassismus sich pseudowissenschaftlicher Vorwände bediente. Mit »Niggern«, Juden und Persern geht er in seinen Anmerkungen nicht gerade zimperlich um. Außerdem war er ein Misogyn mit einer ganz besonderen Abneigung gegen smarte Damen der besseren Kreise. Er war gegen das Christentum und hielt den Islam, trotz all der Mängel, die er seiner Meinung nach hatte, für die bessere Religion, weil er rationaler sei und sich als Instrument sozialer Kontrolle besser eigne als das Christentum. Die Indizes zu Burtons Anmerkungen sind exzellente Beispiele für tief verwurzelte Klischeevorstellungen und Feindbilder: »Blenden, eine im Orient verbreitete Praxis: wie sie durchgeführt wurde«, »Blinde, die für ihre Unverschämtheit bekannt sind«, »Neger, die von verdorbenen Frauen bevorzugt werden«. In der *Geschichte vom versteinerten Prinzen* läßt Burton den König »Niggerjargon« imitieren.[51] Wie schon oben in diesem Kapitel angedeutet, ist es im Arabischen schwierig, beziehungsweise war es früher in der arabischen Literatur kaum üblich, eine solche »Figurensprache« zum Ausdruck zu bringen. Das Arabische des zweiten Kalkuttaer Drucks ist hier auch tatsächlich korrekt und neutral.

Vor allem aber hielt sich Burton für einen Sex-Experten. Insgesamt ließen sich seine Anmerkungen zu einer Enzyklopädie ausgefallenen Sexualverhaltens zusammenfügen. Es ist leicht, Burtons Anmerkungen ganz einfach als zotig oder skurril abzutun, aber man sollte sich daran erinnern, daß er vor der Zeit von Havelock Ellis[52] und Sigmund Freud schrieb, also doch wahrscheinlich ein Pionier war. Auf diesem Gebiet konnte Burton auf die intellektuellen und bibliographischen Ressourcen von Fred Hankey und Monckton Milnes, Lord Houghton,[53] zurückgreifen. Hankey, der in Paris lebte, war ein wohlhabender Sadist und Sammler der Werke des Marquis de Sade. Monckton Milnes hatte in der englischen Politik eine nicht unbedeutende Rolle gespielt. Lord Palmerston hatte ihm die Pairswürde verliehen, aber er gab seinen politischen Ehrgeiz auf, um einer von Englands führenden Gastgebern für die gute Gesellschaft und kulturellen Mäzenen zu werden. Er war lange auch Burtons Freund gewesen, und durch Monckton Milnes hatte Burton Swinburne kennengelernt. Der Dichter und der Forschungsreisende entdeckten schnell, daß sie gemeinsame Interessen hatten: Flagellation und Alkoholismus. Sexuelle Obsessionen und Rassismus kamen bei Burtons pseudowissenschaftlichen Anmerkungen zusammen. Es ist klar, daß Burton an die außergewöhnliche Sexualität schwarzer Männer ebenso glaubte, wie er sie fürchtete. Er behauptete auch zu glauben, daß die Perser die geborenen Päderasten seien. Generell war eine seiner Lieblingstheorien, daß es eine Zone gebe, in der Homosexualität die Norm sei und zu der die Mittelmeerregion und die meisten islamischen Länder gehörten. Furzen rivalisiert mit Sex als Vorzugsthema von Abschweifungen in den Fußnoten, aber nicht nur dort. Soweit ich feststellen kann, gibt es kein arabisches Original für die Geschichte *Wie Abu Hasan einen fahren ließ* (aus Band 5). Es ist eine europäische Geschichte, die Burton frech in seine *Tausendundeine-Nacht*-Übersetzung schmuggelte. Etwas sehr Ähnliches erscheint in John Aubreys *Leben*[54] aus dem siebzehnten Jahrhundert, aber die Geschichte ist zweifellos viel älter.

Abgesehen vom Sex und vom Furzen sind Burtons Fußnoten eine Parade übergeschnappter Gelehrsamkeit, vermischt mit autobiographischen Einblendungen. *Bab* ist das arabische Wort für *Tür, Tor* und auch *Kapitel.* Natürlich gehört es zu den recht gebräuchlichen Wörtern in dieser Sprache. Burton bringt es über zwei Drittel seines neunten Bandes fertig, diesem Wort seine gelehrte Aufmerksamkeit zu widmen und darauf hinzuweisen, daß es auch eine seltene, von der üblichen Bedeutung abweichende (und im Kontext des Textabschnitts, in dem die Fußnote steht, absolut irrelevante) Bedeutung hat, nämlich *koptische Grabkammer.* Eine Anmerkung zu *Scheich* im ersten Band erklärt uns, daß der islamischen Lehre zufolge Abraham der erste Mann war, der sich das Haar scheitelte und der einen Zahnstocher benutzte. In einer Anmerkung im fünften Supplementband zitiert er Swedenborg dazu, warum im Jenseits niemand mehr den Menschen auf den Hinterkopf schaue. In anderen Anmerkungen erinnert er sich, wie er einmal in Alexandria von einem Hund angefallen wurde, oder ruft sich Séancen ins Gedächtnis, an denen er teilnahm. Sicherlich belebten solche Exkurse die öde Schufterei des Zu-Papier-Bringens seiner Übersetzung und der Kollationierung mit dem Payneschen Werk. Burtons Fußnoten sind aufdringlich, verrückt und sehr persönlich gefärbt. Es ist verlockend, darüber zu spekulieren, ob sie vielleicht als eins der Vorbilder für Kinbotes egozentrisch derangierte Fußnotengelehrsamkeit in Nabokovs herrlichem Roman *Bleiches Feuer* gedient haben könnten. Aber es gibt keinen Beweis dafür, daß Nabokov je Burton gelesen hat.

In den letzten Jahren ist es geradezu Mode geworden, über Burton, den Buchautor, zu debattieren, als wäre er der typische Vertreter des viktorianischen England und seines Empires gewesen, einer der Orientalisten, die ein Konzept für den Kolonialismus entwarfen. Aus dieser Perspektive heraus können Werke von Burton und anderen Orientalisten des neunzehnten Jahrhunderts als auf Akte kultureller Beleidigung hinauslaufend angesehen werden. Zum Beispiel trägt Burton, Rana Kabbani zufolge, sehr viel Schuld daran, daß der Mythos vom erotischen und ausbeutbaren Orient aufgebaut wurde.[55] Es ist allerdings wahr, daß Burton versuchte, seine Werke mit dem Hinweis zu rechtfertigen und für seine Ausgabe mit ihm hausieren zu gehen, daß das britische Empire mit seinen Millionen indischer und afrikanischer Untertanen das größte muslimische Reich sei, das die Welt je erlebt habe. Er ging sogar so weit zu behaupten, daß die Geschichten der *Tausendundeinen Nacht* einen durch nichts zu übertreffenden Einblick in deren Sitten und Institutionen gebe.[56] Es ist ebenfalls wahr, daß Burton sich die rassistischen und sexistischen Elemente in *Tausendundeiner Nacht* herausgriff und sie zusätzlich ausschmückte. Aber er hat sie nicht erfunden. Zudem ist deutlich, daß Burtons *The Arabian Nights' Entertainments* das Werk eines exzentrischen und verbitterten Außenseiters waren, eines Mannes, der mit dem Foreign Office, dem Auswärtigen Amt, und den Kolonialbehörden ebenso auf Kriegsfuß stand wie mit der anglikanischen Kirche und nahezu der gesamten literarischen und akademischen Welt. Das Foreign Office hatte ihm seine Dienste nicht gelohnt, und er hatte wenig mit ihm im Sinn.

Es war abzusehen, daß Burtons Werk von Anhängern der Laneschen Übersetzung angegriffen werden würde, so wie das von Payne Angriffen durch sie ausgesetzt gewesen war. Burton hatte es geradezu darauf angelegt, Kontroversen heraufzubeschwören. Seine Anmerkungen und Appendices sind gespickt mit Korrekturen der Übersetzungen von Scott, Torrens und Lane und Invektiven gegen sie. Die Orientalisten, die Payne beraten und unterstützt hatten, taten das in einer neuen Runde der Polemik über dieses Thema auch mit Burton. Swinburne schrieb – schlechte – Verse, in denen er das Erscheinen der Burtonschen Übersetzung pries. Payne selbst, der Burton in der Öffentlichkeit unterstützte, hatte privat doch Vorbehalte gegenüber der neuen Version. Er meinte, Burton habe kein Gespür für Poesie. Schlimmer war, daß Payne fand, Burtons Konzentration auf die obszönen Passagen sei übertrieben. Es subsumiere sich zu einem »Wühlen im Schmutz«.

Henry Reeve charakterisierte die damals verbreiteten Übersetzungen in der *Edinburgh Review* so: »Galland ist für die Kinderstube, Lane für die Bibliothek, Payne für die Studierstube und Burton für die Gosse.«[57] Viele zogen wie er Lanes ruhigere Prosa vor, wie T. E. Lawrence viel später formulierte: »Es macht nichts aus, wenn einem etwas fehlt, wenn man gar nichts anstrebt. Deswegen ist Lanes Übersetzung besser als die von Burton.« Andere kritisierten Burtons Übersetzung, weil sie – angeblich – viel zu wörtlich sei, die Wort-für-Wort-Umsetzung, Nomen für Nomen, Verb für Verb, erzeuge oft seltsame bis unschöne Ergebnisse. Burtons Übersetzung jedoch überlebte all diese Angriffe blendend, und seine Kritik des Laneschen Auswahlverfahrens war insgesamt gerechtfertigt. Burton lieferte eine vollständige Ausgabe der Erzählungen. Ja, er nahm in die Supplementbände sogar Varianten von Erzählungen auf, die er bereits übersetzt hatte. Sein Urteilsvermögen über Verdienste oder Mängel einzelner Geschichten war insgesamt gut, und er hatte ein weitaus realistischeres Gespür für die Geschichte der Sammlung als Lane.

Gallands Übersetzung fand, wie nicht anders zu erwarten, immer noch sehr viel Anklang bei seinen Landsleuten. So kam es erst um die Wende zum zwanzigsten Jahrhundert zu dem Versuch einer Neuübersetzung ins Französische. Aber derjenige, der daran ging, das zu unternehmen, war selbst kein Franzose. Mardrus' Großvater war Mingrelier, er stammte aus dem Kaukasus und hatte mit den Muslims unter Schamyl gegen die Annektion des Kaukasus durch die Russen gekämpft. Nach der endgültigen Niederlage von Schamyl floh die Familie Mardrus nach Ägypten, und das Oberhaupt des Mardrus-Clans wurde Oberhaupt der dortigen mingrelischen Gemeinde. Joseph Charles Mardrus wurde 1868 in Kairo geboren und wuchs in einer arabischsprachigen Umgebung auf, aber Arabisch war, wie zu zeigen sein wird, nicht seine erste Sprache.[58] Dann ging der junge Mardrus nach Frankreich und strebte eine medizinische Karriere an. Als Sanitätsoffizier des Innenministeriums arbeitete er vorwiegend in den französischen Kolonien, besonders in Nordafrika. Seine Übersetzung der *Tausendundeinen Nacht* erschien 1899-1904; eine sehr lesbare englische Übersetzung des Mardrusschen Französisch von Powys Mathers kam 1923 heraus. Mardrus produzierte darüber hinaus noch einiges an Exotischem und Mystischem, darunter *La Reine de Saba*, *Die Königin von Saba*, und *L'Oiseau des hauteurs*, *Der Höhenvogel*, Werke, die heute vergessen sind. Mardrus' Frau, Lucie Delarue-Mardrus, war eine Dichterin von einiger Bedeutung und stand einem Kreis literarischer Lesbierinnen vor. In seinen letzten Lebensjahren war Proust, wie nicht weiter erstaunlich, ein häufiger Besucher ihres Kreises, und es gibt in Prousts *Auf der Suche nach der verlorenen Zeit* mehrere Hinweise auf die *Tausendundeine-Nacht*-Übersetzung ihres Mannes. Lucie veröffentlichte 1938 ihre Memoiren, aber ihr Mann und sein Werk spielen in diesen fragmentarischen und egozentrischen Notizen kaum eine Rolle. Joseph Charles Mardrus starb 1949.

Mardrus' sechzehnbändige Übersetzung *Le Livre des milles nuits et une nuit* hat ein kurzes Vorwort, das ihre strenge und wörtliche Genauigkeit rühmt: »Zum ersten Mal wird dem Leser in Europa eine vollständige und getreue Übersetzung der *Tausendundeinen Nacht* geboten. Der Leser wird hier Wort für Wort rein, unverändert, wiederfinden. Der arabische Text hat lediglich seine Schriftzeichen geändert: hier steht er in französischen Schriftzeichen, bitte, das ist alles!« – Der Gedanke scheint nicht ganz unattraktiv! – Als die Übersetzung erschien, wurde sie als Triumph begrüßt. Aber die, die sie begrüßten, waren Literaten und Literaturinteressierte, nicht Wissenschaftler. Mardrus' Übersetzung, die allerdings eher eine freie Adaption war, traf den literarischen Geschmack der Zeit. André Gide war ein persönlicher Freund von Mardrus. Er brachte in einem Artikel mit dem Titel *Die Tausendundein Nächte des Dr. Mardrus* vor, daß Gallands formende Sensibilität, sein stets präsenter guter Geschmack so sehr in seine Übersetzung eingegangen sei, daß sie uns tatsächlich mehr über die Welt von Ludwig XV. erzähle als über die von Harun er-Raschid. Gide konnte allerdings nicht Arabisch und war auch nicht fähig, sich über die Grenzen des guten Geschmacks seiner Zeit hinwegzusetzen. Er merkte deswegen gar nicht, wie sehr Mardrus' Übersetzung zu seiner eigenen Zeit und von ihr sprach. Mardrus nahm sich Elemente aus dem arabischen Text, die dort durchaus vorhanden waren, arbeitete sie um, übertrieb, erfand, formte *Tausendundeine Nacht* so um, daß die Geschichten manchmal so wirken, als habe Oscar Wilde oder Stéphane Mallarmé sie geschrieben. Mardrus' Version der arabischen Geschichten war ein verspätetes Produkt des fin-de-siècle-Geschmacks, das Bild eines Phantasie-Orients, komponiert aus Opium-Träumereien, juwelengeschmückter Ausschweifung, verlorenen Paradiesen, melancholischer Üppigkeit und in vergoldeten Käfigen schmachtenden Odalisken.

Als Mardrus mit seiner Übersetzung begann, behauptete er, er benutze die »beste« Version der *Alf Laila wa-Laila*, den Bulaker Text. Aber nachdem einige Arabisten sich kritisch geäußert hatten, denen Diskrepanzen zwischen Mardrus' Übersetzung und dem Bulaker Druck aufgefallen waren, erfand er eine andere Geschichte. Nun behauptete er, er übersetze eine nordafrikanische Handschrift der *Tausendundeinen Nacht*, von der er annehme, sie habe dem Bulaker Druck zugrundegelegen. Es ist klar, daß Mardrus log und daß es seine Handschrift überhaupt nicht gab.

Die neuen Elemente in seiner Übersetzung entstammen der Phantasie des Übersetzers. Mardrus schmückte den arabischen Text aus und fügte ganze neue Geschichten ein. Viele der Mardrusschen Interpolationen sind erotischer Natur, denn er teilte Burtons unausgesprochene Meinung, daß *Tausendundeine Nacht* nicht schmutzig genug sei. Er scheint angenommen zu haben, daß eine Steigerung der erotischen Elemente in den Geschichten diese auf alle Fälle verbessern würde. An anderen Stellen fügte Mardrus aufmüpfige kleine antisemitische »Verschönerungen« aus seiner Feder hinzu. Allgemeiner: er leistete alle Arten von »Verbesserungen« der Geschichten. Seine Erfindungen tendieren manchmal zu Feindseligkeit oder auch Ironie. Zum Beispiel fand A. Gide ein kleines Stück aus einem Dialog zwischen Schehrezad und Schehrijar besonders reizvoll. Da nämlich, wo Schehrijar die Schehrezad fragt, in welcher Sprache denn die Tiere sprächen, und sie antwortet: »In reinster arabischer Prosa oder arabischen Versen.« Tatsächlich macht sich Mardrus hier lustig, denn dieses Frage-Antwort-Spiel steht in keiner der arabischen Versionen. Einmal abgesehen von den Zusätzen hat Mardrus einige Geschichten weggelassen und andere umstrukturiert, um sie seinem eigenen Geschmack anzupassen.

Aber auch Mardrus' Übersetzung aus dem Arabischen, wenn er wirklich einmal aus dem Arabischen übersetzte, rief Kritik hervor. Manchmal war sie geradezu peinlich genau, andere Male war sie ganz einfach falsch. Mardrus' stellenweise überkorrekte Wörtlichkeit verführte ihn dazu, normales, gutes Arabisch in ein groteskes Französisch umzusetzen. Das arabische Wort *'ain* zum Beispiel heißt *Auge*, kann aber auch *Brunnen*, *Quelle* oder *Wesen* heißen. Mardrus hat aber an Stellen, wo es ganz deutlich eine *Quelle* oder eine andere *Wasserstelle* bedeutet, als *das Auge des Wassers* übersetzt. *Dīn* bedeutet *Religion* und *Schuld*, Mardrus setzt es immer in *Religion* um, unabhängig davon, ob das im jeweiligen Kontext richtig ist oder nicht. Es ist allerdings natürlich möglich, daß solche Wörtlichkeiten dem Text in den Augen mancher Leser ein gewisses exotisches Flair verleihen. Doch vieles an diesem Exotismus ist gefälscht. Er hat nur wenig mit dem Originaltext zu tun, dafür aber sehr viel mit der Exzentrizität des Übersetzers. Darüber hinaus, das heißt, über Mardrus' einseitige Praxis hinaus, für arabische Wörter völlig unabhängig vom Sinn französische Entsprechungen zu finden, gibt es viele Dinge in Mardrus' Version, die schlicht Übersetzungsfehler sind. Seine Übersetzung wurde von akademisch tätigen Arabisten heftig kritisiert. Als Entgegnung versprach Mardrus einen dicken Band gelehrt kommentierender und rechtfertigender Stücke zu produzieren, die abschließend seine Akkuratesse und seine Wissenschaftlichkeit beweisen sollten. Es ist nicht weiter überraschend, daß dieser Band nie zustande kam. Duncan Black Macdonald[59] war, vielleicht, um Mardrus gegenüber Fairness walten zu lassen, in einer Art angestrengten Gnadenakts freundlich genug, darauf hinzuweisen, daß nicht alle Fehler Mardrus' auf ihn selbst zurückgingen, sondern daß einige direkt aus der Gallandschen Version abgeschrieben waren. Macdonald mußte aber doch feststellen: »Die arabistische Gelehrsamkeit von Dr. Mardrus ist unter aller Kritik.« Suhair el-Kalamawi, Verfasserin einer der besten Untersuchungen über *Tausendundeine Nacht* in arabischer Sprache, urteilte, daß »wir zu unserm größten Bedauern seine Übersetzung wegen ihrer Vulgarität und ihrer Entstellungen nicht als wissenschaftlich korrekt ansehen können«.

1923 schlug der Verleger Jonathan Cape T. E. Lawrence[60] vor, Mardrus ins Englische zu übersetzen. Lawrence antwortete voller Enthusiasmus und definierte die Mardrussche Übersetzung als »die beste Version in irgendeiner Sprache überhaupt, selbst der des Originals, die im Caféhaus-Stil abgefaßt ist: Es ist ein ehrgeiziges Unternehmen, eine noch bessere englische Version fertigen zu wollen: aber ich denke trotzdem, das ist möglich. Besser, so meine ich, als Prosa. Mardrus' Korrektheit kann nicht übertroffen werden. Die Konkurrenz im Englischen ist so schlimm nicht. Payne ist verworren: Burton unlesbar: Lane pompös.«[61] T. E. Lawrence' lebhaftes Lob der

Mardrusschen Übersetzung läßt – nicht zum ersten Mal, natürlich, – seine Urteilsfähigkeit zweifelhaft erscheinen, und man fragt sich, wie gut denn eigentlich Lawrence' Arabisch-Kenntnisse waren. Bei all seiner Liebe für die Araber in der Wüste hatte Lawrence kaum Kenntnisse von der arabischen Literatur oder Interesse für sie. Es wurde aber am Ende nichts aus der Lawrence/Mardrus-Ausgabe. Powys Mathers fertigte eine gute Übersetzung des Französischen von Mardrus an, aber ob dies die Übersetzung wert war, ist eine andere Frage.

Die Schlüsselübersetzungen der *Tausendundeinen Nacht* erfolgten ins Englische und Französische,[62] aber die Erzählungen sind natürlich in fast alle Literatursprachen der Welt übersetzt worden, wenn auch erst relativ spät direkt aus dem Arabischen.[63] Heutige deutsche Leser sind mit Enno Littmanns vollständiger und sehr textgetreuer sechsbändiger Übersetzung (1921-1928 u. ö. im Insel-Verlag) gut bedient. Enno Littmann (1875-1958) war Professor für Arabistik und Äthiopistik an der Universität Tübingen, beherrschte über orientalische Sprachen hinaus aber auch Latein, Griechisch und Italienisch.[64] Borges hat zwar zugegeben, daß Littmanns Übersetzung genau und vollkommen wissenschaftlich ist, aber obwohl sich Littmann teilweise auf Burton stützt, verdammt er ihn wegen seiner Farblosigkeit: »Bei Littmann, der so wenig wie George Washington einer Lüge fähig ist, gibt es nichts außer der deutschen Rechtschaffenheit. Das ist sehr wenig; es ist zu wenig. Bei dem Verkehr zwischen Deutschland und den ›Nächten‹ hätte etwas mehr herauskommen sollen.«[65]

In Italien saß der brillante Arabist Francesco Gabrieli einem ganzen Team anonymer Übersetzer vor, die den Bulaker Druck in Kollationierung mit Kalkutta II übertrugen. Gabrieli hatte einen erfrischend kritischen Standpunkt gegenüber dem, was übersetzt wurde. Er kritisierte die Geschichten wegen ihrer intellektuellen Dürftigkeit, ihrer Infantilität, ihrer psychologischen Seichtheit, ihres Mangels an innerer Logik und weil sie zu leicht zu Magie und Wundern Zuflucht nahmen.[66] Gabrielis Meinung von den Geschichten ist niederschmetternd. Aber man kann seine Einleitung ebenso wie seine Übersetzung italienischen Lesern empfehlen. Auch russische Leser sind durch eine Übersetzung von Sal'e, die in den Jahren 1929-33 erschien, gut daran. Diese Übersetzung wurde durch den Verlag der Akademie der Wissenschaften in Moskau unter dem Patronat von Maxim Gorki veröffentlicht. Gorki hatte dieses Projekt initiiert, um Schriftsteller und Akademiemitglieder vor dem Hungertod zu retten.

Es wurde schon in der Einleitung gesagt, daß es seit kurzem eine englische Übersetzung der Textausgabe von Muhsin Mahdi für die Handschrift gibt, die Galland benutzt hat. Gefertigt hat sie Husain Haddawy. Seine Übersetzung, 1990 publiziert, umfaßt 271 Nächte und endet mit der *Geschichte von Dschullanar der Meermaid.* Sie enthält natürlich keine der Geschichten, für die keine orientalische Textvorlage existiert, auch nichts von den *Tausendundeine-Nacht*-Apokryphen. Einige Leser mögen deswegen dem umfangreicheren Geschichtenspektrum den Vorzug geben, das von N. J. Dawood nach der zweiten Kalkuttaer Ausgabe für Penguin übersetzt wurde (London 1973). Aber Haddawys Übersetzung ist ebenso genau wie hübsch zu lesen. Außerdem enthält der Text der Mahdi-Ausgabe viele künstlerische Details, die in den gedruckten Versionen der Kalkuttaer und der Bulaker Ausgabe fehlen. Denjenigen, die eine Kostprobe der *Tausendundeine Nacht* haben und einen richtigen Eindruck vom Stil und dem künstlerischen Charakter der Geschichten gewinnen wollen, kann Haddawys Übersetzung ins Englische nur wärmstens empfohlen werden.[67]

2

Ein Buch ohne Autoren

Kann Textkritik unser Vergnügen an der Lektüre zum Beispiel der *Geschichte von den drei Äpfeln* (Li I, S. 212-289) oder der *Geschichte des Barbiers* (Li I, S. 361-400) in irgendeiner Weise steigern? Das erscheint zweifelhaft. Aber Debatten über die mündliche oder schriftliche Überlieferung der *Tausendundeinen Nacht*, ihre volkstümlichen Quellen und orientalischen Prototypen, ihren sozialen und politischen Gehalt und vieles andere werden in einem luftleeren Raum geführt, solange man nicht einige Kenntnisse davon hat, wie die frühen Versionen der Sammlung ausgesehen haben könnten, Kenntnisse auch darüber, wie dieser Geschichtenkorpus in einer arabischen Kompilation zustande kam. Außerdem wird, so hoffe ich, deutlich werden, daß das Geheimnis von Textkritik und editorischer Technik seinen eigenen trockenen Charme hat. Textkritik ist Detektivarbeit, eine Mischung aus Routinegängen und gelegentlich inspirierter Deduktion, an deren Schluß Zweifel geringer, Identitäten deutlich geworden sind und sogar Betrüger entlarvt werden können. Denn die Geschichte der textlichen Überlieferung der Sammlung ist, wie wir noch sehen werden, verdunkelt durch Fälscher und Leute, die Imitationen von Handschriften mit Geschichten zusammenstellten.

Daß es eine Geschichtensammlung *Tausendundeine Nacht* gab, war in Westeuropa nicht bekannt, bis Galland 1704 damit begann, seine Übersetzung zu veröffentlichen, auch wenn, wie wir sehen werden, einzelne Geschichten aus der Sammlung in europäische Erzählsammlungen des Mittelalters und der Renaissance Aufnahme gefunden hatten. Zunächst wurden die Geschichten gelesen, weil sie unterhaltsam waren, und nur als eine Quelle für Parodien und Imitationen orientalischer Feenmärchen gründlicher betrachtet. Die Erforschung solcher Fragen wie die Quelle oder die Quellen der Geschichten, die Zeit ihrer Kompilation, ihre möglichen Autoren, begann erst in den ersten Jahrzehnten des neunzehnten Jahrhunderts. Das heißt, die ernsthafte Erforschung der *Tausendundeinen Nacht* ging einher mit der Entwicklung der Orientalistik als akademischer Disziplin. Die dreijährige Besetzung Ägyptens durch Napoleon Bonaparte 1798-1801, der Bedarf der East India Company an Leuten mit guten Sprachkenntnissen, das vermehrte Interesse von Theologen an semitischen Sprachen, die dem Hebräischen nahe verwandt waren, die Gründung der Societé Asiatique 1821, der Royal Asiatic Society 1823,[1] das alles ließ das Interesse an der Sprache und Literatur der Araber wachsen.[2]

Es war europäisches Interesse an dem Werk, das den ersten arabischen Druck der *Tausendundeinen Nacht* bewirkte:[3] nämlich in zwei Bänden in Indien 1814-18 unter dem Patronat des College von Fort William in Kalkutta. Dieses unterstand der East India Company, der »Ostindien-Gesellschaft«.[4] Der Text, der die ersten zweihundert Nächte umfaßt, also auf der von Galland benutzten Handschrift der syrischen Rezension, beruht, ist heute als der erste Kalkuttaer Druck bekannt.[5] Scheich Schirwani, ein Lehrer am College und der, der die Ausgabe Kalkutta I zusammenstellte, macht keine Angaben darüber, welche Handschrift seine Quelle war. Schirwani versuchte auch gar nicht, eine wissenschaftliche Edition zu erstellen, vielmehr wollte er einen unterhaltsamen Text herausbringen, den Engländer und andere, die Arabisch lernten, benutzen konnten. Er glaubte tatsächlich, daß der Text von einem Araber aus Syrien stammte, der ihn für Leute geschrieben hatte, die Arabisch lernten. Wie wir gesehen haben, war die nächste gedruckte Version die, die in Breslau von Maximilian Habicht und nach dessen Tod von Heinrich Leberecht Fleischer herausgebracht wurde, der Breslauer Druck (1824-1843).[6] Daß diese und spätere gedruckte Fassungen der *Alf Laila wa-Laila* nun gedruckt zugänglich waren, trug stark zur Entwicklung der wissenschaftlichen Debatte über ihren Ursprung bei.

Louis Mathieu Langlès (1763-1824) gründete 1795 die

École Spéciale des Langues Orientales Vivantes, »Die Spezialschule für lebende orientalische Sprachen«, in Paris.[7] 1814 äußerte er im Vorwort zu seiner Ausgabe der arabischen Texte von *Les voyages de Sindbad le marin et la ruse des femmes*, *Die Reisen von Sindbad dem Seefahrer* und *Die List der Frauen*, mit französischer Übersetzung die Vermutung, daß die Geschichten aus *Tausendundeiner Nacht* ursprünglich aus Indien stammten, und zitierte als Beweis eine Stelle aus der historisch-schöngeistigen Enzyklopädie des Bagdader Polyhistors el-Mas'udi (starb in Kairo 956) mit dem Ziertitel *Goldwäschen und Edelsteinminen*. Seine Anregung wurde vom Baron von Hammer, von dessen Laufbahn und *Tausendundeiner-Nacht*-Übersetzung im vorigen Kapitel die Rede war, aufgenommen und weiterentwickelt. In Artikeln in der Fachzeitschrift *Journal Asiatique*, *Asiatische Zeitschrift*, von 1826 und 1839 betonte Hammer die Rolle von Persien und der persischen Sprache als Kanäle, über die diese indischen Geschichten die arabischen Länder, und zwar zunächst das Zweistromland, noch vor dem zehnten Jahrhundert erreicht hätten. Doch Hammers Argumente beeindruckten Silvestre de Sacy nicht. Baron Antoine Silvestre de Sacy (1758-1838) war ein Jansenist, Royalist, Positivist, großer Linguist, Experte im Edieren von Texten, Autor einer epochemachenden arabischen Grammatik (1810).[8] Später wurde er Nachfolger von Langlès als Direktor dieser Schule. Er war der Lehrer einer ganzen Generation von Arabisten. Zu seinen Schülern und/oder Protégés gehörten Maximilian Habicht, Heinrich Leberecht Fleischer, Jean Varsy und der christliche Syrer Michail Sabbagh. 1817 veröffentlichte de Sacy eine Rezension des ersten Kalkuttaer Drucks von *Tausendundeiner Nacht*. In dieser Rezension setzte er den Wert der Aussage bei el-Mas'udi über den persischen und letztlich indischen Ursprung der Geschichten reichlich oberflächlich herab: Diese Geschichten erschienen ihm zu arabisch und auch zu islamisch, als daß sie aus Indien stammen könnten. In einem späteren Artikel, publiziert in den *Mémoires* der Académie des Inscriptions et Belles-Lettres, den *Gedenk-*

schriften der Akademie für Inschriften und Schöne Literatur, legte er dar, daß das Werk in Syrien im dreizehnten Jahrhundert entstanden sei, daß sein Autor es aber nicht abgeschlossen habe.[9]

1835 wurde eine neue Rezension der Sammlung in zwei Bänden in Ägypten, in der Bulaker Druckerei, gedruckt.[10] Eine Druckerpresse mit arabischen Lettern war kurzzeitig durch Napoleon in Kairo eingerichtet worden, als die Franzosen 1798 in Ägypten eindrangen.[11] Aber die Druckerei, die unter Muhammad Alis Ägide 1821 im Vorort Bulak bei Kairo gegründet wurde, war die erste einheimische Druckerpresse in Ägypten und im arabischen Raum überhaupt.[12] Ein gewisser Scheich Abd er-Rahman es-Safti esch-Scharkawi schaute *Alf Laila wa-Laila* für den Druck durch. Seine Edition enthält keinen Hinweis auf die handschriftliche Quelle, aber der Bulaker Text sollte die Basis der meisten späteren gedruckten Versionen der *Tausendundeinen Nacht* werden. Er war auch die Grundlage für Lanes Übersetzung. Im Unterschied zu anderen gedruckten Versionen sieht der Bulaker Text nicht aus wie ein aus mehreren Quellen zusammengesetzter. Vielmehr nimmt man an, daß er auf einer einzigen ägyptischen Handschrift aus dem achtzehnten Jahrhundert beruht, die aber verloren gegangen ist. Das Arabische der Quelle für den Bulaker Druck war insgesamt korrekter als die verstümmelten und halb umgangssprachlichen Fassungen in den Handschriften, die den Kompilationen des ersten Kalkuttaer Drucks und der Breslauer Ausgabe zugrundelagen. Der Bulaker Text diente auch als Quelle für die vierte und letzte der historisch bedeutenden gedruckten Fassungen. Diese wurde in vier Bänden in Kalkutta 1839-42 publiziert und wird üblicherweise als Kalkutta II oder zweiter Kalkuttaer Druck bezeichnet.[13] W. H. Macnaghten, der die Ausgabe besorgte, benutzte nicht nur die Bulaker Ausgabe, sondern auch die beiden anderen gedruckten Versionen und eine ägyptische Handschrift aus dem achtzehnten Jahrhundert. Da sie auf mehr Quellen beruht, erschien die Kalkuttaer Ausgabe als die »vollständigste« Version der *Tausendundeinen*

Nacht und wurde deshalb von Torrens, Payne, Burton und Littmann als Grundlage für ihre Übersetzungen gewählt. Obwohl doch so etwas wie Wissenschaftler bei diesen Drucken mitwirkten, war keine der Ausgaben eine wissenschaftliche Edition im eigentlichen Sinn des Wortes. Ihre »Herausgeber« setzten lediglich eine Handschrift in Drucktypen um, korrigierten, was sie für grammatische und phonetische Fehler hielten,[14] brachten aber selbst weitere, eigene Fehler in den Text.

Als 1838-41 Lanes verkürzte und gereinigte Übersetzung des Bulaker Texts erschien, provozierte das eine neue Welle von Spekulationen über die Herkunft und die Natur der Geschichten. Lanes Ansicht war, daß die Geschichten sehr wohl einen persischen Prototyp gehabt haben könnten, daß aber das Werk, wie wir es jetzt vor uns haben, von ein oder zwei Autoren stammen müsse, die in Ägypten während der Zeit der tscherkessischen Mamluken schrieben, das heißt um 1500. Als Burton seine Version herausbrachte, prangerte er Lanes Theorie mit einem Nachdruck an, der typisch für ihn war.[15] Burton legte dar, daß der eigentliche Kern der Geschichten aus Persien in die arabischen Länder gekommen sei. Die Geschichten hätten nicht einen einzigen Autor, sondern seien das Werk vieler Verfasser über eine sehr lange Zeit. Die letzten Zusätze stammten vermutlich aus dem sechzehnten Jahrhundert. Burton, von dem man heute sagen kann, daß seine Theorie zutraf, erhielt bei seinen Schlußfolgerungen sehr starke Unterstützung durch seine Freundschaft mit Hermann Zotenberg. Zotenberg, der während seiner beruflichen Tätigkeit an der Bibliothèque Nationale in Paris[16] dort nach orientalischen Handschriften gesucht hatte, war der erste, der einen verständlichen Überblick über die vorhandenen Handschriften der *Alf Laila wa-Laila* versuchte, der diese Handschriften miteinander verglich.[17]

Man kennt heute mindestens 22 noch existierende arabische Handschriften der *Alf Laila wa-Laila*. Die meisten von ihnen wurden von Zotenberg geprüft. Er identifizierte die Mehrheit der erhaltenen Handschriften als in Ägypten geschrieben. Nur wenige seien in Syrien entstanden. Eine Handschrift schien eine

Abschrift eines Bagdader Prototyps zu sein und damit von besonderer Bedeutung, denn die meisten Wissenschaftler waren darin einer Meinung, daß die erste arabische Version der *Alf Laila* in Bagdad zusammengestellt worden sein müßte. Ein großer Teil der Handschriften war späten Ursprungs und hatte seinen Weg in europäische Bibliotheken gefunden. Es ist durchaus möglich, daß viele der Handschriften aus dem achtzehnten und neunzehnten Jahrhundert zu Papier gebracht wurden, um Europäern einen Gefallen zu tun, die im Vorderen Orient auf Handschriftenjagd waren. Daß im Vorderen Orient nur relativ wenige Handschriften erhalten geblieben sind, könnte als Beweis dafür gelten, daß das Werk dort nicht sehr beliebt war. Andererseits könnte man auch annehmen, daß es eben die Popularität des Werks war, die dazu führte, daß die Handschriften durch eifrige Leser und, weit mehr, durch viel beschäftigte professionelle Erzähler, die sie als Gedächtnisstützen benutzten, zerlesen wurden und zerfielen.

Zotenberg hat vieles herausgefunden, was seine Annahmen bestätigt. Seine wahrscheinlich wichtigste Entdeckung ist die Identifizierung der Haupthandschrift, die Galland für seine Übersetzung benutzt hat. Das war eine dreibändige Handschrift – aber es gab, wie schon gesagt, vielleicht noch einen vierten Band, der heute nicht mehr erhalten ist. Es waren die Bände, die Galland im Jahr 1701 aus Syrien zugesandt worden waren. Sie waren nicht nur die Quelle für den größten Teil der Geschichten aus Gallands ersten Bänden, Zotenberg stellte auch ganz richtig fest, daß dies die älteste erhaltene Handschrift der Sammlung überhaupt war. Schrift, Papier und sprachlicher Stil der Handschrift weisen daraufhin, daß sie aus dem Syrien der Mamlukenzeit stammt, also Mitte dreizehntes bis frühes sechzehntes Jahrhundert. Eine handschriftliche Bemerkung am Rand zählt einige Besitzer auf. Der früheste war ein Scheich Tadsch, der in der syrischen Stadt Hama – wahrscheinlich – im späten fünfzehnten Jahrhundert gelebt hatte. Die Handschrift befand sich im Jahr 943 islamischer Zeitrechnung, das ist 1536/37 christlicher Zeitrechnung, im Besitz seines Enkelsohns. Aus der Schrift allerdings schloß Zotenberg, daß die Handschrift aus dem späten vierzehnten Jahrhundert stammen müsse. Später führte er sie auf das frühe vierzehnte Jahrhundert zurück.

Aber die dreibändige Handschrift in der Bibliothèque Nationale enthält längst nicht alle Geschichten, die in Gallands Ausgabe der *Les Mille et une nuit* stehen. Sie umfaßt nur einen sehr geringen Teil der Geschichten, die den Lesern der Payneschen oder Burtonschen, auch der Littmannschen Übersetzung der *Tausendundeinen Nacht* bekannt sind. Gallands Handschrift enthält 281 Nächte, etwa vierzig Geschichten – je nachdem, was man für eine Geschichteneinheit hält, auch ein paar mehr oder weniger. Der dritte Band der Handschrift bricht mitten in der *Geschichte von Kamar ez-Zaman* ab. So bekannte Geschichten wie *'Ala ed-Din und die Wunderlampe*, *Ali Baba und die vierzig Räuber*, *Sindbad der Seefahrer*, *Die listige Dalila*, *Prinz Ahmed und die Fee Peri Banu* und andere stehen in ihr gar nicht. Es scheint ziemlich klar zu sein, daß Galland auch eine andere frühe Handschrift zur Verfügung stand, die aber heute verloren ist. Gallands Übersetzung enthält eine ausführlichere Fassung der Rahmengeschichte als die Handschrift der Bibliothèque Nationale, und die Details, die bei Galland auftauchen, z.B. der Name des Vaters von Schehrijar, wirken nicht so, als habe er sie erfunden. Sie erscheinen tatsächlich auch in späteren ägyptischen Handschriften. John Richardsons *A Grammar of the Arabic Language ... Principally Adapted for the Service of the Honorable East India Company*, *Eine Grammatik der arabischen Sprache, vor allem für den Dienst der ehrenwerten East India Company*, von 1776 verweist gelegentlich auf Gallands Werk als »eine unvollkommene Übersetzung von nicht einmal ganz einer Hälfte ...«, bevor sie einen arabischen Text der *Geschichte des fünften Bruders des Barbiers* (Li I, S. 383-394) bringt. Die Handschrift, aus der Richardson den Text für seine Grammatik entnommen hat, die einmal dem angesehenen Orientalisten Sir William Jones gehört hat, aber heute nicht mehr existiert, scheint der syrischen

Rezension von Handschriften geähnelt zu haben, die erhalten geblieben sind, war aber doppelt so lang.

Andere syrische Handschriften, die sich im Vatikan und im India Office der britischen Regierung befinden, brechen da ab, wo es die Handschrift in der Bibliothèque Nationale tut. Diese Handschriften sind sich so ähnlich, daß sie von einer gemeinsamen Quelle abstammen müssen. Zotenberg prüfte auch die zahlreicheren ägyptischen Handschriften. Er stellte fest, daß sie weitaus mehr Geschichten enthielten, aber daß sie dahin tendierten, kondensiertere Fassungen der Geschichten zu geben, als es die syrischen Handschriften taten, – obwohl das auch nicht überall so ist. Mehr noch: Manche Geschichten sind beinah bis zur Sinnlosigkeit entstellt. Die ägyptischen Handschriften, die man meist unter *ZÄR* zusammenfaßt, das ist *Zotenbergs Ägyptische Rezension*, stammen größtenteils aus der Zeit um 1800, also etwa hundert Jahre nach der Gallandschen Übersetzung. Zotenberg entdeckte auch in einer Handschriftenkopie der Bagdader Rezension eine arabische Fassung der *Geschichte von 'Ala ed-Din und der Wunderlampe* (Li II, S. 649-780). Aber wir werden sehen, daß diese Entdeckung nicht das war, was sie zunächst zu sein schien.

In den achtziger und neunziger Jahren des vorigen Jahrhunderts haben Zotenberg und andere viel für die Erforschung der Geschichte von *Tausendundeiner Nacht* getan. Im Verlauf dieser Arbeit entstand ein Konsens darüber, wie die Textgeschichte verlaufen sein könnte. Die meisten Gelehrten stimmten dahingehend überein, daß *Tausendundeine Nacht* eine Kompilation sei und daß die frühesten Geschichten in ihr aus Indien und Persien stammten. Irgendwann, wahrscheinlich im frühen achten Jahrhundert, wurden diese Geschichten unter dem Titel *Alf Laila*, *Tausend Nächte*, ins Arabische übersetzt – der persische Titel lautete *Hezar Afsane*, das bedeutet *Tausend Geschichten*. Diese Sammlung bildete die Basis der *Tausendundeinen Nacht*. Der ursprüngliche Geschichtenbestand war ganz klein. Dann, im neunten oder zehnten Jahrhundert in Bagdad, waren diesem ursprünglichen Bestand arabische Geschichten hinzugefügt worden, darunter einige der Geschichten über den Kalifen Harun er-Raschid. Vom zehnten Jahrhundert an wurden der Sammlung Geschichten und Geschichtenzyklen hinzugefügt, die vorher als unabhängige Erzählungen umgelaufen waren, zum Beispiel der Ritterroman *Von 'Omar ibn en-Nu'man* (Li I, S. 498-II, S. 222) und das *Sindbad-Name*, das ist in der Littmannschen Übersetzung der Zyklus über *Die Tücke der Weiber* (Li IV, S. 256-366). Dann wurde vom dreizehnten Jahrhundert an in Syrien oder Ägypten eine weitere Schicht von Erzählungen hinzugefügt, von denen viele von Sex, Zauberei und dem Leben unter einfachen Leuten handeln. Später kamen in Ägypten noch mehr Geschichten dazu, damit der Text wirklich die *Tausendundein Nächte* enthielt, die der Titel versprach. Gleichzeitig wurden ältere Geschichten leicht modernisiert, so daß man in einigen Geschichten, die sicherlich aus der Zeit vor der Einführung dieser Dinge stammen, auf Gewehre, Caféhäuser und Tabak stößt.

Die Debatte über die Ursprünge und die Frühform der Sammlung stützte sich nicht nur auf Beweise, die man in den Handschriften selbst fand. Andere mittelalterliche Werke ließen die Existenz von *Tausendundeiner Nacht* oder doch etwas Ähnlichem im Mittelalter erkennen. Der arabische Polyhistor el-Mas'udi (896-956) schrieb eine entzückend weitläufige historische Enzyklopädie mit dem Titel *Die Goldwäschen und Edelsteinminen,* arabisch *Murudsch edh-Dhahab*. In einer kleinen Abschweifung über Geschichten hat er Gelegenheit festzustellen, daß

> »es Geschichtensammlungen gibt, die als Übersetzungen aus dem Persischen, Indischen und Griechischen auf uns gekommen sind. Wir haben darüber gesprochen, wie sie aufgebaut sind, zum Beispiel die *Hezar Afsane*. Die arabische Übersetzung lautet *Alf Chorafa* (*Tausend fiktive Geschichten*). Es ist die Geschichte eines Königs, eines Wesirs, der Tochter des Wesirs und deren Sklavin. Die beiden letzteren heißen Schirazad und Dinazad. Es gibt ähnliche Werke wie *Das Buch*

von Farsa und Schimas, das Anekdoten über die Könige von Indien und ihre Wesire enthält. Außerdem gibt es das *Buch von Sindbad* und andere ähnliche Sammlungen.«[18]

El-Mas'udis Beobachtungen werden generell durch Ibn en-Nadim bestätigt, der um 990 starb. Ibn en-Nadim war Handschriftenhändler in Bagdad und stellte einen Bücherkatalog mit dem Titel *Kitab el-Fihrist*, das heißt *Das Katalogbuch*, zusammen. Er nahm all die Bücher und Schriften auf, die ihm als bis zu dieser Zeit geschrieben bekannt geworden waren. Seiner Aussage zufolge wurde es zuerst im vorislamischen, im sassanidischen Iran Mode, unterhaltsame Geschichten zu schreiben und zu sammeln – etwas, was er, wie deutlich wird, nicht besonders hoch einschätzte:

»Das erste Buch mit diesem Inhalt war das Buch *Hezar Afsane*. Das bedeutet *Tausend Geschichten*. Der Grund dafür war, daß einer ihrer Könige es sich zur Gewohnheit gemacht hatte, eine Frau zu heiraten, eine Nacht mit ihr zu verbringen und sie am nächsten Morgen zu töten. Dann heiratete er ein Mädchen aus königlicher Familie, eine von denen, die Verstand und Wissen besitzen. Sie hieß Schehrezad. Wenn sie zu ihm kam, begann sie ihn mit erfundenen Geschichten zu unterhalten. Und wenn die Nacht zu Ende ging, führte sie die Geschichte so weit, daß sie den König dazu brachte, sie am Leben zu lassen und in der nächsten Nacht darum zu bitten, die Geschichte weiterzuerzählen, bis er tausend Nächte mit ihr verbracht hatte. Und während dieser ganzen Zeit schlief er mit ihr, so daß sie ein Kind von ihm bekam, das sie ihm zeigte. Und sie offenbarte ihm dabei die List, die sie gegen ihn angewandt hatte. Da wußte er ihre Klugheit zu schätzen, neigte sich ihr zu und ließ sie am Leben. Und der König hatte eine Hofmeisterin, die hieß Dinazad. Die half ihr dabei.«[19]

Ibn en-Nadim sagt, daß, obwohl die Sammlung *Hezar Afsane*, das ist *Tausend Geschichten*, hieß, sie tatsächlich nur etwa zweihundert Geschichten enthielt. Er setzt hinzu: »Ich habe es selbst mehrfach gesehen. Es ist wirklich ein anödendes Buch, voll fader Geschichten!« Im selben Kapitel des *Fihrist*, da, wo er »Bücher der Byzantiner mit Nachtgeschichten, Geschichtsbücher, Fabeln und Sprichwörter« aufzählt, sagt er: »Schehrijar, der König, und der Grund, warum er die Erzählerin Schehrezad heiratete«.[20]

Dann gibt es ein Zeugnis aus der Geniza, das ist ein jüdisches Archiv aus dem mittelalterlichen Kairo, von dem später noch die Rede sein wird. Im Notizbuch eines jüdischen Arzts und Handschriftenhändlers, das man in der Geniza fand, steht ein Vermerk, er habe eine *Alf-Laila-wa-Laila*-Handschrift an einen namentlich genannten Bekannten verliehen.[21] Hier haben wir also zum ersten Mal den Titel in seiner heutigen Form. Daß diese Geschichten etwa um diese Zeit in Ägypten umliefen, wird durch el-Makrizi bestätigt, einen ägyptischen Historiker des frühen fünfzehnten Jahrhunderts, der wiederum einen spanischen Autor, Ibn Sa'id, zitiert, der seinerseits einen gewissen el-Kurtubi, das ist »der Kordovaner«, nennt, demzufolge die Geschichten der *Tausendundeinen Nacht* im Ägypten der Fatimidenzeit kursierten, also im späten elften Jahrhundert.[22]

Schließlich behauptet Ali Aziz Efendi, der Kreter, im Vorwort zu einer türkischen Erzählsammlung aus dem späten achtzehnten Jahrhundert – also nach dem Erscheinen der Gallandschen Übersetzung! – mit dem Titel *Trugbilder der göttlichen Präsenz*, er übersetze unter anderem aus *Elf Leyle*, das heißt *Tausend Nächte*, von el-Asma'i. Alis Erzählsammlung enthält tatsächlich Versionen von Geschichten, die es auch in *Tausendundeiner Nacht* gibt. Aber er liefert keinerlei Beweise dafür, daß el-Asma'i, der bekannte basrische Philologe aus dem neunten Jahrhundert und Höfling des Kalifen Harun er-Raschid, tatsächlich eine solche Sammlung zusammenstellte. Wissenschaftler hüten sich auch davor, die Sammlung *Tausendundeine Nacht* einem einzelnen Autor zuzuschreiben.[23]

Obwohl solche Quellen die Annahme nahelegten, daß etwas wie *Tausendundeine Nacht* im neunten oder zehnten Jahrhundert umlief, brauchten Wissenschaftler ziemlich lange, bis sie irgendeinen Text oder ein Textfragment der Sammlung identifizieren konnten, der oder das vor dem dreizehnten Jahrhundert geschrieben sein konnte. Aber nach dem Zweiten Weltkrieg wurde eine interessante Entdeckung gemacht. Das waren einige fragmentarische Blätter aus dem neunten Jahrhundert, die in der trockenen Luft Ägyptens erhalten geblieben sind. Sie wurden von der Universität Chicago angekauft und von der bekannten Papyrologin und Literaturwissenschaftlerin Nabia Abbott entziffert und veröffentlicht. Es ist eine der ältesten erhaltenen Handschriften aus dem arabischen Raum überhaupt. Durch einen glücklichen Zufall trägt das Fragment, das erhalten geblieben ist, den Titel *Kitab Hadith Alf Laila*, *Das Buch der Geschichte(n) der Tausend Nächte*, und enthält ungefähr fünfzehn Zeilen vom Beginn des Buches, in denen Dinazad Schehrezad bittet, wenn sie noch nicht eingeschlafen sei, ihr die Geschichte zu erzählen, die sie ihr gestern Nacht versprochen habe und »Beispiele für Vorzüge und Mängel, Verschlagenheit und Unwissenheit, Großmut und Geiz, Mut und Feigheit« zu bringen, »die der Mensch in sich trägt, weil sie ihm angeboren sind oder weil er sie sich angeeignet hat, die zu seinen charakteristischen Eigenschaften gehören oder auch zu höfischen Manieren, syrische oder beduinische.«[24] Der Titel lautet ganz offensichtlich etwas anders, und es gibt auch in diesem Fragment des Prologs der Rahmengeschichte keinen Hinweis auf das Unglück, das Schehrijar und Schahzaman widerfuhr. Aber augenscheinlich haben wir hier einen Prototyp der *Tausendundeinen Nacht* vor uns.

Es erscheint nach dem bis jetzt Gesagten wahrscheinlich, daß das persische *Hezar Afsaneh* im achten oder frühen neunten Jahrhundert ins Arabische übersetzt wurde und den Titel *Alf Chorafa*, das heißt *Tausend fiktive Geschichten*, erhielt, bevor die Sammlung schließlich in *Alf Laila* umbenannt wurde. Aber es ist immer noch unklar, welche Verbindung zwischen diesem frühen Textfragment und den Geschichten der *Tausendundeinen Nacht* bestand, wie sie in späteren und vollständigen Handschriften überlebt haben, und welche Beziehungen zwischen den syrischen Handschriften und den späteren ägyptischen Versionen bestehen. Da es keine kritische Ausgabe der *Tausendundeinen Nacht* gibt, sind alle Meinungen zumindest spekulativ. Duncan Black Macdonald[25] äußerte als erster die Absicht, eine kritische Ausgabe der *Tausendundeinen Nacht* in ihrer frühesten Form herzustellen, wie sie aus den vorhandenen Handschriften erschlossen werden kann.

Macdonald wurde 1863 in Glasgow geboren. Er studierte dort und in Berlin Semitische Sprachen und lehrte dann, seit 1892, in den USA, am Theologischen Seminar in Hartford (Connecticut). Sein akademisches Hauptinteresse galt der muslimischen Theologie und Denkweise. Sein Interesse an *Tausendundeiner Nacht* erwuchs tatsächlich als Nebenlinie zu seinem Hauptinteressengebiet, denn er glaubte, die Geschichten könnten als Quelle für Phänomene und Vorstellungsweisen muslimischer Volksfrömmigkeit dienen. Macdonald interessierte sich vor allem für die unsichtbare Welt und für Parapsychologie.

Macdonald trat in die Fußstapfen Zotenbergs. Er prüfte die Handschriften der *Alf Laila wa-Laila* und veröffentlichte seit 1908 Untersuchungen zu diesem Thema. Zu seinen Verdiensten auf dem Gebiet der *Alf-Laila*-Forschung gehört die Entdeckung eines Unikums der *Geschichte von Ali Baba und den vierzig Räubern* (Li II, S. 780-848) in der Bodleian Library in Oxford. *Die Geschichte von Ali Baba* steht nicht in der Handschrift der Pariser Nationalbibliothek. Man vermutete schon, Galland könnte die Geschichte erfunden haben. Macdonald wies auch bis ins Detail nach, daß die *Handschrift aus Tunis* von Habicht, also die angebliche Grundlage der Breslauer Edition, nie existiert hat, sondern daß die Ausgabe auf einer Vielzahl handschriftlicher Quellen beruht. Macdonald hatte vor, die Handschrift Gallands zu edieren und sie für diese Edition mit anderen frühen Handschriften syrischer Herkunft zu kollationieren, die sich im Vatikan befinden. Dieses Projekt scheint aber bis zu seinem Tod im Jahr 1943 nicht sehr weit gediehen zu sein.

Die Techniken für das Edieren mittelalterlicher Texte, seien sie nun europäischer oder orientalischer Herkunft, sind die, die für die Edition von literarischen Texten aus der Antike entwikkelt wurden.[26] Diese Techniken beruhen in starkem Maße auf dem, was man die Psychopathologie des Abschreibfehlers nennen könnte. Der kritische Herausgeber eines Texts, der sich auf eine Anzahl später und variierender Abschriften längst nicht mehr existierender Originalhandschriften stützt, will die ursprüngliche Textfassung so genau wie möglich rekonstruieren. Er tut dies, indem er ein Stemma oder einen hypothetischen Stammbaum erstellt, demzufolge einige Handschriften von einer oder mehreren früheren Handschriften abstammen. Gemeinsame Irrtümer sind entscheidend, um die Abhängigkeit von Handschriften von einer gemeinsamen Quelle zu rekonstruieren. Denn es können zwar Abschreibfehler, die in einer frühen und in einer späten Handschrift desselben Werks gleichermaßen vorhanden sind, durchaus auf Zufällen beruhen, aber sehr wahrscheinlich ist es nicht. Es ist viel wahrscheinlicher, daß die spätere Handschrift direkt von der jüngeren – oder von einer Abschrift der jüngeren – abgeschrieben wurde, oder aber, daß die beiden Handschriften einen gemeinsamen Ursprung haben und daß die ihnen gemeinsamen Irrtümer von einer Handschrift herrühren, von der beide kopiert wurden. Gemeinsame Irrtümer in Abschreibpsychopathologie schließen Haplographie ein, das heißt, etwas nur einmal schreiben, was zweimal hätte geschrieben werden müssen, Dittographie, das heißt, etwas zweimal schreiben, was nur einmal geschrieben zu werden brauchte, und den Sprung vom Identischen zum Identischen (saut du même au même), das heißt, zum selben Wort oder Satz auf derselben Seite. Durch das Aufspüren gemeinsamer Irrtümer wird ein Stammbaum von Handschriften erstellt, der dem System, das Linné im achtzehnten Jahrhundert für die Klassifizierung biologischer Organismen aufstellte, erstaunlich ähnlich ist.

Der kritische Editor versucht zunächst unter anderem festzustellen, welches die älteste Handschrift ist. Aber man sollte daran denken, daß die älteste Handschrift nicht unbedingt die beste sein muß. Eine späte Handschrift kann sich leicht als gute Abschrift einer jetzt verlorenen Handschrift früheren Datums erweisen. Wichtiger ist, daß der Editor versucht, den Archetyp des Stemmas aufzustellen und zu datieren, also die hypothetische Handschrift, von der alle erhaltenen Handschriften mit ihren unterschiedlichen Überlieferungssträngen von Irrtümern abstammen. Dem Textwissenschaftler Paul Maas zufolge ist der Archetyp »das Exemplar, von dem die erste Abspaltung erfolgte«. Der Archetyp ist aber nicht notwendigerweise und meist ohnehin nur selten dasselbe wie die erste Version der Handschrift. Der Editor kann versuchen, über den Archetyp hinauszugehen, zu vermuten, wie die Quelle aussah, als sie zuerst niedergeschrieben wurde, mit der Beseitigung all der Fehler und großzügigen Interpolationen, das heißt, eine hypothetische Textkonstitution vorzulegen.

Ein Stemma wird etwas kompliziert, wenn nachgewiesen werden kann, daß eine wechselseitige Kontamination stattgefunden hat, das heißt, wenn mehr als eine Handschrift konsultiert, mehr als eine Abschrift des fraglichen Werks vorgenommen wurde; mit dem Ergebnis, daß man eine Mixtur von Lesungen – und Abschreibirrtümern – findet, die von zwei oder mehr Zweigen des Stemmas stammen. Textkritische Arbeit ist von Natur aus eine Arbeit, die auf Vermutungen beruht, und die Ergebnisse, die sie zeitigt, sind oft kontrovers. Einige Textkritiker haben beobachtet, wie verdächtig häufig Wissenschaftler zweigeteilte Stemmas erarbeiten. E. J. Kenny hat dargelegt, daß es in solchen Fällen öfter passiert, daß eine Gruppe von Handschriften als der Hauptstrang behandelt wird, während alle übrigen ungerechtfertigterweise zu einer einzigen divergierenden Gruppe zusammengefaßt werden, obwohl Teile dieser divergierenden Gruppe eher unterschiedlicher Herkunft sind, als daß sie signifikante gemeinsame Eigenschaften hätten.

Schließlich ist bemerkenswert, daß die großen Pioniere der

Textkritik, unter ihnen Bentley, Pasquali und Lachmann, Texte bearbeiteten, die von einem Autor stammten, oder von denen man das jedenfalls annahm, und von denen also tatsächlich ursprünglich einmal eine einzige Handschrift existiert hatte, vielleicht sogar ein Autograph, vom Autor selbst geschrieben, von der letztlich alle anderen noch vorhandenen Handschriften abstammen. Zudem arbeiteten diese Wissenschaftler über Autoren wie Homer, Callimachus und Lukrez, deren Werke von Angehörigen späterer Generationen mit Respekt behandelt wurden, mit der Konsequenz, daß Kopisten sich sehr große Mühe gaben, sie genau wiederzugeben. Sorgfältige Kopisten mit viel Respekt vor einem Text mochten vielleicht, wenn sie vor einer problematischen Lesung standen, soweit gehen, daß sie die Handschrift, die sie abschrieben, mit anderen Handschriften desselben Werks verglichen – hieraus ergab sich natürlich aber auch die Möglichkeit einer negativen Beeinflussung.

Muhsin Mahdi, Professor für Arabisch in Chicago, später in Harvard, früher in Chicago Kollege von Nabia Abbott, übernahm das Projekt – das ursprünglich Macdonald konzipiert hatte –, die Gallandsche Handschrift zu edieren und die archetypische Handschrift der *Alf Laila wa-Laila* zu rekonstruieren, von der die Gallandsche Handschrift ebenso wie alle anderen syrischen und ägyptischen Handschriften abstammten, die uns erhalten geblieben sind. Das kostete ihn jahrelange, mühevolle Arbeit, Wort für Wort und Buchstaben für Buchstaben sehr unterschiedlicher und manchmal schwer lesbarer arabischer Handschriften miteinander zu vergleichen. Mahdi begann damit 1954, und das eindrucksvolle Ergebnis seiner angestrengten Arbeit wurde 1984 publiziert.[27]

Mahdi legte die dreibändige Handschrift der syrischen Rezension zugrunde, die Galland benutzt hatte. Er verglich sie mit anderen noch erhaltenen Handschriften dieser Rezension und achtete auf Varianten und Irrtümer. Er verglich die syrische Familie der Handschriften mit einer parallelen, allerdings insgesamt späteren, Familie ägyptischer Handschriften. Einige der syrischen Handschriften zeigten Einflüsse des ägyptischen Zweigs. Aber dadurch, daß sich Mahdi hauptsächlich auf die frühen Versionen stützte, war er in der Lage, den gemeinsamen Vorfahren all dieser syrischen Handschriften zu rekonstruieren: deren Archetyp, arabisch: *ed-Dustur*, gereinigt von allen späteren Zusätzen und Verderbtheiten. Dann führte er eine ähnliche, allerdings insgesamt eher kursorische, Operation mit den ägyptischen Handschriften durch, prüfte sie und nahm auch für diese Gruppe einen gemeinsamen Vorfahren an. Schließlich verglich er die beiden rekonstruierten Handschriften, die syrische und die ägyptische, die die Quellen aller heute noch vorhandenen Handschriften der *Alf Laila wa-Laila* waren, und leitete deren gemeinsamen Vorfahren ab, den wirklichen Archetyp. Es war unmöglich, über den Text dieses Archetyps hinauszugehen, aber Mahdi konnte einige plausible Spekulationen über die Komposition des Originals oder der »Mutter«-Quelle (arabisch *el-Nus'cha el-Umm*) anbieten, von der dieser Archetyp abstamme. Mahdi zufolge wurde die »Mutter«-Quelle in Syrien zusammengestellt, etwa im dreizehnten oder frühen vierzehnten Jahrhundert, wahrscheinlich gar nicht so lange, bevor der Archetyp seinerseits von ihr kopiert wurde – die Gallandsche Version war dem Archetyp sehr nah. Die »Mutter«-Quellenhandschrift ihrerseits beruhte auf einer früheren Version der *Alf Laila wa-Laila*, die im Irak zusammengestellt wurde. Aber Mahdi hielt es nicht für angebracht, darüber zu spekulieren, wie diese irakische Version ausgesehen haben könnte.

Zum ersten Mal ist nun Arabisten ein authentischer mittelalterlicher Text der *Alf Laila wa-Laila* zugänglich. Zum ersten Mal kann man jetzt auch detailliert Sprache, Stil und Erzähltechnik der *Alf Laila wa-Laila* untersuchen. Der Stil des *Dustur*-Archetyps – und damit der Gallandschen Handschrift – ist erstaunlich vielfältig. Er reicht vom Dialekt und der alltäglichen Umgangssprache bis zum wohlkonstruierten und sehr korrekten klassischen Arabisch. Mahdi legt dar, daß diese umfangreiche Palette bewußte Gestaltung ist und daß der »Autor«

seine Sprache dem sozialen Kontext der Erzählungen und der sozialen Position der handelnden Personen und Sprecher anpaßte. Es ist allerdings auch möglich, daß diese unterschiedlichen stilistischen Ebenen lediglich das Ergebnis einer eher zufälligen und nicht sehr durchdachten Kompilation aus unterschiedlichen Quellen sind.[28] Mahdi allerdings glaubt nicht, daß es dem, der die syrische Version der *Alf Laila wa-Laila* zusammenstellte, an Intelligenz mangelte oder daß er sich von Zufällen leiten ließ. Die Geschichten der syrischen Rezension wurden nicht einfach zusammengewürfelt, sondern in bewußter Gestaltung aneinander gereiht. Besonders hat Mahdi dargelegt, daß die exemplarischen Geschichten, die in den Haupterzählstrang eingeschoben wurden, sehr sorgfältig plaziert sind, um eine versteckte Botschaft über die Albernheit von exemplarischen Geschichten zu vermitteln. Mit anderen Worten, der »Autor« habe dieses Genre von Geschichten verwendet, um es zu unterminieren.[29]

Um Mahdis These zu unterstützen, könnte man hinzufügen, daß, wenn man die ersten 270 bis 280 Nächte als Einheit nimmt, das heißt also die Nächte, die sich in der von Galland benutzten Handschrift finden, man entdecken kann, daß in ihnen bestimmte gemeinsame Muster und Metaphern öfter auftauchen. Das wichtigste Muster ist natürlich das »Loskauf-Motiv«: den Rahmen aus einer Person bestehen zu lassen, die redet, um ihr Leben zu retten, um sich mit dem Erzählen einer Geschichte »loszukaufen«. Das tut Schehrezad. Das tun auch die Scheichs, die einem *Dschinn*, einem Geist, Geschichten erzählen, um das Leben des Kaufmanns zu retten, das tun die Gäste im Haus der drei Damen von Bagdad, und das tun die, die nach dem Tod des Buckligen ins Gefängnis geworfen wurden. Dann gibt es eine Vorliebe für Verstümmelungen: die drei einäugigen Bettelmönche; die jungen Männer, die keine Hände mehr haben, in der *Geschichte des christlichen Maklers* (Li I, S. 298-316) und der *Geschichte des jüdischen Arztes* (Li I, S. 329-341), außerdem die verschiedenen mit Körperfehlern behafteten Brüder des Barbiers. Tabuverletzung bringt öfter eine Geschichte in Gang oder hält sie in Gang. Räume im Untergrund werden mit Sexualität oder auch mit Gefahren assoziiert. »Der Autor« hat eine spielerische, Tristam Shandy[30] vergleichbare, Tendenz, Geschichten zu versprechen, die dann aber nie erzählt werden, zum Beispiel die Hinweise auf den *Sindbad*-Zyklus und die *Geschichte vom Krokodil* in der *Geschichte von dem Wesir des Königs Junan* (Li, I, S. 56-62).[31] Es gibt auch minutiöse Aufzählungen von Dingen, die eingekauft werden sollen, zum Beispiel am Anfang der *Geschichte des Lastträgers und der drei Damen* (Li I, S. 97-212) oder am Anfang des *Buckligen*-Zyklus (Li I, S. 290-404).

Aber auch wenn es durchaus möglich sein könnte, noch weitere gemeinsame Themen, Motive und Bilder in dieser relativ kleinen Gruppe von Geschichten zu finden, ist es unmöglich, die Existenz eines gemeinsamen Autors oder auch nur eines Sammlers zu beweisen. Wie dem auch sei, Mahdi setzt die Gemeinsamkeiten dieser frühen Gruppe syrischer Geschichten dem Sammelsurium der Geschichten gegenüber, die *ZÄR* darstellen und von denen er geschrieben hat, daß »Kopisten, denen fehlte, wonach (der syrische Sammler) gesucht hatte, und die das Buch für eine Art Loch im Boden hielten, in das man eine Geschichte nach der anderen stopfen konnte, unabhängig vom Stil, von der Struktur oder gegensätzlichen Zielen, das Buch entstellten«.[32] Nach Mahdis Ansicht beruht die alte Vorstellung, daß *Tausendundeine Nacht* keinen ursprünglichen Gestalter hatte und daß die Struktur der Sammlung immer fließend, veränderlich war, nur auf ungenügender Erforschung.

Mahdi glaubt, daß die Gallandsche Handschrift alles oder doch nahezu alles enthält, was in der frühen Mamlukenzeit umlief, einige vierzig Geschichten, die sich über 282 Nächte erstrecken und in Syrien aufgeschrieben wurden. Danach wurden in Ägypten immer mehr Geschichten hinzugefügt, um den Wünschen der Rezipienten entgegenzukommen, vielleicht auch, um die Zahl der Nächte dem Titel anzugleichen. Während Mahdis Hauptverdienst in der kritischen Edition der Gallandschen Handschrift besteht, hat er nebenher auch einige interessante Entdeckungen gemacht. Mahdi zeigt, daß die Bagdader Handschrift, die das einzige Überbleibsel einer irakischen Überlieferungstradition sein könnte, und die, wie man annahm, vom libanesischen Kopisten Michael Sabbagh im frühen 19. Jahrhundert abgeschrieben wurde, eine Fälschung ist. Was Sabbagh wirklich tat, war eine Handschrift aus verschiedenen syrischen und ägyptischen Handschriften zusammenzustellen, die er zufällig in Paris fand. Da er schriftstellerisch begabt war, fügte er ein paar eigene Farbtupfer hinzu und, da er kein arabisches Original für die *Geschichte von 'Ala ed-Din und der Wunderlampe* zur Verfügung hatte, denn man hatte bis dahin keines entdeckt, übersetzte er eine französische Fassung der Geschichte ins Arabische. Seine »Entdeckung« dieser vermeintlichen Bagdader Handschrift brachte ihm Geld ebenso wie wissenschaftlichen Ruhm ein. Ebenso hat Mahdi gezeigt, daß eine andere Handschrift, die vorgab, die alte Fortsetzung und Vervollständigung der Gallandschen Handschrift zu sein, in Wirklichkeit eine Fälschung war, die ein syrischer Priester namens Chavis gefertigt hatte. Der hatte nur eine ägyptische Handschrift aus dem 18. Jahrhundert abgeschrieben. Chavis scheint ebenso wie Sabbagh Gallands französische Fassung der *'Ala ed-Din*-Geschichte ins Arabische übersetzt zu haben. Ein ganz ähnlicher Fall erhebt sich bei der Handschrift von *Ali Baba und den vierzig Räubern*, die Macdonald in der Bodlaiana in Oxford fand und die Jean Varsy gehört hatte, einem französischen Schüler von Silvestre de Sacy, der sich im ausgehenden 18. Jahrhundert als Kaufmann in Ägypten niedergelassen hatte. Auch hier wurde gezeigt, daß eine Übersetzung der Gallandschen französischen Fassung der Geschichte ins Arabische vorliegt.

Mahdis penible Herausgebertätigkeit und Forschung brachten ihn auf einige interessante Schlußfolgerungen. Sie werfen aber, vor allem im Hinblick auf das Stemma und den Archetyp, Probleme auf und erregen Zweifel. Er hat eine Methode angewandt, die von Klassikern für das Studium sehr angesehener Literaturwerke initiiert wurde, für Werke, die größtenteils von bekannten Autoren verfaßt wurden, etwa Manilius oder Lukrez. Auch europäische Handschriftenkopisten noch im Mittelalter trugen Sorge, etwas zu produzieren, von dem sie hofften, es seien akkurate Texte lateinischer Autoren, indem sie eine Handschrift mit einer anderen verglichen und das korrigierten, was ihnen als offensichtliche Irrtümer in den Handschriften erschien, von denen sie kopierten.

Aber der Fall liegt vielleicht doch bei mittelalterlichen Werken der arabischen Volksliteratur etwas anders. *Alf Laila wa-Laila* kann nicht als ein kanonischer Text angesehen worden sein, der besondere Sorgfalt verdiente oder eine akkurate Überlieferung erforderlich machte. Er wurde auch nicht für Gelehrte geschrieben. Es ist unwahrscheinlich, daß mittelalterliche Kopisten der *Tausendundeinen Nacht* dem Text, den sie abschrieben, irgendeine Form besonderen Respekts entgegenbrachten. Mahdi selbst führt dafür einen Beweis an, den die Randbemerkungen einer Handschrift der *Alf Laila wa-Laila* bieten, die sich jetzt in der British Library befindet. Sie stammen von Ahmad er-Rabbat, einem Buchhändler, der im späten 18. Jahrhundert in Aleppo tätig war und der handschriftliche Anthologien von Geschichten und Gedichten verlieh. Wenn diese Sammlungen allmählich durch zu häufigen Gebrauch Verschleißerscheinungen zeigten, dann fügte er-Rabbat neue Seiten ein, manchmal auch mit neuen Geschichten.

Es gab keinen Grund für einen Kopisten der *Alf Laila wa-Laila*, besondere Mühe darauf zu verwenden, das Arabische richtig zu schreiben, denn die Geschichten waren nun einmal nie in reinem klassischen Arabisch aufgeschrieben worden. Es gab ebenfalls keinen Grund, zu zögern, Geschichten, Ereignisse, Bemerkungen hinzuzufügen oder wegzulassen. Wenn es keinen zwingenden Grund für Kopisten gab, dieses anonyme Werk der Volksliteratur mit Respekt zu behandeln, dann gab es für sie auch keinen Grund, andere Handschriften zu konsultieren, um sicher zu gehen, daß sie akkurat kopierten. Aber M. Mahdi hat dargelegt, daß die späteren syrischen Handschriften Zeichen von korrupten Einflüssen tragen, daß in ihnen Lesungen aus der ägyptischen Tradition erscheinen. Doch warum hätten syrische Kopisten solche Mühen auf sich nehmen sollen?

Es ist in der Tat wahrscheinlich, daß viele Kopien der *Alf Laila wa-Laila* angefertigt wurden, die laut vorgetragen werden sollten, sei es nun von professionellen oder von Amateurerzählern. Es kann auch sein, daß der Erzähler den gesamten Text gar nicht brauchte, und schon gar keinen, der akkurat kopiert worden war; er brauchte vielleicht nur das Gerüst einer Geschichte, das er dann selbst ausschmücken konnte. Zudem haben wahrscheinlich Erzähler, wenn sie Texte kopierten, den Geschichten Lieblingskreationen ihrer eigenen Phantasie hinzugefügt, die zu ihrem Repertoire gehörten. Und es ist natürlich, auch wenn Gallands Handschrift die älteste erhaltene ist, unmöglich, völlig zweifelsfrei zu beweisen, daß relativ späte ägyptische Fassungen der *Alf Laila wa-Laila* nicht doch von noch älteren Versionen der Geschichten abgeschrieben wurden. Klassische Textkritik tendiert dahin, ein Stemma zu produzieren, das auf eine einzige Quelle mit einem Autor zurückführt – das ist das Ergebnis, zu dem Mahdi gelangt ist. Die Sammlung *Tausendundeine Nacht* ist aber in Wirklichkeit eher mit dem Neuen Testament zu vergleichen, bei dem man keine einzelne handschriftliche Quelle annehmen oder einen ursprünglichen festen Kanon aufstellen kann. In jeder Generation können von neuem Geschichten hinzugefügt oder eliminiert worden sein. Mahdis Stemma legt den Gedanken nahe, daß es einige wenige Handschriften der *Alf Laila wa-Laila* gab, die aus dem 13. Jahrhundert stammten, denn das Stemma verengt sich schließlich zu einer einzigen handschriftlichen Quelle. Die Erwähnungen in der kairoer Geniza und in el-Makrizis Topographie von Kairo deuten aber darauf hin, daß das Werk im 11. und 12. Jahrhundert gut bekannt war. Ist es dann denkbar, daß nur eine einzige Handschrift aus dem 13. Jahrhundert zur Grundlage für alle folgenden Abschriften wurde? Das erscheint ganz und gar unwahrscheinlich.

Mahdi plädiert für eine syrische Herkunft der »Mutterhandschrift«, aber die Handschrift Gallands scheint, obwohl in Syrien geschrieben, eine größere Vertrautheit mit Details von Kairo zu verraten als mit irgendeiner Gegend in Syrien. Außerdem beruht Mahdis Stemma sehr stark auf Handschriften, die sich in europäischen Bibliotheken befinden, größtenteils solchen, die von europäischen Reisenden in Ägypten und Syrien gesammelt worden waren. Müssen die längeren ägyptischen Handschriften als minderwertig gelten, nur weil sie aus einer späteren Zeit stammen? Da wir einmal bei den ägyptischen Versionen sind: Warum sollte man annehmen, daß der Bulaker Druck, als einziger von allen gedruckten Texten, nur auf einer einzigen ägyptischen handschriftlichen Quelle beruht? In allen Handschriften, den syrischen ebenso wie den ägyptischen, ist von drei alten Männern die Rede, die dem *Dschinn* vorschlagen, ihm erstaunliche Geschichten zu erzählen, um das Leben eines Kaufmanns zu retten. Aber keine der syrischen Handschriften enthält die Geschichte des dritten alten Mannes, während sie in Handschriften der ägyptischen Tradition zu finden ist. Das legt sicher den Gedanken nahe, daß die ägyptische Tradition hier auf einer vollständigeren Quelle beruht. Wenn die ägyptischen Handschriften recht daran getan haben, die Geschichte eines dritten alten Mannes einzufügen, vielleicht waren sie dann auch im Recht, wenn sie anderes Material hinzunahmen? Es ist auch erwähnenswert, daß die syrischen Handschriften zwar den Anfang der *Geschichte von Kamar ez-Zaman* (Li II, S. 351-560) enthalten, aber die eben begonnene Geschichte bricht dort in der 283. Nacht ab. Um den Text dieser Geschichte für seine Ausgabe der *Alf Laila wa-Laila* zu komplettieren, mußte Mahdi eine ägyptische Handschrift aus der Bodlaiana heranziehen: Die Wortley Montagu Handschrift, die im späten 18. Jahrhundert von dem sogenannten »Mann in der eisernen Perücke«, Edward Wortley Montagu, einem Arabisten, aber auch notorischem Scharlatan und Nekromanen, nach England gebracht wurde.[33]

Auch wenn Mahdis Stemma darauf hinausläuft, daß alles auf eine einzige syrische Handschrift aus dem 13. oder

14. Jahrhundert zurückgeht, scheint es eher so, daß es mindestens noch eine andere frühe syrische Version der Handschrift gab, die länger war als die Gallandsche Handschrift und die Richardson zugänglich war, als er seine *Arabische Grammatik* vorbereitete. Außerdem: kann Mahdi recht haben, wenn er annimmt, daß die Gallandsche Handschrift aus dem 14. Jahrhundert stammt und daß die – jetzt verlorene – handschriftliche Quelle der Gallandschen Handschrift bis zum 13. Jahrhundert zurückdatiert werden kann?[34] Es gibt eine ganze Reihe von Beweisstücken, die dagegen sprechen. Es ist richtig, daß man ein Ereignis in der *Geschichte des Barbiers* als im 13. Jahrhundert geschehen vermuten kann: Hier benutzt der Barbier sein Astrolab, um ein Horoskop im muslimischen Jahr 653 zu stellen, das ist 1255 christlicher Zeitrechnung.[35] Aber trotzdem – und wenn man Zotenbergs und Mahdis Eindruck von der Zeit, aus der der handschriftliche Duktus stammen müsse, einmal beiseite läßt, – legen andere Hinweise in der Gallandschen Handschrift die Annahme nahe, daß sie nicht vor dem 15. Jahrhundert geschrieben sein kann. Der christliche Makler trifft jemanden in Kairo bei der Karawanserai el-Dschauli, die erst im frühen 14. Jahrhundert gegründet wurde. In der *Geschichte des jüdischen Arztes* gibt es einen Hinweis auf ein großes Haus in Damaskus, bekannt als das Haus von Sudun Abd er-Rahman. Wenn dies eine falsche Lesung für Sudun min Abd er-Rahman sein sollte, dann ist hier eigentlich Saif ed-Din Sudun min Abd er-Rahman gemeint, der 1424 Gouverneur von Damaskus wurde und 1438 starb.[36] Schließlich, und dies ist am schlüssigsten, wird in der *Geschichte vom jüdischen Arzt* mit dem *Aschrafi Dinar* bezahlt, einer Münze, die erst 1425 während der Regierungszeit von Sultan el-Aschraf Barsbay eingeführt wurde.[37]

Aus all dem muß deutlich geworden sein, daß noch vielfältige Probleme zu lösen sind. Es bleibt immer noch sehr viel zu tun. Vorrangig muß eine Anzahl von Handschriften in Bibliotheken des Vorderen Orients gründlicher geprüft werden. Es wäre sinnvoll, wenn eine textkritische Edition der ägyptischen

Rezension hergestellt würde, auch wenn das sicher schwierig und zeitaufwendig würde. Wünschenswert ist auch, daß einzelne Geschichten oder Zyklen von Geschichten gründlicher erforscht würden, indem man ihre Spuren vor ihrer Inkorporierung in *Tausendundeine Nacht* verfolgt und ihre Ausformungen in parallelen oder rivalisierenden Sammlungen vergleicht. Möglich ist auch, daß Forschungen auf dem Gebiet der osmanisch-türkischen Volksliteratur und der der Balkanländer zu interessanten Ergebnissen führen. Wir hatten schon die Gelegenheit, auf die Erzählsammlung von Ali Aziz Efendi und auf seine Vermutung hinzuweisen, die Sammlung *Tausendundeine Nacht* sei von el-Asma'i verfaßt. Außerdem scheint es Beweise dafür zu geben, daß es bereits im 17. Jahrhundert eine Version der *Tausendundeinen Nacht* in Rumänisch gegeben hat. Die rumänische Version wurde aus dem Griechischen übersetzt und die griechische ihrerseits aus dem Syrischen. Die syrische Version beruhte wahrscheinlich auf einer Übersetzung aus dem Arabischen, die ein Schreiber namens Musa Ibn Isa el-Kasrawi im neunten Jahrhundert aus dem Persischen fertigte.[38]

So sind also die Probleme, die auftauchen, wenn man eine anonyme Sammlung wie *Alf Laila wa-Laila* datieren will, die sich langsam zu der Form entwickelt hat, in der sie heute erscheint, vielschichtig. Die Antwort auf die Frage, wie alt *Tausendundeine Nacht* ist, hängt unter anderem davon ab, was man für die erste Version der Sammlung hält. Soll es der persische Prototyp, die *Hezar Afsane*, sein? Oder die *Tausend Nächte* des neunten Jahrhunderts, von denen ein paar Zeilen bruchstückhaft die Zeiten überdauert haben? Oder die rein hypothetische syrische handschriftliche Quelle des 13. Jahrhunderts? Oder Gallands Handschrift, die im 14. oder 15. Jahrhundert geschrieben wurde? Oder die umfangreicheren Versionen der *Tausendundeinen Nacht*, wie sie von Lane und Burton übersetzt wurden, die irgendwann zwischen dem 15. und dem frühen 19. Jahrhundert mit allen möglichen älteren und neueren Geschichten aufgefüllt wurden, darunter *Sindbad der Seefahrer*, *Das Ebenholzpferd* und die übrigen?

3

Ozeane von Geschichten

»Tief ist der Brunnen der Vergangenheit. Sollte man ihn nicht unergründlich nennen?«

Thomas Mann, *Die Geschichten Jaakobs*

Zwei Gauner, die sich als Händler ausgaben, schlossen sich einem reisenden Kaufmann an, denn sie waren übereingekommen, ihm alles wegzunehmen, was er besaß. Aber jeder der beiden Diebe hatte bei sich beschlossen, daß er die gesamte Beute für sich haben wollte, so tat jeder dem anderen Gift ins Essen. Also kamen beide ums Leben, während der Kaufmann seinen Weg unbehelligt fortsetzen konnte. In dieser Form erscheint die Erzählung als *Die Geschichte vom Kaufmann und den beiden Gaunern* (Li II, S. 279) in *Tausendundeiner Nacht*. Eine kunstvollere, besser strukturierte Version der im wesentlichen selben Geschichte kommt in den *Canterbury Geschichten*[1] als die *Geschichte des Ablaßkrämers* vor. Dort machen sich drei Aufrührer auf den Weg, Tod zu suchen, der den vierten aus ihrer Schar getötet hat. Ein geheimnisvoller alter Mann erzählt ihnen, daß sie Tod unter einem bestimmten Baum finden würden. Doch anstelle von Tod entdecken sie unter diesem Baum einen Schatz. Jeder der Männer plant dann, seine Kameraden umzubringen. Die Geschichte endet mit ihrem Erfolg und dem Tod aller drei. Eine frühere und einfachere Version dieses Geschichtentyps findet sich in der alten indischen Geschichtensammlung, die als *Dschataka* bekannt ist. Eine moderne Bearbeitung kann man in John Hustons Film *Der Schatz der Sierra Madre* (1947) sehen.[2]

Ein Mann macht sich an eine alte Kupplerin und bittet sie, ein Stelldichein mit einer Frau in der Stadt zu arrangieren. Die

Kupplerin hat eine bestimmte Frau im Sinn, aber das Problem ist, daß sie eine tugendhafte Frau ist. Doch die Kupplerin entwickelt eine Strategie. Sie backt Kekse voller Pfeffer und füttert sie einer jungen Hündin, so daß sich deren Augen mit heißen Tränen füllen. Dann nimmt die Kupplerin die junge Hündin mit, um die tugendhafte Frau zu besuchen. Als die Frau fragt, warum die Hündin weine, erzählt ihr die Kupplerin, sie sei eigentlich eine Frau, die aber durch Zauberei in eine Hündin verwandelt wurde, weil sie das Angebot eines jungen Mannes abgewiesen hatte. Nun müsse die Hündin weinen, wenn sie an ihre frühere Gestalt erinnert würde, und auch daran, welche Freuden sie dummerweise ausgeschlagen habe. So läßt sich die bis dahin tugendhafte Frau zu einem Stelldichein mit dem Mann überreden, das die Kupplerin für sie arrangiert. Als sie dem Mann von Angesicht zu Angesicht gegenübersteht, stellt die Frau höchst erschrocken fest, daß er ihr Ehemann ist. Aber sie behält ihre Geistesgegenwart und beginnt schnell, ihn mit der Behauptung zurückzuweisen, sie habe ihn nur in eine Falle gelockt, um ihn auf die Probe zu stellen und ihm eine Lektion zu erteilen. Der Mann verspricht, sich von nun an zu bessern und seiner Frau treu zu bleiben. Diese Geschichte, die tatsächlich aus zwei miteinander verknüpften Elementen von Geschichten besteht, dem Trick mit der weinenden jungen Hündin und der Schlagfertigkeit der Frau, findet sich in *Tausendundeiner Nacht* im *Sindbad*-Zyklus (*Die Geschichten von der Tücke der Weiber*) als *Die Geschichte von der Frau, die ihren Mann betrügen wollte* (Li IV, S. 287-83). Aber beide Hälften derselben Geschichte kommen auch an anderer Stelle vor: im *Katha Sagit Sagara*, einer Erzählsammlung in Sanskrit aus dem elften Jahrhundert,[3] in der lateinischen *Disciplina Clericalis*, der *Unterweisung für Kleriker*, des Petrus Alfonsi aus dem frühen zwölften Jahrhundert oder als kurze Verserzählung von der *Dame Sirith* im *Tuti-Name*, dem *Papageienbuch*, des Nachschabi aus dem vierzehnten Jahrhundert, im *Decamerone* des Boccaccio aus dem vierzehnten Jahrhundert und in Thomas Manns Roman *Doktor Faustus* aus dem zwanzigsten Jahrhundert.[4]

Ähnliches könnte man mit vielen anderen Geschichten aus *Tausendundeiner Nacht* durchexerzieren. Zum Beispiel ist *Das Ebenholzpferd* (Li III, S. 344-78) sicher dasselbe, das in Chaucers *Geschichte des Edelknaben* eine wichtige Rolle spielt. Dasselbe oder eher das gleiche Pferd schwingt sich auch in der nordafrikanischen Sammlung *Hundertundeine Nacht* in die Lüfte, im französischen Ritterroman von *Cléomades und Cléomadine*[5] und im *Katha Sagit Sagara.* Es gibt wirklich kaum eine Geschichte in *Tausendundeiner Nacht*, die nicht ihre Vorläufer, Nachfahren oder analoge Versionen hat. Geschichten entwickeln sich zu anderen Geschichten, und sie kopieren andere, malen sie aus, verkehren sie, kürzen sie ab, verbinden und kommentieren ihre eigene Struktur in einem endlosen Spiel von Transformationen. Aber gab es jemals die erste Version irgendeiner Geschichte? Es ist fast immer unmöglich zu sagen, wann eine Geschichte zum ersten Mal erzählt, wann sie zuerst aufgeschrieben, oder wie sie überliefert wurde. Man kann auch nicht vorhersagen, wie die letzte Ausformung und Version einer Geschichte aussehen wird. Für gute Geschichten bedeuten kulturelle oder sprachliche Grenzen nur wenig. Wer immer Erzählsammlungen näher anschaut, findet sich auf einem Ozean von Geschichten dahintreibend, einem Ozean, der keine Grenzen kennt, der tief ist und sich in unaufhörlicher Bewegung befindet.

Was jetzt folgt, ist ein kurzer, ein viel zu kurzer Überblick über die Erzählsammlungen, die nicht die *Tausendundeine Nacht* sind. So wie es aussieht, ist es die Präsentation eines Puzzles, dessen wichtigstes Stück fehlt. Aber jede einzelne der Geschichtensammlungen, von denen die Rede sein wird, steht in dieser oder jener Hinsicht in Beziehung zu *Tausendundeiner Nacht*, und man versteht die arabische Sammlung besser, wenn man sie global einordnet und sie mit ihren Gegenstücken in Sanskrit, Griechisch, Latein und anderen Sprachen vergleicht.

Um in dem Land zu beginnen, von dem einige Wissenschaftler meinen, daß alle großen Geschichten in ihm anfingen, in Indien:[6] das *Dschataka*[7] ist eine Sammlung in Pali von 547

Fabeln, Geschichten, Romanzen, Maximen und Legenden, die sich auf vorgeburtliche Inkarnationen von Buddha beziehen. Wir wissen nicht, wann diese Sammlung zusammengestellt wurde. Die vorliegende Version in Pali stammt aus der Zeit zwischen dem fünften und siebenten Jahrhundert, aber wahrscheinlich ist die Sammlung viel älter. Jedenfalls adaptierten die buddhistischen Mönche Stoffe aus dem volkstümlichen Schatz von märchenhaften Überlieferungen für ihre Predigten. Der größte Teil der Geschichten ist also moralisierender Art und verfolgt ein ethisches Ziel. *Die Geschichte von dem Stier und dem Esel* (Li I, S. 27-31) und die mit ihr verknüpfte *Geschichte vom Kaufmann und dem Dämon* (Li I, S. 32-48), in der ein Mensch die Sprache der Tiere versteht und ihrer Unterhaltung die Warnung entnimmt, dieses Geheimnis nicht zu verraten, finden sich im *Dschataka* und in der Rahmengeschichte von *Tausendundeiner Nacht*. Der Wesir erzählt diese Geschichten seiner Tochter Schehrezad in der irrtümlichen Annahme, daß sie das davon abhalten könnte, sich als die nächste Braut für Schehrijar zur Verfügung zu stellen. Dieselbe Geschichte oder auch ihre eine oder andere Hälfte finden wir ebenfalls in der Sanskritsammlung *Vetalapanchavimsatika*,[8] den *fünfundzwanzig Erzählungen eines Totendämons*, und in der mittellateinischen Sammlung *Gesta Romanorum*[9] vermutlich aus der Zeit um 1300, ebenso in der estnischen und der javanesischen Folklore. Genauso kann man andere Geschichten aus dem *Dschataka* in späteren Sanskrit-Sammlungen wie dem *Pantschatantra* wiederentdecken, auch etwa in den Aesopschen Fabeln. Das *Pantschatantra*, zu deutsch *Die fünf Bücher*, nicht später als im sechsten Jahrhundert in Sanskrit abgefaßt, ist eine Erzählsammlung, deren Rahmenhandlung darin besteht, daß ein weiser Brahmane drei junge Prinzen über die – recht machiavellistischen – Weisheiten belehrt, die sie kennen müssen, wenn sie irgendwann gut regieren wollen.[10] Die Sammlung gehört also zur Gattung der Fürstenspiegelliteratur. Aber es ist offenkundig, daß sie sich auch an ein größeres Publikum richtete, nicht nur an Prinzen. Und obwohl, wie im Fall des *Dscha-*

taka, behauptet wird, daß die Geschichten zu einem moralischen Zweck zusammengestellt wurden, wird deutlich, daß sie mindestens ebenso sehr der Unterhaltung wie der Erbauung wegen gelesen wurden. Sie befassen sich damit, wie man Freunde verliert und gewinnt, mit Krieg und Frieden, mit dem Verlust oder Gewinn von Vermögen und schließlich mit unüberlegtem Handeln. Tiere stellen das Figurenensemble bei diesen Geschichten dar: der Löwe ist der Herrscher, zwei Schakale sind seine guten und schlechten Berater, der dumme Affe spielt eine Rolle und so weiter. Das *Pantschatantra* war eine sehr populäre Erzählsammlung und ist weit herumgekommen. Im sechsten Jahrhundert wurde sie ins Pahlavi, ins Mittelpersische, übersetzt und erhielt den Titel *Die Fabeln des Bidpai*. Ibn el-Mukaffa übersetzte die Sammlung unter dem Titel *Kalila wa-Dimna* im achten Jahrhundert ins Arabische. Der Titel bezieht sich auf die Namen der beiden Schakal-Wesire. Aus dem Arabischen wurde die Sammlung ins Syrische, Hebräische, und schließlich in die meisten europäischen Sprachen übersetzt.

Die Geschichten des *Pantschatantra* wurden schließlich in das *Katha Sarit Sagara* inkorporiert. Diese sehr viel umfangreichere Sammlung wurde von C. H. Tawney ins Englische übersetzt, 1880-84 publiziert und von Norman Penzer unter dem Titel *The Ocean of Stories*, *Der Ozean von Geschichten* 1928 neu und besser zugänglich gemacht. In dieser englischen Ausgabe umfaßt sie zehn dicke Bände. Vielleicht ist dieses außerordentliche Werk deswegen im Westen weniger zu Ruhm gelangt als *Tausendundeine Nacht*, weil es später als die arabische Geschichtensammlung übersetzt wurde. Die Sanskritsammlung von moralischen, humoristischen und Horrorerzählungen wurde ursprünglich von Somadeva, einem Hofpoeten aus Kaschmir, im elften Jahrhundert zusammengestellt. Die Sammlung ist zwar sehr umfangreich, doch scheint sie nur ein Auszug aus einer noch umfangreicheren Anthologie zu sein, dem *Brihat Katha*, der *Großen Erzählung*, des Gunadhya, die einige Zeit vor dem siebenten Jahrhundert zusammengestellt wurde, aber später verloren ging. Eine der hervorstechendsten Eigenschaften des *Katha Sagit Sagara* ist seine Misogynie, seine Frauenfeindlichkeit. »Frauen ist von Natur aus Unbeständigkeit gegeben wie Blitzen das Aufzucken«: Mörderinnen, untreue und zänkische Ehefrauen dominieren auf diesen Seiten. Das ist allerdings ein genereller und nahezu unveränderlicher Zug von vormodernen Geschichtensammlungen und besonders ihrer Rahmenerzählungen. Warum das so ist, müßte einmal intensiver untersucht werden.

Es war so, wie ein niederländisches Sprichwort aus dem Mittelalter sagt: »Große Fische fressen kleine Fische«. Einzeln umlaufende Geschichten wurden Geschichtensammlungen einverleibt, und diese Sammlungen wurden wiederum in größere Sammlungen von Geschichten inkorporiert. Das *Katha Sagit Sagara* enthält außer den moralischen Fabeln des *Pantschatantra* auch das schon genannte *Vetalapanchavimsatika*, *Die fünfundzwanzig Geschichten des Totendämons*. Ein *Vetala* ist ein böser Geist, der auf Friedhöfen sein Unwesen treibt. In dieser Erzählsammlung innerhalb einer Erzählsammlung besteht der schon etwas eigenartige Kunstgriff der Rahmenerzählung darin, daß ein König einem Bettler eine Gunsterweisung schuldet. Er erklärt sich einverstanden, für den Bettler einen Leichnam zu besorgen. Dieser hängt auf einem Friedhof an einem Baum. Als der König auf den Leichnam zugeht, bricht der in ein unheimliches Lachen aus, denn er wird von einem *Vetala*, einem Totendämon, bewohnt. Der dämonbewohnte Leichnam läßt sich auf der Schulter des Königs nieder, und der Dämon, der weiß, daß der Bettler den König umbringen will, wenn er bei ihm ankommt, erzählt dem König Geschichten in der Absicht, dies hinauszuzögern. Schließlich rät der Dämon dem König, wie er den gefährlichen Bettler überlisten kann. Eine Version einiger dieser Geschichten wurde von Richard Burton aus dem Hindi unter dem Titel *Vikram and the Vampire: or Tales of Hindu Devilry* (1870), *Vikram und der Vampir oder Geschichten von indischer Teufelskunst*, übersetzt. Wieder – und das mag Burton angesprochen haben – ist der misogyne Grundtenor der Geschichten auffallend. Diese Erzählsammlung enthält die Geschichte von dem Kaufmann, der die Sprache der Tiere versteht, die schließlich auch in die Rahmenerzählung von *Tausendundeiner Nacht* Eingang fand. Auch das, was im wesentlichen eine Frühform der *Geschichte von dem König, der das Wesen der Dinge kannte*, ist, gehört zum Repertoire des Dämons.

Das *Sukasaptati*, *Die siebzig Geschichten des Papageis*, wurde in Indien spätestens im zwölften Jahrhundert zusammengestellt. Ein Papagei erzählt Geschichten, um eine Frau, deren Mann verreist ist, daran zu hindern, Ehebruch zu begehen. Obwohl der Papagei Geschichten erzählt, um die Tugendhaftigkeit der Frau zu schützen, handelt ein großer Teil der Geschichten, die er vorträgt, von durchtriebenen, treulosen Frauen. Diese Papageiensammlung erreichte den Vorderen Orient über eine Übersetzung aus dem Sanskrit ins Persische von el-Nachschabi (seit 1350) mit dem Titel *Tuti-Name*, *Das Papageienbuch*.

Der Gedanke, daß der letzte Vorläufer der *Tausendundeinen Nacht* eine indische Erzählsammlung sei, hat eine lange Vorgeschichte. Wie wir gesehen haben, sprach sich Joseph von Hammer-Purgstall dafür aus, daß die *Hezar Afsane* (*Die tausend Geschichten*) das vermutliche persische Original des Kerns der frühesten Version der *Tausendundeinen Nacht*, die Übersetzung oder Adaption eines indischen Originals war. Während des neunzehnten Jahrhunderts war die Suche nach den orientalischen und meist den indischen Ursprüngen der westlichen Kultur in bestimmten Gelehrtenkreisen immer noch eine Obsession. Die Diffusionstheorie – die Vorstellung, daß Aspekte der Kultur eine einzige Quelle haben und sich von dort aus in andere Kulturen ausbreiten –, war in Mode, und diese Theorie führte dazu, die Möglichkeit, daß Dinge in verschiedenen Kulturen unabhängig voneinander aufkommen könnten, gering einzuschätzen. Das Studium der Sprachgeschichte und der Sanskrit-Philologie, deren vielleicht angesehenster Vertreter Max Müller (1823-1900) war, lieferte ein Paradigma, demzufolge Indien die Wiege der Menschheitskultur darstellte. Theodor Benfey (1809-81), auch er ein deutscher Sanskritist, behauptete in der Einleitung zu seiner Übersetzung des *Pantschatantra* (1859), daß »ein großer Teil der Märchen und anderer Volkserzählungen sich von Indien aus über nahezu die gesamte Welt ausgebreitet« habe. Er meinte weiter, daß solche Geschichten vor dem zehnten Jahrhundert gewöhnlich mündlich überliefert wurden, glaubte aber, die Geschichten des *Pantschatantra* seien eine der seltenen Ausnahmen. Danach seien Geschichten von Indien in schriftlicher Form über das Persische und das Arabische nach Europa vermittelt worden. Benfey glaubte auch, daß indische Erzählsammlungen über Tibet bis zu den Mongolen gelangten und daß die Mongolen einige dieser Geschichten im dreizehnten und vierzehnten Jahrhundert nach Europa brachten. Es sah fast so aus, als ob Geschichten, wie die Sonne, sich immer nur westwärts bewegten. Da die Geschichten des *Pantschatantra* aus dem Sanskrit ins Persische überliefert worden waren, von dort ins Syrische und Arabische und dann in verschiedene europäische Sprachen, glaubte Benfey, daß das für andere Geschichten, von denen Literaturwissenschaftler und Volkskundler festgestellt hatten, daß sie in Indien und in Europa gleichermaßen bekannt waren, ebenfalls zutreffe. Benfey und seine Schüler meinten auch, daß der Gedanke, Geschichten in den Rahmen anderer Geschichten einzufügen, um einen Grund dafür zu liefern sie zu erzählen, etwas typisch Indisches sei.

Für die Erforschung der Geschichte von *Tausendundeiner Nacht* war Emmanuel Cosquin (1841-1921) der wichtigste unter Benfeys Schülern. Aber er war nicht unkritisch, und er lehnte die Theorie von den Mongolen als mittelalterlichen Überlieferern indischer Volkserzählungen nach Europa ab. Cosquin glaubte auch nicht daran, daß nahezu alles indischen Ursprungs sei. Er stellte sich den Subkontinent weniger als eine Quelle, denn als ein Reservoir vor, eine Gegend, die Geschichten lieferte, aber auch aufnahm. Jedoch an den indischen Ursprung der *Tausendundeinen Nacht* glaubte Cosquin. In seinem Artikel *Le Prologue-cadre des Mille et une nuits, les légendes perses et le Livre d'Esther* (*Die Rahmenerzählung von ›Tausendundeiner Nacht‹, die persischen Legenden und das Buch Esther*) erschienen in der *Revue Biblique*, der *Biblischen Zeitschrift*, 1909, widersprach Cosquin der Theorie vom persischen Ursprung der Rahmengeschichte der *Tausendundeinen Nacht* ebenso wie der Vorstellung, daß im biblischen Buch Esther eine verlorengegangene altpersische Erzählung in umgearbeiteter Form vorliege (in der Esther die Braut des Königs Ahasver wird und so die Juden rettet). Zweitens, und das ist wichtiger, versuchte Cosquin zu zeigen, daß die Rahmengeschichte von *Tausendundeiner Nacht* aus der Überarbeitung und Zusammenfügung älterer indischer Geschichten entstanden sei.[11] Wenigstens drei Elemente indischer Herkunft kämen hier vor: der König, der nicht mehr an weibliche Treue glauben kann; die Frau, die von einem übernatürlichen Wesen bewacht wird, damit sie treu bleibt, die sich aber ihrem Wächter entzieht, um mit Männern zu schlafen; und schließlich das pausenlose Erzählen von Geschichten, um Unheil zu verhindern. Die beiden ersten Motive finden sich in einem vom Mönch Kang Seng Hui vor 250 ins Chinesische übersetzten buddhistischen Text, dem *Jschiu za pi yu dsching*, *Alte Sutra der gemischten Gleichnisse*, der zum großen indischen *Tripitaka* gehört. Hier steht die Geschichte eines Prinzen, den der schlechte Lebenswandel seiner Mutter betrübt. Er faßt wieder Mut, als er einen brahmanischen Magier ausfindig macht, der seine Frau in einem versiegelten Gefäß gefangen hält, das er sich nach Wunsch einverleiben oder ausspucken kann. Aber der Magier weiß nicht, daß, wenn er schläft, seine Frau, die ähnliche Zauberkräfte besitzt, ein Gefäß ausspeien kann, in dem sie ihren heimlichen Liebhaber verborgen hat. Die Ähnlichkeit zwischen dieser Geschichte und den Abenteuern König Schehrijars ist deutlich. Für Schehrezad als Erzählerin gibt es eine Vorläuferin in der *Dschaina*-Legende von Kanakamandschari, die sich die Liebe ihres Königs sechs Monate lang bewahrt, weil sie ihm jede Nacht eine Geschichte erzählt, die erst in der nächsten Nacht ihren Schluß findet. Cosquin hatte vermutet, dies sei aus dem Indischen übersetzt worden. Heute wissen wir, daß seine Vermutung richtig war[12] und daß Perry irrte, der das Persische für die Quelle des chinesischen Texts hielt.

Verwandlungen von Männern und Frauen in Tiere in *Tausendundeiner Nacht* wurden als ein Indiz für indischen Ursprung gewertet, als ein Weiterleben buddhistischer und hinduistischer Vorstellungen von der Wiedergeburt. Aber dieses Motiv findet sich in der Folklore der ganzen Welt, und eine solche elementare Phantasievorstellung wie die von der Metamorphose eines Menschen in ein Tier muß nicht nur in einer Region entstanden sein. Sie kommt auch in den Mythen der nordamerikanischen Indianer vor. Wenn in der *Geschichte des zweiten Bettelmönchs* (Li I, S. 131-142) in *Tausendundeiner Nacht* der Prinz in einen Affen verwandelt wird, aber in einen, der schreiben kann, dann wird dies weniger eine Reminiszenz an Hinduistisches oder Buddhistisches sein, als an die Affengestalt des altägyptischen Gottes der Schreiber, Thoth. Das Motiv eines Mannes, der durch Zauber in ein Tier verwandelt wird, steht auch im Mittelpunkt von Apuleius' lateinischem Roman *Der goldene Esel*. Man könnte zudem auf Ovids *Metamorphosen* verweisen, die sich, wie schon der Titel erkennen läßt, mit kaum etwas anderem als mit Gestaltwandel befassen. Und um noch weiter zurückzugehen: wenn in der *Odyssee* Circe die Gefährten des Odysseus in Tiere verwandelt, muß man da nach einem Sanskritvorbild als Inspirationsquelle für die griechische Literatur suchen?

Indien war jedenfalls nicht die einzige mögliche Quelle, aus der die Araber die Technik der Rahmenerzählung bezogen haben können. Die Form der Rahmenerzählung als literarisches Mittel war auch in der westlichen Welt weit verbreitet. Kürzere Geschichten in den Rahmen einer größeren einzufügen, ist eine elementare Technik. In der *Odyssee* läßt Homer den Odysseus am Hof des Königs Alcinus Geschichten erzählen, und Ovids *Metamorphosen* treiben ebenfalls ein intensives Spiel mit Geschichten in Geschichten. Es ist auch durchaus nicht so, daß indische Geschichtenerzähler ein Monopol auf Misogynie gehabt hätten. Frühe christliche Geschichtenerzähler schätzten diesen Topos gleichfalls. Seitdem sogar Benfey annahm, daß Tierfabeln der äsopischen Art ihren Ursprung im Westen hätten, nämlich in Griechenland, ist auch für andere Geschichtengattungen westliche Herkunft denkbar.

An verschiedenen Stellen über die gesamte Sammlung *Tausendundeine Nacht* stößt man auf Phänomene, die wirken, als rührten sie von Geschichten und Bildern aus der Literatur des alten Griechenland und Rom her. Galland war der erste, der das in Betracht zog. Er stellte fest, daß Sindbads Begegnung mit einem Riesen während seiner dritten Reise, den er blendet, bevor er flieht, ein Nachhall des Vorfalls in der *Ilias* ist, bei dem Odysseus dem Polyphem begegnet. Ebenso fand Galland in der *Geschichte von Dschullanar, der Meermaid, und ihrem Sohn, dem König Badr Basim von Persien* (Li V, S. 86-152) aus *Tausendundeiner Nacht* in der Szene, wo die mit Zauberkräften begabte Königin Lab eine Droge benutzt, um ihre früheren Liebhaber in Vögel zu verwandeln, eine Variante der Verzauberung von Odysseus' Gefährten durch Circe. Hunain Ibn Is'hak, der bekannte Übersetzer des neunten Jahrhunderts, konnte Passagen aus Homer auswendig vortragen, wahrscheinlich auf Griechisch, aber er übersetzte ihn nicht ins Arabische. Es gibt allerdings in *Tausendundeiner Nacht*, in den Schriften des Biruni (gest. 1048),[13] des Schahrastani (gest. 1153) und anderer Autoren, Anzeichen dafür, daß der Inhalt homerischer Epen bei einigen durchaus bekannt war. Für den Buchhändler und Verfasser des Bagdader Bücherverzeichnisses el-Fihrist, Ibn en-Nadim, war Homer nur ein Name. Die *Odyssee* ist nie ins Arabische übersetzt worden.[14]

Dschullanar, »die Meermaid«,[15] mag einiges der Thetis verdanken, der Meeresgöttin und Mutter von Achill. *Die Kraniche des Ibykus*, die Geschichte, die davon handelt, wie ein griechischer Dichter des sechsten Jahrhunderts v. d. Z. ermordet und gerächt wurde, findet sich variiert in der *Geschichte des sechzehnten Wachhauptmanns* (Li IV, S. 818) in dem Geschichtenzyklus, der von den Wachhauptleuten des Sultans Baibars handelt. Einen Prototyp des *Ruch*, eines riesigen mythischen Vogels, von dem man annahm, daß er in der Lage sei, einen Mann durch die Lüfte zu tragen, in den Reisen *Sindbads des Seefahrers* mag man in Lukians *Wahrer Geschichte* im zweiten Jahrhundert n. d. Z. finden. Bilder und Vorfälle aus dem *Alexander-Roman* des Pseudo-Callisthenes tauchen in reicher Fülle in Romanen und Abenteuern auf, die in die Sammlung *Tausendundeine Nacht* Eingang fanden.

Im dritten oder zweiten Jahrhundert v. d. Z. verfaßte der römische Stückeschreiber Plautus *Miles gloriosus*, deutsch *Der prahlerische Soldat*, ein Stück über zwei Liebende in nebeneinander liegenden Häusern, die ein Loch in einer beiden Häusern gemeinsamen Wand nutzen, um sich treffen zu können. Die Ähnlichkeiten dieser Geschichte mit der von *Kamar ez-Zaman und seiner Geliebten* (Li VI, S. 426-502) sind zu groß, als daß sie noch zufällig sein könnten. Gustav E. von Grunebaum meinte, daß beides, das römische Stück und die arabische Geschichte, auf eine ältere griechische Quelle zurückgehen. Es könnte allerdings durchaus auch sein, daß ein arabischer Autor sich an eine Version des Plautus'schen Stückes setzte, die über das Griechische und das Syrische gegangen war, und sie zu einer Geschichte umformte. Und es ist ebenfalls möglich, daß weitere Verbindungsglieder zwischen der dramatischen Tradition der klassischen Antike und Erzählsammlungen im Arabischen erst entdeckt werden müssen. Wie wir in einem späteren Kapitel sehen werden, gibt es eine gewisse Familienähnlichkeit zwischen den Themen von Stücken, die von klassischen Mimen vorgeführt wurden, und dem Inhalt einiger Geschichten aus *Tausendundeiner Nacht*.

Man könnte soundsoviele Einzelfälle potentieller griechischer und römischer Prototypen für die Strukturen von Handlungsverläufen, für Themen und Motive aus den späteren arabischen Geschichten aufzählen.[16] Allerdings sollte dabei eine faszinierende Möglichkeit bedacht werden. Im Fihrist, dem Bücherverzeichnis des Bagdader Handschriftenhändlers Ibn en-Nadim aus dem zehnten Jahrhundert, steht unter der Überschrift *Die Namen der Bücher der Byzantiner mit Abendgeschichten, Historien, Fabeln und Sprichwörtern* (oder auch *allegorischen Geschichten*) ein Buch mit dem Titel *Schatarijarus, der König, und der Grund, warum er Schahzad, die Geschichtenerzählerin, heiratete.*[17] Aus diesem einzigen Hinweis könnte man schließen, daß die Rahmengeschichte von König Schehrijar und Schehrezad, der Geschichtenerzählerin, griechischen Ursprungs ist. Das wäre zwar möglich, ist aber nicht sehr wahrscheinlich. Auch die vermutliche Existenz einer byzantinisch-griechischen Version der Geschichte aus dem zehnten Jahrhundert oder sogar davor ist faszinierend und läßt einen überlegen, ob nicht vielleicht eine Version der *Tausendundeinen Nacht* über das Griechische an die verschiedenen Balkansprachen überliefert wurde. Zumindest einige der Geschichten aus *Tausendundeiner Nacht* scheinen schon vor Gallands Übersetzung in Rumänien bekannt gewesen zu sein.[18] Es ist zwar unwahrscheinlich, daß die Rahmengeschichte von Schehrezad byzantinischen Ursprungs ist, aber viele der romantischen Liebesromane in *Tausendundeiner Nacht* weisen wie die *Geschichte von Uns el-Wudschud und el-Ward fil-Akmam* (Li III, S. 378-416) Anzeichen für Entlehnungen aus dem griechischen Volksroman auf.

Allerdings haben große Gebiete der klassischen griechischen und lateinischen Literatur in der Literatur der Araber weder Nachahmungen noch Verarbeitungen gefunden, und die Werke des Euripides, Aeschylos, Petronius und Marc Aurel haben, denke ich, keinerlei Spuren in der späteren Literatur des Vorderen Orients hinterlassen. Die Frage, warum irgendwann populäre Geschichten oder sogar ganze Literaturgattungen keinen Erfolg mehr haben und aussterben, ist interessant. Zum Beispiel haben die Araber Weisheitsliteratur und Fabeln von ihren hebräischen, griechischen, römischen und vor allem persischen Vorgängern übernommen. Das mittelalterliche Christentum seinerseits übernahm vieles an Material dieser Art von den Arabern. Aber jetzt gibt es für so etwas keinen Markt mehr. La Fontaine und seine Fabeln aus dem siebzehnten Jahrhundert sind fast das Ende einer Linie. Während *Die Geschichten von Sindbad dem Seefahrer* bis heute weiterleben und sogar, wennschon in stark veränderter Form, den Sprung auf die Leinwand geschafft haben, ist die früher populäre und stark belehrende *Geschichte von der Sklavin Tawaddud* heute nahezu vergessen. Nur ein paar Wissenschaftler kennen sie noch. Wir werden auf das Weiterleben von Geschichten und den Grund dafür im nächsten Kapitel eingehen.

Die Araber wurden durch ihre Eroberungen zu Erben nicht nur der Erzähltraditionen Griechenlands und Roms, sondern auch der der Kopten, Hebräer, Berber und Perser. Primitive Vorformen einiger der Geschichten aus *Tausendundeiner Nacht* finden sich in der Literatur des pharaonischen Ägypten, und es erscheint möglich, daß manche dieser Geschichten oder doch Teile von ihnen über die Folklore der koptisch-christlichen Einwohner von Ägypten zu den Arabern gekommen sind. Zum Beispiel findet sich der Ansatz zu der *Geschichte vom Neider und vom Beneideten* (Li I, S. 143-160), die in *Tausendundeiner Nacht* dem erzürnten *Dschinn* vom zweiten Bettelmönch erzählt wird, in der altägyptischen Geschichte *Wie die Wahrheit durch die Falschheit geblendet wird*, die in ihrer schriftlichen Form im dreizehnten Jahrhundert v. d. Z. erscheint. Der Papyrus mit der *Geschichte des Schiffbrüchigen* aus dem zwölften Jahrhundert v. d. Z. nimmt einige Abenteuer aus Sindbads sieben Reisen vorweg. Wenn die listige Dalila in *Tausendundeiner Nacht* eine Schar ihrer Rivalen betrunken macht, so daß sie einen Diebstahl begehen kann, und dann den Erfolg ihres Tuns dadurch kundtut, daß sie jedem schlafenden Trunkenbold die rechte Wange rasiert, wiederholt sie Handlungen, die Herodot einem Dieb in der Zeit von Pharao Rhampsinitis (Ramses III.) zuschreibt. Schließlich, wenn wir schon einmal bei altägyptischer fiktiver Literatur sind: diejenigen, die meinen, daß nur die Inder die Rahmengeschichte erfunden haben können, sollten sich die *Magischen Geschichten, die König Cheops erzählt wurden*, ansehen, den *Westcar-Papyrus*, der zwischen dem achtzehnten und sechzehnten Jahrhundert v. d. Z. geschrieben wurde und in dem der

König seine Söhne bittet, ihm Geschichten über die Wunder zu erzählen, die Magier vollbrächten.[19]

Auch andere Kulturen des Vorderen Orients haben ihren Beitrag zu *Tausendundeiner Nacht* geleistet. Am eindrucksvollsten sind viele deutliche Anklänge an das babylonische *Gilgamesch-Epos*, wie es uns in einer Version aus dem ersten Jahrtausend v. d. Z. bekannt ist, in der Geschichte *Die Abenteuer Bulukijas* (Li III, S. 757-IV, S. 74). Das ist die Geschichte der Suche eines Königs aus vorislamischer Zeit nach Unsterblichkeit.[20] Ebenso hat die sumerische *Geschichte vom armen Mann von Nippur*, in der ein Mann, der beleidigt worden ist, sich mit drei raffinierten Streichen rächt, über zwei Jahrtausende in einer Vielzahl von Sprachen und Schriften überlebt, um in *Tausendundeiner Nacht* als *Die Geschichte vom ersten Raufbold* wieder aufzutauchen.[21] Es sollte auch erwähnt werden, daß die *Geschichte vom weisen Haikar*, die Burton in seine *Tausendundeine-Nacht*-Übersetzung aufgenommen hat – obwohl sie eigentlich in die *Tausendundeine-Nacht*-Apokryphen gehört, denn sie stammt aus der Handschrift, die der Franzose Chavis zusammengestellt hat –, eine mittelalterliche arabische Version des alten assyrischen *Buchs von Achikar* ist.[22]

Der Beitrag der Literatur des vorislamischen Persien zum Geschichtenschatz des mittelalterlichen Arabischen fällt stärker ins Auge und ist überzeugender, als es die Beiträge der altsemitischen Kulturen und des klassischen Altertums sind. Geschichten, Fabeln und Weisheitsliteratur wurden von den Parthern und den Sassaniden sehr geschätzt, und es ist bedauerlich, daß, wahrscheinlich durch den Wechsel zur arabischen Schrift nach den muslimischen Eroberungen im siebenten Jahrhundert, nur weniges an früher mittelpersischer schöner Literatur in seiner ursprünglichen Form überlebt hat. Die *Hezar Afsane*, die *Tausend Geschichten*, der wahrscheinliche persische Prototyp der *Tausendundeinen Nacht*, wurden bereits im vorigen Kapitel behandelt. Ibn en-Nadim berichtet, daß man annahm, das Buch sei für Humai, die Tochter des Königs Bahram, eines legendären altpersischen Königs, verfaßt worden.

El-Mas'udi zufolge war Schehrezad die Mutter von Bahram. Der Buchhändler und Katalogverfasser Ibn en-Nadim und der Historiker el-Mas'udi neigten immer wieder dazu, Werken der schönen Literatur persischen oder indischen Ursprung zuzuschreiben. Oft hatten sie damit Recht. Aber im Fall des wichtigen *Sindbad*-Zyklus brachte el-Mas'udis Annahme, er sei indischen Ursprungs, europäische Gelehrte des neunzehnten Jahrhunderts, an ihrer Spitze den Indologen Benfey, dazu, in die falsche Richtung zu blicken.

Das *Sindbad-Name* oder *Die Geschichten von der Tücke der Weiber* (Li IV, S. 256-366) ist in der vorislamischen mittelpersischen Version nicht erhalten. Die älteste Handschrift, die wir besitzen, ist in Syrisch abgefaßt.[23] Aus dem Syrischen ging die Geschichte ins Hebräische und in eine Vielzahl europäischer Sprachen über. Sie wurde auch ins Arabische übersetzt und in die ägyptische Rezension von *Tausendundeiner Nacht* aufgenommen. In dieser Sammlung moralisierender Geschichten, die nichts mit dem Geschichtenzyklus um Sindbad den Seefahrer zu tun haben, besteht die Rahmenhandlung darin, daß sieben Wesire einem König Geschichten erzählen, um ihn davon abzuhalten, seinen Sohn Sindbad auf Drängen seiner durchtriebenen Frau hin zu töten. Während dieser Zeit hat sich der Sohn angesichts all der Anschuldigungen sieben Tage lang schweigend zu verhalten. Die böse Stiefmutter, die den jungen Prinzen denunziert, hat eine Vorgängerin im alten buddhistischen *Dschataka*. Doch J. B. Perry, ein Experte für alte Erzählsammlungen, hält nichts von el-Mas'udis vager Behauptung, daß die Sammlung indischen Ursprungs sei, sondern plädiert statt dessen für westlichen Ursprung, nämlich aus der lateinischen Legende von Secundus dem Schweigenden.

Secundus der Schweigende soll ein Philosoph in der Zeit des Kaisers Hadrian gewesen sein. Da er jemanden sagen hörte, daß es so etwas wie eine treue Frau nicht gebe, entschloß er sich, diese Behauptung auf ihren Wahrheitsgehalt hin zu überprüfen, und versuchte, mit seiner Mutter zu schlafen. Sie, die ihn nach so vielen Jahren der Abwesenheit nicht wiedererkannte, war nur allzu bereit, mit ihm ins Bett zu gehen, aber er nahm Abstand. Da sie ihn zu einer Erklärung drängte, sagte er ihr die Wahrheit, und sie erhängte sich. Entsetzt über das Unglück, das seine Worte heraufbeschworen hatten, legte Secundus darauf den Schwur ab, in Zukunft zu schweigen. Als Kaiser Hadrian ihn aufforderte, einige philosophische Fragen zu beantworten, weigerte sich Secundus, obwohl er nicht wußte, daß Hadrian insgeheim beschlossen hatte, ihn hinrichten zu lassen, wenn er seinen Eid zu schweigen brechen würde. Secundus' Schweigen rettete ihm das Leben, und er konnte schließlich des Herrschers verzwickte Fragen schriftlich beantworten. Diese Geschichte mit ihrer Botschaft vom Übel fleischlicher Lust und ihrer Betonung der Tugend der Schweigsamkeit scheint tatsächlich aus einer authentischen pythagoräischen Tradition zu stammen. Als Rahmengeschichte wurde sie in verschiedenen späteren und entstellten Formen in der persischen und arabischen Literatur häufig imitiert, so daß die Frauenfeindlichkeit der Pythagoräer sich mit der der frühen Buddhisten und Hindus in den arabischen Geschichten der *Tausendundeinen Nacht* vermischte.

Eine andere persische Geschichtensammlung, die in *Tausendundeine Nacht* Eingang gefunden hat, ist die *Geschichte des Königs Dschali'ad und seines Sohnes Wird Chan* (Li VI, S. 7-114), ein Geschichtenzyklus mit einer Rahmengeschichte, die die des *Sindbad*-Zyklus ein wenig imitiert. Im *Dschali'ad*-Zyklus erzählen die Wesire des Königs Geschichten gegen eine feindlich gesonnene Frau, um dem Sohn des Weisen Schimas das Leben zu retten.[24] Ebenso wie beim *Sindbad-Name* ist die ursprüngliche, die persische, Fassung nicht erhalten. Wiederum etwas ähnlich ist das persische *Bachtijar-Name* aus dem siebenten Jahrhundert, das, da der Breslauer Text eine arabische Version dieses Zyklus enthält, im ersten Supplementband der Burtonschen Übersetzung der *Tausendundeinen Nacht* unter dem Titel *Die zehn Wesire oder die Geschichte von König Azadbacht und seinem Sohn* erscheint. In dieser Sammlung sind die Wesire die Schurken, und Prinz Bachtijar muß Geschichten erzählen, um sein Leben vor den zehn Wesiren zu retten. Doch dann erscheint ein Räuberhauptmann mit dem Beweis dafür, daß Bachtijar wirklich der Sohn des Königs ist.

Hier sind jetzt nur einige persische Geschichtensammlungen genannt worden, die zufällig ins Arabische übersetzt wurden und den Weg in *Tausendundeine Nacht* fanden. Die persische Erzählkunst umfaßte weitaus mehr, und es wäre verführerisch, den Inhalt des *Marzuban-Name*, der *Haft Paikar*, der *Sieben Bilder*, und des alten Pahlavi-Romans von *Vis und Ramin*, der das Vorbild für die europäische Liebesgeschichte von *Tristan und Isolde* gewesen sein könnte, zu erkunden und darzulegen. Aber das würde bedeuten, das, was nur ein kurzes und selektives Kapitel werden sollte, zu einem Ozean von Inhaltsangaben und Theorien werden zu lassen. Man kann, wenn man das will, sich für immer auf diesem Ozean alter Geschichten dahintreiben lassen und nach berberischen, georgischen, syrischen, armenischen, türkischen und malayischen Prototypen, Analogien und Herleitungen der einen oder anderen Geschichte aus *Tausendundeiner Nacht* suchen. Aber dann könnte es auch sein, daß einen eine große Müdigkeit packt, und die Versuchung wäre groß zu fragen, wieso eigentlich die Araber keine einzige Geschichte selbst erfunden haben? Richtig ist, daß die Araber bei ihren Geschichten ihren Vorgängern und Nachbarn viel zu verdanken haben, doch das ist ein universelles kulturelles Phänomen. Und, wie wir kurz sehen werden, verdankt die europäische Literatur ihrerseits mit ihren genialen schöpferischen Individuen – darunter Dante, Boccaccio und Chaucer – anonymen Erzählern aus der arabischen Welt sehr viel. Die Araber erfanden und exportierten mindestens ebenso viel Geschichtengut,[25] wie sie importierten, und die Christen übernahmen ihre Geschichten, indem sie sie oft all ihrer typisch islamischen Züge entkleideten.

Es ist also schwierig, ja meist unmöglich, einzelne Geschichten oder Sammlungen anonymer Geschichten eindeutig einem Herkunftsort oder einer Entstehungszeit zuzuweisen. Versuche von Ethnologen, die Regeln festzulegen, nach denen Geschichten wandern, haben sich als erfolglos erwiesen. Ein wesentliches Problem erwächst daraus, daß, wenn sie Geschichten untersuchen, die oft mündlich von Zigeunern, Seeleuten und Kaufleuten durch die ganze Welt getragen wurden, sie häufig nur die Spuren der wandernden Geschichten in ihrer vielleicht sehr irreführenden Gestalt in erhaltenen schriftlichen Versionen studieren können. Deshalb ist die Schlußfolgerung dieses Kapitels die, daß es keinen zwingenden Beweis für die Annahme gibt, die Rahmenerzählung von Schehrijar und Schehrezad oder der ursprüngliche Geschichtenbestand innerhalb dieses Rahmens stammten aus Indien und wären dann dem Westen über Persien vermittelt worden. Denn Indien nahm Geschichten ebenso auf, wie es sie weitervermittelte.

Es stimmt natürlich, daß gleiche äußere Umstände gleiche Geschichten hervorbringen. Bestimmte grundlegende Handlungsstrukturen werden Literaturproduzenten öfter begegnen. So kann grundsätzlich dieselbe Geschichte völlig unabhängig in verschiedenen Gegenden der Erde kreiert werden. Man nennt das Polygenese. Wenn sich manchmal die älteste schriftliche Version einer Geschichte in Indien oder China findet, bedeutet das nicht unbedingt, daß die Geschichte wirklich im Orient entstanden ist. Man sollte sich daran erinnern, daß die Araber um die Mitte des achten Jahrhunderts durch Chinesen das Papier kennenlernten. Die erste Papierfabrik in Bagdad entstand 793, und bis zum Beginn des zehnten Jahrhunderts hatte sich Papier als Beschreibstoff auch bis ins klassische Land des Papyrus, Ägypten, durchgesetzt.[26] Als Papier leichter zugänglich geworden war, erfolgte eine entsprechende Explosion in der Produktion schriftlicher Geschichtensammlungen und anderer Werke der unterhaltenden Literatur im Arabischen – oder jedenfalls scheint es sie nach Maßgabe dessen, was uns erhalten geblieben ist, gegeben zu haben.

John Walsh, ein Lektor für Türkisch an der Universität Edinburgh, der in den fünfziger Jahren schrieb, brachte die Beobachtung zu Papier, daß »eine Gesellschaft, die keine Bilder malt oder Denkmäler schnitzt, auch keine Geschichten erfindet. So sind auch die Volkserzählungen und Liebesromane des Islams alle entweder eigentlich vorislamisch oder von anderen Völkern übernommen und, wie die erbeuteten Portraits und Statuen, ihrer spezifisch menschlichen Züge beraubt.«[27] Ein derart arrogantes Theoretisieren verrät eine Unkenntnis der Meisterleistungen des islamischen Kunst, die nur aufgewogen wird durch ein ebenso mangelndes Wissen um die Charakteristika der islamischen Literaturen. Zugegebenermaßen haben mittelalterliche arabische Geschichtensammlungen sich ihrer Vorläufer in Sanskrit und Mittelpersisch oder Persisch kräftig bedient, und dies ist eins der Hauptthemen dieses Kapitels. Aber die Wanderung von Volkserzählungen und ähnlichem durch die Kulturen ist eine weltweite Erscheinung. Wie wir sehen werden, haben europäische Literaturen sich der arabischen Literatur mindestens ebenso rückhaltlos bedient wie arabische Autoren die Schriften ihrer Nachbarn ausplünderten.

Bereits unter den Omajjadenkalifen (661-750) begann man, Werke aus anderen Sprachen ins Arabische zu übersetzen, aber der aus einer persischen Patrizierfamilie stammende Ibn el-Mukaffa'[28] dürfte der erste gewesen sein, der ein Werk der schönen Literatur, die mittelpersische Version von *Kalila wa-Dimna*, ins Arabische übertrug. Danach erlebte die Übersetzungsbewegung unter dem Abbasidenkalifen el-Ma'mun, der 813-17 regierte, einen Höhepunkt.[29] El-Ma'mun, ein Sohn von Harun er-Raschid, gründete das *Bait el-Hikma*, das *Haus der Weisheit*. Eine der Hauptaktivitäten dieses Forschungsinstituts mit Bibliothek bestand darin, Bücher aus dem Griechischen, Indischen, Mittelpersischen und anderen Sprachen zu übersetzen. Die Werke, denen el-Ma'muns Übersetzerteam den Vorrang vor anderen gab, waren mathematische, medizinische, chemische, philosophische und solche über andere Themen, die man für nützlich hielt. El-Ma'mun und seine Nachfolger waren offensichtlich nicht daran interessiert, Übersetzungen großer Werke der unterhaltenden Literatur der damaligen Welt zu fördern, und die Entwicklung einer arabischen unterhaltenden Literatur scheint dem Patronat der Kalifen wenig bis gar nichts zu schulden.

Wie schon angedeutet wurde, waren Ibn en-Nadim und el-Mas'udi schnell dabei, großen Geschichtensammlungen indischen oder persischen Ursprung zuzuschreiben. Perry dagegen kam zu dem Schluß, daß die

> »Ausbreitung von Erzählsammlungen im Vorderen Orient in der Zeit des Abbasidenkalifats (750-1258) nicht im Import von Materialien oder Vorbildern aus Indien begründet war, wie viel zu oft angenommen wurde, sondern darin, daß nun unterhaltende Prosa um ihrer selbst willen als legitime Form der Literatur Anerkennung fand, etwas, was sich mit der neuen persisch-arabischen Kultur durchsetzte.«[30]

Arabische Versionen mittelpersischer Bücher waren kaum je genaue Übersetzungen. Als Ibn el-Mukaffa' *Kalila wa-Dimna* übersetzte, fügte er höchstwahrscheinlich Wesentliches hinzu und erweiterte aus eigener Schöpferkraft.[31] Seine Übersetzung wiederum inspirierte viele arabische Autoren dazu, sich an Sammlungen von Tierfabeln mit moralischen oder politischen Botschaften zu versuchen. *Kalila wa-Dimna* genoß ein immenses Ansehen, und man erwartete von jedem Höfling oder höfischen Funktionär, daß er die Geschichten und Gleichnisse der Sammlung kannte. Durch das gesamte Mittelalter galt sie weithin als das eine der beiden großen Werke der schönen Literatur im Arabischen.

Das zweite große Werk waren zweifellos die *Makamat* oder *Stegreifreden/spiele* von el-Hariri (1054-1122). El-Hariris Werk war inspiriert durch ein ähnliches mit demselben Titel von el-Hamadhani mit dem Beinamen Badi' ez-Zaman, »Das Wunder der Zeit«, (968-1024) und ist diesem lose nachgestaltet.[32] El-Hamadhanis *Makamat* waren wahrscheinlich das erste gänzlich originelle Werk fiktionaler Prosa im Arabischen – im Gegensatz zu Adaptionen aus anderen Sprachen. Aber trotz ihres großen Erfolgs bei el-Hamadhanis Zeitgenossen verblaßte ihr Ruhm vor der kunstvolleren und vollendeteren Form dieses Genres, die bald darauf el-Hariri schuf. Das Genre der

Makamat besteht aus fiktionalen Episoden, abgefaßt in gereimter Prosa, in denen die Zusammenkünfte oder Episoden den Vorwand für Witz und brillante Rhetorik liefern. In den *Makamat* des Hariri ist der Held Abu Zeid ein gerissener, nassauernder, sprachlich hochgebildeter Gauner-Vagabund, der durch seine flinken Witzeleien und seine flüssige, kunstvolle Sprache zu seinem Lebensunterhalt kommt. Die fünfzig *Makamat*, in denen Abu Zeid sich in stets neuem witzig-betrügerischen Sprach- und Rollenspiel einem Publikum darstellt, sind Meisterwerke kunstvoller Sprachgestaltung und glänzender Verstellungsspiele. Wie schon R. A. Nicholson in seiner *Literary History of the Arabs*, formulierte, bietet Abu Zeid seinem Publikum »Exzellente Diskurse, erbauliche Predigten, tieftraurige Lamenti, vermischt mit übermütigen kleinen Versen und obszönen Witzen«.[33] Wir werden sehen, daß sich der Gauner in der mittelalterlichen arabischen Kultur hoher Wertschätzung erfreute. Abu Zeid hat mit den durchtriebenen Bettlern, Dieben, Prostituierten und religiösen Scharlatanen vieles gemeinsam, die die Seiten anderer fiktionaler Werke der arabischen Literatur füllen, aber sein Hauptanspruch darauf, sich von ihnen zu unterscheiden, besteht darin, daß er sich auch auf gerissene grammatikalische Gaunerstückchen versteht und ein Meister sprachlicher Kunstfertigkeit ist. Er macht von Metaphern, Wortspielen, Parallelismen, Alliterationen und hapax legomina Gebrauch, um immer wieder mit Sprachwitzes Hilfe den Kopf aus der Schlinge zu ziehen oder zu reden. El-Hariris Werk wurde Vorbild für alle, die meinten, hohe Literatur habe in vieldeutiger Weise schwerverständlich und vielschichtig zu sein.

Kalila wa-Dimna und die *Makamat* waren zwei Prosaklassiker, deren Lektüre man bei jedem gebildeten Araber voraussetzen konnte. Wenn aber ein gebildeter Araber zufällig *Tausendundeine Nacht* las, dann bewahrte er wahrscheinlich darüber lieber Stillschweigen, denn die Vulgarität der Themen dieses Werks ebenso wie die Vulgarität seines sprachlichen Stils machten es ungeeignet für ernsthaftere Betrachtungen.

Aber wenn *Tausendundeine Nacht* nicht als Literaturwerk galt, so waren dies seine anspruchsvolleren Rivalen eigentlich auch nicht, denn es gab im arabischen Mittelalter kein Wort für »Literatur«. Das heutige Wort dafür, *Adab*, wird auch im engeren Sinn für *schöne Literatur* verwendet. Doch im Mittelalter bedeutete *Adab* weder *Literatur* allgemein, noch *schöne Literatur* im besonderen. Ursprünglich bedeutete es *geistige Disziplin, Etikette, höfisches Benehmen*. Mit der Zeit und in einer Begriffserweiterung wurde das Wort *Adab* für die literarische und die Gesprächskultur eines vornehmen Mannes verwendet und insbesondere für das Bildungsrepertoire der *Nudama'*, der Trinkgefährten der Prinzen. Auch von höfischen Schreibern erwartete man, daß sie über einen *Adab* verfügten, der unter anderem Kenntnisse des höfischen Protokolls, der Geschichte, Geographie, der altarabischen Poesie, Sprichwörter, guter Witze und unterhaltsamer Geschichten umfaßte.[34] Aber obwohl es zum *Adab* eines Höflings gehörte, Geschichten zu kennen, hatte fiktionale Literatur generell ein sehr niedriges Ansehen in der mittelalterlichen arabischen Welt. Geschichten wie die, die sich in *Tausendundeiner Nacht* finden, wurden als *Chorafa* klassifiziert, als *Lügen oder Phantasiegeschichten*, geeignet für Frauen und Kinder und ohnehin nur am Abend zu erzählen, wenn die ernsthafte Arbeit getan war. Ibn en-Nadim führt eine ganze Liste solcher Geschichten auf, von denen nicht mehr bekannt ist als ihre Titel, darunter so fesselnde wie *Der Fußknöchel der Eidechsen*, *Der Liebhaber der Kuh* und *Vogelscheiße*.[35] Ibn en-Nadim verachtete fiktionale Prosa ganz allgemein und betrachtete sie als *kalt*.[36] Er teilte das arabische Vorurteil gegenüber Prosaliteratur und zog ihr die Poesie vor. Poesie war die edelste und anspruchvollste aller literarischen Gattungen und die, welche die meisten ehrgeizigen, kultivierten und wagemutigen Intellektuellen bewog, sich ihrer zu bedienen.

Tausendundeine Nacht, eine Sammlung voller *Chorafat* und zum größten Teil in einer ganz einfachen Prosa geschrieben, durchsetzt mit Kolloquialismen, denn die Handschriften waren

Gedächtnisstützen der Erzähler, hatte in der mittelalterlichen arabischen Literatur einen niedrigen Status. Es ist ziemlich sicher, daß nur der Zufall ihrer frühen Übersetzung[37] ins Französische und die Tatsache, daß sie dem europäischen Geschmack des achtzehnten Jahrhunderts entsprach, gerade diese Sammlung vor dem Vergessen rettete. Noch heute schaut man in der arabischen Welt auf die Sammlung mit Verachtung, nur einige Schriftsteller und Gelehrte bilden eine Ausnahme. Ihre Geschichten gelten immer noch als vulgär, unwahrscheinlich, kindisch und zudem schlecht geschrieben. Aber trotz des geringen Ansehens der Sammlung hatte sie in der Abbasidenzeit mehrere Konkurrenten.

Wie schon im vorigen Kapitel vermerkt wurde, berichtet Ibn en-Nadim, daß ein gewisser Muhammad Ibn Abdus el-Dschachschijari (st. 942), bekannt wegen seines biographischen Lexikons der Wesire, außerdem angesehen wegen seiner Schriften über Politik und eines Handbuchs für Wesire,

> »begann ein Buch zusammenzustellen, für das er tausend Geschichten der Araber, Perser, Griechen und anderer auswählte. Jede Geschichte stand für sich und war nicht mit irgend einer anderen verbunden. Er bestellte Erzähler zu sich (*Musamirun*, wörtlich *Abendunterhalter*, *nächtliche Geschichtenerzähler*), von denen er die besten Dinge, die sie gut kannten und gut zu erzählen wußten, übernahm. Er wählte außerdem aus, was ihm aus Büchern mit Geschichten und Fabeln gut gefiel. Da er angesehen und hochgestellt war, sammelte man für ihn 480 Nächte, jede Nacht bestand aus einer vollständigen Geschichte, die über etwa fünfzig Seiten ging. Dann aber, bevor er seinen Plan, tausend Geschichten zusammenzustellen, abgeschlossen hatte, holte ihn der Tod. Ich habe einige Abschnitte seines Buches gesehen.«[38]

Es sieht so aus, als sei nichts von el-Dschachschijaris umfangreicher Kompilation erhalten, obwohl manche sie mit den *el-Hikajat el-'adschiba wa-el-Achbar el-ghariba*, den *Wundersa-*

men Erlebnissen und seltsamen Begebnissen identifizieren wollen.[39] Dieses anonyme Werk befindet sich in Istanbul in einer einzigen Handschrift, die vermutlich im vierzehnten Jahrhundert gefertigt wurde. Obwohl die Handschrift relativ späten Datums zu sein scheint, legt der Inhalt der Geschichten die Annahme nahe, daß die Sammlung ursprünglich in Ägypten etwa im zehnten Jahrhundert entstand. Die Titelseite nennt 42 Geschichten, aber nur achtzehn sind erhalten. Von diesen entsprechen einige solchen in *Tausendundeiner Nacht*, vor allem die *Geschichte von den sechs Brüdern des Barbiers* und *Dschullanar die Meermaid*, die auch in der Gallandschen Handschrift vorliegt, außerdem die *Geschichte von Abu Mohammad, dem Faulpelz* (Li III, S. 170-193). Unter den Geschichten in den *Hikajat*, die in *Tausendundeiner Nacht* nicht erscheinen, ist vielleicht die eindrucksvollste die *Geschichte von den vierzig Mädchen*, auf die wir später zurückkommen.

Die *el-Hikajat el-'adschiba* enthalten auch die *Geschichte von Sul und Schumul*, eine eigenartige Geschichte über die Liebe zweier Jemeniten zueinander und darüber, wie Schumul durch einen Zauberspruch verschwindet und wie Schul durch die Levante reist, um sie in einem Konvent nach dem anderen zu suchen. Interessanterweise ist diese Geschichte auch in einer Einzelhandschrift erhalten, die aus dem sechzehnten Jahrhundert stammt. In dieser Handschrift ist sie zunächst in Nächte aufgeteilt mit Morgenzäsuren, die Schehrezad überraschen, und ihrer Schwester, die sie drängt, die Geschichte in der nächsten Nacht fortzusetzen. Der Kopist wollte die Geschichte augenscheinlich in *Tausendundeine Nacht* einfügen, verlor aber nach der 35. Seite die Lust an diesem Unterfangen und setzte von da an die Geschichte ohne Unterbrechungen fort.[40]

Et-Tanuchi (934-94) sammelte als Richter im Ruhestand mit Wohnsitz in Bagdad, wie el-Dschachschijari, Geschichten.[41] Sein bedeutendstes Werk mit dem Titel *el-Faradsch ba'd asch-Schidda*, *Freud nach Leid*, oder auch *Ende gut – alles gut*, ist eine Anthologie über das Thema, das der Titel verspricht, und beruht auf schriftlichen und mündlichen Quellen. Vom neunten Jahrhundert an wurden Bücher über das Thema *Freud nach Leid* zu einer Gattung der arabischen Literatur. Et-Tanuchis Kompilation ist das bekannteste Werk dieses Genres. Diese fiktionalen Trostbücher handeln von Genesung nach Krankheit, von Reichtum nach Armut, von Sieg nach Niederlage. In einigen Geschichten in *Tausendundeiner Nacht* geht es um das Thema *Freud nach Leid* oder *Ende gut, alles gut*, zum Beispiel in der *Geschichte von dem reichen Manne, der verarmte und dann wieder reich wurde* (Li III, S. 330-332,[42] oder der *Geschichte vom Neider und dem Beneideten.*[43] Teile von et-Tanuchis *Nischwar el-Muhadara* sind (in gereinigter Form) unter dem Titel *The Table-Talk of a Mesopotamian Judge*, *Die Tischgespräche eines mesopotamischen Richters*, ins Englische übersetzt worden. Auch hier stützt sich et-Tanuchi, wie aus seinem Vorwort deutlich wird, auf mündliche Quellen: »Es ist meine Absicht, in diesem Werk solche Geschichten zu sammeln, die die Leute auf den Lippen tragen und die bisher nicht den Weg aus der Bewahrung in ihrem Gedächtnis in die Verewigung durch Bücher gefunden haben.« Ein interessanter Geschichtentyp aus et-Tanuchis *Tischgesprächen*, *Tausendundeiner Nacht* und anderen Geschichtensammlungen sind Geschichten über die Großzügigkeit zunächst eines angesehenen Beduinen, später eines Herrschers oder auch eines Ministers, zum Beispiel in *Tausendundeiner Nacht* die Anekdoten *Die Geschichte von Hatim et-Ta'i* (Li III, S. 84-86);[44] über *Ma'n ibn Za'ida* (Li III, S. 86f., S. 87-89) und über *Jahja ibn Chalid, den Barmekiden* (Li III, 193 ff.) Viele dieser Geschichten kreisen um das Thema der schon legendären Großzügigkeit der Wesirsdynastie der Barmekiden zur Zeit der frühen Abbasidenkalifen. Es scheint, als sei dieser Geschichtentyp von Straßenerzählern strategisch eingesetzt worden, die ein Publikum um sich sammelten, um dessen Gunst und Großzügigkeit sie warben und/oder von dem sie Almosen erwarteten. Diese Untergattung von Geschichten war also normalerweise kurz. Als ägyptische Kopisten und Sammler daran gingen, die Sammlung *Alf Laila wa-Laila* zu füllen und anschwellen zu lassen, scheinen sie großzügigen Gebrauch von et-Tanuchis Anthologien[45] gemacht zu haben.

Aus Gründen, die alles andere als klar sind, wurde die erste Welle von Geschichtensammlungen im Irak im neunten und zehnten Jahrhundert zusammengestellt, aber dann gab es eine weitere Modewelle für solche Anthologien in Syrien und Ägypten in der späten Mamlukenzeit. Vielleicht kamen solche Anthologien in der letztgenannten Periode dem literarischen Geschmack der Mamlukenelite entgegen. El-Ghuzuli (st. 1412) war ein Berber, der von Nordafrika ins mamlukische Damaskus kam und der Arabisch schrieb.[46] Seine *Matali' el-Budur fi Manazil es-Surur*, zu deutsch *Das Aufgehen der vollen Monde in den Positionen der Freude*, ist eine *Adab*-Abhandlung, deren Kapitel Dingen gewidmet sind, die die Sinne erfreuen, darunter Blumen, erfrischende Winde, Essen, Trinken, Feste, Musik, freie Frauen und höfische Sklavinnen. Eines seiner längeren Kapitel ist der *Musamara*, der *Nachtunterhaltung durch Geschichtenerzählen*, gewidmet. Von den sieben Nachterzählungen, die in diesem Kapitel erscheinen, haben wenigstens vier in *Tausendundeiner Nacht* Parallelen. An anderen Stellen, verstreut über andere Kapitel von el-Ghuzulis umfangreichem Kompendium, gibt es weitere Erzählungen, die ebenfalls in *Tausendundeiner Nacht* vorkommen. Nicht nur sind die Geschichten im Kern dieselben, manchmal gibt es sogar wörtliche Übereinstimmungen, und man kann annehmen, daß die Kompilatoren der (späten) ägyptischen Rezension von *Tausendundeiner Nacht* aus el-Ghuzuli ebenso schöpften, wie sie das mit et-Tanuchi[47] taten.

Badr ed-Din el-Aini (1365-1451), ein in Aintab, einer Stadt im türkischsprachigen Teil des mamlukischen Syrien, geborener Türke, war Religionsgelehrter und Historiker, der es in Kairo zu etwas brachte.[48] Er wurde Marktinspektor von Kairo und höfischer Historiker mehrerer aufeinander folgender Mamlukensultane. Er schrieb in Arabisch und Türkisch und wurde vor allem für seine große arabische Chronik, den *Ikd el-Dschuman*, *Das Perlenhalsband*, berühmt. Er verfaßte auch eine Anthologie unterhaltsamer Geschichten über verschiedene Schichten der Bevölkerung, den *Madschmu' muschtamil 'ala Hikajat wa-ghairiha*, eine *Sammlung von Geschichten und anderem*.

Nach der Eroberung von Damaskus durch den türkischen Staatengründer Tamerlan im Jahr 1401 geriet Ibn Arabschah, 1392-1450, als Kind mit seiner Familie in Gefangenschaft und wurde in Tamerlans zentralasiatische Metropole Samarkand gebracht. Später verbrachte er einige Zeit am Hof des Osmanensultans Mehmet I., bevor er in den zwanziger Jahren des fünfzehnten Jahrhunderts in die mamlukisch beherrschten Gebiete zurückkehrte.[49] Ibn Arabschah ist heute vor allem für seine giftsprühende Geschichte Tamerlans bekannt – in der es eine Erzählung gibt, die sich auch in *Tausendundeiner Nacht* findet. Er übersetzte außerdem eine Sammlung persischer Tierfabeln aus dem dreizehnten Jahrhundert, das *Marzuban-Name*. Später legte er eine stark erweiterte und intensiv überarbeitete Fassung dieses persischen Werks vor, der er den arabischen Ziertitel *Fakihat el-Chulafa' wa-Mufakahat ez-Zurafa'*, *Die Scherze der Kalifen und die Belustigungen der Feingeister*, gab, eine Sammlung, die als Fürstenspiegel angelegt ist, aber doch viele unterhaltsame Geschichten ohne eine allzu deutliche didaktische Zielsetzung enthält. Der äußere Rahmen der Sammlung erinnert in manchem an *Kalila wa-Dimna*, doch obwohl es in den Rahmenerzählungen um Tiere und Vögel geht, handeln die Geschichten, die diese Geschöpfe vortragen, meist von Menschen. Auch die *Fakihat* enthalten Geschichten, die in *Tausendundeiner Nacht* ebenfalls vorkommen, darunter die *Geschichte von dem Sklaven, der einmal im Jahr lügt*, und eine Variante der *Geschichte von dem Kaufmann und den beiden Gaunern*.

Einige der Geschichten aus den *Fakihat* stehen auch in einer anderen Anthologie kurzer Erzählungen, die im Ägypten der Mamlukenzeit zusammengestellt wurde, dem *el-Mustatraf fi kull Fann mustazraf*, deutsch: *Das Aparte über jede elegante Kunst*. Ihr Verfasser, el-Ibschihi, der nach 1446 starb, stellte eine Sammlung didaktischer Erzählungen, Traditionen, Sprichwörter, Fabeln und moralisierender Reflexionen zusammen, umfangreich und voller Abschweifungen.[50] Einige Geschichten seiner Sammlung sind ebenfalls in *Tausendundeiner Nacht* enthalten. Wahrscheinlich schöpfte er aus derselben Quelle, auf die sich auch die Kompilatoren der späten ägyptischen Rezension von *Tausendundeiner Nacht* stützten. Zauber-, Wunder- und Ehebruchsgeschichten spielen in *Tausendundeiner Nacht* und konkurrierenden Sammlungen eine wichtige Rolle, aber man sollte nicht übersehen, daß alle diese Werke auch viele Erbauungsgeschichten über tugendhaftes Handeln und fromme Männer enthalten. Einige Anthologien sind ausschließlich solchen erbaulichen Themen gewidmet. Eine von ihnen war der *Raud er-Rajahin fi Hikajat es-Salihin*, *Der Garten erfrischender Winde über die Geschichten der Frommen* von el-Jafi'i, einem jemenitischen Mystiker oder Sufi des vierzehnten Jahrhunderts.[51] Seine Sammlung erbaulicher und wundersamer Geschichten wurde sowohl von el-Ibschihi »ausgeschlachtet« als auch von denen, die *Tausendundeine Nacht* auffüllen wollten.

Nach der Mamlukenzeit gab es bis zum ausgehenden achtzehnten Jahrhundert nur noch wenige erwähnenswerte arabische Autoren für welches Genre auch immer. Dann begann el-Dschabarti, er starb 1825 oder 1826, einer der größten arabischen Historiker, seine meisterhafte Geschichte Ägyptens von der osmanischen Eroberung 1517 bis zu seinen Lebzeiten. Er berichtete auch über die französische Besetzung Ägyptens unter Napoleon Bonaparte 1798-1801. El-Dschabarti begegnete französischen Gelehrten in deren Institut in Kairo. Es kann sein, daß die Franzosen etwas von ihrer Begeisterung für *Tausendundeine Nacht* auf el-Dschabarti übertrugen. Jedenfalls versuchte er später, eine gereinigte Version der *Tausendundeinen Nacht* zu schaffen. Sie existiert aber leider nicht mehr.[52]

Ein Kuriosum, das früher zu den arabischen Geschichtensammlungen gezählt wurde, sollte noch genannt werden. Es sind die *Contes du Cheykh el-Mohdy* (1835), *Die Geschichten des Scheichs el-Mohdy*, angeblich die Übersetzung einer arabischen Erzählsammlung mit dem Titel *Das Geschenk an den erwachten Junggesellen zum Entzücken des schläfrigen Schläfers* von einem gewissen Scheich Mohammad el-Mahdi, einem Zeitgenossen el-Dschabartis. Dieses Werk wurde von Jean-Joseph Marcel, einem Arabisten, der Napoleon 1798 nach Ägypten begleitete, »übersetzt«. Die Rahmengeschichte zu Beginn handelt von einem jungen Mann, der seine Zuhörer mit seinen Geschichten regelmäßig zum Einschlafen bringt. Er irritiert die Menschen so, daß er schließlich in einem Kairoer *Maristan*, einem Irrenhaus, landet, das das skurrile Ambiente für weiteres Geschichtenerzählen wird. Aber selbst wenn es wirklich einen Scheich Mohammad el-Mahdi gegeben haben sollte, dürfte kaum zu bezweifeln sein, daß diese Geschichten Fälschungen sind, europäische Parodien von Geschichten aus *Tausendundeiner Nacht*. Es ist scheint eher ziemlich sicher, daß das Motiv des Erzählers, der sein Publikum stets von neuem in den Schlaf redet, ein Plagiat Marcels nach Cazottes *Mille et une fadaises*, *Tausendundeine Albernheit*, war, von der noch die Rede sein wird.[53]

Das war eine etwas zufällige Aufzählung einstmals berühmter, aber heute meist vergessener Autoren der Abbasiden-, Mamluken- und Osmanenzeit. Was diese fragmentarische Bestandsaufnahme deutlich macht, ist, daß die Geschichten in *Tausendundeiner Nacht* nicht ausschließlich anonymen Erzählern zuzuschreiben sind. In vielen Fällen waren sie bekannt und wurden von Gelehrten und Belletristikautoren von bedeutendem Ruf in Anthologien gesammelt, die mehr bewirken sollten, als Müßiggänger in Café-Häusern zu unterhalten. Trotz der Ansicht vieler gebildeter Araber, daß Prosa der Poesie unterlegen sei, und trotz der oft geäußerten Verachtung für Prosaliteratur, wird deutlich, daß einige Angehörige der Elite selbst am Geschichtenerzählen interessiert waren. Es ist möglich, daß sie manchmal nach Geschichten aus *Tausendundeiner Nacht* griffen, um sie dafür zu nutzen, politische oder religiöse Botschaften zu vermitteln. Deutlich wird auch, daß die Gelehrten durchaus neue und fremde Themen in das Repertoire arabischen Erzählguts einbringen konnten. El-Ghuzuli war seiner Herkunft nach ein Berber, el-Aini war Türke, und Ibn Arabschah war polyglott, er hatte viele Jahre seines Lebens in türkisch- und persischsprachigen Zentren des kulturellen Lebens verbracht. Doch diese Autoren »schrieben« ihre Geschichten nur in dem Sinn, daß sie sie wiedergaben oder bestenfalls adaptierten. Sie erfanden keine Geschichten, oder, wenn sie es denn taten, sprachen sie nicht darüber. In der arabischen Gesellschaft des Mittelalters war niemand darauf stolz, Geschichten zu erfinden: man behauptete nur, sie weiter zu vermitteln. Selbst Schehrezad erfindet keine Geschichten. Sie erzählt, was sie gehört hat. Wir sollten akzeptieren, daß sie mit einem blendenden Gedächtnis gesegnet war, nicht aber mit kreativer Phantasie und Vorstellungskraft.

Die Geschichten, die, sagen wir einmal, et-Tanuchi oder Ibn Arabschah veröffentlichten, waren normalerweise nur einer gebildeten und anspruchsvollen Elite zugänglich, aber man kann sich leicht vorstellen, daß es öffentliche Lesungen ihrer Werke gab. Doch diese und sogar die Geschichten aus *Tausendundeiner Nacht* wurden von den großen Volksromanen an Popularität weit übertroffen. Es ist klar, daß die Volksromane ein ganz ungebildetes Publikum ansprachen. Der nordafrikanische jüdische Vielschreiber des zwölften Jahrhunderts Samau'al Ibn Jachja el-Maghribi beschreibt das Entzücken, das er als Schuljunge über die Volksromane empfand:

> »Als ich zwischen zehn und dreizehn Jahre alt war, zogen mich historische Informationen und Erzählungen sehr stark an. Ich war darauf versessen, durch Lektüre zu erfahren, was sich in vergangenen Jahrhunderten zugetragen hatte. Ich las die verschiedenen Geschichten- und Anekdotensammlungen. Von diesen übertrug ich meine Zuneigung auf die langen phantasievollen Erzählungen und dann auf die großen Romane wie den *'Antar*-Roman, den Roman über *Dhu el-Himma* und *el-Battal*, die Geschichte von *El-Iskander Dhu*

l-Karnain (*dem zweigehörnten*, das ist der *Alexander-Roman*), von *el-'Anka'* (*dem Phönix*), von *Taraf ibn Ludhan* und anderen«.[54]

Samau'al Ibn Jahja gelangte schließlich von diesen romantischen Pseudohistorien zum ernsthaften Studium der islamischen Geschichte. Unter ihrem Eindruck konvertierte er schließlich zum Islam.

Viele volkstümliche Romane beruhen zwar durchaus auf einer realen historischen Basis, doch die Basis war durchgängig recht unsicher.[55] Jahrhunderte und Kriege wurden in Geschichten durcheinandergemengt, die an ihren topographischen Grenzen dahin tendierten, ins Märchenland abzudriften. Die langen, üppigen Handlungsstränge dieser Romane, in denen eine Krise der nächsten folgt, sind charakteristisch für Geschichten, die als Serienproduktionen für tage- und wochenlanges Erzählen komponiert wurden – und die viele Gemeinsamkeiten mit europäischer Feuilletonliteratur des neunzehnten Jahrhunderts aufweisen. Diese mittelalterlichen Sagas mit ihren zahlreichen Abschweifungen sind zu einem großen Teil einmal von den Grenzkriegen gegen Byzanz von der Mitte des achten Jahrhunderts an, zum anderen vom Kampf gegen die Kreuzfahrer seit 1090 inspiriert. *Die Geschichte des Königs 'Omar ibn en-Nu'man* (Li I, S. 498-762, II, S. 7-222), die zunächst als unabhängiger Volksroman umlief, aber dann den Weg in *Tausendundeine Nacht* fand, ist ziemlich typisch für dieses Genre. Dieser Roman mit seinen zahlreichen Ausschmückungen und Abschweifungen, der in der Littmannschen Übersetzung ohne die in ihn eingeschobenen Geschichten ungefähr 300 Seiten ausmacht, bietet eine pseudohistorische Darstellung der Kriege des siebenten Jahrhunderts zwischen dem König der Muslime und dem christlichen König von Konstantinopel einerseits und dem christlichen König von Cäsarea andererseits. Das Leben des fiktiven Helden könnte sehr lose auf den Taten eines historischen 'Omar beruhen, der im neunten Jahrhundert Emir von Malatya war, einer Stadt, die heute in der Osttürkei liegt. Es war eine Zeit erbitterter Grenzkämpfe zwischen den Arabern und den Byzantinern. Verschwommene Erinnerungen an diese Kämpfe und andere Kriege der Araber gegen die Byzantiner wurden später mit dem *Dschihad*, dem Glaubenskrieg, des zwölften und dreizehnten Jahrhunderts gegen die Kreuzritter vermengt. Die Franken spielen eine herausragende Rolle, und der schurkische Dakianus (? Li I, 709 ff.)[56] ist sicherlich eine Entstellung von Godfrey, und das ist Gottfried von Bouillon, einer der Anführer des Ersten Kreuzzugs und der erste Franke, der über Jerusalem herrschte.

In diesen und ähnlichen Volksromanen sind entstellte und umgeformte Erinnerungen an Ereignisse aus der Zeit zwischen dem zehnten und dem dreizehnten Jahrhundert eingebettet in phantastische Geschichten von ritterlicher Tapferkeit und Zauberei. Die Vorliebe für epische Erzählungen über übermenschliche Helden, die gefährliche Reisen unternehmen, die hoffnungslos erscheinende Kämpfe gegen eine riesige Übermacht wagen, die Ränke böser Zauberer überleben, gab es nicht nur bei den Arabern. Es scheint, daß diverse Details im byzantinischen Poem *Digenis Akritas* (das schwer zu datieren ist, aber wahrscheinlich im zwölften Jahrhundert eine klare literarische Form erhielt), der *Geschichte des Königs 'Omar ibn en-Nu'man* entnommen wurden. Dieses Poem über einen heldenhaften Krieger, der an der byzantinischen Grenze für Byzanz kämpft, ähnelt dem arabischen Volksroman in vielen seiner Motive und literarischen Mittel auffällig. Es ist wahrscheinlich, daß arabische Erzählkunst ähnliche Werke in anderen Regionen beeinflußte, etwa die anonymen armenischen Erzählungen von David von Sasun aus dem elften Jahrhundert und des Georgiers Schotha Rusthawelis *Der Recke im Tigerfell* aus dem zwölften Jahrhundert. Aber hier fehlt es noch an weiterer Forschungsarbeit.

Zurück zu *Tausendundeiner Nacht*: *Die Geschichte von 'Adschib und Gharib* (Li IV, S. 426-608) ist, wie die *Geschichte des Königs 'Omar ibn en-Nu'man*, ein widersprüchlich und oberflächlich entworfenes Patchwork aus Zauberei, Kriegen und romantischen Verwicklungen. Wie *Die Geschichte des Königs 'Omar ibn en-Nu'man* war sie ursprünglich ein selbständig umlaufender Volksroman, der schließlich als umfangreicher Lückenfüller den späteren ägyptischen Rezensionen von *Tausendundeiner Nacht* hinzugefügt wurde. Viele ähnliche Volksromane jedoch, die in der mittelalterlichen arabischen Welt umliefen, darunter *Dhat el-Himma*[57] und *El-Sajjid Battal*, wurden nicht in *Tausendundeine Nacht* aufgenommen. Diese Sagas spielen, wie die eben genannten, augenscheinlich während der Zeit der frühen arabisch-byzantinischen Kriege, aber auch hier erscheinen entstellte Reminiszenzen an die Kämpfe gegen die Kreuzfahrer.

Lane sagt in seinem Kapitel über das Geschichtenerzählen in seinem *Account of the Manners and Customs of the Modern Egyptians*, *Bericht über die Sitten und Gebräuche der heutigen Ägypter*, daß mündliches Vortragen aus *Tausendundeiner Nacht*, *Alf Laila wa-Laila*, im Kairo des frühen neunzehnten Jahrhunderts ziemlich selten war.[58] Weitaus beliebter waren bei den Erzählern und ihrem Publikum die Romane über die Eroberungen von *Abu Zeid el-Hilali*, *ez-Zahir Baibars* und der *Antar*-Roman.[59] Abu Zeid war, den Erzählern zufolge, der dunkelhäutige Sohn eines arabischen Häuptlings des Stammes der Banu Hilal auf der Arabischen Halbinsel. Der Roman über Abu Zeid – oder eher die Romane, denn es gibt verschiedene Versionen – ist (sind) den Eroberungszügen der Hilal-Araber im Nadschd und anderen Regionen der Arabischen Halbinsel, auch nach Indien, dann ihrem Zug nach Westen, über Persien, und ihren Siegen über die Berber in Nordafrika gewidmet. Der Geschichtenzyklus über Heldentaten und Liebe nahm wahrscheinlich im elften Jahrhundert Gestalt an, aber er stützt sich auf ältere Ereignisse und Handlungsmuster und wurde später mit Abenteuern und Namen aufgefüllt, die den muslimischen Glaubenskriegen gegen die Kreuzfahrer entstammen.[60] Die Eroberungen des Abu Zeid und der Angehörigen des Stammes der Banu Hilal wurden gewöhnlich mit musikalischer Begleitung vorgetragen.

Die *Sira*, die *Lebensbeschreibung*, von *ez-Zahir Baibars* war ein weiterer sehr beliebter Zyklus von Volkserzählungen im Kairo des neunzehnten Jahrhunderts. Diese Saga, die wahrscheinlich im fünfzehnten Jahrhundert Gestalt annahm, beruht ebenso lose auf den Eroberungen des Mamlukensultans ez-Zahir Baibars I. in Ägypten (regierte 1260-77). Vage Erinnerungen an die Kriege des Sultans gegen die Kreuzfahrer und die Mongolen sind vermischt mit Volksabenteuern, mystischen Phantasien und allgemein mit Wundern. Wir werden über diese *Sira* mehr sagen müssen, wenn wir untersuchen, wie Kriminalität in *Tausendundeiner Nacht* und in anderen Werken der mittelalterlichen arabischen Unterhaltungsliteratur behandelt wird.

Im Gegensatz zu diesen beiden in jeder Hinsicht populären Volksromanen, war die *Sirat Antar*, der *'Antar*-Roman, ein pittoresker Roman über einen vorislamischen Dichter und Kriegshelden, halb Araber, halb Abessinier, nicht so gefragt. Lane sagt, das Caféhaus-Auditorium habe die Gedichte ein bißchen zu schwierig gefunden. Die *Sirat 'Antar* ist größerenteils in Reimprosa abgefaßt, aber 'Antaras Gedichte, etwa 10000 Verse, sind in diese Reimprosa eingebettet. Ein anderer Störfaktor bei dieser *Sira* könnte ihre Länge gewesen sein. Die moderne gedruckte Fassung besteht aus 32 Bänden. Die *'Antarijja*, die ihren Lebensunterhalt damit verdienten, daß sie die Geschichte von 'Antar vortrugen, lasen sie aus einem Buch ab, und wenn nicht so viel Nachfrage nach der Geschichte bestand, dann konnten sie auch aus einem anderen Buch vortragen, zum Beispiel aus *Alf Laila wa-Laila*, *Tausendundeiner Nacht*.

Auch wenn *Tausendundeine Nacht* an Beliebtheit nicht mit den Romanen über volkstümliche Helden wetteifern konnte, bewahrte die Sammlung beim ägyptischen Caféhauspublikum des neunzehnten Jahrhunderts doch ein gewisses, wennschon schwankendes, Maß an Popularität. Weiter nach Westen hin, in nordafrikanischen Gebieten, allerdings scheint eine ähnliche Sammlung beliebter gewesen zu sein. Das war die *Hundertundeine Nacht* (arabisch *Mi'at Laila wa-Laila*).[61] Zwar stammt die älteste Handschrift, die wir besitzen, aus dem Jahr 1776, doch scheint diese Handschrift irgendwann im Mittelalter in Nordafrika zusammengestellt worden zu sein. Sie enthält Geschichten, die solchen in der größeren und berühmteren Sammlung ähnlich und manchmal sogar mit ihnen identisch sind. In der Rahmengeschichte ist der Titelheld namens »Blume der Gärten« mit einem wunderschönen Antlitz gesegnet, aber es verliert seine Schönheit, als er den Ehebruch seiner Frau entdeckt. Das Antlitz von »Blume der Gärten« gewinnt seine Schönheit erst zurück, als »Blume der Gärten« durch spätere Erfahrungen – er spioniert einer Königin und deren Gefolge nach – zu der Erkenntnis gelangt, daß alle Frauen treulos sind. »Blume der Gärten« warnt seinen Gastgeber, den König: seine Frau, die Königin, setze ihm Hörner auf. Der König tötet darauf prompt seine Frau und nimmt danach jede Nacht eine Jungfrau in sein Bett, die er am nächsten Morgen enthaupten läßt. Bis ihm Schehrezad ins Bett gelegt wird und es ihr gelingt, diesen Zyklus zu beenden. Die Sammlung *Hundertundeine Nacht* enthält auch *Die Messingstadt*, *Das Ebenholzpferd* und den *Sindbad*-Zyklus. Aber einige der darin enthaltenen Geschichten waren sichtlich denjenigen, die *Tausendundeine Nacht* zusamenstellten, unbekannt. Diese nordafrikanische Sammlung ist weitaus kürzer als ihr östlicher Prototyp, denn Schehrezad muß nur acht Monate lang Geschichten erzählen, bis deutlich wird, daß sie schwanger ist. Die französische Übersetzung von Gaudefroy-Demombynes ist noch nicht einmal 260 Seiten lang.

Die großen arabischen Volksromane übernahmen voneinander, sie wanden sich durch ein ungeheures Dickicht von Handlungsstrukturen, näherten sich einander an und entfernten sich wieder voneinander. Sie boten eine Sicht der arabischen Vergangenheit, die individuelle Heldentaten, unternommen von Poesie rezitierenden Kriegern, ebenso einbegriff, wie gefangene Prinzessinnen, Schlachten, Einzelkämpfe, unternehmungslustige Gangster, Verkleidungen, verkannte Identitäten, Wundergifte, Amazonen, Talismane und Automaten. Die Volksromane und kürzeren Erzählungen in den großen Erzählsammlungen gaben dem mittelalterlichen Islam eine mythische Vergangenheit. Wir haben jedoch gesehen, daß Handlungsmotive und -umstände kulturelle Grenzen mit großer Leichtigkeit überwanden und daß die Araber, unter anderem, von den Indern übernahmen, während sie, unter anderem, an die Byzantiner weitergaben. Es ist nun an der Zeit, zu überlegen, wieviel das europäische Mittelalter der arabischen Erzählkunst schuldete, und genauer, der Möglichkeit nachzugehen, ob vielleicht die gesamte Sammlung *Tausendundeine Nacht* oder doch Teile von ihr in Übersetzung in die eine oder andere europäische Sprache bereits Jahrhunderte vor der Geburt Antoine Gallands umlief(en).

Zwar wurde einiges an Material in Byzanz übersetzt, doch die Hauptwege für die Übersetzungen und Überlieferungen arabischer Gelehrsamkeit und der arabischen Unterhaltungsliteratur in das mittelalterliche Europa waren Spanien und Sizilien.[62] Arabische Versionen griechischer naturwissenschaftlicher und mathematischer Werke wurden in Spanien bereits im zehnten Jahrhundert ins Lateinische übersetzt, aber eine richtige Übersetzungsbewegung begann erst im zwölften Jahrhundert. Toledo war eins ihrer wichtigsten Zentren. Die Übersetzer waren weiterhin hauptsächlich an griechischen philosophischen und mathematischen Werken interessiert, die auf Arabisch erhalten geblieben waren. Zwar wurde auch der Koran 1143 ins Lateinische übersetzt, doch die Übersetzung sollte selbstverständlich für antiislamische Polemik eingesetzt werden. Vermutlich das erste Werk in lateinischer Sprache, das sich sehr stark auf arabische unterhaltsame Literatur stützte, war die *Disciplina clericalis*, wörtlich *Unterweisung für Kleriker*. Diese Anthologie wurde von Petrus Alfonsi in Toledo im zwölften Jahrhundert zusammengestellt. Petrus Alfonsi war jüdischer Herkunft, aber im Jahr 1106 zum Christentum konvertiert. Er beherrschte das Arabische gut. In der *Disciplina* vereinte er 34 exemplarische Erzählungen in einer Rahmenhandlung. Im Prolog erklärte er, er habe dieses Werk geschaffen, um Menschen eine bessere Kenntnis ihres Schöpfers zu vermitteln und sie zu einem tugendhaften Leben zu führen. Er habe aber das Buch, damit keine Langeweile aufkäme, in kleinere Abschnitte geteilt. Er sagte:

> »Ich habe auch über die Schwäche der leiblichen Natur des Menschen nachgedacht, die es notwendig macht, daß er Belehrung nur nach und nach erfährt, damit er ihrer nicht überdrüssig wird. Ebenso habe ich nicht vergessen, daß sein Leben entbehrungsreich ist und man es ihm darum auf bestimmte Weise erleichtern und angenehm machen muß, damit er das Gelernte leichter behält... Deshalb also habe ich das Büchlein zusammengestellt, teils aus Sprüchen der weisen Männer und ihren Lehren, teils aus arabischen Sprichwörtern und Weisungen, Geschichten und Zitaten, teils aus Gleichnissen, die von Tieren und Vögeln handeln.«[63]

Nicht nur stützte sich Petrus Alfonsi sehr stark auf arabische Fabeln und andere Erzählungen, auch sein apologetischer Prolog folgt dem Muster seiner arabischen Quellen. Seine Kompilation beruht auf einer ganzen Anzahl von Werken in arabischer Sprache, darunter *Kalila wa-Dimna* und dem *Sindbad*-Zyklus. Daß die Geschichte von der weinenden Hündin in der *Disciplina clericalis* vorkommt, haben wir bereits gesagt. Die *Disciplina* war ungeheuer populär. Sie existierte in vielen Übersetzungen und wurde zu **dem** Mittel der Überlieferung vieler arabischer Geschichten, die sich in späteren europäischen Geschichtensammlungen finden. Zum Beispiel wurde vieles an Material aus der *Disciplina* in die *Gesta Romanorum*, wörtlich: *Die Taten der Römer*, inkorporiert, die wahrscheinlich im England des dreizehnten[64] Jahrhunderts entstand und die die meist legendären Lebensläufe von Heiligen aus römischer Zeit überliefert.[65]

Im Lauf des dreizehnten Jahrhunderts und insbesondere am Hof Alfons' des Weisen – er regierte 1252-84 – gab es Tendenzen, das Arabische in die spanische Umgangssprache zu übersetzen.[66] Alfons gab eine Übersetzung von *Kalila wa-Dimna* ins Spanische in Auftrag. Allerdings kursierte eine von Johannes von Capua gefertigte lateinische Version in Europa weitaus mehr und wurde schließlich in einige andere Volkssprachen übersetzt. Auch der *Sindbad*-Zyklus wurde unter dem Patronat von Alfonsos Bruder, dem Prinzen Fadrique, als *Sendebar* oder *Libro de los enganos e los asayamientos de las mugeres*, *Buch über die Listen und Tücken der Frauen*, 1253 ins Spanische übertragen.

Ein Neffe Alfons' des Weisen, der Infant Don Juan Manuel (1282-1348), sammelte 51 Exempla unter dem Titel *Conde Lucanor, Der Graf Lucanor.*[67] Die ziemlich simple Rahmenerzählung besteht darin, daß ein Lehrer den jungen Schüler Lucanor instruiert. Juan Manuel konnte Arabisch und stützte sich für viele seiner moralisierenden Erzählungen auf arabische Literatur. Besonders eine Geschichte über den Zauberer Don Illan und den Dekan von Santiago – eine Geschichte über das Motiv: jahrelange-Erfahrung-in-einem-Augenblick-erlebt – wurde später von dem Argentinier Jorge Luis Borges wiederentdeckt und unter dem Titel *Der hintergangene Hexenmeister*[68] neu erzählt. Es kann sein, daß in der Borgesschen Geschichte Don Illan für den Erzähler steht, der, genauso wie ein Zauberer, die ganze Lebensgeschichte eines Mannes in weniger als einer Stunde aufrollen kann. Nai-Tung Ting, der diesem Geschichtentyp eine besondere Studie gewidmet hat, weist auf ein relativ junges Beispiel dafür in C. S. Lewis Roman *Der Löwe, die Hexe und der Kleiderschrank* hin.[69] Die Fassung dieses Motivs, die sich in *Tausendundeiner Nacht* findet, heißt *Die Geschichte vom Zauberer und dem jungen Koch aus Bagdad*. Juan Manuels Geschichte über den König, der seine drei Söhne auf die Probe stellte, beruht ebenfalls auf einer berühmten orientalischen Erzählung und findet sich sowohl in den *Annalen*, der berühmten Weltgeschichte, des Tabari aus dem neunten Jahrhundert, als auch in *Tausendundeiner Nacht*, wo sie den Titel *Die Geschichte des Sultans von el-Jemen und seiner drei Söhne* trägt. Der *Conde Lucanor* enthält auch eine Variante von *Des Barbiers Erzählung von seinem fünften Bruder* (Li I, S. 383-394).

Raimundus Lullus (1233-1316), als Sohn eines katalanischen Edelmannes auf Mallorca geboren, schrieb Poesie im Stil der Troubadore und führte als junger Mann ein reichlich unstetes Leben. Später konvertierte er und wurde Franziskanermönch.[70] Alles, was er danach schrieb, war dazu bestimmt, seine Glaubensrichtung zu stärken und auszubreiten. Er schrieb sehr viel – einer Schätzung zufolge 234 Schriften. Er lernte Arabisch, um die Ungläubigen zu bekehren, und beherrschte die Sprache gut genug, um in ihr Bücher zu verfassen. Das *Buch der Tiere* ist eine Sammlung von Tierfabeln, von denen viele so wirken, als seien sie orientalischen Ursprungs. Lullus benutzte sicher *Kalila wa-Dimna*, entweder in der arabischen Fassung oder in der spanischen Übersetzung. Verblüffend ist, daß Lullus' Buch eine Version der *Geschichte vom Kaufmann und seiner Frau* enthält, die sehr der in der Rahmenerzählung von *Tausendundeiner Nacht* ähnelt, wo Schehrezad sie ihrem Vater, dem Wesir, erzählt. Außerdem ist es möglich, daß das barocke Versdrama *La vida es sueno*, *Das Leben ein Traum*, des großen spanischen Dramatikers Calderón de la Barca (1600-1681) sich letztlich von der *Geschichte von Abu el-Hasan oder dem erwachten Schläfer* (Li III, S. 444-477) herleitet. Aber während die Geschichte aus *Tausendundeiner Nacht* nur eine unterhaltsame Farce ist, prüft das Stück von Calderón die Natur der menschlichen Identität, so wie ihr Protagonist, Prinz Segismondo, es lernt, zwischen Traum und Wirklichkeit, zwischen Wahrheit und Realität, zu unterscheiden. Im Gefängnis meditiert Segismondo:

> »Ich träume, hier zu sein,
> in diesen Fesseln gefangen. Aber ich träumte gerade,
> ich wäre auf einem schmeichelnderen, stolzeren Posten.
> Was ist dieses Leben? Eine Wahnvorstellung, eine Illusion,
> ein Schatten, ein Delirium, eine Fiktion.
> Die größten Güter sind nur klein, und dieses Leben ist nur
> ein Traum. Und Träume sind nur Träume.«

Eine eher ins Humorvolle gehende Variierung des Plots der *Geschichte vom erwachten Schläfer* findet sich im ersten Akt von Shakespeares *Der Widerspenstigen Zähmung*. Ziemlich sicher ist, daß Shakespeare für den Kern der Handlung aus einer englischen Geschichtensammlung des sechzehnten Jahrhunderts schöpfte. Ob die Geschichte in dieser Sammlung einer mündlichen oder einer schriftlichen Quelle entstammte, ist unbekannt.[71]

Der Einfluß der arabischen Literatur auf die mittelalterliche europäische war nicht auf Spanien beschränkt. Motive und Plots, die so aussehen, als müßten sie arabischen Geschichten entnommen sein, wurden in Fabliaux, das sind kurze Versepen, die Stoffe behandeln, die normalerweise komisch sind, aus dem zwölften und dreizehnten Jahrhundert identifiziert, etwa in *Lais* von Marie de France (1154-89), in *Tristan und Isolde*, in *Floir und Blancheflor*, in *Aucassin und Nicolette*, in Adenet le Rois' *Cléomades*[72] und in *Pierre de Provence et la Belle Maguelonne*. Die Ähnlichkeit zwischen dem letzteren und der *Geschichte von Kamar ez-Zaman* ist streckenweise auffallend: Unter anderem verwenden die arabische wie die französische Geschichte das Motiv eines Vogelweibchens, das vom Vogelmännchen verlassen wird, ein Motiv, das später Chaucer aufnahm. Die epische Dichtung *Herzog Ernst* aus dem Deutschland des elften Jahrhunderts enthält Details, die denen der Abenteuer Sindbads des Seefahrers erstaunlich ähnlich sind. Im dreizehnten Jahrhundert stützten sich sowohl die anonyme deutsche *Nibelungensage* als auch Wolfram von Eschenbachs *Parcifal* auf orientalische Motive.[73]

In England zeichnet die *Geschichte des Edelmanns* aus den *Canterbury Geschichten* von Geoffrey Chaucer ein mechanisches Pferd aus Messing, das fliegen kann und auf dem ein arabischer Ritter an den Hof des Königs Cambuscan reist. Chaucer mag durch das Messingpferd in Adenet le Rois' *Cléomades* auf dieses Motiv gekommen sein. Aber das ist nicht das einzige Element arabischer Herkunft in der *Geschichte des Edelmanns*. Die Episode, in der die Prinzessin Canacee, die in den Besitz eines Zauberrings gelangt ist, der es ihr ermöglicht, die Sprache der Tiere zu verstehen, ein Falkenweibchen belauscht, das erzählt, wie es von einem Falkenmännchen verlassen wurde, muß letztlich aus der *Geschichte von Tadsch el-Muluk und der Prinzessin Dunja* (Li II, S. 7-25) in *Tausendundeiner Nacht* stammen, wahrscheinlich über *Pierre de Provence et la belle Maguelonne. Die Geschichte vom Kaufmann*, die unzüchtige Geschichte über den gehörnten Ehemann, das Liebespaar und den Birnbaum,[74] hat eine persische Vorgängerin im *Masnavi* des Dschalal ed-Din Rumi, mystischen Reden des berühmten persischen Sufi-Meisters aus Konya im dreizehnten Jahrhundert, ebenso wie eine arabische Vorgängerin in der *Geschichte vom einfältigen Ehemann* in *Tausendundeiner Nacht* (W. W.: und erheblich früher in *Adab*-Anthologien).[75]

Die Geschichte vom Birnbaum und dem Paar erscheint auch in jener anderen großen Sammlung von Rahmengeschichten aus dem Europa des vierzehnten Jahrhunderts, in Boccaccios *Decamerone* (1353).[76] Dieses Werk täuscht von seinem Inhalt her kaum Originalität vor.[77] Von den Geschichten, die von Höflingen erzählt werden, die aus Florenz geflohen waren, um dem schwarzen Tod zu entkommen, haben neun Zehntel identifizierbare Vorgänger. Das *Decamerone* hat viele Geschichten mit *Tausendundeiner Nacht* und anderen arabischen Geschichtensammlungen gemeinsam. Zum Beispiel stammt Boccaccios Geschichte darüber, wie Calendrino so genarrt wurde, daß er glaubte schwanger zu sein, wahrscheinlich ursprünglich von der *Geschichte über den Kadi, der ein Baby hatte*[78] aus *Tausendundeiner Nacht*, wie die Geschichte über Federigo und den Falken ihre Vorgängerin in der altarabischen Geschichte über Hatim et-Ta'i und seine legendäre Freigebigkeit hat. Masuccio Salernitanos *Novellino*, eine Sammlung von fünfzig Geschichten aus Süditalien im fünfzehnten Jahrhundert, zusammengestellt in lockerer Nachahmung des *Decamerone*, enthält die *Geschichte des unglücklichen Leichnams*, die vom Kern her mit der *Geschichte des Buckligen* identisch ist, die die Rahmengeschichte des *Buckligen*-Zyklus in *Tausendundeiner Nacht* darstellt. Man sollte aber vorsichtig sein, eine genealogische Beziehung zwischen Salernitanos Geschichte und der in *Tausendundeiner Nacht* anzunehmen. Die Geschichte vom unglücklichen Leichnam war auch bei den nordamerikanischen Indianern bekannt.

Es gibt in Geschichtensammlungen, die in Europa in den Jahrhunderten vor der Gallandschen Übersetzung zusammengestellt wurden, so viel Material, das auch in *Tausendundeiner Nacht* vorkommt, daß manche Wissenschaftler angenommen haben, *Tausendundeine Nacht* könnte in Europa bereits in einer früheren Übersetzung bekannt gewesen sein, vielleicht einer Übersetzung ins Lateinische, die in Spanien gefertigt wurde, sagen wir: im zwölften Jahrhundert. Aber eine solche Übersetzung ist nie gefunden worden, und wir haben auch keinerlei Hinweis darauf, daß sie je in Auftrag gegeben worden wäre. Es gibt jedoch viele Beweise dafür, daß Teile des *Sindbad*-Zyklus oder die merkwürdige Geschichte *Vom Ebenholzpferd* im Lateinischen oder irgendeiner europäischen Landessprache wiedererzählt wurden, aber die meisten dieser Geschichten wurden der Sammlung relativ spät, erst vom fünfzehnten Jahrhundert an, hinzugefügt. Europäische Versionen der Geschichten, die zum ursprünglichen Kern von *Tausendundeiner Nacht* gehörten, wie die *Geschichte von Kamar ez-Zaman* oder *Die Geschichte des Buckligen*, sind weitaus seltener. Es scheint allerdings, wie schon gesagt wurde, eine Beziehung zwischen der ersteren und *Pierre de Provence et la belle Maguelone* zu geben, auch zwischen der *Geschichte des Buckligen* und einer der Geschichten von Salernitano. Nichts konnte daran hindern, daß irgendeine dieser Geschichten von Europa importiert wurde, vielleicht auf mündlichem Wege, als einzeln umlaufende, unabhängige Geschichte.

Vielleicht ist es aber von größerer Bedeutung, daß so etwas wie die Rahmengeschichte von *Tausendundeiner Nacht* im mittelalterlichen Italien bekannt gewesen zu sein scheint. Die *Novelle* von Giovanni Sercambi (1347-1424) umfassen 155 Geschichten, erzählt von Menschen, die Lucca auf der Flucht vor der Pest von 1374 verlassen hatten. Augenscheinlich erhielt Sercambi die Anregung zur Rahmengeschichte durch das *Decamerone*. Er übernahm auch einige Geschichten von Boccaccio. Doch das ist nicht weiter interessant. Was aber den an arabischer Literatur Interessierten neugierig machen sollte, ist die *Novella d'Astolfo*, *Die Geschichte des Astolfo*. In dieser Geschichte erholt sich der König von einem Anfall von Melancholie, die ihn befallen hat, weil er betrogen wurde, als es ihm gelingt, mit einer Frau zu schlafen, die von einem Kaufmann aus Siena in einem Kasten gefangen gehalten wird. Nachdem er mit ihr geschlafen hat, gibt ihr der König einen Ring. Hier sind zweifellos Anklänge an die Rahmengeschichte von *Tausendundeiner Nacht* und das Abenteuer von Schehrijar und Schahzaman mit der Dame, die von einem *Dschinn* in einem Kasten gefangen gehalten wird. Da es eine ähnliche Version dieser Geschichte in einer ungarischen Volkserzählung gibt, könnte es sein, daß sie über eine auf dem Balkan kursierende Version nach Italien gelangt ist, nicht direkt von einem arabischen Text.[79]

Weitere Nachwirkungen der Abenteuer Schahzamans und Schehrijars gibt es in Ariosts epischer Dichtung *Orlando Furioso*, dem *Rasenden Roland*, einem Meisterwerk des sechzehnten Jahrhunderts. Im 28. Gesang beispielsweise erzählt der Inhaber eines Gasthauses Rodolfo die Geschichte des Königs Jocondo, der sich mit seinem Bruder Astolfo auf eine Reise in das Königreich des letzteren begab, aber, da er etwas vergessen hatte, noch einmal umkehrte und unerwartet seine geliebte Frau in den Armen eines Pagen von niederer Herkunft fand. Nur mühsam beherrschte er sich, das Paar nicht zu töten, schlich sich davon und gesellte sich wieder zu seinem Bruder, der sich schon auf dem Weg befand. Bald nachdem sie an Astolfos Hof angelangt waren, entdeckt Jocondo, daß auch Astolfos Frau eine Ehebrecherin ist und sich der Umarmungen eines buckligen Zwergs erfreut. Jocondo, getröstet durch die Entdeckung, daß er nicht der einzige ist, der von seiner Frau betrogen wird, enthüllt alles seinem Bruder. Als der sich wieder beruhigt hat, ist er einverstanden, mit seinem Bruder auf eine Reise zu gehen, während der bewiesen werden soll, daß es so etwas wie eine treue Frau nicht gibt. Danach verläuft die Geschichte etwas anders als die in *Tausendundeiner Nacht*. Aber der Schluß ist der, daß es, welche Vorsorge man auch trifft, unmöglich ist, die Tugendhaftigkeit einer Frau zu bewahren. Rodolfo kommt zu dem Resultat: »Ich glaube, die Ränke der Frauen sind grenzenlos; alle Bücher der Welt reichen nicht aus, um auch nur bruchstückweise darüber zu berichten.«[80]

Weitere Nachwirkungen von *Tausendundeiner Nacht* und anderen arabischen Geschichtensammlungen gibt es in europäischen Erzählsammlungen des sechzehnten und siebzehnten Jahrhunderts, wie den *Piacevoli notti*, den *Ergötzlichen Nächten*, des Gianfrancesco Straparola, dem *Heptamerone*, den *Siebzig Geschichten* der Margarete von Navarra und Giambattista Basiles *Pentamerone*, den *Fünfzig Geschichten*. Diese fünfzig Geschichten des *Pentamerone* sind größerenteils Märchen und Wundergeschichten, die über Zusammenkünfte in zehn Nächten verteilt sind. Basile stützte sich zwar auf süditalienische Folklore, aber er war ein literarisch sehr gebildeter Edelmann, der das Phantastische liebte. Italo Calvino, Romancier des zwanzigsten Jahrhunderts, schrieb über das *Pentamerone*, daß »es dem Traum eines seltsamen mediterranen Shakespeare ähnelt, der besessen war vom Schrecklichen, für den es nie genug Riesen und Hexen geben konnte, in dessen weithergeholten und grotesken Metaphern sich das Sublime mit dem Groben und Schäbigen mischte«.[81] Basile war einer der Pioniere des Märchens. In vormoderner Zeit waren die Gattungen der literarischen Fiktion und der Volkserzählung oder des Märchens noch nicht klar voneinander getrennt. Wahrscheinlich waren viele der »Volkserzählungen«, die im mittelalterlichen und frühen modernen Europa kursierten, mündlich tradierte Erinnerungen an individuelle literarische Kreationen, während andererseits Sammler literarischer Werke wie des *Decamerone* und der *Canterbury Geschichten* sich auf schriftliche ebenso wie volkstümliche mündliche Quellen stützten. Im allgemeinen durchliefen Geschichten abwechselnd schriftliche und mündliche Versionen.

Mit der Veröffentlichung von Charles Perraults *Contes de ma mère l'Oye*, den *Geschichten meiner Mutter Gans*, im Jahr 1697 wurde das Märchen zu einer eigenen Gattung. Diese Sammlung von acht Geschichten, wie sie französische Bauern angeblich ihren Kindern erzählten, rief eine Welle von solchen Geschichten bei Hof und in den Salons der vornehmen Damen hervor. Das Faible für Geschichten über Feen und andere Wunder, das die Publikation der *Contes de ma mère l'Oye* bewirkte, war einer der Gründe für die begeisterte Aufnahme, die Gallands Übersetzung der *Tausendundeinen Nacht* fand. Perrault, Madame d'Aulnoy, Galland und andere wandten sich an ein gebildetes, erwachsenes Publikum. Allerdings »sanken« die Geschichten, die von Perrault, Galland und den Brüdern Grimm gesammelt worden waren und die unter Intellektuellen und Angehörigen der Oberschicht für modisch gegolten hatten, im Lauf des neunzehnten und zwanzigsten Jahrhunderts sozial und wurden zur Massenware für Kinderzimmer. Warum das geschah, bleibt ein Rätsel, aber die Antwort könnte zum Teil darin bestehen, daß Science Fiction die Rolle des Märchens als Wunderlieferant für Erwachsene übernahm.

Perrault und seine französischen Nachahmer stützten sich auf Material, das mündlich und von Bauern überliefert wurde. Aber sie hatten keinerlei Hemmungen, dieses Material so aufzubereiten und zu »verbessern«, daß es sich für auch für literarisch kritische und wählerische Leser eignete. Die Brüder Jacob und Wilhelm Grimm handelten ähnlich, als sie ihre Sammlung von Volkserzählungen, die nach mündlichen Informanten niedergeschrieben worden waren, die *Kinder- und Hausmärchen*, 1812 bis 1822 veröffentlichten.[82] Die meisten Geschichten wurden von den Brüdern Grimm später für weitere Auflagen noch stärker überarbeitet. Die Geschichten der Brüder Grimm waren ein Produkt der Romantik, im Deutschland der Zeit von Christoph Martin Wieland, Johann Gottlieb Herder und ihrem Kult der mittelalterlichen und der Volkspoesie. Der deutsche

Kult der Volkspoesie wurde durch den Erfolg von James Macphersons Präsentation der bedeutenden Werke des gälischen Barden Ossian aus dem dritten Jahrhundert ausgelöst. Der Titel des ersten Teils lautete *Fragments of Ancient Poetry Collected in the Highlands of Scotland and Translated from the Gaelic or Erse Language* im Jahr 1760, *Fragmente alter Poesie, gesammelt im schottischen Bergland und aus dem Gälischen oder der irischen Sprache übersetzt.* Ossians Werke waren größtenteils eine (kreative) Fälschung Macphersons, doch das wurde erst später aufgedeckt.

In Deutschland war der Volkskult spezifischer der Kult des deutschen Volks und seiner Gemeinschaftsseele. Deutsche Volkskundler des neunzehnten Jahrhunderts wollten dem damals in Hunderte von Kleinstaaten und unabhängigen Städten geteilten Deutschland ein Gefühl kultureller Identität und eine mythische Vergangenheit geben. Die Brüder Grimm behaupteten, ihre Geschichten in einem großen Gebiet Deutschlands gesammelt zu haben, sich analphabetische oder doch wenig gebildete bäuerliche Informanten gesucht und exakt das aufgeschrieben zu haben, was ihnen erzählt wurde, ohne irgendeine editorische oder aufbessernde Bearbeitung. Diese Grundsätze müssen zwar auf spätere Volkskundler einen förderlichen Einfluß gehabt haben, aber die Brüder Grimm selbst praktizierten nicht, was sie predigten. Sorgfältige Untersuchungen ihrer Arbeitsmethoden haben in jüngster Zeit ergeben, daß sie sich auf relativ wenige Informanten stützten und daß diese zumeist gebildet waren, zur Mittelschicht gehörten[83] und vorwiegend in Kassel lebten. Die Brüder Grimm überarbeiteten ihre Geschichten auch, um deren Lesbarkeit und moralisierenden Inhalt zu verstärken. Zwei ihrer »besten« Informanten in Kassel hatten einen französischen Hintergrund, und deren Kindheitserinnerungen an Geschichten aus der Gallandschen Adaption mögen der Grund für zwar veränderte, aber doch noch erkennbare Versionen von *'Ala ed-Din* und *Ali Baba* in der Grimmschen Sammlung deutscher Volksmärchen sein. Die Brüder Grimm selbst identifizierten *Tausendundeine Nacht* als letzte Quelle für acht der Geschichten, die ihnen erzählt worden waren. Außerdem stammt wahrscheinlich *Der Seehase* aus der *Geschichte vom Prinzen Chalaf und der Prinzessin von China* in *Tausendundein Tag*, einer orientalischen Geschichtensammlung, die der französische Orientalist Pétit de la Croix geschaffen hatte. Die *Geschichte vom Prinzen Chalaf* sollte auch Gozzis Drama und Puccinis Oper *Turandot* inspirieren.

Geschichten aus *Tausendundeiner Nacht* kursierten, wenn auch ihrer spezifisch islamischen und orientalischen Züge entkleidet, in vormoderner Zeit mündlich in Deutschland und ebenso in Italien, Frankreich und Spanien. In den meisten Fällen ist es unmöglich, zu sagen, ob diese Geschichten auf mündlichem oder schriftlichem Weg nach Europa gelangt waren. Die Brüder Grimm waren große Bewunderer der *Tausendundeinen Nacht*. Die Sammlung stellte für Jacob Grimm »die poetische Geographie des Orients« dar. Hans Christian Andersen, dem als Kind regelmäßig aus *Tausendundeiner Nacht* vorgelesen worden war, liebte ihre Geschichten ebenso leidenschaftlich, nutzte sie aber freizügiger als Quelle kreativer Inspiration. Seine Geschichte *Der standhafte Zinnsoldat* verdankt sicher *'Ala ed-Din* einiges, während *Die kleine Meerjungfrau* der *Geschichte von Dschullanar der Meermaid* nachgestaltet sein könnte. Ebenso scheint *Des Kaisers neue Kleider* auf einer Geschichte der türkischen Sammlung *Die Geschichte von den vierzig Wesiren* oder einer variierenden Version aus dem *Conde Lucanor* zu beruhen.

Wie sich europäische Romanciers und Kurzgeschichtenautoren der *Tausendundeinen Nacht* großzügig bedienten, ist das Thema eines folgenden Kapitels. Um zum Hauptthema dieses Kapitels zurückzukehren: In Europa entwickelten sich die Volkskunde und der neue Enthusiasmus, Märchen zu sammeln, dem die Werke der Brüder Grimm einen enormen Impetus gaben, zur selben Zeit wie der Nationalismus und die Philologie als Wissenschaft. Das steht in deutlichem Gegensatz zum Geschehen im Vorderen Orient. Der Kultursoziologe Ernst Gellner sagte: »Der arabische Nationalismus definiert sich und die Grenzen der Nation in den Kategorien der alten literarischen Hochkultur und in Opposition zu deren volkstümlichen Varianten, während es in Mittel- und Osteuropa anders verlief.«[84] Das bedeutet, arabische Intellektuelle[85] identifizieren Volkskultur mit Regionalismus und Dialektunterschieden, wohingegen sie meistens die »arabische Nation« als die nationalen Grenzen überschreitend betrachten, die von den europäischen Kolonialmächten im zwanzigsten Jahrhundert gezogen wurden. Die Araber haben nur sehr langsam Interesse an oral tradierten Volkserzählungen entwickelt, obwohl es jetzt in Kairo und Bagdad Folklore-Institute gibt. Hasan El-Shami, Direktor des Kairoer Folklore-Zentrums, hat beobachtet, daß »Moderne nationalistische Ideologien lokale Volksdialekte vermeiden und das klassische Arabisch für eine große einigende Kraft unter den arabischsprechenden Ländern halten. Es ist nicht überraschend, daß sich der Roman und die Kurzgeschichte erst im späten neunzehnten Jahrhundert als ein direktes Transplantat der europäischen Literaturen entwickelten.«[86] Doch wie dieses Kapitel vielleicht schon vermuten läßt und ein nächstes bestätigen wird, ist das Paradoxe, daß die Entwicklung des europäischen Romans und der Kurzgeschichte *Tausendundeiner Nacht* und anderen Werken der arabischen schönen Literatur und Folklore ungeheuer viel verdankt.

4

Die Kunstfertigkeit des Erzählers

> »Es waren Worte ohne jede Bedeutung für mich, mit Wucht und Feuer hervorgestoßen: Sie waren dem Manne kostbar, der sie sagte, er war stolz auf sie. Er ordnete sie nach einem Rhythmus an, der mir immer sehr persönlich erschien. Wenn er stockte, kam dann das Folgende umso kraftvoller und gehobener hervor. Ich konnte die Feierlichkeit mancher Worte spüren und die heimtückische Absicht anderer. Von Schmeicheleien war ich angetan, als hätten sie mir selbst gegolten; ich fürchtete mich in Gefahren. Alles war gebändigt, die mächtigsten Worte flogen genau so weit, wie der Erzähler wollte.«
>
> Elias Canetti, *Die Stimmen von Marrakesch*[1]

Wenn der Romancier Elias Canetti die Erzähler bei ihrer Arbeit auf dem Marktplatz von Marrakesch beobachtet, scheint er auch über die geheimnisvollen Ursprünge seiner eigenen Kunst nachzudenken. Es ist in der Tat reizvoll, an den Geschichtenerzähler auf dem Marktplatz als einen Vorläufer oder primitiven Typ eines Romanciers zu denken. Aber die Beziehung zwischen mündlicher Erzählung und schriftlicher Fiktion ist vielschichtiger, als es auf den ersten Blick erscheint.

Man hat vielfach angenommen, daß die in *Tausendundeiner Nacht* gesammelten Geschichten von mündlichen Erzählungen herrührten, aber wie wir gesehen haben, ist diese Vermutung allenfalls teilweise richtig. Ebenso ist oft angenommen worden, daß die Geschichten aus *Tausendundeiner Nacht* Teil des Repertoires von Berufserzählern waren, die ihrer Arbeit auf den Straßen nachgingen. Wie wir sehen werden, war dies nur gelegentlich der Fall. Bisher ist die Geschichte des Erzählens im Vorderen Orient nur wenig oder jedenfalls nicht systematisch erforscht worden. Diese Geschichte liegt tatsächlich ziemlich im Dunkeln. Zunächst: Geschichtenerzählen galt als eine ziemlich minderwertige und leicht anrüchige Tätigkeit. Der frühislamischen Überlieferung zufolge soll einer der Zeitgenossen des Propheten, ein Mann namens Chorafa aus dem Stamm der 'Udhra, Besuch von *Dschinnen* erhalten haben und von ihnen entführt worden sein. Als er zurückkam, ging er überall umher und erzählte Geschichten über seine Begegnungen mit den *Dschinnen*. Aber die Leute glaubten ihm nicht, sondern sagten, daß solche Geschichten unwahrscheinlich bis unmöglich seien. So soll angeblich Chorafas Name zum arabischen Terminus für eine – unglaubwürdige – Geschichte oder eine alberne Erzählung geworden sein: *Chorafa*. Aber es ist klar, daß dies eine Art Volksetymologie ist, daß also der legendäre Fabulierer nur erfunden wurde, um diesem Wort eine Etymologie zu geben.[2]

Man weiß zwar über das Geschichtenerzählen in den ersten beiden Jahrhunderten des Islams nichts Genaues, doch es ist wahrscheinlich, daß dieser Beruf eine zweifache Vergangenheit hatte, eine religiöse und eine säkulare. In religiöser Hinsicht war wahrscheinlich der volkstümliche Prediger einer der Vorgänger des Erzählers. Der *Chatib*, der Mann, der am Freitagnachmittag in der Hauptmoschee die Predigt hielt, war gewöhnlich ein Mann, der für seine Frömmigkeit und Gelehrsamkeit bekannt war. Aber in den ersten Jahrhunderten des Islams gab es neben den *Chatibs* auch volkstümliche Erzähler, *Kussas*, die sich darauf spezialisiert hatten, in den Moscheen religiöse Geschichten zu erzählen. Viele dieser *Kussas* waren auf dem Gebiet der Koranauslegung bewandert und von untadeliger orthodoxer Frömmigkeit. Aber es gab unter ihnen auch einige weniger verläßliche Erzähler, die sich darauf spezialisiert hatten, Stoffe vorzutragen, die man eher zum Bestand der islamischen Apokryphen zählen könnte, wundersame und recht dubiose Geschichten über die vorislamischen Propheten, über Mohammad und die Helden der frühislamischen Eroberungen. In den Jahrhunderten nach dem Entstehen des Islams gelangten die muslimischen Gelehrten nur langsam zu einem Konsens darüber, was in den Geschichten, die als religiöse galten, phantastisch und legendär war. Schließlich kam es soweit, daß die *Kussas* vom religiösen Establishment mit Mißtrauen betrachtet wurden, sowohl wegen der fragwürdigen Glaubhaftigkeit einiger ihrer erbaulichen Geschichten als auch, weil viele dieser Erzähler sich weniger um die Erbauung scherten als darum, ihr persönliches Einkommen zu vermehren.

Von den Moscheen zogen die *Kussas* auf die Marktplätze. Die schlechtesten unter ihnen unterschieden sich kaum noch von Gauklern oder Bettlern. Angebliche Worte des Propheten wurden zu Profit und Unterhaltung regelrecht produziert. »Wer seine Nasenspitze mit der Zunge berühren kann, wird nicht in die Hölle kommen«, das war so ein Wort, das ein volkstümlicher Prediger dem Propheten Mohammed zuschrieb. Während diese Prediger ihr Publikum mit Rührstories bearbeiteten, gingen ihre Komplizen Geld einsammelnd unters Volk. Ibn el-Dschauzi beschreibt die volkstümlichen Prediger im Bagdad des dreizehnten Jahrhunderts und kommentiert, daß dies »ganz deutlich eine Art ist, solche Geschichten zu einer Quelle des Lebensunterhalts zu machen, Geschenke von tyrannischen Herrschern zu erhalten und Ähnliches von unrechtmäßigen Steuereinnehmern zu erlangen... Einige von ihnen gehen auf die Friedhöfe, wo sie Gefühle ausnutzen und mit Freunden gemeinsame Sache machen, Frauen zu noch mehr Tränen veranlassen, sie aber nicht dazu ermahnen, (wie es für Frauen, die generell als sündhaft gelten, erforderlich ist), sich warnen zu lassen.« Die *Kussas* rivalisierten miteinander um Betätigungsfelder. Deswegen sagte man: »Ein *Kass* mag den anderen nicht.«[3]

Die zweite Quelle der islamischen Erzählkunst rührt vom Schauspielern her. Bis vor sehr kurzer Zeit nahm man an, daß es bis zum neunzehnten Jahrhundert kein Theater mit lebendigen Schauspielern in der islamischen Welt gegeben hätte, außer den schiitischen Passionsspielen, die an das Martyrium der Prophetenenkel el-Hassan und el-Hussain erinnerten. Die einzigen Schauspieltexte, die wir im Arabischen kennen und die aus dem Mittelalter erhalten sind, sind Texte für Schattenspiele. Deswegen bestand ein gelehrter Konsens darüber, daß die klassische Theatertradition durch die arabischen Eroberungen des größten Teils des byzantinischen Reichs beendet wurde oder vielleicht sogar schon ein oder zwei Jahrhunderte vor den arabischen Eroberungszügen ihr Ende gefunden hatte. Aber der Altphilologe B. E. Perry hat folgendes festgestellt:

> »Viele der Schaustücke, die in der späten alexandrinischen und der frühen römischen Kaiserzeit auf der Bühne gespielt wurden, würden sich, wären sie als Erzählung, nicht als Dialog, gestaltet, sehr ähnlich den klugen Geschichten von ränkevollen Ehebrüchen, dem Übertölpeln von Ehemännern, den durchtriebenen Listen von Frauen, den pikaresken Abenteuern von Schurken, dem Begaunern von Dummköpfen lesen, die wir in *Tausendundeiner Nacht* und im *Sindbad*-Zyklus finden.«[4]

Hier wird angedeutet, daß es durchaus denkbar wäre, daß einige der alten klassischen Farcen auch noch in islamischer Zeit gespielt wurden und daß einiges in *Tausendundeiner Nacht* auf den Handlungsverläufen solcher Stücke beruhen könnte. In den letzten Jahren haben die Forschungen des israelischen Wissenschaftlers Shmuel Moreh gezeigt, daß die Schauspielerei und besonders aus der Antike stammende Aufführungen von Possenspielen in den arabischen Ländern weiterlebten.[5] Possenspiele bezeichnen in ihrer ursprünglichen griechischen und römischen Bedeutung nicht Dramen ohne Worte, in denen Schauspieler den Inhalt des Stücks nur mit Gesten und Mimik zum Ausdruck bringen. Das klassische Possenspiel war ein kurzes Stück, oft über Alltagsereignisse, oder doch eine possenhafte bis obszöne Version eines ganz gewöhnlichen Vorkommnisses, in dem die Spieler sich jedenfalls der Sprache bedienten. Sie unterhielten ihr Publikum oft damit, daß sie den Akzent und die Redeweise bestimmter Menschentypen nachahmten, etwa von Ärzten, Bauern und Barbaren.

Schauspieler, Imitatoren und Schauspieltruppen verschwanden nicht wirklich von der Bildfläche, als die Araber plötzlich auftauchten. Die Imitatoren erweiterten lediglich ihr Repertoire. Im modernen Arabischen heißt *Hikaya Geschichte*, aber ursprünglich meinte das Wort *Nachahmung*, und der *Hakija* ist ein Imitator. Die Kunst des *Hakija* lag darin, daß er alles nachzuahmen verstand: Vögel und andere Tiere, Naturkatastrophen, berühmte Leute und bestimmte Typen der Gesellschaft. Der berühmte Adab-Autor *el-Dschahiz* – das ist »der Glotzäugige«[6] – aus dem neunten Jahrhundert schrieb eine umfangreiche Abhandlung über die Beredsamkeit, das *Kitab el-Bajan wa-t-Tabjin*, *Das Buch von des Ausdrucks Vornehmheit und der Darlegung Deutlichkeit*, in dem er die Ausdrucksstärke der Imitatoren rühmt:

> »Trotzdem gibt es Leute, die imstande sind, die Ausdrucksweise der Einwohner des Jemen mit der ihnen eigentümlichen Aussprache der Wörter nachzuahmen, ohne eine Kleinigkeit außer Acht zu lassen; ebenso können sie auch einen Chorasaner, einen Ahwazer, einen von den Zandsch,[7] einen Mann aus Sind, Abessinier und andere nachahmen. Ja, es kann sogar sein, daß man einen findet, der es getreuer kann als die Einwohner jener Gegenden. Wenn sie einen Stotterer nachahmen, ist es, als ob alle Eigenheiten aller Stotterer der Erde in der Sprache dieser einen Person vereinigt wären. Du magst einem begegnen, der mit den Gebärden seines Gesichts und seiner Augen und den Bewegungen seiner Glieder einen Blinden nachahmt, so daß du unter tausend Blinden keinen Einzigen finden wirst, der dies alles in sich vereinigt; es ist, als ob der Nachahmer alle den Blinden eigentümlichen Bewegungen in einem einzigen Blinden vereine.«[8]

El-Mas'udi erzählt die Geschichte eines Mannes namens Ibn el-Maghazili, eines *Hakija* aus dem neunten Jahrhundert in Bagdad, der für seine Späße, Geschichten und Imitationen von »Beduinen, Grammatikern, Transvestiten, Richtern, Zigeunern, Nabatäern, Sindis, Angehörigen der Zandsch, Eunuchen und Türken« berühmt war. Ein Eunuch, der im Dienst des abbasidischen Hofes stand, machte mit ihm aus, er würde ihn zum Kalifen el-Mu'tadid bringen, wenn er die Hälfte dessen erhielte, was der *Hakija* vom Kalifen dafür bekäme, daß er ihn unterhielt. Als el-Maghazili zu el-Mu'tadid kam, einigte man sich darauf, daß er 500 Dirham bekommen sollte, wenn er den Kalifen zum Lachen brächte. Es wurde aber auch ausgemacht, daß der Imitator, wenn der Kalif nicht lachte, zehn harte Schläge auf den Nacken erhalten sollte. Der Imitator spulte sein gesamtes Repertoire ab, aber der Kalif bewahrte Haltung und blieb ernst. Der verzweifelte Imitator bereitete sich darauf vor, seine Strafe einzustecken, und fragte allerdings, ob sie verdoppelt werden könnte. Als dann die Schläge angeordnet wurden, bat der verärgerte und von Schwindel gepackte Imitator darum, daß nun auch der Eunuch seinen halben Anteil erhalten solle. Da endlich brach der Kalif in schallendes Gelächter aus.[9]

Der *Hakija* war also zunächst kein Erzähler. Man kann sich aber leicht vorstellen, daß er seinen Jargon, der darauf angelegt war, auch groteske Akzente und Manieriertheiten einzubegreifen, und den er dahingehend entwickelte, daß er ungebildete Beduinen ebenso wie reiche persische Kaufleute nachzuahmen verstand, durchaus zu einer ausgereiften Geschichte oder sogar einer Serie von Geschichten entwickeln konnte. Im dreizehnten Jahrhundert stellte der berühmte christliche, syrisch schreibende, Historiker Bar Hebräus eine Sammlung mit dem Titel *Das Buch der ergötzlichen Erzählungen* zusammen, in der das fünfzehnte Kapitel den *Unterhaltsamen Geschichten über Schauspieler und Komödianten* gewidmet ist.[10] Daß der größte Teil dieser Sammlung, nämlich etwa achtzig Prozent, aus einem arabischen Prosawerk der Zeit um 1000 stammt, aber von Bar Hebräus aus dem arabisch-islamischen in den syrisch-christlichen Kulturkreis adaptiert wurde, ist nachgewiesen worden.[11] Tatsächlich bedeutete spätestens seit dem frühen vierzehnten Jahrhundert *Hikaja Geschichte*, und der Erzähler hatte den Imitator auf den Marktplätzen verdrängt. Kleinere Schauspieltruppen führten aber weiterhin kurze Komödien auf Straßen und Plätzen auf, so, wie das in griechischer und römischer Zeit erfolgt war. Sie rivalisierten also mit den individuellen Erzählern. Es gibt nur selten Hinweise auf Schauspieler und Straßentheater in den nüchternen mittelalterlichen Chroniken, aber es scheint, als wären die Stücke, die aufgeführt wurden, oft obszöne Farcen gewesen, ein bißchen ähnlich den lateinischen Komödien des Plautus, aber weniger anspruchsvoll. Vielleicht beruhten einige Aufführungen auf Themen, die letztlich von Plautus herrührten. Es ist sogar möglich, daß einige Geschichten aus *Tausendundeiner Nacht* wie die *Geschichte von dem häßlichen Mann und seiner schönen Frau* oder die *Geschichte von dem Walker, der Frau und dem Landsknecht*, deren Plots Ähnlichkeiten mit solchen von Plautus aufweisen, umgeschriebene Farcen sind, die ursprünglich im mittelalterlichen Bagdad oder Kairo aufgeführt worden waren.

Im arabischen Mittelalter erfreute sich – wenn das denn das richtige Wort ist – der professionelle Erzähler keines hohen Ansehens. Er konkurrierte mit Schlangenbeschwörern, Gauklern und hausierenden Quacksalbern um die Aufmerksamkeit und das Geld des Volks. Wie diese genannten Unterhalter von niedrigem Sozialstatus hielten sich viele Erzähler im Kairo des zwölften Jahrhunderts im Viertel Baina l-Kasrain auf. Baina l-Kasrain, *Zwischen den beiden Palästen*, war ursprünglich der Platz für Militärparaden zwischen den beiden großen fatimidischen Palästen mitten im alten Kairo. Nach dem Sturz der Fatimidendynastie im späten zwölften Jahrhundert verfielen die Paläste, und zur Zeit der Mamluken waren sie meist überbaut, während der offene Platz zwischen ihnen eine Marktdurchfahrt und ein Platz für volkstümliche Unterhaltungen geworden war. El-Kurti zufolge trugen die Erzähler auf Baina l-Kasrain »Geschichten von der jungen Beduinin und Ibn Majja und über el-Hakim bi-Amri'llah vor« – eine historische Persönlichkeit, an die viele phantastische Erzählungen geknüpft werden. »Diese Geschichten sind wie die von el-Battal« – das war ein halblegendärer Held der frühen islamischen Eroberungen – »und denen von *Tausendundeiner Nacht* und ähnlichen Erzählungen.«[12] Die nördliche Vorstadt el-Hussainijja, eine von Kurden und Türken besiedelte Gegend, war eine weitere beliebte Stätte für die Erzähler. Im mittelalterlichen Fez gingen die Erzähler ihrer Tätigkeit meist nahe den Stadttoren nach. Die Geschichten wurden oft von Musik begleitet, und die marokkanischen Erzähler ergänzten ihre Einnahmen manchmal dadurch, daß sie Talismane verkauften.[13]

Individuelle Erzähler fanden wegen ihres niedrigen Sozialstatus nur selten die Beachtung von Historikern oder Verfassern biographischer Lexika. Eine der seltenen, flüchtigen Notizen über einen Erzähler findet sich in einem Nachruf auf einen Juristen, Schams ed-Din el-Fa'alati, in einer Chronik aus dem fünfzehnten Jahrhundert, deren Autor, Ibn Taghribirdi, feststellt, daß der Mann aus bescheidenen, ja wenig reputierlichen Verhältnissen stammte, denn einer seiner Brüder war ein Geomant, der andere ein Astrolog, während der Vater sich seinen Lebensunterhalt dadurch verdiente, daß er Geschichten erzählte und professionellen Ringern Horoskope stellte.[14]

Der Berufserzähler erscheint in *Tausendundeiner Nacht* selbst höchst selten. In der *Geschichte von König Mohammad ibn Sabaik und dem Kaufmann Hassan* (Li V, S. 218-313) wird ein König von seinem neidischen Wesir kritisiert, weil er zuviel Zeit mit Hofpoeten, Trinkkumpanen und Erzählern verbringt (*esch-Schu'ara' wa-n-Nudama' wa-Arbab el-Hikajat*) und ihnen zu reichliche Geschenke macht. Trotzdem beauftragt er den Kaufmann Hassan damit, die seltsamste Geschichte auf der Welt ausfindig zu machen. Hassan schickt fünf Mamlukensklaven auf die Suche. Einer von ihnen hat Erfolg, denn er findet in Damaskus einen alten Mann, der jeden Tag Geschichten erzählt, auf dem Stuhl, dem *Kurssi*, der Erzähler sitzen. Dieser alte Mann kennt die wundersame *Geschichte vom König*

Saif el-Muluk und der Prinzessin Badiat el-Dschamal. Als der Mamluk sich bereit erklärt, den Betrag von hundert Golddinaren zu bezahlen – und noch zehn Dinar zusätzlich gibt –, nimmt ihn der alte Mann mit zu sich nach Hause und erlaubt ihm, eine Kopie der Geschichte nach einem Buch anzufertigen. Aber das geschieht unter fünf Bedingungen: »daß du diese Geschichte nicht auf offener Straße erzählst, auch nicht vor (freien) Frauen und Sklavinnen, weder vor Sklaven, noch vor dummen Menschen, noch auch vor Kindern; vielmehr sollst du sie nur Königen und Emiren, Wesiren und Männern der Wissenschaft, Schriftgelehrten und ähnlichen Leuten vorlesen!« (Li V, S. 224 f.) Der König ist dann sehr erfreut über diese Geschichte. Er läßt sie seine Schreiber in goldenen Lettern kopieren und in seiner Schatzkammer verwahren. Die Schatzkammer, die *Chizana*, wurde in muslimischen Palästen üblicherweise als Bücher-, beziehungsweise Handschriftenmagazin, verwendet. Wir müssen die Forderungen des alten Mannes nicht allzu ernst nehmen. Eine Ankündigung, daß eine Geschichte, die nun folgen würde, nur für gekrönte Häupter oder Hochgelahrte geeignet sei, war eine marktschreierische Art, seine Ware anzupreisen. Wir können mit Sicherheit annehmen, daß die *Geschichte vom König Saif el-Muluk und der Prinzessin Badiat el-Dschamal* ihre Zuhörer in ganz gewöhnlichen Leuten auf Marktplätzen hatte, darunter auch Sklaven und Frauen. Das Handbuch eines andalusischen muslimischen Marktinspektors aus dem zwölften Jahrhundert warnt vor den Gefahren, denen Frauen ohne Begleitung sich aussetzen, die die Stände oder Häuser von Erzählern und Wahrsagern besuchen.[15]

Der Prolog zur *Geschichte vom König Saif el-Muluk* legt die Vermutung nahe, daß die Berufserzähler gewöhnlich auf der Basis schriftlicher Texte arbeiteten, und Lanes Zeugnis bestätigt dies, wie auch, daß schriftlich aufgezeichnete Geschichten mehr galten als die, die nur mündlich tradiert wurden. Bedeutende Geschichten waren mehr als eine nur mündliche Überlieferung wert. Daß eine Geschichte so gut ist, daß sie es verdient, aufgeschrieben zu werden, ist ein Topos, der mehrfach in *Tausendundeiner Nacht* vorkommt. »Deine Geschichte muß in Büchern aufgeschrieben und noch lange nach dir gelesen werden!« Nur Schreiben garantiert ein Überleben, ein Weiterleben. Und Schreiben ist der beste Anspruch auf die Aufmerksamkeit derer, die sich wundern, die bewundern oder die sich durch eine Geschichte warnen lassen sollen.[16] Ein reichlich eigenartig formulierter Satz hierzu erscheint öfter: »Mein Abenteuer ist in der Tat seltsam, und würde es mit Nadelstichen in die Augenwinkel geritzt, so wäre es eine Warnung für den, der sich warnen läßt, und ein Beispiel für den, der sich ein Beispiel nimmt«.

Mit der Eroberung Ägyptens und Syriens durch die Osmanen 1516/17 wurden die meisten Handwerks- und Handelszweige in Gilden oder Zünften organisiert.[17] Das geschah hauptsächlich, um die Steuereintreibung zu erleichtern. Etwa in derselben Zeit breitete sich das Kaffeetrinken in osmanischen Landen aus. Caféhäuser wurden üblich. Der Erzähler verschwand von der Straße und wirkte nun im Caféhaus. Die Klientel vorderorientalischer Caféhäuser war ganz und gar männlich und oft etwas anrüchig, denn zu ihren Stammgästen gehörten beschäftigungslose, ausgemusterte Soldaten und Drogensüchtige. Die allergestrengsten Theologen waren der Ansicht, Kaffee sei ein berauschendes Getränk, und versuchten ihn zu verbieten, aber die Ansicht der Gelehrten war geteilt, und Kaffee war in muslimischen Städten kaum je über eine längere Zeit nicht verfügbar. Vom siebzehnten Jahrhundert an ging man auch in Caféhäuser, um zu rauchen, ein weiteres Vergnügen, das auf die Mißbilligung der Strenggläubigen stieß. Katib Tčelebi, ein türkischer Belletrist des siebzehnten Jahrhunderts, bemerkte in einem Essay über den Kaffee als moralische Bedrohung mürrisch: »Erzähler und Musiker lenkten das Volk von seinen Tätigkeiten ab, und für seinen Lebensunterhalt zu arbeiten, wurde unbeliebt.«[18] Eine Liste der Zünfte, die 1801 zusammengestellt wurde, führt auch zwei Korporationen von Erzählern auf, die in Caféhäusern tätig waren.

Außer dem Trinkgeld von seiten der Kunden erhielt der Erzähler manchmal auch ein kleines Wochenentgelt vom Besitzer des Caféhauses. Im frühen neunzehnten Jahrhundert veranstaltete eine dieser Zünfte wöchentliche Zusammenkünfte in einem Caféhaus. Das *Madchane*, das *Rauchercafé*, war ein ganz berühmtes Caféhaus in Kairo, wo der führende Erzähler als eine Art Präsident agierte und andere auswählte, die Geschichten erzählten. Das professionelle Erzählen fand zwar zumeist in Caféhäusern statt, die Erzähler wurden aber auch in die Häuser der Wohlhabenden eingeladen, um bei Hochzeiten oder anderen wichtigen gesellschaftlichen Ereignissen aufzutreten.

Alexander Russells *The Natural History of Aleppo*, *Die wirkliche Geschichte von Aleppo*, aus dem Jahr 1794 beschreibt einen Erzähler bei seiner Tätigkeit in einem syrischen Caféhaus in der Mitte des achtzehnten Jahrhunderts:

> »Er erzählt und wandert dabei in der Mitte des Cafés hin und her. Er hält nur dann und wann an, wenn die Handlung eine ausdrucksvollere Haltung verlangt. Man hört ihm normalerweise mit großer Aufmerksamkeit zu. Gar nicht so selten bricht er mitten in einem interessanten Abenteuer, wenn die Erwartung des Publikums aufs höchste gespannt ist, plötzlich ab und verschwindet, indem er seinen Helden und seine Heldin ebenso wie sein Publikum in äußerster Verlegenheit zurückläßt. Die, die zufällig in der Nähe der Tür sitzen, versuchen ihn aufzuhalten und bestehen darauf, daß er die Geschichte zu Ende bringen soll, bevor er geht. Aber er zieht sich immer geschickt zurück. Und die Zuhörer müssen ihre Neugier verschieben und am nächsten Tag zur selben Zeit wiederkommen, um die Fortsetzung zu hören. Kaum hat er den Raum verlassen, beginnt die ganze Gesellschaft in mehreren Parteien über die Gestalten des Dramas oder ein noch nicht beendetes Abenteuer zu disputieren. Die Kontroverse wird nach und nach ernsthaft, und gegensätzliche Meinungen werden so leidenschaftlich verteidigt, als hinge das Schicksal der Stadt von der Entscheidung ab.«

Diese stark an action interessierte Einstellung zum Erzählen mag ein Grund für die weitschweifige und auf Krisen akzentuierte Erzählstruktur mancher Geschichten in *Tausendundeiner Nacht* sein. Russell stellte zwar fest, daß Erzähler im Aleppo des achtzehnten Jahrhunderts erfolgreich wirkten, aber er bemerkte auch, daß die Sammlung *Tausendundeine Nacht* bei ihnen nahezu unbekannt war.[19]

Als in den achtziger Jahren des vorigen Jahrhunderts in Tanger wegen eines Mords in einem Caféhaus alle derartigen Einrichtungen geschlossen waren, folgte Burton der Spur eines Erzählers, der seine Zauberstoffe in einem ungeheuer schmutzigen Viertel am Rande der Stadt webte: »an einem übelriechenden Abhang, mal glitschig von klebrigem Schlamm, mal staubig durch stinkenden Müll, bedeckt mit Gräbern und zerfallenden Grabmalen, mit unsauberen Buden, Kneipen und zerfetzten Zelten, häufig von Frauen besucht, die bloße Bündel aus unsauberen Lumpen waren, auch von Männern im *Haik* oder dem *Burnus*, einem franziskanischen Gehrock, die ihre träge dahockenden Kamele hüteten und um Vieh für Gibraltars Rindfleischesser feilschten.« Der Erzähler, eine verkommen aussehende Gestalt, trug einen Stock und eine Trommel, die aussah wie eine Sanduhr. Dieser Mann »spricht langsam und mit Betonung, variiert aber die Diktion mit Schüben von Lebhaftigkeit, reichlichen Bewegungen und den komischsten Grimassen: Er tritt ein paar Schritte vor, zieht sich wieder zurück, dreht sich schnell um und malt jedes Detail mit Pantomime aus; seine Gesichtszüge, seine Stimme, seine Gesten sind so ausdrucksvoll, daß sogar Europäer, die nicht ein Wort Arabisch verstehen, den Inhalt der Geschichte erraten können.«[20] Burton hat aber in Tanger nie gehört, daß eine Geschichte aus *Tausendundeiner Nacht* vorgetragen wurde.[21]

Edward William Lane ist es, der aufgrund seines langen Aufenthalts in Kairo die umfangreichsten und wichtigsten Informationen über den Erzähler und seine Beziehung zu *Tausendundeiner Nacht* gibt. Er widmete in seinen *Bericht über die Sitten und Gebräuchen der modernen Ägypter* dem professionellen Erzähler, der in den Kairoer Caféhäusern tätig war, drei Kapitel. *Tausendundeine Nacht* nimmt in seiner Schilderung einen herausragenden Platz ein.[22] Lane zufolge existierten damals nur wenige Exemplare der Handschrift in Kairo. Vielleicht deswegen gab es auch nur wenige Erzähler dieser Geschichten. Weitaus verbreiteter waren die *Schu'ara'*, »die Dichter«, die darauf spezialisiert waren, die *Sira* von *Abu Zeid*[23] zu rezitieren, ein volkstümliches romantisches Epos, teils aus Prosa, teils aus Poesie bestehend. Es gab fast fünfzig dieser *Schu'ara'*, die dieses Buch auswendig kannten und daraus vortrugen, manchmal mit musikalischer Begleitung auf der Viole. Einige waren nur auf einen Teil des Romans spezialisiert, denn er ist sehr lang. Fast genauso zahlreich waren die *Muhaddithun*, deren Spezialität es war, Geschichten aus der *Sirat Baibars*, dem *Baibars*-Roman, vorzutragen. Die kleinste Gruppe schließlich war auf gesungene Rezitationen aus der *Sirat Antar*, dem *'Antar*-Roman, spezialisiert, einer epischen Verherrlichung arabischen Heldentums und arabischer Kriegszüge in vorislamischer Zeit, zusammengestellt größtenteils zwischen dem achten und dem zwölften Jahrhundert. Lane beobachtete, daß der *'Antar*-Roman, ein hervorragendes Beispiel für gereimte Prosa in klassischem Arabisch, in den Caféhäusern nicht so beliebt war. Infolgedessen gab es in ganz Kairo nur etwa ein halbes Dutzend der *'Antarijja*, der Rezitatoren des *'Antar*-Romans. Es waren die *'Antarijja*, die gelegentlich etwas Abwechslung in ihr Repertoire brachten, indem sie Geschichten aus *Tausendundeiner Nacht* vortrugen. Alle diese professionellen Erzähler bedienten die Kairoer Caféhäuser und trugen ihre Geschichten normalerweise von der *Mastaba* aus vor, einer steinernen Plattform im Freien. Der Besitzer zahlte ihnen einen kleinen Betrag für die zusätzliche Kundschaft, die durch ihre Geschichten angelockt wurde, und die Erzähler konnten natürlich auch damit rechnen, vom Auditorium freiwillig gespendete Beiträge einsammeln zu können.

Der Berufserzähler, der *Hakawati*, verließ sich nicht immer auf sein Gedächtnis, sondern legte öfter einen Text zugrunde.

Am Anfang dieses Jahrhunderts kaufte der englische Orientalist Duncan Black Macdonald, der viel über *Tausendundeine Nacht* gearbeitet hat, einige Handschriftenfragmente von fertigen Texten, die einem professionellen *Hakawati* in Damaskus gehört hatten. Macdonald schaute auch einem professionellen Erzähler in Kairo bei seiner Tätigkeit zu und beobachtete, wie sehr das Publikum spannende Handlung und Witze der Poesie vorzog, die der Erzähler in seinen Vortrag einschieben wollte.[24]

Die Sammlung *Tausendundeine Nacht* in ihrer mittelalterlichen Gestalt war augenscheinlich eine Art kulturelles Mischwesen. Auch wenn man die Sammlung nicht nur unter dem Aspekt der »hohen Literatur« und der auf sie zutreffenden literaturwissenschaftlichen Kategorien sehen sollte, wäre es noch weniger korrekt, sie als rein oral überlieferte Folklore zu betrachten, die aufs Papier »gehauen« wurde. Richtig ist, daß viele der Geschichten zuerst mündlich als Volkserzählungen kursierten, bevor sie aufgeschrieben wurden. Aber der springende Punkt ist, *daß* sie aufgeschrieben wurden. Diejenigen, die sie zu Papier brachten, gaben ihnen nahezu durchgängig eine literarisierte Form. Gelegentlich kann man den Rhythmus mündlichen Stils in der Prosa der Geschichten entdecken. David Pinault, dessen Monographie in einem der nächsten Kapitel besprochen werden wird, hat Charakteristika des mündlichen Stils, die in einigen Teilen des Texts noch zu erkennen sind, identifiziert. Doch es gibt nur gelegentliche Spuren solch wichtiger Charakteristika mündlicher Überlieferung und mündlichen Vortrags wie stereotype Adjektive, mnemotechnische Formeln und sich wiederholende Zusammenfassungen von Handlungssträngen in *Tausendundeiner Nacht*.[25] Deshalb sind Forschungsmethoden, die für Themenkreise wie die Überlieferung afrikanischer Stammesgenealogien oder die Konservierung englischen ländlichen Sagenguts entwickelt wurden, nicht sehr sinnvoll, wenn man sich der Erforschung von *Tausendundeiner Nacht* zuwendet.

Richtig ist, daß die meisten Geschichten von Erzählern eines ziemlich niedrigen Sozialstatus einem illiteraten Publikum vorgetragen wurden. Aber wie wir gesehen haben, legten die Erzähler gewöhnlich einen schriftlichen Text zugrunde. Das war aber nicht der einzige Weg, auf dem die Geschichten umliefen. Es gab auch Leute, die Handschriften von *Tausendundeiner Nacht* und ähnlichen Werken aus kleinen privaten Leihbibliotheken ausliehen. Jedenfalls wäre es falsch, mündliche Überlieferung und mündlichen Vortrag einfach mit etwas wie einer »Vulgärkultur« gleichzusetzen. Poesie erfreute sich in der mittelalterlichen arabischen Kultur der höchsten Wertschätzung, und das ist auch heute noch so. Gedichte wurden aber weitaus öfter rezitiert als individuell gelesen. Viele Leute vertrauten ihrem Gedächtnis regelmäßig riesige Mengen von Poesie an. Der einzige geeignete Weg, auf dem *Hadithe*, das sind Überlieferungen über das, was der Prophet Mohammad zu seinen Zeitgenossen gesagt, was er getan oder auch nur stillschweigend gebilligt haben soll, an Schüler weitergegeben wurden, war der mündliche. Man hielt es einfach nicht für annehmbar, all dieses religiöse Material aus einem Buch zu »büffeln«.[26].

In den ersten Jahrhunderten des Islams war der normale Weg, ein Buch zu »publizieren«, es zu »veröffentlichen«, es in die Moschee mitzunehmen und dort laut vorzutragen. Die meisten Leute waren mit Werken der »Hochliteratur« wie Ibn el-Mukaffas *Kalila wa-Dimna* und später den *Makamen* des Hariri vertraut, weil sie sie laut vorgetragen gehört hatten. Man könnte geneigt sein anzunehmen, daß schon das Fehlen eines kanonisierten, schriftlich fixierten Texts von *Alf Laila (wa-Laila)* im Mittelalter ein Zeichen für den geringen Wert der Sammlung war, aber sehr viele wichtige Werke hatten keinen fixierten Text, darunter auch *Kalila wa-Dimna*. Es ist schwer, eine wie immer geartete Grenze zwischen einer arabischen »Hochkultur« und einer »Vulgärkultur« zu ziehen. Zum Beispiel kursierten obszöne Geschichten, *Mudschun*, nicht etwa ausschließlich unter irgendwelchem arabischen Lumpenproletariat: Von den *Nudama'*, den Trinkkumpanen der Kalifen und Sultane, erwartete man, daß sie einen Fundus solcher Geschichten auswendig wußten, gebrauchsfertig für die abendliche Unterhaltung nach Tisch. Nicht nur entnahmen Straßenunterhalter einiges an Material gelehrten Büchern, sondern Gelehrte und Literaten ihrerseits arbeiteten vieles von dem Material auf, das zum Repertoire der professionellen Erzähler gehörte. El-Hariris *Makamat* handeln von der Subkultur des Bettelns und der Hochstapelei im Kleinformat, aber sie tun das in ausgefeiltem, technisch brillantem, hochliterarischem Stil. Solche kulturellen Querverbindungen machen Versuche zunichte, eine Grenze zwischen der Kultur der literarischen Elite und der der Massen zu ziehen. Schließlich muß man sich ins Gedächtnis rufen, daß die arabische literarische Elite nicht gleichbedeutend war mit der politisch-militärischen. Viele der Sultane, Emire und Gouverneure, die über die arabischen Länder im Mittelalter herrschten, waren Türken, aufgewachsen in einer Steppenkultur, in der Legenden und Geschichten mündlich kursierten. Die Angehörigen dieser türkischen Elite waren oft illiterat.

Unsere Kenntnisse über die professionellen arabischen Erzähler in vormoderner Zeit sind ziemlich dürftig, aber die Aktivitäten ihrer türkischen und persischen »Kollegen« sind besser dokumentiert. Die *Aschiks*, wörtlich »Liebhaber, Liebende«, waren Minnesänger, die in frühosmanischer Zeit durch die Türkei wanderten und Gedichte über Liebe und Heldentum sangen oder rezitierten. Der *Meddach*, der türkische Erzähler, könnte ein Abkömmling des *Aschik* sein. *Meddach* bedeutet wörtlich »Lobpreiser«, und die frühesten *Meddach*s hatten sich auf Heldenepen über die türkische Vergangenheit spezialisiert. Erst nach und nach fügten sie ihrem Repertoire phantastische, komische und obszöne Geschichten hinzu. Der *Meddach* gehörte gewöhnlich zum festen Inventar an den türkischen Fürstenhöfen. Lalin Kaha, der *Meddach* des Osmanensultans Mechmet III, der 1595-1603 regierte, war ein berühmter höfischer Erzähler.[27]

Die meisten türkischen Erzähler waren aber nicht Teil eines höfischen Establishments, sondern, wie die ägyptischen Erzähler, in einer Zunft organisiert und erzählten ihre Geschichten in Caféhäusern. Der *Meddach* sprach zumeist von einem Stuhl im Caféhaus aus und benutzte ein Taschentuch und einen Stock als Requisiten. Das Taschentuch verwendete er manchmal dazu, seine Stimme effektvoll zu dämpfen. Die Geschichten, die er erzählte, waren meist reich an Dialogen und boten viel Gelegenheit zu Mimikry. Die *Meddach*s von Istanbul waren bekannt für ihre Frauendarstellungen. Einige *Meddach*s gaben improvisierte Vorstellungen, andere trugen aus Texten vor. Die Geschichte wurde in seltsam stilisierter Weise vorgetragen: Zunächst kündigte der *Meddach* an, daß die Geschichte, die er erzählen würde, eine Moral hätte. Dann stellte er das Figurenensemble vor. Danach kündigte er die Gedichte an und informierte über den Schauplatz der Geschichte. Schließlich erzählte er die Geschichte.

Im mittelalterlichen Persien rezitierte gewöhnlich der *Naggal*, »der Übermittler«, aus dem großen Nationalepos, dem *Schah-Name*, dem *Königsbuch*, geschaffen von Firdausi im elften Jahrhundert. Da das *Schah-Name* aus über 50000 Doppelversen besteht und den Anspruch erhebt, die längste Dichtung zu sein, die die Weltliteratur jemals hervorgebracht hat, spezialisierten sich die meisten *Naggals* darauf, einzelne Teile des Epos zu rezitieren. In regelmäßigen Fortsetzungen vollständig vorgetragen, kann das *Schah-Name* ein volles Jahr in Anspruch nehmen. Aber wie in der Türkei hatten diese Erzähler spätestens im neunzehnten Jahrhundert, wenn nicht schon früher, ihr Repertoire dadurch erweitert, daß sie Volkserzählungen ebenso wie jüngere Geschichten vortrugen. Im späten neunzehnten Jahrhundert waren die *Naggals* in einer Gilde/Zunft zusammengeschlossen, der ein kaiserlicher Beamter vorstand, der *Nagibu l-Malek*, der gleichzeitig das Oberhaupt des offiziellen Derwischordens war.[28] Es war die Aufgabe des *Nagibu l-Malek*, dem Schah jeden Abend Geschichten zu erzählen, bis er eingeschlafen war. In ähnlicher Weise beschäftigte Zar Ivan der Schreckliche drei Blinde, die ihm jeden Abend so lange Geschichten vortrugen, bis ihm die Augen zufielen. Sir John Malcolm, der 1801 den Hof von Fatch Ali Schah besuchte, berichtet, daß Mollah Adina, der Hoferzähler, gesagt habe: »Zusätzlich zu meinen Erfindungen habe ich ein großes Buch, das Anekdoten über alle Themen und eine unendliche Menge amüsanter Dinge enthält, aus denen ich nach Belieben auswähle und meine Geschichte den gerade gegebenen Umständen anpasse, auch den Naturen derer, die das Publikum darstellen.«[29]

Das Erzählen war eng mit dem Sufismus und den Derwischorden verbunden. Dschalal ed-Din Rumi, der persische Sufi des dreizehnten Jahrhunderts, der in Konya in Anatolien lehrte und predigte, war in arabischer und persischer Poesie und Prosa wohl bewandert. Rumi nahm bekannte Geschichten, zum Beispiel aus *Kalila wa-Dimna*, und gestaltete sie zu mystischen Parabeln um. Er hinterließ der Welt ein reiches Erbe an Geschichten in seinem *Masnawi*, einer umfangreichen Serie von Geschichten in Geschichten, in poetische Form gegossen, in denen die inneren Geschichten die mystische Bedeutung der äußeren Geschichten anzeigen und kommentieren.[30] C. J. Wills, ein Amtsarzt im Dienst des Britischen Telegraphen Departments im Persien des neunzehnten Jahrhunderts, beschrieb die ausgefallene Kleidung der erzählenden Derwische – ihre kurzen Hosen aus Tierhäuten, ihre Käppchen und ihre gewaltigen Äxte oder Knüppel: »Ich habe oft, wenn ich den *Maidan*, den zentralen Platz von Schiras, überquerte, Agha Nassirullah gesehen, von einer staunenden Menge von Bauern, Lastträgern und Maultiertreibern umgeben, die in einem Kreis dahockten, während er auf und ab ging, seine Axt schwenkte und dabei seine Geschichte von Liebe oder vom Feenland erzählte.«[31] Eine besondere Art Erzähler, der *Pardedar*,[32] benutzte ein zusätzliches Requisit, eine große, grell bemalte Leinwand, die Episoden der Geschichte darstellte, die er gerade erzählte, und auf die er zeigte, wenn er in seiner Erzählung fortfuhr.

In Persien hatten die *Naggal*s mit ihrem Repertoire an Unterhaltungs- und Abenteuergeschichten manchmal mit den *Rouze-Chan*s zu konkurrieren, die Predigten hielten und Erbauungsgeschichten vortrugen. Vor allem mit den *Rouze-Chan*s, die darauf spezialisiert waren, das Martyrium von el-

Hasan und el-Husain zu beschreiben, den Enkeln des Propheten Mohammed, und die auf die Gefühle des Auditoriums einwirkten, um sie mit Reue und religiösem Eifer zu erfüllen. Manchmal allerdings betätigte sich der *Naggal* auch als *Rouze-Chan*. Er erzählte zwar meistens säkulare Geschichten, wandte sich aber an religiösen Feiertagen Geschichten über Märtyrertum und Frömmigkeit zu. Die amerikanische Wissenschaftlerin Mary Ellen Page hat den Berufserzählern in Schiras in den siebziger Jahren eine Untersuchung gewidmet. Sie stellte fest, daß in der Stadt vier professionelle *Naggal*s tätig waren. Jeder machte bei bestimmten Caféhäusern seine Runde und konnte bei Veranstaltungen, die durchschnittlich anderthalb Stunden dauerten, hundert bis zweihundert Zuhörer um sich scharen. Sie brachen immer an einem spannenden Punkt ab. Die Geschichten, die sie erzählten, stammten aus dem *Schah-Name*, von dem sie große Teile auswendig wußten. Während aber die Lehrjahre des Erzählers darin bestanden, turnusmäßig einen Text nach dem Gedächtnis vorzutragen, fühlte er sich, war er erst sicher im Geschäft, nicht mehr verpflichtet, sich eng an den auswendig gelernten Text zu halten. Vielmehr schmückte er nun nach Belieben einerseits aus, verkürzte an anderen Stellen, seinem persönlichen Stil entsprechend, und auch, um dem Geschmack seines jeweiligen Publikums entgegenzukommen.[33]

Professionelles Erzählen scheint im Iran in Blüte zu stehen, aber es sieht so aus, als sei diese Profession in den arabischen Ländern ausgestorben, bis auf Marokko und Syrien, wo der Tourismus dazu beigetragen hat, sie am Leben zu erhalten, beziehungsweise, sie wiederzubeleben. In den letzten Jahren hat Nacer Khemir, ein Tunesier, dieses Handwerk ganz allein wieder aufleben lassen, indem er einem arabischen und europäischen Auditorium Erzählungen aus *Tausendundeiner Nacht* und regionaler tunesischer Folklore vorträgt. Er hat ein Repertoire von Geschichten, das sich über 24 Stunden erstreckt. Aber Khemirs Erzählsitzungen sind mehr individuelle Kreation als die Fortsetzung einer lebendigen Tradition. Er hat auch beschrieben, wie er irgendwann um 1970 durch die Altstadt von

Tunis streifte und nach dem letzten Überlebenden suchte, der dieses von ihm gewählte Handwerk noch betrieb: »Es hat uns ziemlich viel Zeit gekostet, bis wir endlich einen sehr, sehr alten Erzähler aufgestöbert hatten, der, um sich seinen Lebensunterhalt zu verdienen, eine Stelle als Wachmann bei einem Holzkohlendepot angenommen hatte. Aber wir haben ihn nicht dazu bewegen können, von der Vergangenheit zu sprechen. Deren bloße Erwähnung bereitete ihm Höllenqualen.«[34]

Der Berufserzähler in der *Geschichte von Saif el-Muluk* ist ein Unikum. Er wird in *Tausendundeiner Nacht* von talentierten Amateuren, die Geschichten erzählen, um ihr Leben zu retten, um zu moralisieren, verdächtige Ehemänner durcheinanderzubringen, schöne Prinzessinnen zu gewinnen, oder einfach, um die Zeit totzuschlagen, an Zahl weit übertroffen. Hier folgt die Literatur akkurat dem Leben. Geschichten wurden meistens von Amateuren erzählt. Arabische Intellektuelle des Mittelalters, die im Gegensatz zur Prosaliteratur Poesie schufen, haben oft behauptet, daß Phantasie-Geschichten, *Chorafat*, nur für Frauen und Kinder geeignet seien. Im Ägypten des zwanzigsten Jahrhunderts haben die Forschungen des Ethnologen Hasan El-Shamy tatsächlich ergeben, daß Phantasie-Geschichten gewöhnlich von Frauen anderen Frauen und Kindern erzählt werden.[35]

Das Erzählen wurde oft als Zeitverschwendung und deshalb als etwas ziemlich Sündhaftes angesehen, was die *Dschinnen* anziehen könnte. Deswegen können Erzähler ihre Geschichten mit irgendeiner apotropäischen Formel beginnen. Andererseits war es auch üblich, mit einem rituell authentisierenden Satz zu schließen, etwa: »Ich war dort und bin gerade zurückgekommen und habe noch nicht einmal zu Abend gegessen.« Erzählen wird weniger sündhaft, wenn des Tages Arbeit vorbei ist. So wurden wundersame Geschichten auch als *Samar* bekannt, als *Abendunterhaltung*. Zu bestimmten Zeiten des Jahres war auf den Feldern weniger zu tun, und dann wurde auch das Erzählen wieder eine etwas respektablere Tätigkeit. El-Shamy stellt fest, daß es in Ägypten in den Monaten Juli und August, wenn durch das Fluten des Nils die Arbeitslast geringer ist, einen besonderen Bedarf an langen Geschichten gibt. In Marokko dagegen sind die Wintermonate diejenigen, in denen man Zeit hat, sich hinzusetzen und Geschichten zu hören. Der Romancier Richard Hughes, der in den zwanziger Jahren in Tanger lebte, hatte einen Koch, der ein erfahrener, wenn auch ein Hobby-Erzähler war. Hughes hat einige der Geschichten seines Kochs in einem Band von Kurzgeschichten mit dem Titel *In the Lap of Atlas*, *Im Schoße des Atlas*, überliefert. Aber er stellte fest, daß jede Geschichte »mit einer Fülle von Details geschmückt war, die einen normal langen Roman gefüllt hätten. Der arabische Erzähler brilliert darin, Details intensiv auszumalen: Er wird den Morgen mit einer Beschreibung des Zaumzeugs des Helden beginnen, wenn der sich auf die Reise macht, und am Nachmittag immer noch dabei sein, den Schwanz des Pferdes zu beschreiben.«[36]

In allerjüngster Zeit hat der amerikanische Romancier Paul Bowles sich einer ähnlichen Beziehung zu einem anderen Amateur – formal gesagt – erfreut, zu Mohammed Mrabet. Mrabets Geschichten wurden auf Band aufgenommen und von Bowles übersetzt, bevor sie als Bücher erschienen. Mrabet, der Geschichten gehört hatte, die alte Männer in Caféhäusern erzählten, steht nahezu am Ende einer Linie. Bowles zufolge hat heute

> »praktisch jedes Café einen Fernsehapparat. Die Sitze sind anders angeordnet, und niemand erzählt irgendwelche Geschichten. Das können sie gar nicht, weil der Fernsehapparat läuft. Niemand denkt an Geschichten. Wenn das Auge durch ein flimmerndes Bild in Anspruch genommen ist, verspürt das Gehirn keinerlei Mangel. Das ist ein großer kultureller Verlust. Es hat der Tradition des mündlichen Erzählens ebenso ein Ende bereitet wie aller Caféhausmusik, die es einmal gab.«[37]

5

Strassenunterhaltung

Es gibt in *Tausendundeiner Nacht* mehr Geschichten über Prinzen und Söhne reicher Kaufleute als über Taugenichtse, die an Straßenecken herumlungern, und Kleinkriminelle. Man könnte also sagen, daß es sinnvoller sein müßte, die Sammlung als Quelle für den Lebensstil der Reichen und Mächtigen zu nutzen als für den der armen Leute. Wenn aber arabische Erzähler die Welt der Paläste, ihrer Rituale, ihrer Intrigen und ihres märchenhaften Reichtums, ob nun im alten Bagdad oder in Peking, beschrieben, dann entwarfen sie eine phantastische Vision des Lebens der Großen, eine Vision von Zeremonien hinter hohen Mauern, von Harems, in die niemand eindringen konnte, ohne Gefahr zu laufen, aufgegriffen und hingerichtet zu werden, und vor allem von einem Leben ohne jegliche Mühe und Arbeit. Sie beschrieben ein Milieu, das sie ebenso wenig kannten, wie ihr Publikum das tat. Solche phantastischen Vorstellungen werden in der *Geschichte des Barbiers* über den Tagtraum seines fünften Bruders (Li I, S. 383-394) liebenswürdig verspottet. Dieser Bruder, der sein bißchen Vermögen investiert, um Glaswaren zu kaufen, lehnt sich gegen eine Balustrade und fängt an sich auszumalen, wie er das Glas günstig verkauft, den Gewinn dazu nutzt, mehr Glaswaren zu kaufen, weitere Gewinne dazu, ein großes Haus, Sklaven und Pferde zu erwerben, dann Brautwerberinnen zu hochrangigen Damen ausschickt und schließlich um die Tochter des Wesirs freit und sie erhält. Er sieht sich, wie er die Braut soweit bringt, ihm die Füße zu küssen, und er sie diversen anderen Demütigungen aussetzt. Dann, als sie sich ihm noch einmal in seiner Träumerei unterwürfig präsentiert, stößt er sie mit dem Fuß weg. Als er das ausführt, zerbricht er die kleine Menge Glaswaren, die er erworben hatte und von der er sich erträumte, daß sie zur Grundlage seines Glücks würde.

Wenn Erzähler über kleine Ladenbesitzer sprachen, über Kleinkriminelle und Bettler, dann konnten sie sich auf eigene Lebenserfahrungen stützen. Außerdem, und das ist wichtiger, können heutige Interessenten am mittelalterlichen Vorderen Orient viele andere Quellen finden, die ihnen über das Leben von Prinzen, Wesiren, Emiren und Angehörigen der Kaufmannsoligarchie Aufschluß geben.[1] Das Leben der oberen Schichten ist Angelegenheit offizieller Berichte, höfischer Panegyrik und frommer Chroniken. Solche Quellen, deren es Tausende gibt, bieten reichlich Details aus dem Leben von großen Sultanen, Wesiren, Emiren und Gelehrten. Nur sehr wenige Quellen dagegen erhellen das Leben der kleinen Leute – und noch weniger das von Straßenunterhaltern und Kriminellen – in vormoderner Zeit in den islamischen Ländern. Die Geschichten aus *Tausendundeiner Nacht*, von denen viele vom Leben einfacher Menschen handeln und in Gedanken an ein solches Publikum geschaffen wurden, sind eine hervorragende, wenn auch, wie wir sehen werden, keine unikale Quelle. Natürlich gibt es Probleme, wenn man in fiktionaler Literatur nach Fakten gräbt. Aber, obwohl die Geschichten Phantasie sind, sind doch die Schauplätze, die Gebäude und ihre Interieurs, die Kleidung, das Leben auf den Straßen, die Gebärdensprache sorgfältig überlieferte Fakten, oder besser: sie waren es. Die kleinen Proben von Hintergrunddetails wie etwa die Gebühren eines christlichen Maklers oder der hohe grüne Hut des Buckligen mit Knoten aus gelber Seide, die mit Ambra gefüllt sind,[2] dienten dazu, den phantastischen Geschichten, in denen solche Details vorkommen, Wahrheitsgehalt zu verleihen.

Die Geschichten aus *Tausendundeiner Nacht* sind urbane Geschichten, erzählt und aufgeschrieben zumeist von Stadtbewohnern für Stadtbewohner. Der urbane Charakter der Sammlung als Ganzer wird durch die *Geschichte von Abu Kir und Abu Sir* (Li VI, S. 142-183) hervorragend illustriert, einer Geschichte über zwei durchtriebene arabische Städter, die Alexandria verlassen und von Ägypten aus in See stechen, um ihr

Glück zu suchen. Sie landen ohne einen Pfennig in einer fremden, nichtmuslimischen Stadt. Aber nach einigen erzählerischen Tricks und Wendungen findet der Färber Abu Kir, der zunächst ein Vermögen erwarb, indem er mehrfarbige Stoffe in der Stadt einführte, es dann aber wieder verlor, Gnade beim König: Er macht nun sein Glück, indem er den ersten *Hammam*, das erste öffentliche Bad, in der Stadt baut. Die Geschichte ist zwar eine Fiktion – sie wandte sich sicher an ein Auditorium ägyptischer Kaufleute[3] – über das Vermögen, das man damit erwerben konnte, daß man muslimisches urbanes Know-How im Ausland anwandte, aber sie ist durchaus eine Fiktion mit einigem realen Hintergrund. Muslimische Farbstoffe und andere Finalprodukte fanden auf den Märkten der gesamten damals bekannten mittelalterlichen Welt von England bis nach China guten Absatz. Und wo immer Muslims sich in größeren Gruppen niederließen, bauten sie *Hammam*e, Bäder, ebenso wie Moscheen und ihre *Suk*s, die Märkte.

Bauern und Nomaden kommen in den Geschichten nur gelegentlich vor. Wenn ein nomadisierender Araber oder Kurde in einer Geschichte erscheint, dann oft in einer wenig schmeichelhaften Rolle. Zum Beispiel wird in der *Geschichte von den Streichen der listigen Dalila* (Li IV, S. 676-714) der treuherzige Beduine von Dalila dazu überredet, sich an ihrer Stelle ans Kreuz binden zu lassen in der Hoffnung, auf diese Weise in den Genuß von ein paar Honigkrapfen zu kommen. Der Kurde in der *Geschichte von Ali Schar und Zumurrud* (Li III, S. 204-255) ist ein gemeiner Dieb. In der *Geschichte von Ali, dem Perser* (Li III, S. 153-158) ist der Kurde ein Schurke und Dummkopf. Es stimmt, daß wir in der *Geschichte vom Bauern und seinem listigen Weib* ein lebendiges Bild vom Landleben mit Pflügen, Säen, Ernten, Kornmahlen und Backen erhalten, aber diese Geschichte ist nahezu einmalig und gehört mit Sicherheit nicht zu den frühen, den Kerngeschichten der Sammlung. Die ursprünglichen, zum Kern der Sammlung gehörenden, Geschichten spielen vorwiegend in Bagdad, Kairo und Damaskus.

Bagdad in den Tagen des Abbasidenkalifen Harun er-Raschid, der 786 bis 809 regierte, ist der Hintergrund der *Geschichte des Lastträgers und der drei Damen* (Li I, S. 97-212) und der *Geschichte von den drei Äpfeln* (Li I, S. 212-289). Die *Geschichte von Sindbad dem Seefahrer* (Li IV, S. 97-206) wurde zwar erst durch den französischen Orientalisten und Entdecker von *Tausendundeiner Nacht* für Europa, Antoine Galland, der Sammlung hinzugefügt, aber sie stammt sicher aus der Abbasidenzeit, als Basra die Seehafenstadt am Golf für die Metropole Bagdad war. Viele der großen Liebesgeschichten aus der Sammlung wie *Die Geschichte von Nur el-Din 'Ali und Enis el-Dschelis* (Li I, S. 404-458) weisen Anzeichen dafür auf, daß sie im abbasidischen Bagdad komponiert wurden. Von anderen, kürzeren Geschichten und Anekdoten kann man ebenfalls sagen, daß sie ihren Ursprung irgendwann zwischen dem neunten und elften Jahrhundert in Bagdad haben, denn sie erscheinen auch in anderen Sammlungen dieser Zeit, etwa in el-Mas'udis *Goldwiesen*, in Abu l-Faradsch el-Isfahanis *Buch der Lieder.*[4]

762-766 ließ der Abbasidenkalif el-Mansur die kreisrunde Stadt Bagdad an den Ufern des Tigris bauen.[5] Es war eine nach Plan gebaute Stadt, und der Essayist el-Dschahiz bemerkte, daß »es scheint, als sei sie in eine Form gegossen und dann hingestellt«. Im Zentrum der Stadt war die Kalifenresidenz, der Palast mit dem goldenen Tor. Die Kuppel des Palasts war angeblich von einem bronzenen Reiter gekrönt, dessen Lanze jeweils in die Richtung zeigte, aus der demnächst eine feindliche Invasion zu erwarten war. Dieser bronzene Reiter läßt einen an den Messingreiter in der *Geschichte des dritten Bettelmönchs* (Li I, S. 160-184) denken. Außerhalb des Palastgeländes waren verschiedene konzentrische Sektoren der Stadt zunächst für die Residenzen spezifischer Aufgabenträger reserviert, etwa die Palastgarde, die Wasserträger und die Gebetsrufer. In den frühesten Berichten über die Stadt Wahrheit von Legende oder Sage zu trennen, ist schwierig. Wahrscheinlich ist vom ursprünglichen Bagdad nicht mehr übrig als von der märchenhaften Messingstadt. Aber zu Lebzeiten el-Mansurs wurde der Palast mit dem goldenen Tor zu Gunsten des Palasts der Ewigkeit aufgegeben, den el-Mansur jenseits der Mauern der ursprünglichen, runden Stadt gegründet hatte. Bagdad als Ganzes wuchs und quoll über jene Mauern hinaus, und im Lauf der Zeit verschwand die ursprüngliche Anlage im Zentrum der Stadt und wurde mit Straßen in dem üblichen chaotischen Verlauf überbaut, der auch für viele andere mittelalterliche islamische Städte so charakteristisch ist. In den folgenden Jahrhunderten wucherten die Paläste ebenso wie die Vorstädte, und die Stadt dehnte sich vor allem in östlicher Richtung aus. In seiner höchsten Blüte hatte Bagdad mindestens eine halbe Million Einwohner. So war es die größte Stadt westlich von China. Die großen Slums, die sich bildeten und wuchsen, gerieten unter die Kontrolle von Pöbelbanden, den *'Ajjarun*, doch von ihnen später. Was die Bewohner dieser Slums angeht, so gibt es Listen mit Berufen oder Tätigkeiten im abbasidischen Bagdad, die der Mißbilligung unterlagen – der Mißbilligung entweder wegen ihrer Unmoral oder wegen der von ihnen ausgehenden Geräusch- oder Geruchsbelästigungen: Hufschmiede, Fleischer, Taschenspieler, Polizisten, Nachtwächter, Lohgerber, Schuhmacher für Frauenschuhe, Müll- und Dungsammler, Brunnengräber, Heizer in Badehäusern, Masseure, Taubenzüchter, Schachspieler.

Nur wenige in der Stadt hatten Zugang zum Palast. Dort berieten sich die Kalifen mit ihren *Nudama'*, ihren Trinkkumpanen und Vertrauten, und zechten mit ihnen, mit Witzbolden und Künstlern, mit Experten für Literatur, Kunst und menschliche Schönheit. Schöne junge Pagen und Singmädchen warteten dem Kalifen und seinen Kumpanen auf. Der Abbasidenpalast war eine geschlossene Welt, über die man phantasieren konnte. Oleg Grabar hat darüber sehr ausdrucksvoll geschrieben:

> »Die Vorstellung von einem Prinzen, der in einer separaten Welt lebt, erscheint in schönster Form in der Literatur, wo sie oft mit einem zweitrangigen Thema verbunden ist, daß das Innere des verbietenden und verbotenen Palastes aus

einem Labyrinth separater Elemente bestehe, die insgeheim und auf mysteriöse Weise miteinander verbunden sind. Eine solche Welt der Höfe, Pavillons, Bäder, fremder Türen und phantastischer Verzierungen erscheint in der *Geschichte von der Messingstadt* aus *Tausendundeiner Nacht*. Es ist diese Art einer leicht unmoralischen, aber erregenden Sphäre, aus der Harun er-Raschid zu seinen Inkognito-Eskapaden in die lebendige Stadt entflieht. Denn ... die Welt des Fürsten – abgeschlossen, reich und geheimnisvoll vielschichtig – wurde vom Muslim als ein Übel angesehen. Der Gerechte betrat sie, wenn er überhaupt zu ihr gerufen wurde, nie ohne sein Leichentuch.«[6]

In der *Geschichte von Harun er-Raschid und Abu Hasan, dem Kaufmann von Oman* (Li VI, S. 348-373) wird beschrieben, wie der letztere ein Bordell in der Safranstraße im Stadtviertel Karch in Bagdad betritt. Während die Erzähler oft ihren Weg durch Kairo oder Damaskus zu kennen scheinen, findet man nur selten auch nur eine Andeutung detaillierterer Kenntnisse der Topographie von Bagdad.[7] Bei Geschichten, die in Bagdad während der Regierungszeit Harun er-Raschids spielen, sollte man das imaginäre Ambiente als Ausdruck der nostalgischen Sehnsucht nach einem verlorenen goldenen Zeitalter sehen. Es wird im neunten Jahrhundert lokalisiert, als die Araber ihr Schicksal noch selbst kontrollierten, bevor die Türken die Kontrolle über die Armee und die Verwaltung übernahmen, und als nahezu alle arabischen Länder unter einem Herrscher vereinigt waren, dem Abbasidenkalifen. Auch wenn die *Geschichte des Lastträgers und der drei Damen* in Bagdad spielt und sehr wohl in dieser Stadt in abbasidischer Zeit entstanden sein könnte, wäre es töricht anzunehmen, dies sei wirklich der Fall. Die Geschichte zeigt zumindest Anzeichen dafür, daß sie irgendwo umgeschrieben wurde, denn es ist verdächtig, daß die Dame den Korb des Lastträgers am Anfang der Geschichte mit relativ vielen syro/libanesischen Erzeugnissen füllt, nämlich unter anderem mit: »Pfirsichen aus Hebron, Zitronen von der

Küste, Jasmin aus Aleppo, Lilien aus Damaskus, Feigen aus Baalbek«[8] und daß nahezu keins der Lebensmittel aus dem Irak oder noch weiter östlich gelegenen Regionen zu stammen scheint.

Seit dem späten zwölften Jahrhundert befand sich Bagdad in einem stetigen Niedergang. Der muslimisch-spanische Reisende Ibn Dschubair, der die Stadt 1184 besuchte, schrieb: »Im Vergleich zu ihrem früheren Zustand, bevor das Unglück sie traf und die Augen des Elends darauf fielen, ist sie wie eine ausgelöschte Ruine, eine verwaschene Spur, ein lebloser Schatten. Sie bietet keine Schönheit, die die Blicke fesselt oder zum Müßigtun und Schauen aufmuntert.«[9] Der letzte Abbasidenkalif, der Bagdad regierte, wurde von den Mongolen gefangengenommen, als sie die Stadt 1258 eroberten. Er wurde hingerichtet, indem man ihn in einen Teppich wickelte und von den Hufen mongolischer Reitertruppen zu Tode trampeln ließ.

Vom späten dreizehnten Jahrhundert an war Kairo, regiert von den Mamlukensultanen, de facto die religiöse und geistige Hauptstadt des Islams.[10] Es wird deutlich, daß viele, die zu *Tausendundeiner Nacht* beigetragen haben, diese Stadt kannten und liebten und daß sie mit ihrer Topographie im Detail vertraut waren. Zum Beispiel wird in der *Geschichte des christlichen Maklers* (Li I, S. 298-316) aus dem *Buckligen*-Zyklus erzählt, daß der Makler im »Chan el-Dschawali beim Siegestor« wohnte und daß ihm die Geschichte von dem Mann mit der abgeschlagenen Hand zu Ohren kam und dieser im »Chan Masrur« wohnte. Der Chan Masrur war eine sehr große Unterkunft, hauptsächlich für Kaufleute auf der Durchreise, in Baina el-Kasrain, »Zwischen den beiden Palästen«, gelegen, einer breiten Hauptstraße, die durch das alte fatimidische Kairo führte. Er geht dann durch Baina el-Kasrain zum Girgis Markt und versucht, seine Waren zu verkaufen. Später geht dieser junge Mann, nachdem er eine Verabredung mit einer rätselhaften Dame getroffen hate, durch das Zuwaila-Tor hinaus, in Richtung auf das el-Habbanijje-Viertel, auf der Suche nach dem Haus des Aufsehers Barakat Abu Schama, nahe dem Darb el-Munkari. Nahezu alle diese Stätten können mit Hilfe alter Handbücher oder Pläne der Stadt lokalisiert werden. Der Erzähler ist sich sicher, daß die Zuhörer keine Schwierigkeiten haben werden, sich die Handlung dieser Geschichte vorzustellen, denn sie siedeln sie in der städtischen Umgebung an, die ihnen vermutlich allen vertraut war. In der *Geschichte des jüdischen Arztes* (Li I, S. 329-341) sprechen die Verwandten des jungen Mannes in Mossul von »den Wunderdingen in fremden Ländern und von den Merkwürdigkeiten ferner Städte.« Der Vater des Mannes verfällt in Begeisterung: »Wer Kairo nicht gesehen hat, der hat die Welt nicht gesehen.« Er rezitiert Verse zum Lob der Stadt und des »Teichs der Abessinier«, bevor er mit den Worten schließt:

> »Aber was ist das alles, verglichen mit dem Observatorium und seinen Schönheiten, von dem jeder Besucher, der es sieht, sagt: ›Dieser Platz ist voller Wunder‹; und wenn du von der Nacht des Fests der Nilüberflutung sprichst, so gib den Bogen her und nimm ihn wieder und laß dem Wasser seinen freien Lauf; und wenn du die Nilinsel er-Rauda nachmittags siehst, wenn die Schatten sich über sie neigen, dann siehst du Wundervolles und spürst Entzücken darüber; und wenn du am kairoer Nilufer stehst, wenn die Sonne aufgehend zerschmilzt und der breite Fluß seinen Panzer und seine Rüstung anlegt, dann belebt dich die sanfte Brise und reichlicher, taukühler Schatten erfrischt dich.«[11]

Zu Beginn des vierzehnten Jahrhunderts hatte Kairo eine Einwohnerzahl von etwa einer Viertel Million Menschen. Die Stadt war eine sich über ein größeres Areal erstreckende, polizeilich nur dürftig kontrollierte Anhäufung von Handels- und Wohnvierteln. Man schätzt, daß mehr als die Hälfte ihrer engen und kompliziert ineinander verflochtenen Straßen in Sackgassen mündete.

Innerhalb der Mauern der Zitadelle, die über dem südlichen Rand der Stadt aufragt, befand sich nicht nur der Sultanspalast, auch die Baracken der mamlukischen Elite-Sklavensoldaten standen dort. Unterhalb der Zitadelle erstreckte sich ein Platz für Militärparaden und der Waffenmarkt. Wenn man sich weiter nordwärts bewegte, kam man schließlich zum Bab ez-Zuwaila. Die örtliche Volksüberlieferung besagt, daß das Bab ez-Zuwaila, eins der Tore, von dem aus eine Straße in das Zentrum von Altkairo führt, der Sitz des unsichtbaren *Kutb*, des »Pols«, war, einer mystischen Gestalt, die einer geheimen Bruderschaft von Sufi-Heiligen vorstand. Der offene Platz vor dem Tor war auch der Platz für öffentliche Hinrichtungen, und abgeschlagene Köpfe wurden auf Eisenspitzen oberhalb des Tors gesetzt. Seltsamerweise war dies kein Abschreckungsmittel für übel beleumundete Leute. Das Bab ez-Zuwaila war einer ihrer beliebtesten Treffpunkte. Hier konnte man Musikinstrumente kaufen, Astrologen konsultieren, Unterricht in Stockkämpfen nehmen und Geschichten aus *Tausendundeiner Nacht* und ähnlichen Sammlungen lauschen. Aus der *Geschichte des ersten Wachhauptmanns* (Li IV, 768-777) erfährt man, daß das Zuwaila-Tor nachts geschlossen wurde und so den größeren Teil der Kairoer Kaufmannschaft vor nächtlichen Überfällen durch Banditen bewahrte. Ma'ruf der Schuhflicker hatte seinen Laden im Darb el-Achmar oder der »Roten Straße«, unmittelbar vor dem Bab ez-Zuwaila.

Das Zuwaila-Tor befand sich am südlichen Ende von Baina l-Kasrain. Baina el-Kasrain heißt wörtlich »Zwischen den beiden Palästen«, und in früheren Zeiten führte diese breite Hauptstraße tatsächlich zwischen den Fatimidenpalästen hindurch. Zu der Zeit aber, als der Gesprächspartner des christlichen Maklers diese Hauptstraße entlangging, war sie von Moscheen, Lehranstalten und Läden gesäumt. Die großen religiösen Bauten bildeten einen eindrucksvollen Hintergrund für das mamlukische Zeremoniell. Baina el-Kasrain war Kairos größte Einkaufsstraße, und el-Makrizi, dem Chronisten Ägyptens im fünfzehnten Jahrhundert, zufolge, gab es in ihr Erzähler und Unterhalter die ganze lange Straße entlang. Ebenso gab es Garküchen. Zwar waren Restaurants im mittelalterlichen

Kairo mehr oder weniger unbekannt, aber viele Städter versorgten sich mit Fertiggerichten, die sie entweder verzehrten, wenn sie die Straße entlangpromenierten, oder mit nach Hause nahmen, um sie dort zu essen.

Kleinere Straßen, die von Baina el-Kasrain abgingen, führten zu speziellen Märkten, darunter solchen für Verkäufer von Messern, Büchern, Kerzen und Holzarbeiten. Lane beschreibt solche Märkte sehr hübsch:

> »Diese Straßen heißen im Arabischen *Suks* und werden von uns meist *Basar* genannt. Eine ganze Straße dieser Art oder ein Teil einer solchen Straße enthält gewöhnlich nur oder doch hauptsächlich Läden, die diesem speziellen Gewerbe zugehören, und heißt dann *Suk* dieses Gewerbes. Der Laden ist eine viereckige Vertiefung, etwa sechs bis sieben Fuß hoch und zwischen drei und vier Fuß breit. Oder er besteht aus zwei Zellen, von denen die innere als Warenniederlage dient. Der Fußboden des Ladens ist in gleicher Höhe mit der *Mastaba* oder dem davor befindlichen Sitze aus Stein oder Backstein. Dieser ist zwischen drittehalb bis drei Fuß hoch und ungefähr ebenso breit. Der Laden ist vorn mit einem gewöhnlich aus drei Klappen übereinander zusammengesetzten Fensterladen versehen, dessen oberste Klappe vorn aufgezogen wird; die beiden anderen Klappen werden zuweilen zusammengeschlagen und auf die Mastaba niedergelegt, so daß sie einen ebenen Sitz bilden, auf den eine Matte oder Teppich, und vielleicht auch ein oder zwei Kissen gelegt werden. Manche Läden haben statt der hier beschriebenen Klappen eine Flügelthüre.«[12]

Solche Läden bilden das Ambiente für das, was eins der Leitmotive in *Tausendundeiner Nacht* ist, die Geschichte, die mit einem Ladenbesitzer beginnt, der in seinem Laden an seine Geschäfte denkt, als eine rätselhafte Dame haltmacht, um einen Blick auf seine Waren zu werfen. In der *Geschichte des christlichen Maklers* hebt die mysteriöse Dame ihren Schleier und enthüllt ein Paar großer schwarzer Augen, bevor sie nach einem Stück Seidenstoff fragt. In der *Geschichte des Kochs* betritt sie den Laden des jungen Kaufmanns, hebt den Schleier und beginnt eine Unterhaltung. In der *Geschichte von Nur ed-Din 'Ali ibn Bakkar und der Sklavin* sitzt Nur ed-Din mit einem Freund in einem Laden, als »zehn vollbusige Jungfrauen kamen, die wie Monde ausschauten, mit einer jungen Dame, die auf einer grauen Eselin ritt, geschmückt mit roter Seide, die mit Gemmen und Perlen besetzt war.« Solche kommerziellen Begegnungen sind immer wieder das Vorspiel zu sonderbaren und wundervollen Abenteuern.

Der Sklavenmarkt, der *Suk er-Rakik*, bestand gewöhnlich aus einem rechteckigen Gebäude um einen offenen Hof und den Boxen für die Sklaven, die um den Hof herum angelegt waren. Voyeure wurden entmutigt. Nur die, die als wohlhabend genug galten, um potentielle seriöse Kunden zu sein, wurden zu diesem Markt zugelassen. In der *Geschichte der Dame Tuhfat el-Kulub* macht sich Harun er-Raschid auf den Weg, um Kauf und Verkauf im Viertel der Sklavenhändler zu beobachten, das aus einem »Gebäude, hoch an Mauern und riesig an Räumen« besteht, »mit Schlafkammern und Zimmern darin, nach der Zahl der Sklavinnen, und mit Leuten, die auf hölzernen Bänken sitzen«.[13] Weitere öffentliche Sklavenauktionen spielen in der *Geschichte von 'Ali Schar und Zumurrud* (Li III, S. 204-255) und in der *Geschichte von Nur el-Din und Marjam der Gürtlerin* (Li V, S. 614-742) eine Rolle.

Läden und Märkte drängten sich meist eng um die Achse von Baina el-Kasrain, während Wohnviertel weiter draußen lagen. Gewöhnlich waren die Häuser und Grundstücke der Wohlhabenden in sich so abgeschlossen, daß sie den Passanten kaum Einblick in den Wohlstand oder Luxus ihrer Bewohner gewährten. Drinnen dagegen war es anders, wie der Lastträger in der *Geschichte des Lastträgers und der drei Damen* entdeckt:

> »Da trat die Wirtschafterin ein, und die Pförtnerin folgte ihr, und der Träger auch; und sie gingen weiter, bis sie zu einer

schönen, geräumigen Halle kamen, die mit wunderbarer Geschicklichkeit erbaut war, mit allerlei Verzierungen, mit Arkaden, Erkern, Estraden, Nischen und Schränken, vor denen Vorhänge hingen. Und in der Mitte der Halle war ein großes Bassin voll Wasser, und darin war ein Bootshäuschen; an der Rückseite der Halle aber stand ein Lager aus Wacholderholz, mit Edelsteinen besetzt, über dem ein Baldachin schwebte aus rotem Atlas, der mit Perlen aufgesteckt war, so groß wie Haselnüsse und größer noch.« (Li I, S. 99 f.)

Wenn man sich von der zentralen Hauptstraße Baina el-Kasrain entfernte, wurden die Straßen enger. Die schmalen Gäßchen in Zickzacklinien, die Durchgänge, die in Treppenhäusern endeten, und die vielen Sackgassen bedeuteten, daß der unkundige Reisende immer Gefahr lief, falschen Führern oder gar Dieben in die Hände zu fallen. Andererseits machte es dieses Straßenmuster leichter, in Zeiten von Unruhen Teile der Stadt zu verbarrikadieren und angesehene Viertel vor den Schläger- und Bettlerbanden zu schützen, die die weiter draußen gelegenen Slums beherrschten. Die schlimmsten Slums lagen an den nördlichen und westlichen Rändern der Stadt, hinter den alten fatimidischen Mauern. Dort waren die Häuser oder Hütten aus luftgetrockneten Ziegeln und Palmblättern gebaut. Die Viertel el-Husainijja und Bab el-Luk wurden von kriminellen Banden beherrscht. Von ihnen wird in diesem Kontext später die Rede sein.

Die Friedhöfe, die in Kairo meist im Osten der Stadt lagen, waren Stätten für fromme Meditation, für amouröse Begegnungen und für Taschendiebe. Liebespaare verabredeten Stelldicheins auf den kaum bewachten Friedhöfen. Wer anderswo keine Heimstatt fand, schlief im Schutz der Gräber in der Totenstadt, bettelte oder betrieb dort leichenfledderischen Handel. Sie teilten sich das Territorium mit *Ghulen*. Im Osten der Stadt befanden sich die riesigen Abfallhalden, die menschlichen Lumpensammlern ebenso wie tierischen Aasfressern die Basis ihres Lebensunterhalts lieferten.

Eine Kette von Teichen oder Vergnügungsbecken lag im Westen der Stadt zwischen dem Nil und dem Kairo-Kanal. Der Ezbekijja-Teich, der im Jahr 1476 von einem Mamlukenemir namens Ezbek angelegt worden war, wurde im späten Mittelalter zur populärsten Unterhaltungsstätte. Dort ging man gewöhnlich hin, um sich zu erholen, nachdem man das Freitagnachmittagsgebet verrichtet hatte. Im Süden des Ezbekijja-Teichs war in fatimidischer Zeit der Elefanteneich angelegt worden, der aber später nach und nach austrocknete. Er mußte neu ausgeschachtet werden. Seine Oberfläche soll mit Booten für Vergnügungsfahrten und mit gelben Wasserlilien bedeckt gewesen sein. Neben ihm lag eine Pferderennbahn, die in der *Geschichte von Saif el-Muluk und Badiat el-Dschamal* (Li V, S. 226-313) erwähnt wird. Um das Ufer des Teichs gruppierten sich Villen der Oberschicht. Eins dieser Gebäude, das Haus von Kafur, war als Spukstätte bekannt, zu der die *Dschinnen* ihre Zuflucht nahmen, wenn sie den Zauberformeln der Magier entgehen wollten. Weiter südlich lag der Karun-Teich, bekannt für die außergewöhnlichen Abenteuer, die der Fischer Dschaudar mit den drei Zauberern aus dem Maghrib an seinem Ufer zu bestehen hatte. Noch weiter südlich gelegen war der Teich der Abessinier. Die Schönheiten dieses Teichs werden vom Vater in der *Geschichte des jüdischen Arztes* beschrieben. Er rezitiert sogar Verse, die mit dem Zweizeiler beginnen:

»Was für ein Tag war das am abessin'schen Teich,
Wo zwischen Licht und Schatten wir waren so reich!«

und die enden:

»Weiche Teppiche waren gebreitet uns zur Ruh',
Als wir dort saßen und mit Wein uns tranken zu,
Der Heilmittel bestes für all unsre Sorgen,
In großen Schlucken aus Kelchen, übervollen,
Die allein uns den brennenden Durst stillen sollen.«[14]

In Vergnügungsstätten und auf öffentlichen Plätzen drängten sich Unterhalter, Erzähler und ihre Rivalen. In seiner außergewöhnlichen Abhandlung über die Philosophie der Geschichte, der *Muqaddima*, wörtlich der *Einleitung*, nämlich in sein umfangreiches Geschichtswerk, äußert Ibn Chaldun im vierzehnten Jahrhundert die Ansicht, daß Unterhalter dann Konjunktur haben, wenn eine Kultur sich im Niedergang befindet:

> »sie nehmen überhand, wenn die Zivilisation sich exzessiv entwickelt. So erfahren wir, daß es Ägypter gibt, die blöde Kreaturen wie Vögel und Hausesel dressieren, die auch Wunderbrillen herstellen, die die Illusion erzeugen, daß Dinge verwandelt würden, die lehren, wie man das Lied eines Kameltreibers nutzt, wie man tanzt und auf in der Luft gespannten Seilen balanciert, wie man schwere Tiere und Steine hebt und anderes mehr.«[15]

Zu den Unterhaltern, die Ibn Chaldun aufzählt, könnte man noch die Erzähler, die Schlangenbeschwörer, die Schlangenmenschen, die Schauspieler des Schattentheaters, die Jongleure, die Ringer und die *Darrat*s rechnen, das letztere sind Petomanen oder professionelle Furzer.[16] Wie der Erzähler sich betätigte, wurde schon im vorigen Kapitel behandelt. So ist es jetzt an der Zeit, sich seinen Konkurrenten zuzuwenden.

In der *Geschichte von der Weiberlist* aus *Tausendundeiner Nacht*, die in Damaskus spielt, instruiert die listige Frau einen Mamluken, also einen Sklavensoldaten, so: »Steh auf und geh geradewegs zum Tacht el-Kal'ah, lies alle Banu Sasan auf, die Affenführer, die Bärenführer, die Trommler, die Pfeifer!«[17] Der Tacht el-Kal'ah war ein offener Platz unterhalb der Zitadelle von Damaskus, zu dem die Leute gingen, wenn sie Unterhaltung suchten. Aus unbekannten Gründen war *Banu Sasan*, »die Kinder von Sasan«, der Terminus, mit dem diese lose Vereinigung von vulgären Unterhaltern, Schmarotzern, Bettlern und Dieben bezeichnet wurde.[18] Wenn da ein Bezug zur Dynastie der Sasaniden besteht, die den Iran vor dem Aufkommen des Islam regierten, dann ist dieser Bezug jedenfalls immer noch rätselhaft. Mitglieder der *Banu Sasan* spielen in Texten über Religion, Recht und Geschichte, die von Angehörigen der religiösen Elite des Islams produziert wurden, keine prominente Rolle. Es sind aber einige lange Gedichte erhalten, die ihrer Taten gedenken.

Darüber hinaus gab es Abhandlungen über die Tricks von Gaunern. Die berühmteste ist der *El-Muchtar fi Kaschf el-Asrar, Das Auserwählte über die Enthüllung der Geheimnisse*, von el-Dschaubari, der das Werk im Irak des dreizehnten Jahrhunderts in fürstlichem Auftrag verfaßte.[19] Auch wenn el-Dschaubari sein Werk angeblich als Belehrung für die Tugendhaften und Warnung für die Vernünftigen schrieb, ist kaum zu bezweifeln, daß er seine Beschreibung berühmter Hochstaplertricks, Betrügereien und Gaunerstreiche verfaßte, um zu unterhalten. Das Ganze erinnert sehr stark an englische Literatur des sechzehnten und siebzehnten Jahrhunderts, die den Heldentaten der Rattenfänger, Schmuddelwitzereißer, Abraham-Männer und anderen Gaunertypen gewidmet war. El-Dschaubari selbst war herumgereist, bevor er zur Literatur fand, und hatte sich in vielen muslimischen Landen als Geisterbeschwörer betätigt. Damals umfaßte das Repertoire eines Geisterbeschwörers auch Tätigkeiten, die man heute Schwindlern und betrügerischen Okkultisten zuordnen würde. Im *Kaschf el-Asrar* legt el-Dschaubari nicht nur die Tricks der Geisterbeschwörer dar und kommentiert sie, sondern auch die Kniffe wundertätiger Mönche, lasziv päderastischer Sufis, von Straßenpredigern, Alchemisten, Feuerschluckern, Prostituierten, Kurpfuschern und Schatzsuchern.

In einem Kapitel, das den Gaunereien der *Banu Sasan* gewidmet ist, erzählt el-Dschaubari, wie er, als er in der Stadt Harran war, einen Affen sah, dessen Besitzer ihn so dressiert hatte, daß er die Gestik menschlicher Begrüßung, der rituellen Waschung, des rituellen Gebets ausführen und außerdem weinen konnte. Der Besitzer des Affen brachte dann den Affen, begleitet von einem Gefolge von Dienern in indischer Kleidung, zur Moschee, wo der Affe die religiöse Waschung vollzog und das rituelle Gebet verrichtete. Als ein Neugieriger in der Gemeinde um eine Erklärung für dieses Wunder bat, sagte der Besitzer des Affen, dieser sei in Wirklichkeit gar kein Affe, sondern ein verzauberter indischer Königssohn. Sein königlicher Vater habe diesen Prinzen mit einer Prinzessin verheiratet. Die Ehe sei glücklich gewesen, bis die Frau des Prinzen eifersüchtig wurde und argwöhnte, er habe sich in eine Sklavin verliebt. Seine Proteste halfen nichts. In einem Anfall von Wut bediente sie sich eines Zauberspruchs, um ihn in einen Affen zu verwandeln. Seitdem wandere der Prinz in dieser unglücklichen Gestalt durch die Welt. Der Besitzer des Affen sammelte dann für den »Prinzen« und verließ mit seinen Leuten sehr schnell die Stadt. El-Dschaubari behauptet zwar, er habe das alles selbst beobachtet, aber es hat eine gewisse Ähnlichkeit mit der *Geschichte des zweiten Bettelmönchs* in *Tausendundeiner Nacht* (Li I, S. 131-142). Offen bleibt, ob die Geschichte aus *Tausendundeiner Nacht* den Hochstapler inspirierte oder umgekehrt. Wir werden auf den Geisterbeschwörer und auf el-Dschaubaris Abhandlung noch einmal im Zusammenhang mit mittelalterlicher arabischer Kriminalität zu sprechen kommen.

Geisterbeschwörung, im Arabischen *Scha'badha*, brachte eine eigene Literatur hervor.[20] Im seinem Vorwort zu seinen *Die Blumen des Gartens über die Kenntnis der Taschenspielerei* schreibt ez-Zahruri, ein Geisterbeschwörer aus dem fünfzehnten Jahrhundert, der sich auf Straßen und öffentlichen Plätzen betätigte, er habe viele Werke über sein Gewerbe gesehen. Ez-Zahruris eigener Traktat gab Anweisungen für eine beeindruckende Anzahl von Tricks, von denen einige ausgesprochen raffiniert sind. Zum Beispiel beschreibt er, wie der Geisterbeschwörer ein kleines Wachsmännchen, das nach einer Handschriftenrolle greift, in ein Wasserbassin wirft und behauptet, er schicke es als Boten zum König der Geister. Wenn das Männchen nicht wieder an die Oberfläche kommt, tut der Geisterbeschwörer so, als würde er ärgerlich, und bringt ein weiteres Wachspüppchen auf den Weg, mit einem Schwert bewaffnet, um den Boten wegen seiner Säumigkeit zu strafen. Nach kurzer Zeit färbt sich das Wasser im Becken rot, der Schwertträger und das abgeschlagene Haupt des Boten erscheinen auf der Wasseroberfläche, und jeder ist verblüfft. Ez-Zahruri belehrt den Anfänger über die Mechanismen dieses Tricks und darüber, wie man ihn praktiziert.[21]

Zum Schluß seines kuriosen Traktats beschreibt ez-Zahruri kurz die Konkurrenz, der der Geisterbeschwörer, der in der Öffentlichkeit auftrat, im mittelalterlichen Kairo von seiten anderer Angehöriger der *Banu Sassan* ausgesetzt war. Zunächst nennt er die berufsmäßigen Schatzsucher. Dann gab es die Alchemisten, die behaupteten, Gold aus Gips herstellen zu können, und alle möglichen anderen Gaunerstückchen aus dem Ärmel zauberten. Da waren die Hungerkünstler, ehrenwerte Scheichs, die, um gutgläubige Fromme zu beeindrucken, vorgaben, sich ohne Nahrungsmittel und Wasser für vierzig Tage in die Isolation zu begeben, während ihnen in Wirklichkeit von Komplizen durch eine Geheimklappe im Boden Nahrung zugesteckt wurde. Und schließlich gab es noch die Saramitis, die mit einem großen Tabernakel durch die Gegend zogen, das mit mystischen Zeichen bedeckt war, und die gegen ein Entgelt Beschwörungen von Poltergeistern vorschwindelten und Exorzismus betrieben.[22]

Manchmal wurde Geisterbeschwörung zu frommen Zwekken geübt, so wie Sufi-Prediger sich irgendwelcher Gaunerstückchen bedienten, um ein Publikum anzulocken, zu dem sie dann predigen konnten. El-Halladsch, der große irakische Mystiker des neunten/zehnten Jahrhunderts, erzählte dem Auditorium, das ihn umstand, nachdem er einen Apfel scheinbar aus der hohlen Hand gezaubert hatte, er habe ihn soeben von einem Baum im Paradies gepflückt. Als ein Mann, der offensichtlich bessere Augen hatte als die übrigen, bemerkte, daß der Apfel aus dem Paradies doch offensichtlich wurmstichig sei, antworte el-Halladsch schnell: »Wie könnte es auch anders sein? Ich habe den Apfel von einem Baum im Haus der Ewigkeit gepflückt und ihn in das Haus des Verfalls gebracht. So ist er mit Verderbnis in Berührung gekommen.« Von el-Halladsch heißt es, er sei nach Indien gereist, um dort den Seiltrick und andere Zauberkunststücke zu studieren. Ihm feindlich gesonnene Zeitgenossen beschuldigten el-Halladsch, einen besonderen Raum, das »Expansionszimmer«, ausgerüstet zu haben, in dem verborgene Rohre und Trennwände es ihm gestatteten, das Erscheinen eines lebendigen Lamms aus den Flammen eines großen Ofens vorzutäuschen, einen Fisch aus dünner Luft herbeizuzaubern und seinen eigenen Körper so anschwellen zu lassen, bis er den größten Teil des Raums ausfüllte.[23]

Das Wort *La'b*, das wörtlich »Spiel« bedeutet, wurde auch für »Beschwörung« und für »Taschenspielerei, Schwindel« verwendet. Dem letzten, dem 51., Kapitel über die Magie aus den von altbabylonischem ebenso wie von hellenistischem Gedankengut beeinflußten, *Sendschreiben* der *Ichwan es-Safa'*, der *Brüder der Reinheit*, zufolge, die wahrscheinlich aus dem zehnten Jahrhundert stammen,[24] ist Taschenspielerei »nichts Reales, sondern nur Schnelligkeit der Bewegung und Geheimhalten der Mittel (mit denen die Tricks ausgeführt werden). Die Dummen lachen, aber die Klugen bestaunen die Geschicklichkeit des Spielers.« Der *Hawi*, »der Schlangenbeschwörer«, schwindelte mit Schlangen. Er hatte aber eine Doppelrolle inne: als eine Art Umweltschutzbeauftragter, der Schlangen aus Häusern vertrieb. Lane zufolge waren Angehörige bestimmter Derwischorden auf diese Tätigkeit spezialisiert. Maxime du Camp, Flauberts Reisebegleiter in Ägypten 1849, hat in seine Reisebeschreibung eine lebendige Darstellung des Auftritts eines Schlangenbeschwörers aufgenommen. Der junge Mann spie der Schlange ins Maul, nachdem er sie sich hatte mehrfach um seinen Körper winden lassen, und drückte so auf ihren Kopf, daß sie steif wurde (so steif wie die Schlangen, die im Alten Testament von Pharaos Zauberern in Ruten verwandelt werden). Danach lud du Camp den Schlangenbeschwörer zu sich auf sein Zimmer ein. Der junge Mann signalisierte sofort die Anwesenheit einer Viper und ging, nachdem er sich nackt ausgezogen hatte, im Zimmer umher, pfiff monoton und klopfte gegen die Wände. Dann rief er Gott an und beschwor die Schlange zu erscheinen. Er schloß mit den Worten: »Wenn du hier bist, dann zeig dich! Ich beschwöre dich im Namen Eines, der so groß ist, daß ich es nicht zu sagen wage! Wenn es dein Wille ist zu gehorchen, erscheine! Wenn es dein Wille ist, ungehorsam zu sein, dann stirb, stirb, stirb!« Natürlich erschien eine Schlange und glitt auf den Jungen zu, der sie packte. Du Camp kam aber zu dem Schluß, daß er durch einen Taschenspielertrick genarrt worden war.[25] Insbesondere die Derwische der Rifa'ijja waren auf die Dressur von Schlangen spezialisiert. Sie gingen sogar so weit, die Schlangen zu essen, die sie dressierten. Sie hatten außerdem eine einträgliche Nebenlinie, die fürs Feuertanzen zuständig war – alle diese »Wunder« wurden für Geld vollführt. Im frühen vierzehnten Jahrhundert startete der religiöse Fundamentalist Ibn Taimijja eine Kampagne gegen sie, in der er aufdeckte, wie sie sich Froschfett, Stücke von Orangenschalen und Talk auf die Füße strichen, um sie gegen die brennenden Kohlen unempfindlich zu machen.

Dann gab es noch die *Bahluwans*. Ein *Bahluwan* (wörtlich: ein »Held«) konnte ein Akrobat sein, ein Seiltänzer oder auch ein Meister der einen oder anderen militärischen Künste. Ringkämpfe waren zur Mamlukenzeit besonders populär. Der Sultan el-Muzaffar Haddschi, der 1346-47 regierte, liebte das einfache Volk und volkstümliche Sportarten und nahm gewohnheitsmäßig an Ringkämpfen teil. Dabei trug er nur die Lederhosen der professionellen Ringer. Zu Haddschis Hobbies gehörten außerdem noch Stockfechten, Taubenzüchten und Polo. Auch Fechter und die Veranstalter von Tierkämpfen warben um die Aufmerksamkeit von Vergnügungssüchtigen und Nichtstuern.[26]

Straßentheater, *Chajal*, war in den islamischen Ländern nicht ganz unbekannt, aber die Aufführungen scheinen ziemlich vulgär gewesen zu sein. Sie wurden von der Elite nicht gefördert und nicht so behandelt, als gehörten sie zur arabischen »Hochkultur«.[27] Lane zeigte im neunzehnten Jahrhundert deutlich seine Ablehnung gegenüber den »Spielern minderwertiger und lächerlicher Farcen, die *Muhabbazzin* genannt wurden«. Das wenige, was wir von Theater in der mittelalterlichen arabischen Welt wissen, legt die Vermutung nahe, daß viele der Stücke plumpe Farcen waren, recht ähnlich den Geschichten über Ehebruch, Gaunereien und Volksleben, die in *Tausendundeiner Nacht* so zahlreich sind. Wie wir gesehen haben, ist es möglich, daß zumindest einige der Stücke und der Geschichten um Themen kreisen, die zuerst im hellenistischen Drama der Spätantike entwickelt wurden. Einer der seltenen literarischen Hinweise auf einen Schauspieler erscheint in einem Gedicht, das Zumurrud in der *Geschichte von 'Ali Schar und Zumurrud* rezitiert: »Du gehst mit einem Bart und kommst mit einem anderen, als wärst du einer von den Spielern im *Chajal*.«[28] Schattenspiele, arabisch *Chajal ez-Zill*, scheinen häufiger aufgeführt worden zu sein als Dramen, für die Schauspieler gebraucht wurden. Beide Formen der Unterhaltung wurden von Leuten mit schlechtem Ruf für das einfache Volk in Szene gesetzt. Gewöhnlich spielten hier ordinäre Rabauken die Possenreißer, Hahnreis, Kupplerinnen und Haschischesser. Das stand atmosphärisch der Music Hall weitaus näher als etwa Molière. Schattenspiele scheinen meist in *Chanen* oder Tavernen aufgeführt worden zu sein.[29] Der fromme Vorstand von Saladdins Kanzlei, el-Kadi el-Fadil, das ist »der ehrenwerte Kadi«, war aber trotz des obszönen Charakters der Aufführungen von Schattenspielen fähig, in einer Aufführung eine mystische Botschaft zu empfangen: »Ich hatte eine Lektion von großer Bedeutung. Ich habe Reiche kommen und gehen sehen. Und als die Leinwand aufgerollt wurde, habe ich entdeckt, daß es nur einen gab, der dies alles in Bewegung setzte.« Allgemeiner gesagt: die illusionäre Vorstellungswelt des Schattentheaters gab mystischer Poesie oft ein Repertoire an Metaphern.

Die Schattenspieltexte des dreizehnten Jahrhunderts aus der Feder von Ibn Danijal sind eine wichtige Quelle über Unterhalter und allgemein über Volksleben. Ibn Danijal (1248-1311), von Beruf Augenarzt, galt als ernsthafter Dichter und war

Freund von Angehörigen der mamlukischen Elite in Kairo. Aber es gab noch eine andere Seite in ihm: Er schrieb Szenarien in umgangssprachlichem Mittelarabisch für Schattenspiele, und drei von ihnen sind erhalten geblieben. Sein Stück *'Adschib wa-Gharib*, *'Adschib und Gharib*, führt einige der heruntergekommenen Stammkunden des Marktplatzes vor. Hier erscheinen die Figuren nacheinander vor dem Zuwaila-Tor. Gharib, wörtlich: »Seltsam, Fremd«, ist ein betrügerischer Okkultist, der sich durchs Leben schlägt, indem er Talismane verkauft, epileptische Anfälle vortäuscht, um in den Genuß milder Gaben zu gelangen, auch, indem er seine Augenlider zusammenklebt, um blind zu erscheinen, indem er Affen für Vorführungen dressiert und ähnliche zweifelhafte Tricks. Ihm folgt 'Adschib, wörtlich: »Erstaunlich«, ein halbgebildeter, phantasiereicher Prediger, dessen Hauptziel bei seinen Predigten ist, Geld einzutreiben. Dann kommen noch der Schlangenbeschwörer, der Verkäufer von Volksmedizin, der Kräuterhändler, der Chirurg, der Seiltänzer, der Betrüger, der Wahrsager, der Amulettverkäufer, der Löwenbändiger, der Elephantenhändler, der Mann mit der Wunderziege, der Mann, der Katzen und Mäuse so trainiert, daß sie Freunde werden, der Hundedresseur, der Bärenführer, der sudanesische Clown, der Schwertschlucker, der Affentänzer, der Selbstverstümmeler, der falsche Pilger und der Lampenanzünder, der auch Bettler ist. Sie alle halten Reden, in denen sie die Tricks ihres Gewerbes offenlegen und ihr schweres Schicksal beklagen. Ibn Danijals Sammlung an *Banu-Sasan*-Typen ist keine erschöpfende, el-Dschaubaris *Kaschf el-Asrar* enthält sehr viel mehr, zum Beispiel Steinschlucker, Fingerhutspieler, Ringer, Sänger und Galli-Galli-Männer. Ein zweites Spiel, *Taif el-Chajal*, das ist *Der Schatten der Vorstellungskraft*, hat eigentlich eine Handlung, in der ein Soldat, der Emir Wissal, in die Falle einer unpassenden Heirat geht. Aber diese Handlung dient als Mittel für eine Satire über zeitgenössische Sitten und Ereignisse – etwa des Mamlukensultan Baibars' stark propagierter, aber letztlich unwirksame Versuch, Haschisch, Kneipen und Prostitution zu verbieten.

Das dritte Stück von Ibn Danijal, das erhalten geblieben ist, *el-Mutajjam, Der Liebeskranke*, ist eine kuriose Beschreibung der homosexuellen Liebe des el-Mutajjam und einer Reihe von Tierkämpfen, die er und sein Geliebter vorführen.

Mit den Werken von Ibn Danijal und el-Dschaubari, einigen *Adab*-Abhandlungen und weniger bekannten vergleichbaren Erzählsammlungen ist *Tausendundeine Nacht* eine von wenigen Quellen über den kleinen Mann auf der Straße, und wir haben uns in diesem Kapitel auf die leicht anrüchigen Konkurrenten des Straßenerzählers konzentriert. *Tausendundeine Nacht* hat uns aber sehr viel über normalere Gewerbe zu berichten. Man braucht nur an den Lastträger, den Barbier, Ma'ruf den Schuhflicker, Dschaudar, den Fischer, Badr Bassim, den Hufschmied, den Fährmann auf dem Nil und einen ganzen Stamm von Kadis, die zu Hahnreis gemacht wurden, und von dümmlichen Schulmeistern zu denken, die die Seiten der Sammlung bevölkern. Solche Leute lieferten vieles an Stoff, ebenso wie sie den größten Teil des Publikums für die Erzählungen der *Tausendundein Nächte* darstellten. Die Gegenstücke dieser Gestalten aus der Realität führten ein Leben, das von den mittelalterlichen arabischen Chronikschreibern und Verfassern biographischer Lexika weitgehend ignoriert wurde. Diese konzentrierten sich nahezu ausschließlich auf die militärische, administrative und religiöse Elite.

Glücklicherweise ist *Tausendundeine Nacht* nicht die einzige Quelle über das Leben kleiner Leute. Wenn dem so wäre, fühlte man sich unbehaglich, wollte man ohne Bestätigung durch andere Quellen ein Werk der Phantasie als Quelle für private Lebensführung, Handelspraktiken und Mentalitäten nutzen. Aber neben den schon genannten literarischen Quellen gibt es noch das umfangreiche und eigenartige Archiv, das als *Geniza* bekannt ist. Dieser gewaltige Schatz an Dokumenten, über 10000 Papiere, wurde um 1890 in einem versiegelten Abfallraum einer altkairoer Synagoge entdeckt. Wegen der mittelalterlichen jüdischen Verehrung für den Namen Gottes hatte man Angst, irgend etwas wegzuwerfen, das diesen Namen trug. Deswegen wurden diese Papiere und Papierfragmente, die in arabischer Sprache, aber mit hebräischen Lettern geschrieben sind, aufgehoben. Die *Geniza* oder Papierabfallkammer enthält Dokumente aller Art, Testamente, Wäschelisten, Briefe, Gedichte, Verkaufsverträge, Heiratsurkunden, Gebete, gesetzliche Verträge und so weiter. Wie wir schon in Kapitel 2 sagten, findet sich in der *Geniza* in einer Liste von Handschriften, die ein jüdischer Buchhändler verliehen hatte, auch der älteste Nachweis für den Titel *Alf Laila wa-Laila*, *Tausendundeine Nacht*, statt wie vorher üblich, *Tausend Nächte*, *Alf Laila*. Die *Geniza* hat sich als eine außerordentlich reiche historische Fundgrube für das Alltagsleben in Ägypten vom zehnten bis zum dreizehnten Jahrhundert erwiesen. D. S. Goitein hat in seiner maßgeblichen fünfbändigen Synthese *A Mediterranian Society: The Jewish Communities of the Arab World as Portrayed in the Documents of the Cairo Geniza* (1967-1988), *Eine mediterrane Gesellschaft: Die jüdischen Gemeinden der arabischen Welt, wie sie in den Dokumenten der Kairoer Geniza dargestellt werden*, die Zeugnisse, die sie liefert, in brillanter Weise geordnet und analysiert. Goiteins Untersuchung präsentiert die Weltsicht einer untergegangenen Gesellschaft von Kaufleuten, Ladenbesitzern, Handwerkern und ihren Familien. Erwähnt werden muß, daß Goitein hin und wieder auf *Tausendundeine Nacht* verweist, um Angaben aus der *Geniza* zu ergänzen oder zu bestätigen.

Tausendundeine Nacht, andere literarische Quellen und die Dokumente der *Geniza* geben uns zahllose Einblicke in das materielle Leben und die Mentalität mittelalterlicher arabischer Stadtbewohner: über Essen, Schlafen, Kindererziehung und Kochen. Für den Sozialhistoriker sind die detaillierten Einkaufslisten zu Beginn der *Geschichte des Lastträgers und der drei Damen* und des *Buckligen*-Zyklus ebenso aufregend wie irgendein Phantasiebild von *Dschinnen* oder fliegenden Teppichen. Die Geschichten sind zudem eine reiche Quelle für Sprichwörter und Maximen, die damals als gängige Münzen im sozialen Umgang fungierten: »Er zerbrach seine Lanze bereits beim ersten Angriff«; »Sei freundlich zu dem, der dir Unrecht tut!«; »In der Liebe sind alle gleich«; »Nicht immer kann der Krug heil bleiben«; »Eine Lüge kann einen Mann retten, aber die Wahrheit ist besser und sicherer.« Man findet Slangwörter und Metaphern in den Geschichten, die in den Werken der Beamten und schöngeistigen Autoren nahezu völlig fehlen. Das Material in *Tausendundeiner Nacht* könnte außerdem die Grundlage für das Studium mittelalterlicher arabischer Gebärdensprache liefern. Zum Beispiel bedeutete die linke Hand gegen die rechte zu schlagen Bedauern – in der Version der *Geschichte des jüdischen Arztes* im zweiten Kalkuttaer Druck – während sich in die Hand zu beißen Reue anzeigte – Abu el-Husn gegenüber seiner Sklavin *Tawaddud.* Hier ist nicht der Platz, um das ausführlicher darzustellen oder noch tausend andere reizvolle Wege zu gehen. In den folgenden Kapiteln wollen wir uns aber den Themen Verbrechen, Sex und Magie zuwenden, so, wie sie in *Tausendundeiner Nacht* und in verwandten Quellen vorkommen.

6

Das Volksleben mit seinen Niederungen

Im vorislamischen Arabien galten Kamelrazzien nicht als Diebstahl. Erfolgreiche Überfälle dieser Art wurden in der Dichtung oft verherrlicht. Ganz allgemein war Stehlen kein besonders strafwürdiges Vergehen. Aber mit dem Aufkommen des Islam und der Einführung der *Schari'a*, des religiösen Rechts, wurden Strafen für Diebstahl festgesetzt. Ein verstockter Dieb, der gefaßt wurde, konnte damit rechnen, daß ihm eine Hand oder gar beide Hände abgeschlagen wurden. Doch die Einstellung, die vorher geherrscht hatte, war damit nicht beseitigt. In bestimmten Kreisen wurden Diebe bewundert und gefeiert, wenn sie listig und erfolgreich waren. Die Chroniken, biographischen Lexika und religiös-rechtlichen Abhandlungen, die die Araber im Mittelalter hervorbrachten, sagen uns wenig über die kriminelle Unterwelt.[1] Dafür müssen wir uns fiktionaler Literatur zuwenden. Geschichten über Kriminelle und Hochstapler gibt es in *Tausendundeiner Nacht* überreichlich. Obwohl hier vereinzelt Bagdad als Schauplatz angegeben wird, scheinen die meisten dieser Geschichten im Ägypten der Mamluken- und Osmanenzeit verfaßt oder doch umgeschrieben worden zu sein.

Zwar spielt die Mehrheit der »Bagdader« Kriminalgeschichten tatsächlich in Kairo, aber das abbasidische Bagdad produzierte seine eigenen halblegendären Kriminellen. Über die raffinierten Unternehmungen von el-'Ukab, das ist »Der Adler«, dem Meisterdieb aus dem neunten Jahrhundert, gibt es viele Geschichten, darunter die über eine Wette, die er mit einem Arzt abgeschlossen hatte, er würde zu einer festgesetzten Zeit etwas aus dem Haus des Arztes stehlen. Das Haus wurde zwar streng bewacht, aber el-'Ukab setzte die Wächter unter Drogen. Dann gelang es ihm, sich als eine Erscheinung Jesu gebend und unter Einsatz von Hypnose, den Arzt selbst zu entführen.[2]

Mittelalterliche Abhandlungen über Kriminalität kannten verschiedene Kategorien von Dieben. Eine Gruppe der Einbrecher, die »Graber«, grub sich einfach ihren Weg durch die getrockneten Lehmziegel, um sich Eingang in das Haus zu verschaffen, das sie ausrauben wollte. Andere Diebe verwendeten mit Haken versehene Stangen oder eiserne Greifer, um Gegenstände durch die Fenster zu ziehen. Wieder andere benutzten eine Schildkröte, auf deren Rücken sie eine brennende Kerze befestigten. Dann schickten sie das Tier vor sich her in das Haus, in das sie einbrechen wollten. Wenn in dem Haus jemand wohnte, würde der Eigentümer sicherlich in erstaunte Rufe ausbrechen, sobald er die Schildkröte sah, etwa: »Schau mal! Da ist eine Schildkröte mit einer Kerze auf dem Rücken. Was macht die denn in meinem Haus!?« Dann waren die Diebe gewarnt. War das Haus aber unbewohnt, dann würde die Kerze auf dem Rücken der Schildkröte den Dieben den Weg zeigen, wenn sie ihrem Geschäft nachgingen. Die Schildkröte war nicht das einzige Tier, das professionelle Kriminelle in ihre Dienste stellten. Im Verlauf seiner eigenartigen und ziemlich langen Abhandlung, die vorgibt, die unterschiedlichen Verdienste von Hahn und Hund zu debattieren, in seinem *Kitab el-Hajawan*, dem *Buch der Tiere*, bemerkt der Essayist el-Dschahiz aus dem neunten Jahrhundert, daß die Würger, die immer in Banden arbeiteten, Hunde einsetzten. Wenn sie ein Opfer strangulierten, prügelten sie gleichzeitig ihre Hunde und Frauen, die zu ihnen gehörten. Sie schlugen Tamburine, und Koranleser aus ihrer Bande rezitierten laut den Koran, so daß der Lärm die Schreie des Opfers übertönte und die ehrbaren Bewohner in der Nachbarschaft keinen Verdacht schöpften.[3]

Im mittelalterlichen Bagdad scheint es nichts Ungewöhnliches gewesen zu sein, daß ehemalige Diebe als *Tawwabun*, als »Reuige«, ihre Dienste der Polizei zur Verfügung stellten. Nach el-Mas'udi, einem bekannten Historiker des zehnten Jahrhunderts, »sind die ›Reuigen‹ ehemalige Diebe, die im Lauf der

Zeit diese Tätigkeit aufgegeben haben. Wenn ein Verbrechen geschieht, dann wissen sie, wer es begangen hat, und können den Schuldigen ausfindig machen. Es geschieht aber oft, daß sie die Früchte des Diebstahls mit den Dieben teilen.«[4] Was el-Mas'udi über die *'Ajjarun* zu sagen hat, ist nicht weniger seltsam. In Bagdad erhoben *'Ajjarun* – Banden von Raufbolden und Vagabunden –, mit Knüppeln bewaffnet, Schutzgelder von Läden und überwachten deren Umgebung, indem sie die Erpresserbanden vor Ort kontrollierten und sie vor rivalisierenden Banden aus anderen Vierteln beschützten. Diese Banden waren gut organisiert und außerdem bewaffnet, so daß sie in Zeiten von innerstädtischen Unruhen eine beachtliche Macht darstellten. El-Mas'udi beschreibt, wie die *'Ajjarun* »nahezu nackt in den Kampf zogen, bekleidet nur mit kurzen Hosen oder Unterhosen. Sie hatten sich so etwas wie Helme aus metallüberzogenen Palmblättern gemacht, die sie *Chudh* nannten. Ihre Schilder waren aus denselben Blättern hergestellt und aus Binsenmatten, die mit Teer überzogen und mit Sand und Kies gefüllt waren.« Seltsamerweise ritten die Anführer der *'Ajjarun* auf menschlichen Reittieren in den Kampf, das heißt, die Führer ritten huckepack auf den Schultern niedriger gestellter Vagabunden, die sich mit phantastischen Harnischen als Pferde verkleidet hatten. Bandenkämpfe und Faktionsstreitigkeiten, die Bagdad vom zehnten Jahrhundert an plagten, spielten eine erhebliche Rolle beim Autoritätsverlust der Kalifen und des Kalifats. Eine Zeitlang zogen sich die Kalifen aus Bagdad nach Samarra zurück, um den Kämpfen zwischen ihren Soldaten und dem städtischen Mob ein Ende zu setzen.[5]

Der Ruhm einiger großer Krimineller des abbasidischen Bagdad überlebte die Einnahme der Stadt durch die Mongolen im Jahr 1258. Im mamlukischen Ägypten wurden volkstümliche Geschichten über Schurken beiderlei Geschlechts produziert, die angeblich während des abbasidischen Kalifats ihr Unwesen trieben. Einige dieser Geschichten fanden schließlich den Weg in spätere Rezensionen von *Tausendundeiner Nacht*. Kairo selbst aber war die Szenerie für viele spektakuläre Verbrechen,

Verbrechen, die Anlaß zum Staunen gaben und die die Erzähler inspirierten. Zum Beispiel wurde einmal im Jahr 1264, in der Regierungszeit des Mamlukensultans Baibars, eine Ankleiderin zu einem Haus am Bab esch-Scha'rijja am Chalidsch el-Masri, einem Kanal, der durch Kairo in den Nil floß, an der Ecke zum el-Husainijja-Viertel gebeten. Dort sollte sie eine Frau namens Ghazija, in der Stadt für ihre Schönheit und die Extravaganz ihrer Erscheinung bekannt, anziehen und schminken. Die Ankleiderin betrat das Haus von Ghazija, kam aber nie wieder heraus. Es hatte sie aber, und das war den Hausbewohnern nicht bekannt, eine Sklavin begleitet, die außerhalb des Hauses warten sollte. Nachdem sie eine ganze Zeit gewartet hatte, ging die Sklavin zum Gouverneur von Kairo, um ihn über das Verschwinden ihrer Herrin zu informieren. Der ließ sofort das Haus stürmen. In ihm fand man nicht nur die Leiche der Ankleiderin, sondern einen ganzen Keller voller Leichen. Die *Schurta*, die Polizei, nahm die Bande fest, und in einer Reihe hochnotpeinlicher Befragungen kam an den Tag, was sie getrieben hatte. Ghazija hatte sich einer alten Frau als Kupplerin bedient. Sie hatte ihre Schönheit und die Kupplerin ermutigende Worte eingesetzt, um leichtgläubige Männer ins Haus zurückzulocken. Dort sprangen zwei männliche Komplizen auf die kräftigen und ahnungslosen Opfer zu, töteten sie und beraubten sie all der Habe, die sie bei sich trugen. Ein fünfter Komplize, ein Ziegelbrenner, besaß einen Brennofen. Die Leichen wurden in regelmäßigen Abständen zu diesem Ofen gebracht und hineingeworfen. Die fünf wurden am Ende der Untersuchung zum Tod durch Kreuzigung verurteilt. Das Haus wurde konfisziert. Ziemlich widersinnigerweise wandelte man das Haus in eine Moschee um, in Masdschid el-Chanaka, »Die Moschee der Würgerin«.[6]

Bei Ghazija war das Motiv für die Morde Raub. In Hungerzeiten aber wurden in Kairo auch Menschen wegen des Fleischs an ihrem Körper umgebracht. 'Abd al-Latif el-Bagdadi, ein irakischer Arzt, der Kairo in den Jahren 1200/01 besuchte, berichtet, daß während seines Aufenthalts dort kleine Kinder lebendig gekocht oder gebraten wurden trotz eines Erlasses des Gouverneurs der Stadt, daß Kannibalen, die man zu fassen bekäme, lebendig verbrannt würden. 'Abd el-Latifs Bericht ist gespickt mit Geschichten, die offensichtlich Gänsehaut hervorrufen sollen. »Eine Nacht danach, kurz nach dem Gebet bei Sonnenuntergang, spielte eine junge Sklavin mit einem eben entwöhnten Säugling, der zu einer reichen Person gehörte. Während das Kind neben ihr lag, schlitzte ein Bettler, der einen Moment abgewartet hatte, in dem die Sklavin gerade wegschaute, dem Kind den Bauch auf und begann, das Fleisch roh zu verschlingen.«[7] Ähnliche Geschichten von Kidnapping, Leichenfledderei und Kannibalismus wiederholten sich um 1290, als Ägypten wieder von einer schweren Hungersnot betroffen war.[8]

Ein gutes Verbrechen war, bestenfalls, eine Wundertat, *'Adschib*, etwas, wovon man mit ebensoviel Staunen und Spannung hörte wie von einem Blutregen oder der Geburt eines Kalbs mit zwei Köpfen. Diese Faszination, die Verbrechen aber auch ihre Aufdeckung auslösten, erzeugte eine beachtliche Literatur, die Fakten ebenso wie Fiktionen enthält. El-Dschaubaris Abhandlung aus dem dreizehnten Jahrhundert, der *El-Muchtar fi Kaschf el-Asrar*, *Das Auserwählte über die Aufdekkung der Geheimnisse*, wurde schon im vorigen Kapitel genannt. Sie ist eine unserer wichtigsten Quellen über kriminellen Betrug. El-Dschaubaris Buch wurde angeblich geschrieben, um ehrbare Leute vor den Gefahren zu warnen, denen sie durch Gauner und Scharlatane ausgesetzt waren. Dieses wenig überzeugende frömmelnde Sich-Rühmen ist dem des Prologs von *Tausendundeiner Nacht* vergleichbar, in dem behauptet wird, daß die Sammlung »glänzende Biographien« enthalte, »die den Leser lehren, Betrug aufzudecken und sich vor ihm zu schützen«. Es ist kaum zu bezweifeln, daß el-Dschaubaris Berichte über Betrügereien, Scharlatanerien und Gaunerstückchen tatsächlich eher zusammengestellt wurden, um den Leser zu unterhalten, als um ihn zu warnen. Ein erheblicher Teil des *Kaschf el-Asrar* ist kriminellen Aktivitäten gewidmet, darunter den Tricks vermeintlich heiliger Männer, denen von Banditen, betrügerischen Alchemisten, Roßtäuschern, Straßenräubern, Leichenfledderern, Wegelagerern und Einbrechern.

Der *Baibars*-Roman, ein anonymer spätmittelalterlicher Volksroman über die legendären Eroberungen des Mamlukensultans Baibars im dreizehnten Jahrhundert, macht nur mäßig Gebrauch von tatsächlichen Ereignissen während der Regierungszeit des Sultans Baibars.[9] Statt dessen wurde ein prachtvolles Kunterbunt über Baibars' Jugendfreundschaften in Äypten und Syrien mit allen Sorten freundlicher Volkstypen wie Ringern, Stallburschen, Raufbolden, reuigen Dieben und vor allem den *Isma'ilis* zusammengestellt. In der historischen Realität gehörten die *Isma'ilis*, schi'itische Häretiker, die sich später des Mordes bedienten, um ihre Ziele zu erreichen, zu den schlimmsten Feinden des Sultans. Im Volksroman dagegen sind die *Isma'ilis* des Sultans stärkste Verbündete und zudem sehr wertvolle, denn sie sind erfahrene Fassadenkletterer und darüber hinaus versiert im Gebrauch von Drogen zur Überwältigung von Feinden. Der Volksroman feiert die List der *Isma'ilis* und anderer halbkrimineller Freunde des Sultans im Kampf gegen korrupte Beamte und Soldaten, die geheime Feinde des Islams sind.

Allgemeiner gesagt, es herrscht in der arabischen Literatur ein Kult von Listen und Tricks – *Hijal* –, und Geschichten über gerissene Diebe oder Schurken bilden im umfangreicheren Genre, das die Listen von Soldaten, Frauen, ungebetenen Gästen oder Schmarotzern und sogar Tieren verherrlicht, eine Untergattung. Die Verherrlichung von Einfallsreichtum oder Gerissenheit, ob nun im Begehen von Verbrechen oder dabei, Gründe für oder gegen das Gesetz aufzuführen oder witzelnde Wortspiele in Gedichte einzuflechten, ist einer der auffälligsten Züge der mittelalterlichen arabischen Kultur. Das anonyme Werk *Raka'ik el-Hilal fi Daka'ik el-Hijal*, *Die Mäntel aus feinem Stoff über die subtilen Listen*, in der Mamlukenzeit geschrieben, ist ein typisches Beispiel für dieses Genre.[10] Es enthält Kapitel über die listenreichen Kniffe von *Dschinnen*,

Propheten, Königen, Wesiren, Advokaten, Heiligen und so weiter. Eine andere spezielle Untergattung der Literatur über Verschlagenheit verherrlichte die etwas anrüchigen, wenn auch nicht unbedingt kriminellen, Aktivitäten der *Tufailis*, der »Schmarotzer«, der ungebetenen Gäste. Im mittelalterlichen Bagdad war dieses Schmarotzertum eine organisierte Art, sich durchs Leben zu schlagen, und die professionellen *Tufailis* bildeten eine Art Zunft unter der Leitung eines Scheichs, der jeden Abend seinem *Tufaili*-Gefolge ausgewählte Abendgesellschaften zuwies.[11] In der *Geschichte von Ishak aus Mosul und dem Kaufmann* (Li III, S. 539-544) sieht Ishak (W. W.: ein berühmter Sänger am Abbasidenhof) eine Sängerin auf der Straße, verliebt sich in sie und folgt ihr in ein Haus, in dem gerade eine Abendgesellschaft stattfindet. Der Gastgeber, der herausfindet, daß Ishak ein nicht geladener Gast ist, bemerkt nur: »Er ist wohl ein Schmarotzer; dennoch ist er von feinem Wesen, also behandelt ihn höflich!« (Li III, S. 540).

Während Wegelagerer und andere Räuber außerhalb der Städte in Geschichten aus *Tausendundeiner Nacht* und anderswo gewöhnlich als ziemlich dumm dargestellt werden – Dschawan, der Kurde, zum Beispiel, in der *Geschichte von 'Ali Schar und Zumurrud* (Li III, S. 204-255) – gilt der städtische Kriminelle meist als listiger Mann. Er wird für seine Verschlagenheit und den Erfolg, den sie ihm eingebracht hat, bewundert. Robin Hood und Dick Turpin haben in der britischen Kultur ein ähnliches Renommé. Geschichten über reale oder legendäre Kriminelle, darunter 'Ali ez-Zaibak, »'Ali, das Quecksilber«, die »listige Dalila«[12] und Achmed ed-Danaf, »Achmed, die Auszehrung«, kursierten als unabhängige Erzählzyklen, bevor sie in *Tausendundeine Nacht* aufgenommen wurden.[13] 'Ali ez-Zaibak, »'Ali, das Quecksilber« oder vielleicht besser »Quecksilber-'Ali«, scheint ein realer Bandit im Bagdad des elften Jahrhunderts gewesen zu sein, bevor er der Protagonist einer lose miteinander verbundenen Serie fiktionaler Heldentaten wurde, von denen einige schließlich den Weg in[14] *Tausendundeine Nacht* fanden. Ebenso war Dalila schon im abbasidischen Bagdad bekannt, denn el-Mas'udi erwähnt diese »berühmte Hochstaplerin« in seiner Chronik *Die Goldwiesen* aus dem zehnten Jahrhundert.[15] El-Mas'udi hat tatsächlich einige anerkanntermaßen wahre Geschichten über Verbrechen und Gaunereien in seine Chronik aufgenommen.

Ahmed ed-Danaf, »Ahmed, die Auszehrung«, könnte ebenso wie 'Ali ez-Zaibak eine historische Gestalt gewesen sein. Zwei mamlukische Chronikschreiber geben widersprüchliche Informationen. Nach Ibn Taghribirdi war »Ahmed, die Auszehrung« der Held eines volkstümlichen Romans, der im fünfzehnten Jahrhundert kursierte, aber seine Geschichte ging auf einen Kriminellen namens Hamdi zurück, der im zehnten Jahrhundert in Kairo lebte. Dagegen wurde laut Ibn Ijas der Bandit, der als »Ahmed, die Auszehrung« bekannt war, 1486 von mamlukischen Autoritäten gefangen genommen und durch Zweiteilung hingerichtet. Höchstwahrscheinlich hat der Kriminelle aus dem fünfzehnten Jahrhundert den Namen »Ahmed, die Auszehrung« in Erinnerung an seinen legendären Vorfahren auf dem Gebiet der Kriminalität angenommen.

Eine kriminelle Brüderlichkeit blühte im mittelalterlichen Kairo. Mit ihrer eigenen Hierarchie und einem hierarchisch gestaffelten Ehrenkodex bildete die Kairoer Unterwelt einen schwarzen Spiegel zum herrschenden Establishment. Es scheint, daß Gangster manchmal in *Tibaks*, »Baracken«, zusammen aßen und schliefen. Den Gedanken an eine Hierarchie der Wertschätzung legt die *Geschichte von dem Sandelholzhändler und den Spitzbuben* (Li IV, S. 352-358) nahe. Hier wird einem Kaufmann, der geprellt und betrogen wurde, geraten, einen bestimmten Scheich der »Spitzbuben«, aufzusuchen, einen alten Mann, »reich an Jahren und erfahren«, »erfahren in Trug und Zauberei und Gaunerei«, den Übeltätern der Stadt an Verschlagenheit überlegen, der als Schiedsrichter Urteile über die »Großtaten« der Jüngeren traf und seine Meinung äußerte.

Die Organisation von Kriminellen und Schurken war nicht lediglich eine literarische Konvention. Sie spiegelte Elemente der historischen Realität wider. Zünfte waren im mamlukischen Ägypten unbekannt. Aber als nach der osmanischen Besetzung im frühen sechzehnten Jahrhundert Zünfte gegründet wurden, um Handwerk und Handel zu regulieren, befand sich die Zunft der Diebe und Bettler darunter. In der osmanischen Zeit, vom sechzehnten bis zum achtzehnten Jahrhundert, war die Kriminalität in Ägypten organisiert und, jedenfalls teilweise, staatlicher Aufsicht unterstellt. Es gab für jedes Handwerk in Kairo eine Zunft. So hatten Diebe, Prostituierte, Unterhalter, Bettler und Falschspieler ihre anerkannten Zünfte. In den meisten osmanischen Städten war es jemandem, der einem Raub zum Opfer gefallen war, möglich, zum Anführer des in der Stadt stationierten Janissarenregiments zu gehen und darüber zu informieren, was ihm gestohlen worden war. Der Anführer der Janissaren wandte sich dann an den Scheich der Diebeszunft, und das gestohlene Eigentum konnte zurückgegeben werden – gegen einen Preis. Diebeszünfte gab es in Ägypten bis ins neunzehnte Jahrhundert. Edward William Lane, der in den dreißiger Jahren des vorigen Jahrhunderts schrieb, setzte seine Leser davon in Kenntnis, daß »sogar die gewöhnlichen Diebe bis noch vor wenigen Jahren einen Vorgesetzten respektierten, der ihr Scheich genannt wurde. Er wurde oft aufgefordert, nach gestohlenen Gütern zu suchen und Gesetzesbrecher vor Gericht zu bringen, was er im allgemeinen auch tat.«[16]

Im Mittelalter wurde ein großer Teil der kriminellen Aktivitäten in den Städten durch die Mitglieder der *Futuwwa*-Bünde kontrolliert. *Futuwwa* wird manchmal mit »Ritterlichkeit« übersetzt, aber die genauere Bedeutung ist »tugendhaftes Jungmännerleben«. Die Geschichte der *Futuwwa* liegt etwas im Dunkeln.[17] Im Irak des zehnten oder elften Jahrhunderts wurden Bünde zunächst jedenfalls von unverheirateten jungen Männern gebildet. Diese jungen Männer fühlten sich, vielleicht weil sie beschäftigungslos oder unterbeschäftigt waren, oder auch weil sie nicht genügend Kapital akkumuliert hatten, um heiraten zu können, gezwungen, männliche Gefährtenschaft zu suchen, und schlossen sich zu solchen Bünden zusammen. In einen *Futuwwa*-Bund wurde man aufgenommen, indem man ein Glas Salzwasser trank und ein Paar spezieller Hosen anzog, die *Futuwwa*-Hosen. Danach breiteten sich *Futuwwa*-Bünde im gesamten Vorderen Orient aus, und viele von ihnen hatten sich ehrenhafte, ja idealistische Ziele gesetzt. Sie konnten dazu beitragen, hohe Standards handwerklicher Kunst und der Handelspraxis zu sichern. Sie konnten ihre Mittel dafür einsetzen, durchziehenden Fremden Gastfreundschaft zu gewähren. Sie konnten sich auch zu mystischen Übungen zusammenfinden. Im mittelalterlichen Kairo aber gerieten diese Bünde, oder doch die meisten von ihnen, unter die Kontrolle krimineller Elemente und bildeten die Basis für die Gründung von Schutzgelderpresserbanden in den Vororten der Stadt. Solche Gangster nahmen in el-Husainijja im Nordosten Kairos an Zahl immer mehr zu. Sie trafen sich an besonderen Treffpunkten, den »Hallen der *Futuwa*«. Sie organisierten sich in Logen, die »Dörfer« genannt wurden. Die Halunken, die sich »die Söhne von el-Husainijja« nannten, spielen im *Baibars*-Roman eine wichtige Rolle. Moralisten verurteilten die *Futuwwa*-Gruppen wegen ihrer Treffen, in denen Wein getrunken wurde und die man sexueller, insbesondere homosexueller, Aktivitäten verdächtigte. Mitglieder der *Futuwwa*-Gruppen trugen Messer, und da sie geschworen hatten, sich gegenseitig zu helfen, sammelten sie sich, wenn einer von ihnen inhaftiert wurde, vor dem Gefängnis, um die Freilassung ihres Gefährten zu erzwingen. Einem Kritiker der *Futuwwa* aus dem vierzehnten Jahrhundert zufolge nahmen deren Mitglieder ihr Bruderschafts-Gelübde so ernst, daß ein Mitglied einer Loge seine Frau zur Prostitution gezwungen hätte, um einem Logenbruder zu helfen, der in Schwierigkeiten geraten war.[18]

Ein wenig vergleichbar den *Futuwwa*-Bünden waren die Jagd-Bünde. Das Wort *Schatir*, Plural *Schuttar*, hat eine Reihe von Bedeutungen. Meist meint es eine lockere, unmoralische Person, einen listigen Mann, einen Betrüger. In *Tausendundeiner Nacht* gibt es sehr viele Geschichten über Betrüger oder Rowdies. In der Mamlukenzeit wurde *Schatir* auch für Bogenschützen verwendet, die Mitglieder von Jagd-Bünden waren. Während Mitglieder der *Futuwwa*-Bünde sich eher auf Messer und Keule verließen, waren die *Schuttar* Armbrustspezialisten und Experten für die Vogeljagd. Diese Jagd-Clubs, die tatsächlich eine Art heruntergekommener Miliz darstellten, wurden regelmäßig von den ›*Ulama*‹, den Religionsgelehrten, wegen der kriminellen Elemente verklagt, die dazu neigten, sich den *Schuttar* anzuschließen. In einer Version des *Baibars*-Romans wird der junge Baibars in eine Liga von Männern eingeführt, die mit der Armbrust auf Vogeljagd ziehen.[19]

In *Tausendundeiner Nacht* wird *Schatir* im weiteren Sinn, im Sinn von »durchtriebener Halunke«, verwendet. Zum Beispiel wird der Ägypter 'Ali ez-Zaibak als *Schatir* charakterisiert. Immer einen Schritt vor der Polizei ist er vielleicht der bedeutendste aller *Schuttar.* Für 'Ali ez-Zaibak ist Stehlen eine Kunst, und er bestiehlt andere Ganoven, nur, um ihnen seine Geschicklichkeit in dieser Kunst zu beweisen. Sein Rivale in Bagdad, Ahmed ed-Danaf, unterhält eine Mietskaserne in Bagdad, von der aus er die Aktivitäten seiner vierzig *Schuttar* dirigiert. In einer Geschichte außerhalb des *'Ali-ez-Zaibak*-Zyklus, der *Geschichte von Nur ed-Din 'Ali und seinem Sohn*, ist der wohltätige Pastetenbäcker in Damaskus, der Badr ed-Din Hasan aufnimmt, ein früherer *Schatir* und Dieb: »Aber Allah hatte ihm Reue eingegeben und dafür gesorgt, daß er sich von seinen üblen Wegen abwandte und eine Garküche aufmachte.« Aus der Geschichte wird deutlich, daß er trotz seiner Reue immer noch eine furchteinflößende Gestalt war, nicht die Sorte Mensch, mit der man sich auf einen Kampf einlassen würde.

In Lanes *Arabic-English Lexicon* wird *Fidawijja* definiert als »die, die gefährliche Abenteuer auf sich nehmen, insbesondere zur Vernichtung von Feinden ihrer Partei; als ob sie sich selbst als Pfand oder Opfer anboten.« Das Wort wurde für religiöse Fanatiker verwendet, speziell für die isma'ilitische Sekte der Assassinen, deren Mitglieder darauf vorbereitet wurden, im Interesse ihrer extremschi'itischen Sekte zu morden und ihr eigenes Leben zu opfern.[20] Die isma'ilitischen Assassinen stehen zwar in dem Ruf, ihre mörderischen Missionen unter dem Einfluß von Haschisch – davon wird ihr Name abgeleitet, zunächst im Französischen assassins = *Haschischijjun* – verübt zu haben, doch es gibt keinen sicheren Beweis dafür, daß dies je der Fall war. Wahrscheinlicher ist, daß die Feinde der häretischen Isma'ilis, wenn sie sie *Haschischijjun* nannten, zum Ausdruck bringen wollten, daß sie ordinäres Pack waren. Wie schon gesagt, wird im *Baibars*-Roman Sultan Baibars von Isma'ili-Häretikern unterstützt, die *Fidawis* genannt werden und die ihre kriminellen Fähigkeiten in den Dienst des Sultans und des Islams stellen. Im mittelalterlichen Arabischen aber wird *Fidawi* eher im weiteren Sinn für jede Art von Desperado verwendet. Wenn der Gauner, der *Schatir*, in der *Geschichte vom ersten Gauner* in *Tausendundeiner Nacht* vierzig *Fidawis* trifft, dann heißt das, daß er eine Bande von kriminellen Vagabunden getroffen hat. In einer anderen Geschichte, der *Geschichte der Liebenden aus Syrien*, wird eine Piratenmannschaft als *Fidawis* charakterisiert.

Es ist nicht ganz leicht, die *Zu''ar* von den noch anrüchigeren *Futuwwa*-Bünden zu unterscheiden. Im mittelalterlichen Kairo bezeichnete *Zu''ar* eine lose Vereinigung krimineller Banden. Sie stellten eine Art organisierten kriminellen Lumpenproletariats dar, das die Slum-Gebiete von Kairo, wie el-Husainijja, Bab el-Luk und Ard et-Tabala »beschützte« oder kontrollierte. Mitglieder dieser Banden vermieteten sich gewöhnlich als Keulenmänner an die Emire, und wie die *'Ajjarun* früherer Jahrhunderte konnten sie allen denen mächtige bewaffnete Militärgarden stellen, die in der Lage waren, sie zu bezahlen. Manchmal beteiligten sich die *Zu''ar*-Banden an einem Spiel namens *Schalak*, »Bettelsack«, einer vulgären Form von Rugby, bei der einige der Spieler ums Leben kommen konnten.[21]

Dann gab es die *Harafisch*, Singular *Harfusch*. Burton hat in der *Geschichte vom Gauner und dem Koch*, einer Geschichte über einen armen Mann, dessen Verstand durch Hunger geschärft wird, das Wort *Harfusch* mit *Larrikin* übersetzt, einem australischen Slang-Ausdruck des neunzehnten Jahrhunderts für einen Stadtstreicher, und bezeichnet es in der Anmerkung als »Lump«. Das ist nicht ganz exakt. Die *Harafisch*[22] waren tatsächlich Bettler, die in der Mamlukenzeit als Schützlinge von Emiren oder durch milde Gaben von Moscheen ihr Leben fristeten. Sie waren kräftige Bettler und konnten, wie die *Zu"ar*, mächtige bewaffnete Garden stellen. Im mamlukischen Ägypten existierte ein Sultan der *Harafisch*, ein König des Pöbels, der sich bei den Einflußreichen für die Bettler und Stadtstreicher einsetzte. Im osmanisch besetzten Ägypten gab es eine Bettlergilde, deren Mitglieder Einkommensteuer bezahlten. Manchmal tritt *Dschu'adijja*, wörtlich »Lockenköpfe«, an die Stelle des Worts *Harafisch* für Bettler. In der *Geschichte von den drei Gaunern* werden die drei mittellosen Männer, die Müllhaufen nach noch verwertbaren Abfällen durchstöbern, als *Dschu'adijja* bezeichnet.

Die Welt der Bettler war eine Welt harter Konkurrenzkämpfe, und es bedurfte aller Arten von Kniffen und Betrugsmanövern, um in ihr zu überleben. El-Dschaubari erzählt, daß Bettler sich mit einer Mischung aus dem Blut zerquetschter Kamelzecken und Gummi Arabicum die Augenlider zuklebten, um so zu tun, als seien sie seit Geburt blind. Er überliefert ein Rezept für eine Mixtur, die Leute, die Wassersucht vortäuschen wollten, zu sich nahmen, um »gelb«, krank und aufgeschwemmt zu wirken, und gibt für beides die »Antidota«. Andere Bettler gaben vor, taub, verrückt oder im Kampf gegen die Ungläubigen verwundet worden zu sein. Moralisten klagten über die Gewohnheit von Bettlern, diejenigen heftig zu verfluchen, die es versäumten, ihnen milde Gaben zukommen zu lassen. Es entwickelte sich ein literarisches Genre, das unter dem Namen *Adab el-Kudja, Die Bettleretikette,* bekannt wurde, in dem Bettler instruiert wurden, wie sie ihr Gewerbe angehen sollten und wie sie den Passanten Geld abluchsen oder aus der Tasche ziehen könnten.[23] In den *Makamat* von el-Hariri zum Beispiel hält der in die Jahre gekommene durchtriebene Gauner Abu Zeid seinem Sohn eine Predigt über die Verdienste derer, die sich als Bettler durchs Leben schlagen,[24] und ermahnt ihn, wachsam, listig und immer in Bewegung zu sein. Literaten neigten dazu, das sorglose Wanderleben professioneller Bettler zu romantisieren. El-Dschahiz, der über die Bettler und ihre Tricks eine Abhandlung schrieb, legt einem alten Bettler diese Worte in den Mund:

> »Hört, ich bitte euch! Wißt ihr etwa nicht, daß die Landstreicherei ein edles, angenehmes und herrliches Gewerbe ist? Wer ihm nachgeht, befindet sich in einem glücklichen Zustand, der nie endet; Er wird mit der Post der ganzen Welt und mit der Vermessung der Erde betraut, und er ist der Nachfolger Alexanders des Großen, der in den Osten und in den Westen gelangt ist. Nirgends, wo er Halt macht, hat er Böses zu befürchten. Er geht hin wo er will, und nimmt dabei aus jedem Ort die besten Dinge, die es dort gibt... Sein Geist ist entspannt, sein Los ist schön, und er braucht nicht um Familie, Vermögen, Haus und Grundbesitz bekümmert zu sein.«[25]

Lane gibt uns in seinen *Sitten und Gebräuchen der heutigen Ägypter* einen wenig sympathischen Bericht über die Bettler von Kairo. Ihm zufolge gab es »viele Bettler, die den größeren Teil der Einkünfte des Tages ausgeben, um sich bei Nacht dem Haschischrausch hinzugeben, der sie für ein paar Stunden in der Vorstellung wiegt, sie seien die glücklichsten Menschen auf der Welt.«[26] Obwohl Opium, Haschisch und Bilsenkrautextrakt – im Arabischen kann *Bandsch* sowohl »Haschisch« als auch »Bilsenkrautextrakt« bezeichnen – in den Rezepten von Okkultisten als Ingredienzien in Arzneien, Giften und Aphrodisiaka schon lange verwendet wurden, scheinen Drogen als Mittel der Entspannung unter der normalen Bevölkerung nicht vor dem zwölften oder dreizehnten Jahrhundert populär geworden zu sein. Der Theologe und religiöse Polemiker Ibn Taimijja rügte die Einführung von Drogen in Syrien nach dem Eindringen der Mongolen in den Vorderen Orient. In den Jahrhunderten vor der Einführung des Tabaks wurden Drogen entweder gegessen oder getrunken, und zwar in speziellem Gebäck oder in Absud, beides gewürzt, um den bitteren Geschmack der Drogen zu überdecken. In der *Geschichte vom Kadi und dem Opium-Esser* erkundigt sich der Sultan nach Haschisch. Sein besser informierter Wesir entgegnet: »Es besteht aus kleinen Hanfblättern, zu denen man aromatische Wurzeln und etwas Zucker fügt: dann kochen sie das Ganze und bereiten daraus eine Art Konfekt, das sie essen.«

Drogengenuß wurde von den orthodox Frommen ebenso wie von den Wohlhabenden mit Abscheu betrachtet.[27] Die meisten muslimischen Juristen verboten den Verzehr von Haschisch oder Opium, weil deren Wirkung der des Weins gleichgesetzt wurde. Die hanafitische Rechtsschule allerdings duldete den Genuß von beidem. Zudem war Haschisch sehr billig und deswegen eine der wenigen Freuden für die Armen. Ibn Abd ez-Zahir, einem Historiker des dreizehnten Jahrhunderts, zufolge war Haschisch so billig, daß der Gegenwert von einem Silberdirham in Haschisch soviel Wirkung besaß wie der Gegenwert von einem Golddinar in Wein. Im Damaskus des vierzehnten Jahrhunderts waren es Angehörige niedrigrangiger Berufe wie Falkner und Hundehändler, die Haschischrunden veranstalteten und an ihnen verdienten. Der gewohnheitsmäßige Haschischesser wird in der *Geschichte von den Streichen der listigen Dalila* (Li IV, S. 676-714) gezeichnet. Er ist »ein Eseltreiber, ein Straßenkehrer, der seit einer Woche ohne Arbeit war und der noch dazu Haschisch nahm«. Im Kairo der Mamlukenzeit war die Gegend um Bab el-Luk, ein verarmtes und übel beleumundetes Viertel, der beste Platz, um Haschisch zu kaufen. Opium andererseits, das größtenteils aus Oberägypten stammte, war erheblich teurer, und es frönten ihm einige angesehene Leute. Drogen wurden von den Frommen immer abgelehnt und von den Sultanen manchmal verboten, aber meist wurden sie ganz offen verkauft und konsumiert. In der *Geschichte von 'Ala ed-Din Abu esch-Schamat* (Li II, S. 560-

649) geht der Kairoer Kaufmann Schams ed-Din, als er nach einer Droge sucht, um seinen »Samen zu verdicken«, zum Basar, wo es einen Mann gab, »der Obmann der Straßenmakler, der Opium in jeder Art genoß und auch dem grünem Haschisch frönte« (Li II, S. 562f.). Der Obmann geht dann zu einem Drogenhändler, um »zwei Unzen feines griechisches Opium« und einige andere, angenehmere und angesehenere Substanzen zu kaufen und die Wundermedizin herstellen zu können.

»Der Wein der *Fukara'*«, das heißt: »der Armen vor Gott«, das sind die Sufis, war ein Beiname des Haschisch. In einigen der weniger angesehenen Sufi-Gruppen wurde Dichtung zum Lob des Haschisch oder Opiums geschrieben. Der türkische Dichter el-Fuzuli aus dem sechzehnten Jahrhundert schrieb eine Abhandlung zum Lob des Haschisch. Als Grund gab man an, daß Drogengenuß den künstlich herbeigeführten Geschmack göttlicher Ekstase vermitteln könne und daß ein zeitweiliger Rauschzustand den Drogenkonsumenten Gott näherbringe, Gott, der ja jegliches rationale Denken übersteige.[28] El-Dschaubari zufolge konsumierten Angehörige des Haidarijja-Ordens Haschisch, um den Schmerz zu betäuben, bevor sie ihre Selbstverstümmelungsaktionen vornahmen.

Drogen erscheinen in *Tausendundeiner Nacht* und anderen Werken volkstümlicher Literatur in zwei unterschiedlichen Kontexten. Erstens wird *Bandsch* – entweder »Bilsenkraut« oder »Haschisch« – vom Erzähler etwas naiv als eine Art Betäubungstrunk oder Frühform von Chloroform aufgeboten, das Schurken nach Bedarf zur Verfügung steht. Zum Beispiel verwendet der finstere Nazarener in der *Geschichte von 'Ali Schar und Zumurrud Bandsch,* Haschisch, gemischt mit Opium, um Zumurrud zu überwältigen und zu kidnappen. In der *Geschichte von den Streichen der listigen Dalila* benutzen die beiden Frauen *Bandsch*, um in einem Schlagabtausch des Sich-Gegenseitig-Überlistens Ahmed ed-Danaf und sein Gefolge auszuschalten und ihnen die Kleider zu stehlen. In der *Geschichte des versteinerten Prinzen* (Li I, S. 83-96) wird der

Prinz Nacht für Nacht durch *Bandsch* außer Gefecht gesetzt, das ihm heimlich von seiner widerwärtigen Frau verabfolgt wird. Räuber, von denen man annahm, daß sie *Bandsch* oder andere Drogen verwendeten, um ihre Opfer zu überwältigen, waren als *Mubannidsch* bekannt, und el-Dschaubari liefert einige detaillierte Informationen über ihre Aktivitäten. Zum Beispiel behauptet er in seinem vermutlich doch Tatsachen beschreibenden Kompendium von Gaunertricks, daß Leute, die Kinder kidnappten, Haschisch verwendeten, um ihre kleinen Opfer ruhig zu stellen. Es ist allerdings sehr zu bezweifeln, daß Bilsenkraut, Haschisch oder Opium in dieser Weise verwendet werden können; als literarische Konvention war es jedoch von Nutzen.

Dann gibt es eine Untergattung von Geschichten aus *Tausendundeiner Nacht* aus der späten ägyptischen Periode, in denen es um die Narreteien einfacher Leute geht, die zeitweise durch Drogen den Verstand verloren hatten. Zum Beispiel hält in der *Geschichte vom Kadi und dem Opiumesser* der haschischsüchtige arme Fischer den Widerschein des Monds auf dem Boden für einen Fluß, einen Hund für einen Fisch und versucht dann, den Hund zu angeln. Es folgen weitere Absurditäten. In der *Geschichte vom Haschischesser* (Li II, S. 190-193) stellt sich ein Bettler, der ein Stück Haschisch gegessen hat, vor, daß er sich in einem Palast befindet, wo Dienerinnen ihn gewaschen und massiert haben, bevor er mit einem wunderschönen Mädchen ins Bett gegangen ist... dann wacht er plötzlich auf und sieht sich, von einer kleinen Menschengruppe umgeben, nackt mit einer Erektion neben einem der öffentlichen Wassertanks liegen. Geschichten über Haschischesser in *Tausendundeiner Nacht* sind meist einfache, ziemlich grob konstruierte Geschichten für ein Publikum, das Geschmack an obszönem bis schmutzigem Humor hatte.

Es wurde oben schon festgestellt, daß es viel billiger war, sich mit Haschisch in einen Rauschzustand zu versetzen als mit Wein. In *Tausendundeiner Nacht* sind es meist Prinzen und Kaufleute, die dem Wein frönen.[29] Alkohol wird natürlich offiziell vom Islam verboten, aber das Verbot wurde von den weniger Strenggläubigen kaum beachtet. Einige begründeten das damit, daß nur Traubenwein vom Islam verboten würde. So war es durchaus erlaubt, sich mit Alkohol zu betrinken, der, nun sagen wir, aus Feigen hergestellt worden war. Ärzte, von denen viele Christen oder Juden waren, empfahlen ihren Patienten regelmäßig Wein für alle möglichen Kuren. In Ägypten betrank sich die mamlukische Oberschicht mit *Kumiz*, einem Getränk aus gegorener Stutenmilch. Trinkrunden bei Hof hatten eine lange Geschichte. Auch wenn Harun er-Raschid in *Tausendundeiner Nacht* als freundlicher und geselliger Liebhaber abendlicher Trinkgelage dargestellt wird, scheint der historische Harun er-Raschid tatsächlich eher eine fromme und ernsthafte Gestalt gewesen zu sein, und es gibt keinen hieb- und stichfesten Beweis dafür, daß jemals Alkohol über seine Lippen kam. Andere Abbasidenkalifen allerdings waren bekannt für ihre abendlichen Trinkrunden. – Im Gegensatz zu modernen westlichen Bräuchen folgten Wein und Unterhaltung der Mahlzeit, begleiteten sie nicht. – Die *Nudama'*, die »Trinkgefährten«, waren Höflinge, die an diesen Runden teilnahmen und von denen erwartet wurde, daß sie sich ihr Mahl verdienten, indem sie ihren Patron mit Gedichten, Liedern und lustigen Anekdoten unterhielten. Abu Nuwas, ein Dichter des neunten Jahrhunderts, der von der Wesirsfamilie der Barmekiden favorisiert wurde und später *Nadim*, das ist der Singular zu *Nudama'*, des Kalifen el-Amin wurde, war der größte unter den Dichtern, die die Freuden des Weins ebenso wie die Schönheit der Jünglinge besangen, die ihn kredenzten. Abu Nuwas erscheint in *Tausendundeiner Nacht*-Geschichten auch als Held einiger wenig erbaulicher Abenteuer, und einige seiner Gedichte wurden in Geschichten eingefügt. Gedichte zum Preis des Weins bildeten eine eigene poetische Gattung, die *Chamrijjat*.[30] Beispiele solcher Gedichte erscheinen in *Tausendundeiner Nacht* überreichlich. In der *Geschichte des Lastträgers und der drei Damen* rezitiert der Lastträger das folgende Gedicht:

»Der Becher wird nur getrunken mit dem vertrauten Freund,
Dem Manne von edler Abkunft und altem Geschlechte vereint.
Der Wein ist wie der Wind: wenn der über Düfte weht,
So duftet er; doch er stinkt, wenn er über Leichen geht.«
(Li I, S. 103)

Der Lastträger läßt weitere Gedichte zum Lob des Weins folgen. Im *Buckligen*-Zyklus rezitiert der Vater des jüdischen Arzts Verse auf den vergnügten Müßiggang und das Weintrinken am Ufer des Teichs der Abessinier in Kairo.

Gedichte wurden zum Preis des Rauschs, guter Kameradschaft und der schönen Schenkknaben verfaßt. Weintrinken und Päderastie gehörten meist zusammen – jedenfalls in der Literatur. Sufi-Poeten verfaßten Gedichte zum Lob des Weins und schöner Knaben. Vielleicht waren die Bilder des Weinkelchs und des schönen Jünglings als Metaphern für den Rausch durch göttliche Ekstase und göttliche Schönheit gedacht, aber viele Muslims hatten ihre Zweifel daran, und es entbrannte eine Kontroverse darüber, ob die Verse von Sufi-Poeten wie 'Omar ibn el-Farid (1181-1235), insbesondere seine *Chamrijja*, seine *Weinode*, wörtlich aufzufassen seien oder nicht. Häufig gehörten Tavernen, *Chane*, zu christlichen Klöstern. Knaben servierten den Wein, und es mögen auch Unterhaltungen in der Art von Schattenspielen dort stattgefunden haben. El-Hariri beschreibt in seinen *Makamat* das Innere einer Taverne in Damaskus, wo »ein alter Mann sich in fröhlich bunter Kleidung zwischen Fässern und Weinbottichen bewegte. Um ihn herum waren Schenken von überwältigender Schönheit und strahlende Lichter, die süßen Düfte von Myrthe und Jasmin, auch Flöte und Laute.«[31] Auch wenn el-Hariri eine solche gesellige Szene zeichnet, war es natürlich ebenfalls möglich, allein zu trinken. In der Geschichte *Die Abenteuer 'Ali Zaibaks aus Kairo* (Li IV, S. 715-766) geht 'Ali in niedergedrückter Stimmung zum Laden eines Weinhändlers, und man weist ihm dort einen Raum zu, in dem er sich allein betrinken kann.

Muslims im Mittelalter spielten um vieles. Da gab es Pferderennen, Taubenwettkämpfe, Puffspiel, Ringkämpfe und Eierklopfen.[32] Das Wetten darum, wie lange jemand auf einem Bein stehen könne – *el-Wukuf 'ala Ridschl wahida* – erregte die mißbilligende Aufmerksamkeit einiger islamischer Juristen. Im mittelalterlichen Kairo gab es mutige Astrologen, die sich darauf spezialisiert hatten, etwa die Ergebnisse von Ringkämpfen vorherzusagen. Religiöse Autoritäten verboten das Spiel, denn *Maisir*, ein vorislamisches Glücksspiel, bei dem mit Pfeilen ohne Spitze und Befiederung um Teile geschlachteter Kamele gespielt wurde und das mit dem heidnischem Kult zu tun hatte, wird im Koran verboten. Während einige Muslims das Schachspiel rechtfertigten, weil es eine gute Übung in Strategie war – und deswegen etwas, was dem *Dschihad* nutzen konnte,[33] – mißbilligten es andere, strenggläubigere, Muslims, weil es üblich war, über das Ergebnis des Spiels Wetten anzustellen. In der *Geschichte vom König Ins ibn Kais und seiner Tochter* zum Beispiel setzen der Prinz el-Abbas und der Kaufmann riesige Summen auf das Resultat einiger Runden Schach.

Es ist möglich, daß der Kult des Kriminellen in der Volksliteratur einen zusätzlichen Auftrieb durch die mangelnde Popularität der Juristen und der Polizei erhielt.[34] In *Tausendundeine-Nacht*-Geschichten wie der *Geschichte von der Frau und ihren fünf Liebhabern* (Li IV, S. 315-325), der *Geschichte vom Kadi und dem Opiumesser* und der *Geschichte vom Kadi, der ein Kind bekam* werden die Kadis, die Richter, gnadenlos als korrupt, dumm, inkompetent und lüstern verspottet. Die Polizei kommt in *Tausendundeiner Nacht* in keiner Weise besser weg. Die Polizei war tatsächlich unter den Namen *ez-Zalama*, »Die Tyrannen«, bekannt, und so nennt sie der junge Mann in der *Geschichte des christlichen Maklers* (Li I, S. 298-316). In dieser Geschichte wird der junge Mann, der gestohlen hat, um seine Geliebte zu unterstützen, festgenommen, und es wird ihm die rechte Hand abgeschlagen. Grundlose Inhaftierung und Enteignung, Schläge und Quälereien, von der Polizei verübt, kommen in den Geschichten ziemlich oft vor. So praktizierte Polizei Korruption. Wie bereits gesagt, waren viele Polizisten im mittelalterlichen Ägypten und bis ins neunzehnte Jahrhundert begnadigte Diebe. Die Polizei, die *Schurta*, wie sie offiziell genannt wurde, hatte einen *Wali* zum Chef, der regelmäßig Berichte für den Sultan schrieb. In den *Geschichten von el-Malik ez-Zahir Rukn ed-Din Baibars el-Bundukdari und den sechzehn Wachhauptleuten* (Li IV, S. 766-818) und in der *Geschichte von el-Malik el-Nasir und den drei Polizeichefs* wird die Polizei durchgängig als korrupt und inkompetent dargestellt.

Der *Muhtasib*, der »Marktinspektor«, überwachte Maße und Gewichte ebenso wie die Qualität von Waren auf dem Markt, und er verfolgte säumige Zahler. Aber er hatte auch polizeiliche Verpflichtungen und war für die öffentliche Moral verantwortlich. Er versuchte abzusichern, daß alle muslimischen Männer am Freitagsgebet in der Hauptmoschee teilnahmen und daß das Fasten im gesamten Monat *Ramadan* eingehalten wurde. Er hatte zudem abgelegene Plätze zu kontrollieren, damit sie nicht für ehebrecherische Verabredungen genutzt oder von Trinkern, Bettlern und Prostituierten frequentiert wurden. Last not least erhob der *Muhtasib* kommerzielle Steuern auf den Märkten. Seine Möglichkeiten, sich auf korrupte Weise zu bereichern, waren enorm, und tatsächlich wurde dieses Amt häufig vom Sultan verkauft. In der *Geschichte von Nur ed-Din und Marjam der Gürtlerin* (Li V, S. 614-742) spricht Marjam, die auf dem Sklavenmarkt verkauft wird, unbekümmert improvisierte Verse, die den *Muhtasib*, einen mächtigen Mann in der Stadt, verspotten.

Der *Mascha'ili*, der »Fackelträger«, beschließt die Prozession in Ibn Danijals Schattenspiel *'Adschib wa-Gharib* und brüstet sich mit seiner Zugehörigkeit zu den *Banu Sasan*. Der *Mascha'ili*, der dem *Muhtasib* unterstand, war eigentlich Nachtwächter, Beleuchter und städtischer Ausrufer. Er sammelte außerdem zur Nacht den Schmutz auf, räumte Tierkadaver von den Straßen und begleitete abgeurteilte Kriminelle zur Exekution. Im *Buckligen*-Zyklus ist es der *Mascha'ili*, der dem christlichen Makler den Strick um den Hals legt, nachdem der letztere für schuldig befunden wurde, den Buckligen ermordet zu haben. In der *Geschichte von den drei Gaunern* fungiert der *Mascha'ili* ebenfalls als Henker. In der *Geschichte von 'Ala ed-Din Abu esch-Schamat* (Li II, S. 560-649) wird der *Mascha'ili* durch die Stadt geschickt, um die Ernennung des Titelhelden zum Obersten der Kaufleute zu verkünden.

In der frühen Mamlukenzeit war die *Chizanat el-Bunud*, wörtlich »das Fahnenmagazin«, das Hauptgefängnis für gewöhnliche, das heißt: nicht politische, Häftlinge. Die *Chizanat el-Bunud* war auch, widersinnigerweise, das offiziell sanktionierte Zentrum für erlaubte Prostitution und den Verkauf von Wein und Schweinefleisch. Es war damals üblich – und ist es in einigen Ländern des Vorderen Orients immer noch –, den Häftling zur Beschaffung seines Unterhalts heranzuziehen. Die Häftlinge, die keine Unterstützung von ihren Familien erhielten, wurden gezwungen, in aneinandergeketteten Gruppen auf die Straße zu gehen, damit sie dort ihren Unterhalt erbettelten. Alternativ konnten sie auch für Bauarbeiten eingesetzt oder damit betraut werden, den Weinverkauf aus der *Chizanat el-Bunud* zu organisieren.

Aber die Gefängnispopulation in den vormodernen muslimischen Gesellschaften war normalerweise klein an Zahl. Geld-, Prügelstrafen und Amputationen gehörten ebenfalls zum Arsenal der sozialen Kontrolle. Dem jungen Mann in der *Geschichte des christlichen Maklers* wird die Hand am Zuweila-Tor abgeschlagen, dem üblichen Platz für Hinrichtungen und Amputationen in Kairo. Man gibt ihm einen Becher Wein, nachdem die Amputation beendet ist. Es gibt viele solcher unglückseligen einhändigen Männer, die sich über die Seiten von *Tausendundeiner Nacht* schleppen. In der Abbasidenzeit war es üblich, weniger schwere Gesetzesbrecher, die die Todesstrafe nicht verdient hatten, an den Pranger zu stellen und sie auf einen Rahmen zu binden, der auf dem Rücken eines baktrischen Kamels befestigt war, das dann durch die Stadt geführt wurde. Dieser Rahmen hieß *Lu'ba*, »Anziehpuppe«. Die grausameren Mamluken kreuzigten gewöhnlich Verbrecher und politische Häftlinge auf dem Rücken von Kamelen. Die Verbrecher, die man dazu verurteilt hatte, zweigeteilt zu werden, wurden ebenso behandelt.[35] Hinrichtungen waren eine Art Straßentheater und als solches äußerst populär. Als der Emir Kusun zum Tod durch Kreuzigung verurteilt wurde, machten Straßenhändler dadurch Geld, daß sie Püppchen in der Gestalt des gekreuzigten Opfers verkauften. Nachdem Tuman Bey, der letzte Mamlukensultan von Ägypten, 1517 vor dem Zuweila-Tor gehängt worden war, wurde seine Hinrichtung von den Meistern des volkstümlichen Schattentheaters nachgespielt, sehr zur Freude von Osmanen-Sultan Selim dem Grausamen, Ägyptens neuem Herrscher.

7

Sexuelle Fiktionen

Die Geschichten aus *Tausendundeiner Nacht*, die im kollektiven Gedächtnis, jedenfalls im Westen, erhalten geblieben sind, sind Geschichten wie *'Ala ed-Din und die Wunderlampe* (Li II, S. 649-780) oder *Ali Baba und die vierzig Räuber* (Li II, S. 780-848), Geschichten, die nur wenig oder gar nicht von Sexualität handeln. Aber sexuelle Themen – Inzest, Ehebruch, Sadismus und so weiter – spielen in *Tausendundeiner Nacht* eine sehr große Rolle. Die beiden Könige aus der Rahmenerzählung, Schehrijar und Schahzaman, entdecken, daß ihre Frauen Ehebruch begehen und ihren Gatten schwarze Sklaven und Stallburschen vorziehen. Danach machen sich die beiden Könige auf den Weg, um jemanden zu finden, der genauso betrogen wird wie sie. Schließlich treffen sie auf einen schrecklichen *Dschinn*, der eine Frau in einem Kasten gefangenhält, der mit sieben Schlössern (W. W.: in der frühen, logischeren, Fassung mit vier Schlössern) verschlossen ist, und spionieren ihm nach. Aber auch die Vorsichtsmaßnahmen des *Dschinn* sind erfolglos: Während er schläft, befreit sich die Frau aus dem Kasten und erpreßt Schehrijar und Schahzaman, es mit ihr zu treiben. Sie nimmt ihnen ihre Siegelringe als Andenken ab und zeigt ihnen[1] 570 Siegelringe,[2] die sie von Männern eingesammelt hat, die vorher mit ihr geschlafen haben. Nachdem er in sein Königreich zurückgekehrt ist, beschließt Schehrijar, von nun an nur noch mit Jungfrauen zu schlafen und jede Jungfrau, mit der er eine Nacht verbracht hat, am Morgen darauf zu töten. Schehrezads unendliche Geschichten haben natürlich das Aufschieben ihrer Hinrichtung und auch die Umgehung des königlichen Schwurs zum Ziel. Aber die Geschichten sollen auch belehren, und es ist erstaunlich, wie viele Geschichten von Ehefrauen handeln, die Ehebruch begehen, mutigen Frauen, dominanten Frauen und verschlagenen Frauen. Aus einigen der

Geschichten mag Schehrijar lernen, daß es tatsächlich so etwas wie treue Liebe und eheliche Treue geben kann. Aus anderen kann er schließen, daß Frauen grenzenlos wollüstig sind und ihre Ehemänner betrügen, wann immer sie dazu Gelegenheit haben, und er mag daraus einen traurigen Trost beziehen. Bei wieder anderen Geschichten kann er eigentlich nur lachen und sich sagen, daß Sex jedenfalls nichts übermäßig ernst zu Nehmendes ist. Schon diese Vielfalt der Geschichten könnte eine Art Therapie darstellen.[3]

In einer Untersuchung darüber, wie westliche Schriftsteller und Künstler den Vorderen Orient dargestellt und gewöhnlich karikiert haben, behauptet Rana Kabbani, daß die Geschichten aus *Tausendundeiner Nacht* »ursprünglich einem rein männlichen Publikum erzählt wurden, das obszöne Unterhaltung suchte«. Wir haben schon gesehen, daß diese Darstellung der Ursprünge und des Publikums der Geschichten eine starke Simplifizierung ist. Aber Kabbani geht noch weiter und behauptet, daß die Frauen in den Geschichten in zwei Kategorien zerfallen: auf der einen Seite die Ehebrecherinnen, Zauberinnen und Prostituierten, eine laszive und unredliche Gesellschaft; auf der anderen fromme und stolze Frauen, die »nicht verwirrend sexuell sind« und deren Tugenden »gewöhnlich ein dekorativer Hintergrund für die Handlung der Geschichte, aber ohne großen dramatischen Wert sind«.[4] So sollen wir begreifen, daß die Geschichten bei den vulgären Kerlen beliebt waren, die das Publikum Kairoer Caféhäuser darstellten, weil sie frauenfeindliche Stereotype verbreiteten und weil ihnen insgesamt die Auffassung zugrundeliegt, daß Frauen inferior seien.

Man kann aber auch eine ganz andere Ansicht vertreten. Madame Lahy-Hollebecques Buch *Le Féminisme de Scheherazade* (1927), *Schehrezads Feminismus*, ist ein Extrembeispiel für ein völlig anderes Herangehen. Lahy-Hollebecque ist der Meinung, daß die Erzählsammlung auf einen Autor/Sammler zurückgehe und daß der Autor ein glühender Feminist gewesen sei. Die Schehrezad von Lahy-Hollebecque lehrt durch Geschichten, und das, was sie lehrt, rechtfertigt und preist vor allem Frauen und ihre Tugenden. Sie bringt Schehrijar dazu, sie zu lieben, und macht aus ihm einen zivilisierten Menschen. Lahy-Hollebecques Position erscheint ebenso extrem und einseitig wie die von Kabbani. Sie ist auch schon deswegen anzuzweifeln, weil sie sich auf die durchgängig unzuverlässige Mardrussche Übersetzung der *Tausendundeinen Nacht* stützt.

Tatsächlich ist es kaum möglich, Gründe dafür aufzuführen, daß die Sammlung als Ganzes, mit ihren so unterschiedlichen Bestandteilen, entweder einen Fall von Misogynie oder einen Fall von Feminismus darstelle. Es ist sogar schwierig, aus dem erotischen Inhalt der Geschichten auf reales sexuelles Verhalten in den islamischen Ländern im Mittelalter zu schließen. Wer immer Ereignisse in den Geschichten als Belege für arabische Sexualpraktiken benutzen will, steht vor ernsthaften Problemen. Erstens sind ganz augenscheinlich viele Geschichten nicht islamischen Ursprungs. Sie wurden ins Arabische übersetzt, leicht arabisiert und islamisiert. Die Gestalten erhielten meist arabische Namen, der Schauplatz wurde nach Kairo oder Bagdad verlegt, aber die Struktur vieler Geschichten und die Inspiration zu ihnen kamen von irgendwo anders her. Zum Beispiel kann die nymphomanische Gefangene im Kasten des *Dschinns* in der Rahmengeschichte der *Tausendundeinen Nacht* auf einem früheren indischen Prototyp beruhen. Sicherlich gibt es indische Vorläufer für *Die Geschichte von der Frau, die ihren Mann betrügen wollte* (Li IV, S. 287-293) und für *Die Geschichte von der Frau und ihren fünf Liebhabern* (Li IV, S. 315-325). Das Verhalten des Soldaten in der *Geschichte des Walkers, der Frau und des Landsknechts* beruht wahrscheinlich eher auf einer mehrfachen Bearbeitung und Umarbeitung von Plautus' lateinischem Stück *Miles gloriosus*, *Der prahlerische Offizier*, als daß es auf skandalöse Vorgänge im mittelalterlichen Bagdad zurückginge. Romane auf einer höheren Ebene, die von der Trennung von Liebenden, Treue und heldenhaften Tapferkeitsproben der Liebhaber handeln, können auf byzantinische Literatur zurückgeführt werden. Daß solche Geschichten in den arabischen Ländern übersetzt und erzählt wurden, zeugt aber natürlich davon, daß die Haltungen und Praktiken, die in ihnen dargelegt werden, den Arabern bekannt und ihrem Geschmack nicht ganz fremd waren.[5]

Jedenfalls baut die romantische und erotische Literatur in jeder Kultur auf konventionellen inhaltlichen Motiven, literarischen Stereotypen und auf einem bereits vorliegenden Themenrepertoire auf. In mittelalterlicher arabischer Literatur fielen Liebhaber häufig in Ohnmacht. Aber taten sie das auch in der mittelalterlichen arabischen Realität? Die Art und Weise, in der erotische Literatur zusammengefügt ist, macht es einem schwer, ihr irgendeinen wirklich dokumentarischen Wert zuzuerkennen. Zum Beispiel kann eine Geschichte, in der es offenkundig darum geht, wie eine Frau immer wieder ihren Mann aus dem Haus treibt, damit ihr Liebhaber zu ihr ins Bett steigen kann, eher eine Geschichte über Einfallsreichtum und List sein als eine über weibliche sexuelle Bedürfnisse. Ehebruch findet in den Geschichten der *Tausendundeinen Nacht* oft als ein Motor für die Handlung Verwendung – wie etwa in den Geschichten von P. G. Wodehouse (1881-1975) Onkel Toms silberner Sahneabschöpfer, und so sagt uns die Tatsache eines Ehebruchs in den Geschichten wenig oder nichts über das Phänomen Ehebruch in der mittelalterlichen Gesellschaft. Das Bild von Kairos stürmischer, lasziver Vulgärszenerie, das nur so wimmelt von geilen Frauen, betrogenen Ehemännern und glücklichen, virilen Lastträgern kann ebenso sehr Phantasie sein wie die Geschichten über die Königreiche der *Dschinnen* und die wundersamen Ereignisse in den Palästen der Kalifen.

Trotzdem ist es wahrscheinlich, daß einige der Geschichten, besonders die über die Vulgärszene in Kairo, die aus der Mamlukenzeit stammen, soziale und sexuelle Praktiken der damaligen Zeit widerspiegeln. Manche dieser Geschichten könnten sogar auf realen Ereignissen beruhen. Historische Chroniken, Gerichtsurteile, Berichte über Tischgespräche und satirische Gedichte aus dieser Zeit lassen erkennen, daß es viele sexuelle Skandale gab und daß das wirkliche Leben oft im Widerspruch zum religiösen Ideal stand. Das öffentliche Gesicht des Islams war streng und restriktiv. Religiöse Führer und die Sultane, die manchmal auf sie hörten, suchten, strengen religiösen Regeln Geltung zu verschaffen. Von Zeit zu Zeit, besonders wenn Hunger herrschte oder die Pest und generell ein Bedarf an öffentlichen Reuebekundungen zu spüren war, wurde es Frauen verboten, ohne Begleitung das Haus zu verlassen, wurden Bordelle geschlossen, freizügige Festivitäten abgesagt und so weiter. Meistens jedoch herrschte ein nachsichtiger Pragmatismus. Es gab Grenzen für das, was eine Regierung durchsetzen konnte, und für das, was die Öffentlichkeit akzeptieren würde. Sultane tendierten eher dahin, steuerzahlende Bordelle und Haschischkonzessionen zu fördern, als sie zu abzuschaffen.

Puritanische Muslims drangen darauf, daß eine Frau ihrem Mann zu gehorchen und sich soweit wie möglich auf den Harem, die Frauenabteilung des Hauses, zu beschränken habe. Falls eine Frau aus dem Haus gehen mußte, sollte sie das in Begleitung und verschleiert tun. Aber natürlich gehorchten nicht alle Frauen ihren Männern, einige herrschten über sie. Der Schleier war für Frauen, die Feldarbeit verrichteten, nicht gerade praktisch und scheint auf dem Land nur selten getragen worden zu sein. Sogar in den Städten wurde er nicht immer getragen, und Christinnen, Jüdinnen und Sklavinnen waren ohnehin dieser Vorschrift eigentlich nicht unterworfen.[6] Die Einsperrung der Frauen in Harems war eine fromme oder auch eine Vorsichtsmaßnahme, die sich nur wohlhabende Männer leisten konnten. Wie S. D. Goitein beobachtete: »Am anderen Ende des sozialen Spektrums, dem unteren Ende, hatten diejenigen, die nicht *mastur* waren – wörtlich ›nicht bedeckt‹ waren, das heißt, nicht geschützt durch ihr Einkommen, ihre Familie oder ihren sozialen Status, kurz, diejenigen, die nicht angesehen waren – wenig Macht, ihre Frauen einzusperren, und keine Veranlassung, ihre Zungen zu hüten. Ihre Stimme ist in den späten Geschichten der *Tausendundeinen Nacht* zu vernehmen.«[7] Darüber hinaus beruhen viele Lehren des Islams über Sexualität und Frauen nicht auf dem Koran, sondern auf dem *Hadith*, den mündlich überlieferten Aussagen und Praktiken des Propheten Mohammad und seiner Gefährten. Die große Zahl der *Hadithe* machte es möglich, daß sowohl restriktive als auch permissive Interpretationen des islamischen sozialen Kodex' florierten. Zum Beipiel kann man die *Hadith*-Literatur für wie gegen die Praxis des Koitus interruptus interpretieren. Der Prophet wird zitiert, wenn es um die Zustimmung zu ihm geht, wie etwa in seiner Antwort auf die Frage eines Prophetengenossen: »Praktizier mit ihr den Koitus interruptus, denn sie wird ohnehin empfangen, was Gott ihr vorherbestimmt hat!« als auch zu seiner Mißbilligung, wie etwa in der Feststellung: »Er ist heimlicher Kindermord.«[8] Wenn ein Frauenfeind den Ausspruch des Propheten: »Die Hölle wird größtenteils von Frauen bewohnt« zitiert, mag ein Feminist mit seinem Ausspruch kontern: »Das Paradies liegt zu den Füßen der Mütter.«[9]

Tausendundeine Nacht ist nicht die einzige Erzählsammlung mit stark sexuellem Inhalt. Die Sammlung *El-Hikajat el-'adschiba wa-el-Achbar el-ghariba*, *Wundersame Erlebnisse und seltsame Begebnisse*, zum Beispiel, die wahrscheinlich aus dem zehnten Jahrhundert stammt, enthält ebenfalls mehrere sehr erotische Erzählungen.[10]

Die bemerkenswerteste darunter ist *Die Geschichte von den vierzig Jungfrauen*, in der ein Prinz, der eine Wüste durchquert, zufällig auf einen Palast stößt und ihn betritt. Der Palast ist verlassen, aber er findet vierzig Throne und mitten in dem großen Saal eine goldene Tafel, die für vierzig Personen mit Lebensmitteln und Wasser eingedeckt ist. Der Prinz nimmt von jedem Platz etwas zu essen und ein wenig Wasser. Dann wird er durch das Geräusch von Pferdehufen überrascht. Als er aus dem Fenster schaut, sieht er vierzig Reiter in voller Rüstung auf das Schloß zureiten. Der Prinz versteckt sich und beobachtet insgeheim die Krieger. Erst als sie ihre Rüstungen abnehmen, entdeckt er, daß diese Krieger Frauen sind. Sie alle sind schön und *Hur el-'Ain* – eine Frau, die *Hur el-'Ain* ist, hat Augen, in denen der Gegensatz zwischen dem Schwarz der Iris und dem umgebenden Weiß im Auge besonders stark ist. Die Huris im Paradies sind *Hur el-'Ain* und haben daher ihren Namen.[11]

Als die vierzig Frauen sich zu Tisch setzen, entdecken sie, daß jemand von ihrem Brot genommen hat, und sind beunruhigt. Aber nachdem eine von ihnen verspricht, der Angelegenheit nachzugehen, verbringen sie die Nacht bis zum Anbruch des nächsten Tages trinkend, Gedichte rezitierend und Geschichten erzählend. Dann legen 39 der Mädchen ihre Rüstungen an und reiten zur Jagd aus. Eine bleibt zurück, um das Geheimnis herauszufinden. Als der junge Mann hervorkommt, um sich wieder bei den Nahrungsmitteln zu bedienen, stürzt sie sich auf ihn. Zunächst ist sie sich nicht sicher, ob er ein Mensch ist oder ein *Dschinn*, aber schließlich essen und trinken sie zusammen und haben Sex miteinander. Am nächsten Tag hat der junge Mann im Prinzip dasselbe Abenteuer, aber mit einem anderen Mädchen. Und so geht das weiter, bis er mit allen Frauen im Palast nacheinander und einzeln geschlafen und sie alle geschwängert hat. *Die Geschichte von den vierzig Mädchen* ist eine fröhliche und anschauliche Zelebrierung von Sex. Es ist möglich, daß Geschichten über »das Frauenschloß« – das Motiv findet sich auch in *Tausendundeiner Nacht* – letztlich auf muslimischen Phantasien darüber beruhten, was sich in Konventen abspielen könnte.[12]

Tausendundeine Nacht und die *Hikajat el-'adschiba* sind gemischte Erzählsammlungen. Manche der darin enthaltenen Erzählungen sind vollkommen schicklich, andere sind sogar erbaulich. Aber *Tausendundeine Nacht* hatte sich auch mit den *Kutub el-Bah* zu messen, Büchern pornographischen Inhalts, in der Form von Sexhandbüchern oder Sammlungen von Erzählungen ausschließlich erotischen Inhalts.[13] Autor eines solchen Werks ist Ahmad ibn Jusuf et-Taifaschi, der in Tunesien geboren wurde, in Kairo lebte und dort 1253 starb.[14] Seine *Nuzhat el-Albab*, *Das Vergnügen der Herzen*, ist eine Sammlung von obszönen Beobachtungen, Geschichten und Gedichten über sexuelle Ausschweifungen. Et-Taifaschi war besonders an Geschichten über Homosexuelle und Päderasten interessiert, und einige seiner schlüpfrigen Anekdoten handeln von namentlich genannten Zeitgenossen. Trotz seiner Obszönität war et-Taifaschis Buch als ein *Adab*-Werk abgefaßt, das heißt, als ein Buch der schönen Literatur, das auch geeignetes Material für Tischgespräche lieferte. Es wurde zu einer Zeit geschrieben, als Homosexualität und homosexuelle Manieriertheiten in intellektuellen Kreisen als durchaus modisch gegolten zu haben scheinen.

Anders als et-Taifaschi befaßte sich 'Ali el-Baghdadi ausschließlich mit Frauen.[15] Über sein Leben ist nahezu nichts bekannt, aber er scheint zum Mamlukenhof im vierzehnten Jahrhundert gehört zu haben. Sein *Kitab ez-Zahr el-anik fi el-Baus wa-t-Ta'nik*, *Das Buch der eleganten Blumen über das Küssen und das Umarmen*, ist ein aus 25 Kapiteln bestehendes Kompendium über *Die Listen der Frauen*, *Maka'id en-Nisa'*, und handelt von den Tricks, mit denen sie ihre Ehemänner und ihre Liebhaber hintergingen. Die Sprache ist ein ziemlich vulgäres Mittelarabisch, und die sexuellen Szenen werden genußvoll bis ins Detail geschildert. Wie et-Taifaschi nimmt auch 'Ali el-Baghdadi Abenteuer auf, die namentlich genannten Zeitgenossen oder soeben verstorbenen Persönlichkeiten zugeschrieben werden, meistens Männern, die gewöhnlich respektvoll behandelt wurden, etwa Emiren und Kadis. Auch wenn er viele detaillierte situative Angaben über Personen und Orte macht, die dazu dienen, diese Geschichten mit Sicherheit im Ägypten und Syrien der Mamlukenzeit anzusiedeln, sollte man es nicht für selbstverständlich halten, daß alle diese Geschichten als Dokumentationen für die sexuellen Beziehungen und das Sexualleben zu Lebzeiten von 'Ali el-Baghdadi angesehen werden können. Einige zumindest sind deutlich fiktiv. Erwähnenswert ist, daß 'Ali el-Baghdadis Geschichte über den stellvertretenden Gouverneur von Bahnasa, der seine Kleider an eine gerissene Prostituierte verlor, sich in *Tausendundeiner Nacht* in verkürzter und weniger kunstvoller Form als *Die Geschichte des dritten Wachhauptmanns* (Li IV, S. 780-783) findet.

Et-Taifaschi und 'Ali el-Baghdadi erfanden oder sammelten Geschichten zur Unterhaltung. Das berühmteste sexualkundliche Handbuch, das auf Arabisch geschrieben wurde, *Er-Raud el-athir, Der duftende Garten*, war in erster Linie ein belehrendes Buch mit Kapiteln über die verschiedenen Koitus-Positionen und Ratschlägen für Angelegenheiten wie die Behandlung von Sterilität und Impotenz, die Vergrößerung des Penis und die Beseitigung von Achselschweißgeruch. Sein Autor, der Scheich en-Nafzawi, er starb 1410, versah das Werk mit einem Vorwort, das in der Apologie eines frommen Muslims bestand, die Sex und Frauen als Wunderwerke Gottes verherrlichte.[16] *Der duftende Garten* ist deutlich beeinflußt vom angesehenen indischen Genre der Sexhandbücher, für die das berühmteste Beispiel das *Kama Sutra* ist. Wie sein indischer Vorläufer gibt *Der duftende Garten* hochtechnische Beschreibungen manchmal erschreckend athletischer möglicher Koitus-Positionen und ist in beträchtlichem Maß mit anekdotischem und literarischem Material befrachtet, besonders in dem unvermeidlichen Kapitel *Über die Listen und Ränke der Frauen*. Vorderorientalische Pornographie ist ein Gebiet, das bisher kaum im Mittelpunkt seriösen akademischen Interesses gestanden hat. Viele arabische Erotika-Werke wurden fälschlich bekannten religiösen Denkern und Philosophen zugeschrieben. Einige Bücher mit identischem Titel erweisen sich als von unterschiedlichem Inhalt oder auch umgekehrt.

Es ist klar, daß der stark sinnliche, manchmal pornographische Inhalt von *Tausendundeiner Nacht* an anderen Stellen der arabischen Literatur Parallelen hat. So kann man, wenn man sich auf ähnliche Werke erotischer Literatur und auf Sexhandbücher stützt, durchaus einen gewissen Eindruck von vorherrschenden sexuellen Beziehungen und auch Vorurteilen der mittelalterlichen islamischen Welt gewinnen. In seinem brillanten Buch *Die arabische Malerei* legt Richard Ettinghausen dar, daß das mittelalterliche arabische Bild von der idealen Frau aus der frühen arabischen Dichtung etwa so rekonstruiert werden könnte:

> »In dieser Liebeslyrik liest man, daß die ideale arabische Frau so dick sein muß, daß sie fast einschläft; daß sie sich

> mit schwerfälligen Bewegungen erheben muß, daß sie außer Atem geraten muß, wenn sie schnell gehen will; daß ihre Brüste rund und voll sein müssen, ihre Taille schlank und graziös; ihr Bauch schlank; ihre Hüften geneigt und ihr Hinterteil so fleischig, daß sie Mühe hat, durch eine Tür zu kommen. Ihren Beinen wird nachgesagt, sie seien wie Marmorsäulen, ihr Hals wie der einer Gazelle, während ihre Arme als wohl gerundet beschrieben werden, mit weichen, zarten Ellenbogen, vollen Handgelenken und langen Fingern. Ihr Gesicht mit den weißen Wangen darf nicht hager wirken, ihre Augen sind die einer Gazelle, bei denen sich das Weiß des Augapfels deutlich abhebt.«[17]

Im wesentlichen dasselbe pneumatische Bild kann man aus *Tausendundeiner Nacht* rekonstruieren. Als sich in der *Geschichte von 'Omar ibn en-Nu'man* der muslimische Krieger Scharkan mit der byzantinischen christlichen Prinzessin Abriza im Ringkampf übt, stellt er fest, daß »seine Fingerspitzen die weichen Falten ihres Leibes berührten.« Scharkan wird von seinem Begehren so überwältigt, daß ihm »seine Glieder schlaff« werden, denn Abriza nutzt die Gelegenheit seiner ihn schwachmachenden Leidenschaft, wirft ihn zu Boden »und setzte sich auf seine Brust, mit Hinterbacken, die Sandhügeln glichen« (Li I, S. 515). Den Hinterteilen von Frauen gilt große Aufmerksamkeit. Als Hasan von Basra die Prinzessinnen im Wasserbecken heimlich beobachtete und er sah, wie die schönste von ihnen aus dem Becken gestiegen war, »ward ihm sichtbar, was zwischen ihren Schenkeln lag, gleich einer herrlichen runden Kuppel, die auf vier Pfeilern ruht und die wie eine Schale aus Silber oder aus Kristall erstrahlte« (Li V, S. 345). Auch männlichen Hinterteilen: Prinz Kamar ez-Zamans »Leib war schmaler als ein Faden im Gewand, und seine Hüften waren schwerer als ein Hügel aus Sand. Die Sinne wurden verwirrt durch die weichen Formen seiner Gestalt, und sein zarter Leib klagte ob seiner Hüften schwerer Gewalt« (Li II, S. 357). Abergläubische Fromme warnten Männer davor, sich auf einen Platz zu setzen, der kurz vorher von einem Frauenhintern angewärmt worden war, weil sie fürchteten, daß diese daraus irgendein nicht statthaftes sexuelles Vergnügen gewinnen könnten. Dschalal ed-Din es-Sujuti, ein ägyptischer Religionsgelehrter des sechzehnten Jahrhunderts, vermutete, daß die Menschen im Paradies keine Hinterteile haben würden.[18] In einigen Gegenden des Vorderen Orients mochten sich Frauen bis vor relativ kurzer Zeit dazu entscheiden, systematisch zuviel zu essen – die Praxis des *Tasmin*, der »Mästung«, – um die sexuell attraktive Üppigkeit zu erlangen.[19] Eine Frau konnte die Aufmerksamkeit auf ihr Hinterteil lenken, indem sie sich einen besonderen, wiegenden Gang zulegte, der *Ghundsch* genannt wurde, ein Terminus, mit dem auch die Hüftbewegungen während des Koitus bezeichnet werden. Schläfrigkeit galt ebenfalls als sexuell anziehend, und verschlafener Liebreiz und Mattigkeit werden in den über die Sammlung verstreuten Gedichten oft gepriesen.

Aber der sexuelle Geschmack in der mittelalterlichen islamischen Welt war nicht völlig gleichförmig. Es gab durchaus widersprüchliche Ideale. Die schwerfällige, schwer atmende, träge Frau sah sich starker Rivalität von seiten ihrer aktiveren Schwestern gegenüber, sowohl in der Literatur als auch in der Realität. Tatsächlich ist ein auffälliger Zug in *Tausendundeiner Nacht*, besonders, wenn man sie mit westlicher Literatur aus derselben Zeit vergleicht, wie aktiv und tatkräftig die Protagonistinnen der Geschichten sind, und, im Gegensatz dazu, wie passiv und müßig viele der nominellen Helden sind. Wie konnte Kabbani die schöne Sklavin Tawaddud entgehen, die die Weisen des Hofs in einer Art intellektuellen Striptease-Pokers besiegt; Dunja, die den Wesir in die Rippen kickt; Budur, die nachdem sie König (!) geworden ist, sich an ihren Feinden rächt und ihren Geliebten zu (scheinbar) homosexuellem Verkehr zu zwingen droht; die Sklavin Marjana, die Ali Baba das Leben rettet und den Tod von vierzig Räubern arrangiert; oder Marjam die Gürtlerin, die ihren Geliebten aus der Gefangenschaft bei den Christen befreit, ganz abgesehen von Amazonen-Prinzessinnen wie den Prinzessinnen ed-Datma[20] und Abriza und den Legionen von amazonenhaften Kriegerinnen, die über die Seiten der *Tausendundeinen Nacht* ziehen ebenso wie die besonderen Varianten der *Kahramanat*, bewaffnete weibliche Haremsgarden? Der Geschmack an knabenhaften Frauen, *Ghulamijjat*, »Knabenmädchen«, in der Literatur mag der tatsächlichen Vorliebe Kairoer Männer durchaus entsprochen haben.[21] Dem ägyptischen Historiker und Moralisten des fünfzehnten Jahrhunderts el-Makrizi zufolge gewöhnten sich Frauen jener Zeit daran, sich wie junge Männer zu kleiden, um die Zuneigung ihrer Ehemänner zu behalten, wenn sie herausfanden, daß attraktive junge Männer ihre Rivalen waren.[22]

El-Makrizi war ein Schüler des Geschichtsphilosophen Ibn Chaldun, der die Ansicht vertrat, die Ausbreitung der Homosexualität sei ein Zeichen von Kulturverfall.[23] Bei aller nahezu apokalyptischen Furcht el-Makrizis vor der Zunahme der Homosexualität im mittelalterlichen Kairo ist es schwierig, den Grad der Akzeptanz einzuschätzen, die Homosexuelle erfuhren.[24] Es mag tatsächlich falsch sein, anzunehmen, es habe eine einheitliche, konkrete Situation »Homosexualität« gegeben, die mit ihren Charakteristika von einem Jahrhundert zum anderen und von einer Kultur zur anderen konstant geblieben wäre. Es lassen sich durchaus Beweise für die Vermutung finden, daß aktive Homosexualität in der mittelalterlichen arabischen Gesellschaft als ein akzeptables Mittel galt, sich von sexueller Spannung zu befreien, daß aber passive Homosexuelle und die, die feminine Züge kultivierten, verachtet wurden.[25] Doch der Anschein ist nicht ganz einheitlich, und mittelalterliche Texte enthalten auch Hinweise darauf, daß manche Araber Homosexualität für eine Ausnahmeerscheinung und sogar für eine Art Krankheit hielten.

In Kapitel 6 seines Buches *Nuzhat el-Albab*, *Das Vergnügen der Herzen*, spricht et-Taifaschi über die charakteristischen Qualitäten von Homosexuellen (*La'ita*) und Strichjungen.[26] Der Homosexuelle sollte eine hübsche Wohnung haben, die mit Büchern wie mit Wein wohl versehen und mit Tauben und Singvögeln noch angenehmer eingerichtet sein sollte. Einen

Homosexuellen könne man daran erkennen, daß er einen offen anstarrt. Diesem offenen Blick folge oft ein Wink. Der typische Homosexuelle habe dünne Beine mit behaarten Knöcheln und neige dazu, Gewänder zu tragen, die bis auf den Boden reichen. Wenn er gehe, tue er das mit schwingenden Händen und Beinen. »Eines Mannes Beine sind sein zweites Gesicht« war ein Sprichwort der damaligen Zeit. Ein weiteres Kapitel gilt den unterhaltsamen und lustigen Geschichten über Homosexuelle. Et-Taifaschi befaßt sich fast ausschließlich mit reifen Männern, die bartlose Knaben suchen. Aber er erkennt auch die Existenz einer Minorität von Männern an, die auf Sex mit reifen, bärtigen Männern aus sind. Er bemerkt, daß die letzteren als die »kurzlebigen Männer« bekannt seien, weil sie in Gefahr schweben, überfallen und ermordet zu werden. Wie bereits gesagt, scheint Homosexualität in Ägypten und Syrien im dreizehnten Jahrhundert in Literatenkreisen als modisch gegolten zu haben. Aber homosexuelle Praktiken – *Liwat*, das ist »das Verbrechen der Angehörigen Lots« – waren durch das religiöse Recht verboten, und die, die man eines homosexuellen Akts für schuldig befand, konnten mit dem Tod bestraft werden. Während es in der Praxis gelegentliche Fälle erfolgreicher Strafverfolgung gab, die zur Exekution oder zur Kastration führten, gibt es auch Beweise dafür, daß zu bestimmten Zeiten und an bestimmten Orten Homosexualität zwangloser akzeptiert wurde. Einige der Mamlukensultane waren für ihre Homosexualität bekannt, und die Neigungen homosexueller Sultane und Emire waren ein Grund für die hohen Preise für hübsche Knaben auf dem Sklavenmarkt.

Da *Tausendundeine Nacht* ein buntes Gemisch von Geschichten ist, könnte man die Texte aus der Sammlung durch selektives Zitieren zur Bekräftigung der Behauptung nutzen, daß Homosexualität weitgehend gebilligt wurde, aber auch, um zu behaupten, daß sie undifferenziert akzeptiert wurde, oder sogar, um zu beweisen, daß sie gänzlich abgelehnt wurde. Sie wurde sicherlich offen debattiert, und *Die Geschichte von dem Streit über die Vorzüge der Geschlechter* (Li III, S. 567-

577) in *Tausendundeiner Nacht*, ein Streitgespräch zwischen einem Mann und einer gelehrten Frau, liefert ganz gegensätzliche Argumente. Der päderastische Mann behauptet, es sei besser, Männer zu lieben als Frauen, weil Männer den Frauen überlegen seien und sogar der Koran erkläre: »Die Männer stehen über den Frauen, weil Gott die einen vor den anderen bevorzugt hat« (Sure 4:34), und noch weitere Beweise für die Überlegenheit des Mannes gebe. Der Mann sei zudem aktiv, die Frau passiv. Etwas überspannt zitiert der Mann dann einen Ausspruch des Propheten, der davor warnt, zu lange auf bartlose Knaben zu schauen, weil sie zu sehr den *Huri*s, den schwarzäugigen Jungfrauen, im Paradies ähnelten. Dann zitiert er den Dichter Abu Nuwas, Jungen seien besser, weil »du vor Unreinheit und Kindbett sicher bist«. Er weist darauf hin, wie weit verbreitet es in der Poesie sei, Frauen zu rühmen, indem man sie mit schönen Jünglingen vergleicht.

Die gelehrte Frau kontert mit der Schönheitsbeschreibung des idealen Mädchens und nennt zur Bekräftigung ihrer Argumente die Zahl der Könige und reichen Männer, die Vermögen ausgegeben hätten, um schöne Frauen zu gewinnen. Sie weist darauf hin, daß in dem Prophetenwort, das der Mann soeben zitiert habe, Jünglinge durch den Vergleich mit den *Huri*s gepriesen würden, und die seien weiblich. Jedenfalls verdamme der Koran einhellig die Homosexualität: »Wie könnt Ihr denn zu den Männern unter den Weltenbewohnern gehen und Eure Frauen verlassen, die Gott für Euch erschaffen hat? Nein, Ihr seid ein Volk von Übeltätern!« (Sure 26, Vers 165, W. W.: aus der Geschichte über Lot und seine Familie). Eine Frau habe außerdem auch mehr an Freuden zu bieten, denn sie könne auf zweierlei Weise genommen werden, und der erste Wangenflaum junger Männer mache diese unattraktiv. Sie zitiert einen anderen Ausspruch des Propheten: »Der Dinge, die ich in eurer Welt am liebsten habe, sind drei: die Frauen, die Wohlgerüche und mein Augentrost im Gebet.« Zum Schluß trumpft sie auf, indem sie andere, sehr deutliche Verse über die Unsauberkeit des Analverkehrs zitiert.[27]

Diese Debatte zieht sich durch die gesamte Sammlung *Tausendundeine Nacht*. Einige Geschichten feiern fröhlich homosexuelle Verführung, besonders die, in denen Abu Nuwas als der liederliche Held fungiert. Abu Nuwas war eine historische Gestalt, er gehörte zum Hof Harun er-Raschids und war ein Dichter, der vor allem für seine Gedichte zum Lob des Weins, die *Chamrijjat*, und schöner Jünglinge oder Knaben, die *Mudhakkarat*, berühmt war. Er ist der Held von fiktionalen Abenteuern, in denen seine sexuellen Vorlieben manchmal ein Grund zur Hänselei sein mögen, aber nie der Verunglimpfung dienen. Andererseits stellen einige Geschichten den Pädophilen als Schurken dar, und 'Ali ez-Zaibak, Nur ed-Din 'Ali und 'Ala ed-Din Abu Schamat und andere werden ernsthaft von männlichen Verführern bedroht. In der *Geschichte von den Streichen der listigen Dalila* wird el-Haddsch Mohammad, von dem man sagte, daß er »Feigen und Granaten liebte« (Li IV, S. 683, das heißt, er war bisexuell), als Mann »von schlechtem Ruf« beschrieben. Ein Leitmotiv in *Tausendundeiner Nacht* ist die Einsperrung eines hübschen Jungen durch seine Eltern, um ihn vor lasziven Männern zu schützen. Auch wenn Prinzessin Budur, als Mann verkleidet, Kamar ez-Zaman, dem sie damit droht, ihn von Mann zu Mann zu verführen, eine erregende Rede zum Lob der Homosexualität hält, liegt die Pointe der Geschichte hier in Kamar ez-Zamans Furcht und Scham bei dem Gedanken, ihm könnte homosexuelle Gewalt angetan werden. Die Verfolgung bartloser Knaben durch angenehm oder auch schurkisch wirkende Gauner kommt in *Tausendundeiner Nacht* sehr häufig vor – ebenso wie in et-Taifaschis erotischem Werk. Aber soweit ich sehe, wird nirgendwo in *Tausendundeiner Nacht* Liebe oder Analverkehr zwischen zwei reifen Männern beschrieben.

Lesbierinnen scheinen in den mittelalterlichen islamischen Gesellschaften kaum je verfolgt worden zu sein.[28] Aber nach volkstümlicher Auffassung wurde Lesbiertum oder »Reiben«, *Musahaka*, mit Hexerei assoziiert. Leo Africanus berichtet, daß es in Fez im ersten Viertel des sechzehnten Jahrhunderts unter den Gauklern und Wahrsagern eine bekannte Gruppe lesbischer Wahrsagerinnen gab, die behaupteten, Geister und Teufel beschwören und befragen zu können.[29] Die anonymen Erzähler aus *Tausendundeiner Nacht* teilten volkstümliche Vorurteile. Die Darstellung von Lesbiertum in den Geschichten ist durchgängig feindselig. Gewöhnlich sind die Lesben auch Zauberinnen oder Hexen. Die verwitwete Hexe, Giftmischerin und Ringerin Dhat ed-Dawahi, das ist »die Frau des Unheils«, im Ritterroman *von 'Omar ibn en-Nu'man* wird als eine Lesbe beschrieben, die Safran benutzt, um ihre masturbatorischen Sitzungen zu würzen.[30] Sie wird nicht gerade schmeichelhaft charakterisiert: »...so daß sie aussah wie ein kahlköpfiges Teufelsweib oder eine Schlange mit fleckigem Leib« (Li I, S. 511). Ihr Achselschweißgeruch macht sie zu ihrem Kummer unter den jungen Damen des Harems unbeliebt.[31] Schawahi Umm ed-Dawahi, »Mißgestalt, Mutter der Unheilstaten«, in der *Geschichte des Juweliers Hasan von Basra* (Li V, S. 313-497) wird genauso beschrieben, und auch sie ist Lesbierin ebenso wie – hilfreiche – Zauberin.[32]

Auch wenn sich in einigen Geschichten Frauen als Männer verkleiden und umgekehrt, ist das literarisches Mittel, nicht Beweis für sexuelle Vorlieben. Shakespeare benutzte Transvestitentum in derselben Weise. Budur verkleidet sich als Mann und Zumurrud ebenso, aber sie tun das, um sicher reisen zu können und ihr Glück zu erringen. Ni'ma ibn er-Rabi' zieht Frauenkleider an, aber er will damit Zugang zu der Frau erhalten, die er liebt und die in einen Harem eingesperrt ist.

Sodomie kommt in ganz wenigen Geschichten vor, den schmutzigsten und ordinärsten. Nekrophilie ist etwas, worauf sich *Ghule* einlassen, aber die breite Palette von Fetischen und Perversionen, die gewöhnlich in westlicher Pornographie eine Rolle spielen, scheint den arabischen Erzählern unbekannt gewesen zu sein.

In der *Geschichte des Lastträgers und der drei Damen* (Li I, S. 97-212) fragen die Damen den Lastträger nach der richtigen Bezeichnung für ihren intimsten Körperteil. Immer, wenn er eine falsche Antwort gibt, erhält er Klapse und Knüffe. Im Zyklus der Barbiersgeschichten, in *Des Barbiers Erzählung von seinem zweiten Bruder* (Li I, S. 370-375), dem Plapperer, dem Gelähmten, wird der Plapperer fortgeführt und erhält von der rätselhaften Dame und ihren Mädchen Klapse, bevor er durch und durch gedemütigt und auf die Straße geworfen wird. Et-Taifaschi widmet dem Klapse-Geben in seiner Abhandlung ein ganzes Kapitel und begründet das unter anderem damit, daß es gut sei für die Gesundheit des Empfängers.

Während einige wenige Geschichten um die Freuden des Ehestands und des häuslichen Lebens kreisen, machen unerlaubte sexuelle Abenteuer mit Ehebrecherinnen, Prostituierten, Konkubinen und Singmädchen die Hauptmasse der Geschichten aus *Tausendundeiner Nacht* aus. In diesen Geschichten ist es oft das Singmädchen/die Sängersklavin, *Kaina*, Plural *Kijan*, das über den meisten Mutterwitz verfügt und die passendsten Verse auswendig weiß. Die *Geschichte von Harun er-Raschid und den beiden Sklavinnen* (Li III, S. 437) und die *Geschichte von Harun er-Raschid und den drei Sklavinnen* (Li III, S. 437f.) erinnern an den obszönen Humor dieser gebildeten Unterhalterinnen. Es ist eine historische Tatsache, daß Sängersklavinnen am Hof der Abbasidenkalifen und in den Häusern anderer reicher Männer sehr gefragt waren, besonders als Unterhalterinnen nach dem Essen und als weiblicher Gegenpart zu den gelehrt witzigen *Nudama'*, den Trinkkumpanen. Der berühmteste Essayist der Abbasidenzeit, *el-Dschahiz*, schrieb eine Abhandlung, die er dem Preis der Sängersklavinnen widmete und in der er vor den gerissenen, habgierigen und glaubenslosen Verführerinnen warnte, die einem Mann erst den Verstand und dann sein Geld raubten. »Wenn sie ein Bewunderer ansieht, wirft sie ihm verstohlene Blicke zu, betört ihn mit ihrem Lächeln, sagt ihm durch Gedichte, die sie vorsingt, Liebesworte, ist darauf erpicht, seinen Anträgen zu entsprechen, trinkt munter und zeigt ihr Verlangen nach einem ausgedehnten Verweilen, ihre Sehnsucht nach seiner schnellen Rückkehr und ihre Trauer über seinen Weggang.«[33]

Diese kultivierten Kurtisanen, die uns an die Hetären des alten Griechenland oder an die japanischen Geishas erinnern mögen, waren fast immer Sklavinnen. Sie begleiteten ihren Gesang gewöhnlich auf der Laute. Die Sklavin Tawaddud wird nach einer zermürbenden Befragung, die weite Bereiche der muslimischen Wissenschaften erfaßt, Harun er-Raschid mit einer Laute präsentiert: »Sie legte die Laute auf ihren Schoß und neigte sich mit der Brust darüber; sie beugte sich, wie sich eine Mutter über ihr Kind beugt, wenn sie es säugt, und dann spielte sie auf ihr zwölf Weisen, bis die ganze Versammlung im Meere des Entzückens auf und nieder wogte« (Li III, S. 681 f.). Die Annalen des Abbasidenhofs sind voll von Anekdoten, die den Witz und die Gelehrsamkeit der Sängersklavinnen illustrieren. Tawaddud ist zwar die Heldin einer literarischen Fiktion, aber für ihre Fähigkeiten könnte man unter historisch bezeugten Kurtisanen leicht Entsprechungen finden. Zum Beispiel wurde Machbuba, zu deutsch »Geliebte«, bevor sie der Kalif el-Mutawakkil zu sich beorderte, von ihrem ersten Herrn ausgebildet. El-Mas'udi zufolge »kümmerte er sich sehr um ihre Ausbildung, kultivierte ihren Verstand und lehrte sie Kenntnisse auf den verschiedensten Gebieten. Sie verfaßte Poesie, die sie zum eigenen Lautenspiel vortrug. Mit einem Wort: Sie brillierte auf all den Gebieten, die Menschen von Talent auszeichnen.«[34] Sängersklavinnen waren auch in der Mamlukenzeit sehr erfolgreich. Viele der Sängerinnen waren schwarz wie Ittifak, wörtlich »Übereinstimmung«, die als Konkubine im Harem des ägyptischen Sultans en-Nasir Mohammed im frühen vierzehnten Jahrhundert begann. Ittifak, die nicht nur für ihre Schönheit, sondern auch für ihre Intelligenz und ihre gute Singstimme bekannt war, heiratete dann nacheinander vier Sultane und einen Wesir.[35] Aber nur wenige Sängerinnen konnten sich einer solch glanzvollen Karriere erfreuen. In der Mamlukenzeit gab es gewisse Gemeinsamkeiten zwischen der Profession der Sängerin und der der Prostituierten. Beide wurden von der *Daminat el-Maghani*, dem Steuerbüro für Sänger und Sängerinnen, steuerlich taxiert.

Im frühen sechzehnten Jahrhundert ließ jede Frau, die Prostituierte werden wollte, ihren Namen in diesem Büro registrieren, und solange sie Steuern zahlte, konnte sie ihrem Gewerbe ungestört nachgehen. Das mittelalterliche Ägypten kannte drei Sorten von Prostituierten, auf arabisch *Baghiya*: die »Wildkuh«, die ihren eigenen Raum hatte, die »freie Kuh«, die mit ihrem Kunden in dessen Wohnung ging, und die »Milchkuh«, die es außerhalb von Häusern tat. Viele Kairoer Prostituierte versorgten die *Funduks*, die Unterkünfte für Reisende. Eine große Schar von ihnen hatte ihr Revier auf dem Wachskerzenmarkt und um ihn herum, im Schatten der Akmar Moschee. In der *Geschichte des Polizeichefs von Kairo* erhebt der Polizist, der Informationen über zwei Kriminelle sucht, die häufig Prostituierte aufsuchen, seine Recherchen unter den »Tavernenwirten und Konditoren, den Kerzenmachern und Wirten von Bordellen und unzüchtigen Häusern«. Prostituierte konnte man daran erkennen, daß sie rote Lederhosen und kleine Dolche trugen. Sie hüstelten gewöhnlich, um die Aufmerksamkeit von Kunden auf sich zu lenken. Viele Prostituierte im Hafen von Alexandria sollen europäischer Herkunft gewesen sein.[36] In der *Geschichte von Harun er-Raschid und Abu Hasan, dem Kaufmann aus Oman* (Li VI, S. 348-373) besucht der letztere ein Bordell – W. W.: Littmann übersetzt »das Haus eines Mädchenwirts« – in Bagdad, »ein hohes und schönes Haus, mit einem Söller, der das Ufer überschaute und auf der Seite ein Fenster hatte« (Li VI, S. 356f.). Ein Standardtarif zwischen zehn und vierzig Goldstücken, auch mehr, die Nacht wird genannt.

Syphilis scheint in Ägypten zuerst im ersten Jahrzehnt des sechzehnten Jahrhunderts aufgetreten zu sein.[37] Der Historiker Ibn Ijas nennt sie *el-Habb el-firandschi*, »die europäische Pustel«. Aber es kommen zwar in einigen späteren Zusätzen zu der Sammlung Kaffee, Tabak und Artillerie vor, venerische Krankheiten jedoch nicht. Daß es sie nicht gab, trug zum Geist der Freizügigkeit und Unmoral in vielen dieser Geschichten bei. Mittelalterliche Muslims waren trotzdem weit davon entfernt, in sexueller Hinsicht frei von Furcht und Aberglauben zu sein. Man glaubte, daß Würmer in der Vagina Nymphomanie hervorriefen, daß der Verkehr mit einer menstruierenden Frau bei einem Mann zu Lepra führe und daß Sex mit alten Leuten ebenfalls gefährlich sei. Die schöne junge Sklavin Tawaddud warnt ihre Zuhörer vor der Gefahr des Verkehrs mit »alten Frauen, denn sie sind tödlich,« und sie kann mehrere Autoritäten zur Unterstützung dieser Ansicht zitieren. Männer, die die Wüste durchquerten, fürchteten den *Udar*, ein monströses Wesen, das Männer vergewaltigte und sie dann dem Tod durch wurmverseuchte After überließ.[38]

Nur scheinbar rationaler waren die weit verbreiteten Phantasien der Araber des Mittelalters über die sexuelle Potenz von Schwarzen und ihr Verlangen nach arabischen Frauen. Schwarze galten als außergewöhnlich viril, und die Furcht vor der Virilität von Schwarzen wird in der Erzählung des Prologs von *Tausendundeiner Nacht* über Schehrijar und Schahzaman und wie sie von ihren Frauen betrogen werden, deutlich. Bernard Lewis kommentiert in seinem Buch *Race and Slavery in the Near East* (1990), *Rasse und Sklaverei im Vorderen Orient*, daß »König Schahzaman und König Schehrijar ganz offensichtlich weiße Herrscher mit sexuellen Phantasien oder besser Alpträumen waren, die uns in trauriger Weise bekannt vorkommen«.[39] Sexuelle und rassistische Paranoia ist in *Tausendundeiner Nacht* ziemlich weit verbreitet, man vergleiche etwa *Die Geschichte des versteinerten Prinzen* (Li I, S. 83-96) und *Die Geschichte von den drei Äpfeln* (Li I, S. 212-289) als Beispiele unter vielen anderen.

Wenn wir uns nun vom Perversen und Phantastischen ab-, und normaleren sexuellen Praktiken zuwenden, so scheinen die Wohlhabenden in getrennten Betten geschlafen zu haben. Im mittelalterlichen Ägypten waren Frauen es gewöhnt, Geld dafür zu verlangen, daß sie ins Bett ihres Ehemanns kamen und ihm Sex gaben – das war der *Hakk el-Firasch*, »das Bettanrecht«. Der Koitus interruptus wurde von den meisten muslimischen Juristen gestattet, aber einige waren der Ansicht, daß die Frau das Recht auf eine finanzielle Entschädigung habe, wenn der Mann sich zu früh zurückzog.[40] Man schlief entweder nackt oder in den Tageskleidern. Analverkehr mit Frauen wurde von den Frommen heftig mißbilligt und deswegen vermutlich von den weniger Frommen manchmal praktiziert. Detailliertere Informationen über den normalen sexuellen Akt sind den Geschichten aus *Tausendundeiner Nacht* kaum zu entnehmen, wegen der sprachlich einfallsreichen und metaphorischen Beschreibungen dieses Akts, wie sie die Erzähler bevorzugten, wenn sie langsam von der Beschreibung des Vorspiels zum Wortspiel übergingen. Was uns geboten wird, sind Übungen in rhetorischer Geschicklichkeit, nicht dokumentarische Beschreibungen der Kopulation.

In der typischen idealisierenden romantischen Geschichte verliebt sich der Held in eine Prinzessin, nur weil er deren Bild sieht, oder auch lediglich, wenn er von ihr hört. Es ist ihnen vorherbestimmt, sich zu lieben. Das Schicksal bringt sie zusammen und trennt sie wieder. Der Held, der in Ohnmacht fällt, wenn er die Prinzessin zum ersten Mal sieht, fällt erneut in Ohnmacht, wenn er entdeckt, daß sie verschwunden ist. Er wird oder sollte doch klagende Verse rezitieren. Dann gibt es Abenteuer, vielleicht besondere Stürme, Seeräuber, ungetreue Heere und Zauberinnen. Die Prinzessin kann von einer Krankheit befallen werden und sich zu Tode hungern wollen. Der Held mag an Selbstmord denken, aber zum Schluß vereint das Schicksal die beiden Liebenden, »und sie lebten hinfort immerdar herrlich und in Freuden, bis der Zerstörer aller Wonnen zu ihnen kam.« Das ist alles ziemlich einfältig, aber solche Geschichten mögen, trotz ihres deutlichen Mangels an Realismus, auch einem didaktischen Zweck gedient haben, und die, die ihnen zuhörten, wurden in der Symbolsprache der Liebe instruiert, einem Geheimcode, ersonnen, um die Vorschriften der Gesellschaft zu umgehen. In der *Geschichte von 'Aziz und 'Aziza* (Li II, S. 25-132) zum Beispiel legt die Frau ihren Finger in den Mund, und das bedeutet, daß der Mann, den sie anschaut, ihr nahe ist wie ihre eigene Seele; und wenn sie sich mit der

Handfläche gegen die Brust schlägt und dabei die fünf Finger ausstreckt, heißt das, daß der Mann innerhalb von fünf Tagen wiederkommen soll.

Allgemeiner gesagt: Geschichten wie die *von Tadsch el-Muluk und der Prinzessin Dunja* (Li II, S. 7-25), *von 'Ali ibn Bakkar und Schams en-Nahar* (Li II, S. 284-351), *von Masrur und Zain el-Mawasif* (Li V, S. 549-614) setzen einen *Adab* der Liebe fort, in dem liebende junge Männer und Frauen belehrt werden, wie sie fühlen und sich verhalten sollen.[41] Solche Geschichten stellten nicht nur ein Vokabular an Gesten, blumigen Komplimenten und Versen bereit, mit denen sexuelle Anziehungskraft zum Ausdruck gebracht werden konnte, sie gaben auch Hinweise, wie man sich zu kleiden und was für Geschenke man der Geliebten darzubringen habe. In der *Geschichte von Uns el-Wudschud und el-Ward fil-Akmam* (Li III, S. 378-416) erzählt el-Ward fil-Akmams Kammerfrau ihrem Schützling, daß Liebe »ein gestrenger Tyrann« sei, »sie, die das Eisen schmelzen kann; ja, wenn sie verborgen wird, bringt sie Krankheiten und große Beschwerden; doch wer die Liebe offenbart, darf nicht getadelt werden.« Arznei für die Liebe sei »der Liebenden Vereinigung«. »Und wie kann die Vereinigung erreicht werden?« »Durch Botschaften und Worte zart und durch Grüße von vielerlei Art. Dadurch werden die Liebenden zueinandergebracht, dadurch werden die schweren Dinge leicht gemacht« (Li III, S. 380f.).

Aber es war nicht immer so einfach, die Arznei für die Liebe aufzutreiben. In der *Geschichte der Liebenden vom Stamme Taiji'* (Li III, S. 546-548) fällt der sich sehnende und unglückliche Liebhaber tot zu Boden, als er zu seiner Geliebten läuft.[42] Die Liebende gehört, wie die Julia bei Shakespeare, zum falschen Stamm. Angehörige des vorislamischen Beduinenstammes der Banu 'Udhra, Märtyrer der Keuschheit, hatten sich dem Kult einer platonischen Art von nicht realisierbarer Liebe aus Distanz bis hin zum Tode verschrieben, und einige Geschichten in *Tausendundeiner Nacht* handeln von ähnlich düster-romantischen Themen.[43] Aber die meisten romantischen

Geschichten aus *Tausendundeiner Nacht* entnehmen zwar inhaltliche Motive, Gesten und Haltungen aus der alten 'udhritischen literarischen Tradition, doch sie tendieren zu einem glücklichen Ende, bei dem die Liebenden sich nach all ihren turbulenten und unwahrscheinlichen Abenteuern auf einem Liebeslager vereint finden.

8

Das Universum der Wunder

Die Feder ist die mächtigste Zauberin

Balinus[1]

In einem Essay mit dem Titel *Die Erzählkunst und die Magie* stellt Jorge Luis Borges den realistischen psychologischen Roman mit seiner langsam voranschreitenden Handlung dem Abenteuerroman und der Kurzgeschichte gegenüber. Die beiden letzteren würden, so stellt er fest, von einem völlig anderen, von »einem hellsichtigen und atavistischen Prinzip beherrscht: von der urtümlichen Klarheit der Magie«.[2] Sicherlich bewegten sich der Erzähler des Mittelalters und der Zauberer auf benachbarten Feldern. Sie manipulierten Wörter und Sätze, um ihre Effekte zu erzielen, und der mittelalterliche islamische Zauberer war zumeist ein Mann mit einem Buch. In der *Geschichte von Dschaudar und seinen Brüdern* (Li IV, S. 366-426) sagt der maurische Zauberer von einem Buch mit dem Titel *Die Legenden der Alten*: »seinesgleichen gibt es nirgends, auch könnte niemand seinen Wert bezahlen, ja, es läßt sich nicht einmal mit Edelsteinen aufwiegen, denn in ihm sind alle Schätze genannt, und alle geheimen Wissenschaften sind ihm bekannt« (Li IV, S. 377). In der *Geschichte vom dem Wesir des Königs Junan* (Li I, S. 56-62) vermacht der Weise, der auf die Anweisung des dummen Königs hin, den er zuvor von einer scheinbar unheilbaren Hautkrankheit kuriert hatte, zum Tode durch Enthaupten verurteilt wird, diesem König ein Buch. Er sagt von ihm, es habe die Kraft, sein abgeschlagenes Haupt zum Sprechen zu bringen. In Wirklichkeit aber ist sein Vermächtnis an den König ein vergiftetes Buch, und der König stirbt, als er die Seiten des alten Buches umblättert. Der Einfall mit dem vergifteten Buch taucht Jahrhunderte später in Umberto Ecos Roman *Der Name der Rose* wieder auf.

Der Erzähler ebenso wie der Zauberer sind Künstler, die die Macht eines Satzes, eines Wortes, eines Briefes kennen.[3] Das Wissen um den Namen, um das richtige Wort kann den Unterschied zwischen Leben und Tod bedeuten. Ali Baba entkommt aus der gefährlichen Höhle, weil er sich an das magische Passwort »Sesam öffne dich!« erinnert. Sein Bruder tut es nicht und muß sterben. Die Kenntnis und die Manipulation von Worten kann Wissen um die Zukunft verleihen wie in der *Geschichte von Mohammed, dem Sultan von Kairo*, wo der maurische Zauberer auf dem Marktplatz einige Blätter mit Schriftzeichen vor sich liegen hat, die er benutzt, um Vorhersagen über die Umstehenden zu machen. Buchstabenzauber, *'Ilm el-Huruf*, wörtlich *Die Wissenschaft von den Buchstaben*, war einer der wichtigsten Wissenschaftszweige im islamischen Okkultismus. In der *Geschichte von dem Weisen und dem Gelehrten* zum Beispiel übt der Weise auf Grund seiner Kenntnis der Buchstabenmagie Macht über den *Dschinn* aus und vollbringt Übernatürliches. Letztlich allerdings sind der Erzähler und der Zauberer auf dem Marktplatz Rivalen, sind beide nur Händler in Illusionen. Der Zauberer, der die Kunst der Illusion beherrscht, *'Ilm es-Simija*, *Die Wissenschaft der natürlichen Magie*, kann seinen Kunden und Opfern Visionen dessen anbieten, was es nicht gibt – das heißt, er ist zum Schöpfer von Fiktionen geworden.

Eine ernsthafte Darstellung von Magie ist in den bedeutendsten Werken moderner europäischer Literaturen selten, und wenn irgendwo Magie vorkommt, geschieht das häufig in Form einer durchsichtigen Metapher. Zum Beispiel sind sowohl Balzacs *Die Eselshaut* als auch Robert Louis Stevensons *Das Flaschenteufelchen* Geschichten, in denen es vordergründig um die Wünsche erfüllenden Kräfte eines magischen Gegenstands geht, in Wirklichkeit aber sind sie Parabeln darauf, daß man für Erfolg einen Preis zu zahlen hat, und darauf, daß die Chancen im Leben abnehmen, wenn der Mensch älter wird. Insgesamt gelten Geschichten über Zauberei heute augenscheinlich als bestens für Kinder geeignet. Edith Nesbits Geschichtenzyklus über die *Bastable Kinder*, C. S. Lewis *Narnia-Zyklus* und Ursula Le Guins *Erde-Meer-Trilogie*, auch Michael Endes *Unendliche Geschichte* wurden für Kinder geschrieben, wennschon Erwachsene sie mit schuldbewußtem Vergnügen lesen mögen. Tanya Luhrmann stellt in ihrer gründlichen und umfangreichen anthropologischen Abhandlung über modernes britisches Hexenwesen *Persuasions of the Witch's Craft* (1989), *Überzeugungen von der Hexen Kunst*, fest, daß »Zauberbücher zu einer umfassenden, traumgleichen Verdrängung ermutigen, einem sich von allem anderen lösenden Tagtraum von Drachen, Mächten und höheren Sphären. Dieser Geist imaginärer Verdrängung ist, ganz unabhängig von allen Themen, die er einbegreift, eins der auffälligsten Elemente in magischer Literatur.«[4] Cardinal Newman hat in seiner autobiographischen *Apologia pro vita sua* (1864), *Rechtfertigung des eigenen Lebens* gesagt: »Ich habe mir immer gewünscht, die arabischen Geschichten wären wahr: meine Phantasie drehte sich um unbekannte Einflüsse, magische Kräfte, Talismane.« Das ist ein Kindertraum von Allmacht. Was aber aus Luhrmanns Überblick über die moderne Hexe deutlich wird, ist, daß Romane über Zauberei – von Dennis Wheatley, Dion Fortune und anderen – von praktizierenden Okkultisten viel gelesen werden und daß diese sich ihrer als Literatur erfreuen, ja, allerdings als Literatur über etwas Reales. Für sie ist eine Geschichte über Zauberei nicht eo ipso reine Phantasie.

Ebenso konnte im vormodernen Vorderen Orient eine Geschichte über Zauberei und Übernatürliches einen doppelten Aspekt haben: Es konnte ein wunderbares Stück Nonsens sein, dazu bestimmt, ein kindliches Auditorium in den Bann zu ziehen, und gleichzeitig konnten Erwachsene, die dieselbe Geschichte hörten, soziale Tatbestände, Aspekte der Alltagsrealität wiedererkennen. Es gab allerdings im mittelalterlichen Bagdad und Kairo praktizierende Zauberer, Alchemisten und Schatzsucher. Geomanten wurden konsultiert, wenn es um Geschäftsreisen oder um das Ergebnis von sportlichen Ereignissen ging. An den Kräften der Magie und der *Dschinnen* hatte man keine Zweifel. Sie wurden schließlich durch den Koran bestätigt:

»Und sie folgten dem, was die Satane unter der Herrschaft Salomos vortrugen.
Aber nicht Salomo war ungläubig, sondern die Satane waren ungläubig; sie lehrten die Menschen die Zauberei.«
(Sure 2, Vers 102)

»Sprich: Zuflucht such ich bei dem Herrn der Dämmerung
Vorm Bösen dessen, was er schuf,
Vorm Bösen der Verfinsterung,
Vorm Bösen der nestelknüpfenden Weiber,
Und vor dem bösen Neid der Neider.«
(Sure 113, Übersetzung F. Rückert)

In diesem sozialen und religösen Kontext waren die Grenzen zwischen okkulter Fiktion und Nicht-Fiktion so fließend, daß sie kaum noch zu erkennen waren, und wir finden in solch »nichtfiktionalen« Werken wie Handbüchern für Zauberer Geschichten, die in *Tausendundeine Nacht* recht gut gepaßt hätten. Zum Beispiel wird in einem Zauberhandbuch des elften Jahrhunderts, dem *Ghajat el-Hakim*, zu deutsch *Das Ziel des Weisen*, später als *Picatrix* ins Lateinische übersetzt, die Geschichte erzählt, wie die im alten Harran ansässigen Götzenanbeter, wenn sie wissen wollten, was die Zukunft bringen würde, einen dunkelhäutigen Mann mit zusammengewachsenen Augenbrauen und blauen Augen aufstöberten. Dieser Mann würde überwältigt und entkleidet. Das unglückliche Opfer würde dann in ein Faß mit Sesamöl geworfen, so, daß nur der Kopf aus dem Öl herausschaute. Der Kopf inhalierte betäubende Drogen, die vor ihm im Verlauf der Zelebrierung bestimmter Rituale verbrannt würden. Der blauäugige Mann würde dann in dem Öl mariniert, bis ihm alles Fleisch von den

Knochen fiele. Nach vierzig Tagen wäre es möglich, den Kopf beim ersten Rückenwirbel vom Körper zu trennen. Der Kopf – dessen blaue Augen dann nicht mehr blinzelten – würde in eine Nische gesetzt, von der aus er Prophezeiungen von sich gebe. Der nordafrikanische Geschichtsphilosoph Ibn Chaldun (1332-82), der diese Prozedur in kondensierter Form beschreibt, bemerkt dazu: »Dies ist eine abscheuliche Zauberei. Aber es zeigt, welche erstaunlichen Dinge es in der Welt der Menschen gibt.«[5]

Noch auffälliger ist, daß einige Wundergeschichten, die zum Zweck der Unterhaltung in *Tausendundeine Nacht* aufgenommen wurden, in anderen Büchern als Berichte über ernstzunehmende Fakten auftauchen. Die *Geschichte von dem Kalifen el-Ma'mun und den Pyramiden* (Li III, S. 507-10), eine Geschichte über die unzugänglichen Schätze in den Pyramiden und die magischen Wächter, die von den Altvorderen dazu bestimmt wurden, diese Schätze zu bewachen, ist nur die Wiedergabe einer der üblichen Wundererzählungen über die Pyramiden, die man auch anderswo, in mittelalterlichen arabischen Geschichtswerken und Topographien findet.[6] In der *Geschichte vom Zauberer und dem jungen Koch von Bagdad* steigt ein Wesir auf Drängen eines Zauberers in einen großen Wasserkessel und erlebt in dem kurzen Augenblick, in dem er sich im Wasser befindet, Jahre eines anderen Lebens. Der fiktionalen Erprobung des Wesirs parallel zu setzen ist die angeblich wahre Erfahrung des ägyptischen Sultans el-Aschraf Kajitbey aus dem fünfzehnten Jahrhundert. Der Sultan erhielt Besuch von dem berühmten Sufi-Scheich ed-Daschtuti und debattierte mit diesem großen Heiligen darüber, ob es dem Propheten Mohammed wirklich möglich gewesen sei, in einer einzigen Nacht auf einem geflügelten Pferd alle Himmel zu besuchen. Ed-Daschtuti veranlaßte den Sultan, seinen Kopf für eine Zeitspanne, die den Anwesenden wie ein Augenblick erschien, in einen Krug voll Wasser zu stecken. Als der Sultan den Kopf hob, erklärte er, er habe soeben mehrere Leben mit ihrer Erfahrung durchlebt. Höchstwahrscheinlich geht diese

Geschichte in ihren unterschiedlichen Ausformungen letztlich auf eine indische, sehr wahrscheinlich eine buddhistische, Fabel über die illusorische Natur der Zeit zurück.[7]

Die Vorliebe für das Phantastische war in der mittelalterlichen arabischen Welt so ausgeprägt, daß sie ein eigenes literarisches Genre hervorbrachte, das der *'Adscha'ib*, der *Wunder*, und es wurden Bücher über die Wunder von Ägypten, von Indien und des Kosmos als Ganzem geschrieben.[8] Solche Bücher waren ein Kunterbunt an Kompilation von unwahrscheinlichen Informationen über die erstaunlichen Denkmäler der Antike, seltsame Zufälle, die Wunderkräfte bestimmter Pflanzen, Steine und Tiere und über Züge des Magischen. Viele der Wunder, die zunächst in »nichtfiktionalen« kosmographischen Werken erfaßt waren, fanden schließlich ihren Weg in *Tausendundeine Nacht*. Die *Geschichten von Sindbad dem Seefahrer*, eine literarische Verarbeitung von Seemannsgarn über die Wunder im Indischen und Chinesischen Ozean – dazu gehören der *Wak-Wak*-Baum mit seinen Früchten, die Menschenköpfen gleichen, der Alte Mann aus dem Meer und der Fisch, der so groß ist wie eine Insel, – sind das deutlichste Beispiel für diesen Prozeß.[9]

Natürlich fanden auch Leser und Autoren im christlichen Mittelalter Gefallen an Wundern und liebten Lektüre über Monster, fremde Städte und übernatürliche Ereignisse. Aber das christliche Mittelalter und der Islam hatten keine gemeinsame Welt des Übernatürlichen. Das ist am auffälligsten bei Geistern und Hexen. Gespenster und Gespenstergeschichten spielen in der mittelalterlichen europäischen Kultur eine herausragende Rolle.[10] Das war in den islamischen Ländern nicht der Fall. Im Christentum hielt man Gespenster allgemein für unerlöste Seelen, die bei den Lebenden Rache, Absolution oder ein christliches Begräbnis suchten. Zur christlichen Lehre vom Fegefeuer gehörte die Vorstellung, daß die Gebete und Taten der Lebenden den Toten helfen könnten, und die ruhelose Seele, die zu den Lebenden sprach, legte ein wertvolles Zeugnis für die Richtigkeit der Vision der katholischen Kirche vom Weiterleben nach dem Tod ab. Das Fegefeuer spielt in der

Lehre der islamischen Orthodoxie über das Leben nach dem Tod keine Rolle. Gespenstern kam zwar in der islamischen Weltsicht keine eigene Rolle zu, aber einheimische Christen im Vorderen Orient glaubten an sie, und es ist durchaus möglich, daß deren Ängste manchmal die muslimischen Nachbarn ansteckten. Im mittelalterlichen Kairo war es üblich, ein Haus, in dem ein Mord oder ein Selbstmord geschehen war, zu verlassen und es dem Verfall preiszugeben. Das war immer noch besser, als das Risiko einzugehen, das Haus mit einem gepeinigten Geist zu teilen. Felix Fabri, ein christlicher Pilger, der im fünfzehnten Jahrhundert Ägypten besuchte, beschrieb ein Haus am Ufer des Nils, dessen Eigentümer durch »Nymphen« vertrieben worden war, nächtliche Geister, die zunächst die Möbel des Besitzers, dann den Besitzer selbst und seine Gefährten hinauswarfen. Trotz anschließender Versuche, es zu vermieten, war das Spukhaus unbewohnt geblieben. Aber diese pedantischen »Nymphen« setzten dem Besitzer eine monatliche Miete aus.[11] Man ist versucht, solche Bewohner als Gespenster zu bezeichnen, aber dies mag falsch sein, denn, wie Burton feststellt: »Spukhäuser (im Vorderen Orient) werden dort von *Ghulen*, *Dschinnen* und einer Menge übernatürlicher Geschöpfe bewohnt, aber nicht von richtigen Gespenstern; und ein Mann kann Jahre in Arabien leben, bevor er auch nur vom *Taif* hört.«[12] *Taif* könnte man mit *Gespenst* übersetzen. Das gilt auch für *Chajal*. Aber *Taif* hat auch die Bedeutung *Phantasie*, und *Chajal* heißt auch *Schatten*, beide Wörter implizieren, daß es das, was man sieht, in Wirklichkeit gar nicht gibt.

Unter den Geschichten aus *Tausendundeiner Nacht* scheint der Titel *'Ali aus Kairo und das Spukhaus in Bagdad* (W. W.: bei Littmann heißt sie *Die Geschichte von dem Kaufmanne 'Ali aus Kairo*, Bd. III, S. 580-609) eine Gespenstergeschichte zu versprechen, doch sie ist keine. Hier wird einem jungen Ägypter, der sein Glück in Bagdad versucht, zeitweise Unterkunft bei einem Kaufmann angeboten. Dem Kaufmann gehören drei Häuser, aber 'Ali wird gewarnt, daß es in einem von ihnen »spukt. Jeder, der dort nächtigt, ist am andern Morgen tot«(Li III, S. 590). Niemand wagt das Haus zu betreten, sei es nur, um die Leichen herauszuholen. Statt dessen beseitigt man die Leichen, indem man sie mit Seilen zum nächsten Dach zieht. Das klingt wie ein vielversprechender Anfang für eine traditionelle Gespenstergeschichte, aber, wie die Erzählung deutlich macht, glauben die Einheimischen, daß in dem Haus die *Dschinnen* spuken, nicht Gespenster. Doch die Geschichte geht weiter, und der *Dschinn*, der in dem Haus herumgeistert, bleibt unsichtbar. Nur seine Stimme ist zu hören. Aber statt 'Ali Schaden zuzufügen, überschüttet er ihn als den Erwählten, auf dessen Kommen man gewartet habe, mit Gold.

Das mittelalterlichen Christentum wurde von der Furcht vor Hexen verfolgt. Hexen waren ebenso zahlreich wie gefährlich. Sie flogen bei Nacht, sie vernichteten das Vieh und anderes lebendes Inventar, sie trafen sich zum Hexensabbat und veranstalteten obszöne Huldigungen für den Teufel. Die christliche Inquisition widmete der Hexenverfolgung, -befragung und -verbrennung riesige Ressourcen. Im Vorderen Orient dagegen gab es keine Institution, die der Inquisition vergleichbar gewesen wäre – es konnte allerdings gelegentlich ad hoc ein Tribunal, die *Michna*,[13] zu deutsch *Die Überprüfung, Prüfung; Leiden*, instituiert werden, um einen Häretiker auf die Probe zu stellen. Es gab auch keine obsessive Furcht vor Hexen. Man glaubte aber sehr wohl, daß es Hexen oder besser: Zauberinnen gab. Sie flogen nicht auf Besenstielen, sondern auf Krügen durch die Gegend. Zwei Typen von Hexen erscheinen in den Geschichten aus *Tausendundeiner Nacht*, und beide bedeuteten eine sexuelle Gefahr für Männer. Erstens gibt es den Typ der nymphomanischen Männermörderin – zum Beispiel die Zauberin in der *Geschichte des versteinerten Prinzen* (Li I, S. 83-96) oder in *der Geschichte von Dschanschah* (Li III, S. 796- IV, S. 74),[14] die 500 Jahre alte Königin, die Männer zwingt, mit ihr zu schlafen, und sie danach tötet, in der *Geschichte von Adschib und Gharib* (Li IV, S. 426-608). Der zweite Hexentyp ist lesbisch, und wie wir gesehen haben, werden Lesben in *Tausendundeiner Nacht* öfter als Hexen beschimpft. Trotz alledem spielten Hexen in der Dämonologie der arabischen Länder eine weitaus geringere Rolle als im christlichen Abendland.

Andererseits waren einige okkulte Tätigkeiten im Vorderen Orient sehr viel populärer als in Europa. In Europa benutzte man gelegentlich die Magie, um Genaueres über einen verborgenen Schatz zu erfahren. Der elisabethanische Magier John Dee und sein zwielichtiger Kollege Edward Kelley verschwendeten auf der Suche nach den zehn großen in England vergrabenen Schätzen, die von Rittern der Artus-Runde stammen sollten, sehr viel Zeit. In den arabischen Ländern dagegen war Schatzsuche ebensosehr eine ausgeklügelte okkulte Wissenschaft wie eine volkstümliche Obsession. Die Zahl der Erzählungen über dieses Thema in *Tausendundeiner Nacht* bezeugt das. Natürlich war Schatzsuche – die Suche selbst und die Martyrien, die bei der Verfolgung dieses Ziels durchzustehen waren, – auch in der westlichen Erzählliteratur ein populäres Thema. Man braucht nur an die Sage von den Gralsrittern, an Bücher wie Edgar Allan Poes *Die goldene Spinne*, Robert Louis Stevensons *Die Schatzinsel*, J. R. R. Tolkiens *Der Hobbit* oder Filme wie *Der Schatz in der Sierra Madre* oder *Die Expeditionen der verlorenen Arche* zu denken. Was bei arabischer Literatur über dieses Thema auffällt, ist allerdings die zentrale Rolle okkulten Wissens bei der Suche nach dem Schatz.

'Ala ed-Din und die Wunderlampe ist sicher die bekannteste Geschichte aus *Tausendundeiner Nacht* über Schatzsuche. In der Geschichte stellt der maurische – das heißt: nordafrikanische – Derwisch, der auch ein Zauberer ist, mit Hilfe der Astrologie fest, daß der Junge 'Ala ed-Din der einzige Mensch ist, der einen bestimmten Schatz zu heben vermag. Der Zauberer bringt den Jungen zu der durch Astrologie bestimmten Stelle und vollführt einen rituellen Räucherakt mit Weihrauch, um eine Höhle im Boden zu schaffen. Dann befragt der Zauberer seine geomantische Tafel – islamische Geomantik wird später in diesem Kapitel behandelt werden. Ein Kupferring an einer marmornen Platte wird sichtbar, als die Erde sich einen

Spalt öffnet. Der Zauberer bittet 'Ala ed-Din, die Platte zu heben, denn nur dieser Junge kann das tun, und in die darunterliegenden Gewölbe zu steigen. Die Gewölbe sind voller Schätze, aber 'Ala ed-Din wird gewarnt, sie zu berühren, sonst würde er in schwarzen Stein verwandelt, – und tatsächlich sucht der Zauberer nicht lediglich nach Silber und Gold, sondern nach einer magischen Lampe, die die Macht über einen Geist verspricht. Diese berühmte Geschichte muß hier nicht weiter vorgestellt werden.[15]

Die *Geschichte von Dschaudar und seinen Brüdern* (Li IV, S. 366-426) aber verdient es, bekannter zu werden, als sie tatsächlich ist. Sie ist interessanter als die *Geschichte von 'Ala ed-Din* und malt weitaus besser als sie eine unheimliche Atmosphäre. Dschaudar ist ein junger Mann, der Fische fängt, um seine Familie zu ernähren. Eines Tages begibt er sich zu diesem Zweck zum Karun-See, damals am Stadtrand von Kairo, aber noch ehe er sein Netz auswerfen kann, tritt ein Maure auf ihn zu, der ihn mit seinem Namen begrüßt und ihn bittet, ihm einen Gefallen zu tun. Dschaudar soll die erste Sure des Korans rezitieren, ihm die Ellenbogen zusammenbinden und ihn in den See werfen. Nur wenn er danach sehe, daß die Hände des Mauren sich über die Wasseroberfläche erhöben, solle Dschaudar sein Netz auswerfen, um ihn zu retten. Wenn aber die Füße des Mauren erschienen, dann würde Dschaudar wissen, daß der Maure tot sei. In diesem Fall solle Dschaudar den Maulesel mit den kostbaren Satteltaschen des Mauren nehmen, zu einem namentlich genannten Juden in Kairo bringen und diesem von dem Ereignis erzählen. Dann würde ihm der Jude hundert Dinar geben. Bei diesem Vorfall wird das seltsame eskapistische Abenteuer des Mauren zum Mißerfolg, Dschaudar sieht, wie die Füße des unglücklichen Mannes sich über die Wasseroberfläche erheben. So beginnt die lange und komplizierte Geschichte von Dschaudars Verstrickung in das Tun von Brüdern, Zauberern aus dem Maghreb, die ein Buch benutzen, das den Titel *Die Legenden der Alten* trägt und das ihr Führer auf der Suche nach den magischen Schätzen des esch-Schamardal ist.

Dschaudars Erprobung ist eine seltsame. In der Wildnis beschwört der maurische Zauberer, der Bruder zweier Zauberer, die bereits im Karun-See ertrunken sind, zwei *Dschinnen*, denen vorgeschrieben ist, Dschaudar zu gehorchen und ihm die Schätze esch-Schamardals zu erschließen. Dann instruiert er Dschaudar, worauf er vorbereitet sein muß, wenn sich die Tür zur unterirdischen Höhle zeige. Zuerst würde der Mann, der ihm die Tür öffne, verlangen, daß Dschaudar ihm seinen Nakken hinhielte, damit er ihm den Kopf mit dem Schwert abschlage. Dschaudar muß einwilligen, denn nur, wenn er das tut, wird die Erscheinung verschwinden, ohne Dschaudar irgendein Leid angetan zu haben. Dann würde Dschaudar einem Reiter mit einer Lanze gegenüberstehen, und er müsse ihm die nackte Brust darbieten, damit er in sie stoße, daraufhin würde der Reiter verschwinden. An der dritten Tür würde ein Bogenschütze Dschaudar bedrohen. An der vierten müsse er seine Hand einem brüllenden Löwen entgegenhalten, damit der sie mit den Zähnen packe, und an der fünften würde er von einem schwarzen Sklaven herausgefordert. An der sechsten Tür müsse er ertragen, daß zwei Drachen links und rechts der Tür ihm in die Hand beißen wollten. Wenn er schließlich zur siebenten Tür gelange, würde er seine Mutter sehen, die ihn willkommen heiße, aber hier müsse er sein Schwert ziehen und sie zwingen, sich zu entblößen, denn nur so würde die Erscheinung verschwinden. Und dann könne Dschaudar die Schatzhöhle betreten. Nachdem Dschaudar diese Instruktionen erhalten hat, steigt er hinab und besteht alle Ordale, bis er zur siebenten Tür kommt, wo ihm etwas entgegentritt, was seine Mutter zu sein scheint. Mit dem Schwert in der Hand zwingt er sie, ihren Schlüpfer auszuziehen. Da ruft sie – oder eher: es?: »Mein Sohn, ist denn dein Herz aus Stein? Willst du mich entehren, indem du mich zwingst, meine Scham zu entblößen?« Dschaudar zögert, und damit ist er verloren. Die übernatürlichen Wächter der Schätze stürzen sich auf ihn, schlagen ihn und vertreiben ihn aus der Höhle. Ein Jahr muß vergehen, bevor die astrologischen Zeichen wieder günstig stehen und

Dschaudar in der Lage ist, einen neuen Versuch zu unternehmen. Jetzt zwingt er das Phantom seiner Mutter, sich ganz zu entkleiden, und als er das tut, verwandelt sie sich in einen leblosen Körper. Nun sind die Schätze sein. Er darf sie nehmen.[16]

Dschaudars unterirdische Prüfungen scheinen vage an einen Initiationsritus für irgendeine Geheimgesellschaft zu erinnern, für den Mut, die Bereitschaft zu sterben und, sich sowohl von seiner Familie als auch von traditionellen sozialen Tabus zu trennen, gefordert sind. Alternativ könnte man die Geschichte von Dschaudars Prüfungen auch als ein nur notdürftig verhülltes Psychodram über den Abstieg ins Unbewußte ansehen, um den Monstern gegenüberzutreten, die dort warten, bevor man die Reichtümer der Reife erlangt. Aber es ist schwer zu sagen, ob solche »Subtexte« vom mittelalterlichen Auditorium dieser Geschichte begriffen werden konnten. Es gibt viele Geschichten zum Thema Schatzsuche in *Tausendundeiner Nacht*, darunter *König Ibrahim und sein Sohn*, *Die Geschichte von der Messingstadt* (Li IV, S. 206-55), *Die Geschichte von der Stadt Lebta* (Li III, S. 89-92), *Die Geschichte von der Schlangenkönigin* (Li III, S. 748- IV, S. 96), *Die Geschichte vom Kalifen el-Ma'mun und den Pyramiden* (Li III, S. 507-10), *Die Geschichte von Zain el-Asnam* (Li VI, S. 213-37) und *Die Geschichte des Juweliers Hasan von Basra* (Li V, S. 313-497). Die meisten dieser Geschichten sind ägyptischer Herkunft. Denn Ägypten, wo Grabräuber seit Tausenden von Jahren nach den verlorenen Schätzen der Pharaonen gesucht hatten, war in besonderem Maße das Land der *Matalibijja*, der professionellen Schatzsucher.

Schatzsuche war im mittelalterlichen Ägypten nicht unbedingt ein Stoff für die Phantasie oder die Literatur. Schatzsuche war tatsächlich sowohl eine okkulte Wissenschaft, als auch ein Beruf. Als Wissenschaft verlangte sie von denen, die sie betrieben, die Kenntnis der alten Überlieferungen und der Zauberei. Als Beruf erforderte sie Mut. Es war allgemein anerkannt, daß ein Angehöriger der *Matalibijja*[17] einem Risikoberuf nachging. El-Dschaubari in seiner Abhandlung *El-Muchtar fi Kaschf el-Asrar*, *Das Auserwählte über die Aufdeckung der Geheimnisse*, aus dem dreizehnten Jahrhundert warnte vor den realen Gefahren, denen sich sich der Schatzsucher konfrontiert sehen konnte: »Stell dir vor, du bist in einem langen, engen Gang, der in die Tiefen der Erde führt, und der Gang wird von Schwerter tragenden Statuen gesäumt. Sei vorsichtig! Schlag mit einem Stock auf den Boden vor dir, so daß die Schwerter ins Leere fallen!« El-Dschaubari erklärt weiter, wie die schwertschwingenden Arme der Statuen durch Röhren mit Quecksilber an Stolperdrähten aktiviert werden könnten. Leser des *Kaschf el-Asrar* werden darüber informiert, wie man Feuergefährdung durch magisches Räucherwerk verhindert und daß man den Boden vor sich mit einem Stock abklopfen soll, um zu vermeiden, daß man durch eine rotierende Steinplatte in ein Sandsilo geschleudert wird. Ein Schatzsucher brauchte Geduld, Mut, Geheimwissen und handwerkliches Geschick. El-Dschaubari sprach aus persönlicher Erfahrung. Er und einige Freunde fanden, als sie auf einem Friedhof nahe Kairo gruben, das Tor zu einem unterirdischen Gang. Sie umgingen die baufällige Treppe, nachdem sie sie mit Stöcken abgeklopft hatten, und sie vermieden die rotierende Steinplatte, nachdem sie ein Stück Blei auf sie geworfen hatten. El-Dschaubari sagt nichts darüber, ob sie tatsächlich einen Schatz fanden.[18]

El-Dschaubari war selbst einer der *Matalibijja* und wußte die Fähigkeiten der echten Schatzsucher durchaus zu schätzen. Er warnte auch vor den Gefahren durch Hochstapler, die sich als Schatzsucher ausgaben und die falsche Karten und Talismane benutzten und geheime Verstecke für »Schätze« und Drogen anlegten, um ihren Klienten ihr Geld abzunehmen. Die *Geschichte der Gauner mit dem Geldwechsler und dem Esel* handelt von einer Bande von Gaunern, die einen Geldwechsler glauben machen, daß ein Esel, der einem Kumpan von ihnen gehört, das einzige Geschöpf sei, das sie zu einem bestimmten Schatz führen könne. Der Geldwechsler läßt sich überreden, für sie zu handeln und ihrem Freund eine Riesensumme Geldes für den Esel anzubieten. Daraufhin verschwinden alle Betrüger mit dem Geld.

Es gab viel Schwindel im Zusammenhang mit Schatzsucherei, aber niemand zweifelte daran, daß es da reale Glücksgüter zu gewinnen gab – und auch reale Gefahren zu bestehen. Neben den Gefahren durch Fallen aller Art und durch *Dschinnen* hatten die *Matalibijja* oft Killerautomaten entgegenzutreten. Ein großer Teil des Wissens der alten Griechen über raffinierte mechanische Geräte, betrieben vom Wind, vom Wasser, von Gewichten oder Quellen, war den mittelalterlichen Arabern vermittelt worden, und arabische Technikexperten setzten Traditionen fort. Sie entwickelten Geräte für die Zeitangabe, also Uhrenautomaten, außerdem Tränk- und Musikautomaten weiter und verfeinerten sie.[19] Doch dem Volksglauben zufolge waren solche Automaten – primitive Roboter – durch Magie wirksam, und man glaubte vielerorts, daß alte Könige und Zauberer durch Magie betriebene Automaten zu Wächtern über ihre geheimen Schätze eingesetzt hätten.

Der Automat,[20] ein Geschöpf, das weder lebt, noch tot ist, erscheint in *Tausendundeiner Nacht* oft als unheimliches Zubehör in Wundererzählungen. Der Ruderer aus Messing, der eine Tafel aus Blei über der Brust trägt, die mit talismanartigen Zeichen beschrieben ist, und der den dritten Bettelmönch zu den Inseln der Sicherheit hinüberrudert; das kleine Männlein, das ein Bettelmönch aus Bienenwachs formt und das in den Fluß taucht, um den verlorenen Siegelring des Sultans wiederzuholen; die luftbetriebenen Statuen, die zu 'Omar ibn en-Nu'man und seinem Sohn im Palast der christlichen Prinzessin zu sprechen scheinen; und das Ebenholzpferd, das vom Wind getragen wird, und das den Menschen durch die Luft trägt, wenn man einen Hebel an der rechten Seite bewegt, (W. W. in der späteren Fassung der Geschichte, in einer früheren erhebt es sich bereits in die Luft, als der Prinz es besteigt): alle simulieren Leben, aber sie haben kein Leben in sich. Ersonnen meist von längst verstorbenen Experten, sind sie Überbleibsel einer kaum verstandenen und deswegen gefahrvollen Vergangenheit. In der steinernen Stadt der Götzenanbeter in der *Geschichte von 'Abdallah ibn Fadil und seinen Brüdern* (Li VI, S. 502-564) sind die Götzenbilder von Menschenhand gefertigt, aber, wie der von Gott gesandte Prophet sagt: »Eure Götter habt ihr euch selbst gemacht, und die Teufel hausen in ihnen; ja, sie sind es, die aus dem Bauch der Götzenbilder sprechen« (Li VI, S. 529).

Um Schätze zu finden, mußte man zu Orakeln und zur Divination Zuflucht nehmen. Nach Schätzen konnte man mit der Wünschelrute suchen wie nach Wasser, und der Schatzsucher mag Beziehungen zu den verwandten Wissenschaften der Astrologie und der Geomantik gehabt haben. Während ihrer Prüfung durch die weisen und gelehrten Männer des Kalifenhofs gibt die gebildete Sklavin *Tawaddud*, die Heldin der nach ihr benannten Geschichte in *Tausendundeiner Nacht* (W. W.: die vermutlich aus Spanien stammt), eine improvisierte Lektion über die Stationen des Mondes, die günstigen und die unheilvollen Aspekte der Planeten und die Glück oder Unglück verheißenden Tage der Woche (Li III, S. 660ff.). Aber sie ist vorsichtig genug, auf die Grenzen der Divination hinzuweisen. Bestimmte Dinge im Voraus zu wissen, ist ein Privileg, das nur Gott zukommt. Tawadduds Zurückhaltung gegenüber den Kräften der Astrologie wurde von vielen mittelalterlichen Philosophen geteilt. In der Literatur aber tritt das, was die Astrologen vorhersagen, immer ein. In der *Geschichte des dritten Bettelmönchs* (Li I, S. 160-184) erzählt der Jüngling, der sich auf einer Insel versteckt hält, dem 'Adschib ibn Chadib, wie die Astrologen und Weisen bei seiner Geburt sein Horoskop stellten und dann seinem Vater sagten: »Dein Sohn wird bis zu seinem fünfzehnten Jahre leben, aber dann droht ihm Gefahr; wenn er sie übersteht, so wird er noch lange Zeit am Leben bleiben« (Li I, S. 168). Aber es gibt kein Entkommen vor dem Geschick, das die Astrologen prophezeit haben, und obwohl 'Adschib ibn Chadib den Jüngling gar nicht töten will, tut er das, genauso, wie es die Astrologen vorhersagten.

Sowohl in christlichen als auch in muslimischen Landen war die Astrologie eng verbunden mit der Geomantik. In den von den Mamluken beherrschten Gebieten benutzten Wahrsager meist eine Kombination aus Geomantik und Astrologie, um ihre Prophezeiungen zu formulieren.

»Ich bin der Berechner, der schreibkundige Mann!
Ich bin's, der das Gesuchte und den Suchenden erkennen kann!
Ich bin der Weise, klug und gewandt!
Ich bin der Sterndeuter, überall bekannt!
Wo ist der, der da sucht?« (Li II, S. 421)

So ruft der Held in der *Geschichte von Kamar ez-Zaman*, als er, um die Königstochter zu erringen, als Geomant verkleidet durch die Straßen wandert, die kostbaren Werkzeuge seines Standes mit sich tragend: »eine goldene geomantische Tafel mit allem Zubehör und mit einem vergoldeten Astrolabium aus Silber« (ibid.). Auf ihrer einfachsten Stufe verlangte die Geomantik von dem, der sich ihrer als Wahrsager bediente, nicht mehr, als daß er die Zukunft aus zufälligen Zeichen im Sand vorhersagte. In der *Geschichte von 'Ali Schar und Zumurrud* (Li III, S. 204-255) braucht Zumurrud, die sich als Geomant ausgibt, nichts weiter als ein Tablett mit Sand und eine Messingfeder, damit sie die Gestalt eines Pavians aus den zufälligen Zeichen vorhersagen kann, die ihre Feder in den Sand gezeichnet hat. Aber, wie aus Kamar ez-Zamans Prahlerei und auch aus seinen Utensilien deutlich wird, gehörten zur Geomantik auf einer raffinierteren Ebene umfangreiche astrologische Kalkulationen. Eine geomantische Figur wurde geformt, indem man vier zufällige, gepunktete Linien zeichnete. Dann wurde die Zahl der Punkte in jeder Linie gezählt, um festzustellen, ob sie gerade oder ungerade war. Die Kombination von geraden und/oder ungeraden Linien erzeugte eine von sechzehn möglichen geomantischen Figuren. Das Horoskop des Kunden, die zur Zeit der Befragung beherrschenden Planeten und andere astrologische Erwägungen, sie alle spielten bei der endgültigen Prognose des Geomanten ebenfalls eine Rolle.[21] Mittelalterliche muslimische und christliche Geomantik sollte nicht mit chinesischer Geomantik verwechselt werden, die mit den »subtilen Strömungen in der Erde« und dem Wallen okkulter Kräfte des *yin* und *yang* durch Landschaften und Gebäude befaßt ist. In *Tausendundeiner Nacht* ist Geomantik das am weitesten verbreitete Mittel zum Aufspüren des Unbekannten. Die listige Dalila wirft eine geomantische Figur, um 'Ali ez-Zaibaks wahre Identität herauszubekommen. Geomanten sagen die Zukunft von Zain el-Asnam voraus. Geomantik enthüllt dem Zauberer, daß 'Ala' ed-Din immer noch am Leben ist.

Firasa, physiognomische Prophezeiung oder auch Vorhersage aus äußerlichen Erscheinungsformen, war eine Wissenschaft oder Fähigkeit am Rande des Okkulten. Die, die sie praktizierten, mochten sich auf okkulte Überlieferung stützen, um unerklärliche Meisterstücke der Deduktion zu vollbringen, aber sie setzten auch ihren Mutterwitz und monotone detektivische Arbeit ein. Das Wort *Firasa* kommt von derselben Wurzel wie *Faras*, *Pferd*, und es könnte sein, daß die Fähigkeit der *Firasa* zunächst von den Beduinen entwickelt wurde, um Pferde zu taxieren und die Betrugsmanöver von Roßtäuschern zu durchschauen. In späteren Jahrhunderten bestand ein wesentliches praktisches Anwendungsfeld der *Firasa* in der Prüfung und im Kauf von Sklaven, die auf dem Sklavenmarkt zum Verkauf angeboten wurden.[22] Der Kulturhistoriker Carlo Ginzburg hat in einem brillanten und umfassenden Essay mit dem Titel *Spurensicherung. Wurzeln eines überzeugenden Paradigmas* die einander verwandten Techniken von Kunstkennnerschaft, Psychoanalyse, Wahrnehmung und *Firasa* analysiert. Ginzburg sagt: »Die alte arabische Physiognomik stützte sich auf die *Firasa*: ein komplexer Begriff, der im allgemeinen die Fähigkeit bezeichnete, auf der Basis von Indizien unmittelbar vom Bekannten zum Unbekannten vorzustoßen.«[23]

Die Geschichte vom König, der um das Wesen der Dinge wußte, und *Die Geschichte des Sultans von el-Jemen und seinen drei Söhnen* sind Geschichten über *Firasa*. In der ersteren ist der König, der sein Reich verloren und sich selbst in die Sklaverei verkauft hat, in der Lage, seinen Nachfolger auf dem Thron durch seine Fähigkeit zu verblüffen, nur durch Anschauung festzustellen, daß eine bestimmte Perle innen verfault ist, daß, entgegen oberflächlichem Anschein, das ältere von zwei Pferden, die zum Kauf angeboten werden, der bessere Kauf ist, und daß schließlich der König, sein Herr, der Sohn eines Bäkkers ist. In der *Geschichte des Sultans von el-Jemen und seinen drei Söhnen* sind drei begabte Söhne, die durch unwegsames Gelände wandern, in der Lage, auszumachen, daß ein einäugiges Kamel ohne Schwanz, das mit Helva und Eingepökeltem beladen war, vor ihnen diesen Weg gegangen ist. Diese Detektivgeschichte ist von beträchtlichem Alter. Eine ähnliche Version erscheint in et-Tabaris umfangreicher Chronik der islamischen Geschichte, den *Annalen*, aus dem zehnten Jahrhundert. Andere Versionen dieser Geschichte finden sich in Sercambis *Novelle* aus dem fünfzehnten Jahrhundert, in Voltaires *Zadig* und in neuerer Zeit in Umberto Ecos *Der Name der Rose*. Hinweise auf *Firasa* gibt es auch anderswo und reichlich in *Tausendundeiner Nacht*. In der *Geschichte von dem nächtlichen Abenteuer des Sultans von Kairo* wird die Verkleidung des Sultans vom jüngsten der Mädchen, die er besucht, durchschaut, denn sie blickt »mit den Augen eines Physiognomikers auf ihn«. Dem, der von solchen Dingen nichts verstand, müssen solche Deduktionen einfach mirakulös vorgekommen sein, aber oft war das lediglich eine Angelegenheit genauer Beobachtung, verbunden mit logischem Denken. Um diesen Prozeß war nichts zwingenderweise Okkultes. Doch bestimmte Sufi-Scheichs lehrten, wie innere Wahrheiten durch okkulte Intuition deduziert werden könnten, wie ein Mystiker sich in »einen Spion des Herzens« verwandeln, und wie *Firasa* leicht in Gedankenlesen, *Mukaschafa*, übergehen könnte. Äußere Erscheinungsformen verrieten innere Wahrheiten, und es ist ein Gemeinplatz aus *Tausendundeiner Nacht*, daß »das Schicksal eines Menschen auf seiner Stirn geschrieben steht.«

Das umfangreiche Wissenschaftsgebiet der Divination umfaßte einige ganz seltsame Zweiggebiete wie Urinomantik, dargestellt in der *Geschichte vom Weber, der ein Blutegel wurde*, in der der Weber vorgibt, als Urinomant tätig zu sein, in Wirklichkeit aber das breitere Gebiet der Physiognomik betreibt, Divination durch Klopfen, Divination aus Wunden, Divination aus Schönheitsmalen und *Kijafa*, das ist Divination der Abstammung. Man bezeichnete sogar die Vorhersage von Regen durch die Prüfung des Himmels und seines Aussehens als Divination – vielleicht sogar zu Recht, denn moderne Versuche, die Meteorologie in eine voll anerkannte Wissenschaft zu verwandeln, sind jedenfalls nicht so recht überzeugend.

Aber neben Astrologie und Geomantik war Traumdeutung wahrscheinlich die am häufigsten angewandte Methode, Geheimnisse der Zukunft zu enthüllen.[24] Trotz der unheimlich traumähnlichen Qualität so vieler Geschichten in *Tausendundeiner Nacht* sind die Träume, die in den Geschichten tatsächlich eine Rolle spielen, eher schlicht und leicht zu interpretieren. Es ist ein Charakteristikum volkstümlicher Erzählungen, daß die Träume, die hier geträumt werden, stets reale Botschaften vermitteln. Wenn Gharib in der *Geschichte von 'Adschib und Gharib* (Li IV, S. 426-608) träumt, daß er und sein Gefährte durch zwei hungrige Raubvögel aus einem Tal in die Luft getragen werden, dann ist der Inhalt dieses Traums nicht der eines mystifizierenden Rätsels mit latent sexuellem Gehalt, der auseinandergenommen und entschlüsselt werden muß. Vielmehr sind Gharib und sein Gefährte am nächsten Tag wirklich in einem Tal, als zwei große vogelähnliche Geschöpfe aus der Luft niederstoßen und sie wegtragen. Die arabischen Erzähler des Mittelalters bedienten sich keines ausgeklügelten Traumsymbolismus. Wenn ein Sultan in einer Geschichte vor etwas gewarnt wird, dann wird die Warnung zur Realität. Der Traum ist in mittelalterlicher arabischer Literatur ein Mittel des Erzählers, vorherzusagen, was geschehen wird, – und als solches eine besondere Form literarischer Andeutung oder Vorwegnahme. Aber Träume dienen nicht nur dazu, vorzuzeichnen, was später in der Geschichte passieren wird, sie führen oft die Geschehnisse, die Handlung herbei. Zum Beispiel wird in der *Geschichte von dem reichen Manne, der verarmte und dann wieder reich wurde* (Li III, S. 330-32) dem Mann gesagt, er solle seine Geburtsstadt Bagdad verlassen und nach Kairo gehen, wo er den Verbleib eines verborgenen Schatzes entdekken würde. In Kairo widerfährt ihm eine Reihe von Mißgeschicken, und er endet im Gefängnis. Dort erzählt er seinen Traum dem Polizeichef. Der macht sich über die Vorstellung lustig, Träume seien wahr, und erzählt dem Mann, wie er selbst von einem bestimmten Haus, einem Hof und einem Brunnen in Bagdad und von einem Schatz geträumt habe, der unter diesem Brunnen vergraben sei. Der Gefangene merkt, daß dieses Haus sein eigenes ist, kehrt nach seiner Entlassung aus dem Gefängnis nach Bagdad zurück und hebt den Schatz. Eine Variante dieser Geschichte in der englischen Volksliteratur ist als die *Geschichte des Hausierers von Swaffham* bekannt.[25] In dieser Geschichte und in vielen anderen sagt der Traum nicht nur die Zukunft voraus, er läßt sie überhaupt erst eintreten. Viele der Träume in *Tausendundeiner Nacht* erweisen sich als »self-fulfilling-prophecies«, als Prophezeiungen, die sich selbst verwirklichen.

In der mittelalterlichen islamischen Realität befand sich im Gegensatz zur Volksliteratur die Wissenschaft der Traumdeutung auf einem sehr hohen Niveau, und nicht alle Träume galten als wahr. Es gab Träume, die von Gott kamen und die Teil des Prophetentums waren, und die meisten Muslims waren der Ansicht, daß kein Traum, in dem der Prophet vorkam, falsch oder irreführend sein konnte. Dann gab es rätselhafte Träume, die nicht direkt von Gott kamen, die aber trotzdem, wenn sie einfühlsam interpretiert wurden, nützliche Leitung für die Gegenwart und die Zukunft desjenigen gaben, der den Traum geträumt hatte. Dann gab es schließlich konfuse Träume, die allenfalls das Ergebnis einer Magenverstimmung oder einer schlechten Schlafposition waren. Viel hing davon ab, welchen Traumdeuter man wählte, denn dem Traum wurde keinerlei Bedeutung beigemessen, solange das nicht von seinem Deuter unternommen wurde. »Der Traum richtet sich nach seinem Mund.« War der Traum aber einmal gedeutet, dann war seine Bedeutung festgelegt. Thomas Mann spielt in seinem Roman *Joseph und seine Brüder* mit diesem alten semitischen Konzept: »Mit der Träumerei möchte es wohl ein Rundes und Ganzes sein, worin Traum und Deutung zusammengehören und der

Träumer und Deuter nur scheinbar zweie und unvertauschbar, in Wirklichkeit aber vertauschbar und geradezu ein und derselbe sind, denn sie machen zusammen das Ganze aus.«[26] Träume hatten auch je nach dem Status des Träumers unterschiedliche hierarchische Ränge. So wurde dem Traum eines Königs eher Glauben geschenkt als dem eines einfachen Mannes, und der Traum eines Mannes war glaubwürdiger als der einer Frau.

Einer alten arabischen Geschichte zufolge, die nicht in *Tausendundeiner Nacht* steht, ging ein Mann eines Morgens die Straße entlang, als er sah, wie Tod ihn seltsam anschaute. In panischer Angst floh der Mann aus seiner Geburtsstadt und wollte soviel Abstand wie möglich zwischen sich und Tod legen. Am Abend kam er nach Samarra und fand dort Tod, der auf ihn wartete. Der Grund, warum Tod den Mann am Morgen so seltsam angeschaut hatte, war sein Erstaunen darüber, ihn dort zu sehen, denn Tod hatte gewußt, daß ihnen an jenem Abend eine Begegnung in Samarra bevorstand. Hier verbinden sich ergänzende Handlungen, damit das vorherbestimmte Schicksal eintreffen kann. Die Struktur der *Geschichte von der Verabredung in Samarra* ist im wesentlichen dieselbe wie die der *Geschichte von dem reichen Manne, der verarmte und dann wieder reich wurde*, von der oben die Rede war. Solche Geschichten liefern vollkommene Beispiele für die auf geheimnisvolle Weise befriedigenden Symmetrien von Schicksal und Fiktion.

Kada' und *Kadar* spielen im muslimischen Universum eine bestimmende Rolle. *Kada'* bedeutet *Beschluß* oder allgemein *Schicksal*, das heißt: *Gottes Beschluß*, während *Kadar* eine besondere Form der Anwendung von *Kada'* ist. Obwohl viele muslimische Philosophen und einige Sekten das bestreiten, wird die Vorstellung von der Vorherbestimmung, von der Kontrolle des Lebens von Männern wie Frauen, von den sunnitischen Muslims weitestgehend akzeptiert. Wenn Gottes Wille allmächtig ist, dann zählt menschlicher Wille nichts – oder besser: des Menschen Wille wird durch Gottes Willen determiniert, so daß, etwas spitzfindig, ein Mensch aus seinem oder ihrem freien Willen heraus das Schicksal wählt, das Gott dieser Person ohnehin vorherbestimmt hat. Die Verdammten sind verdammt, weil Gott ihnen ihre Verdammung vorherbestimmt hat. »Versiegelt hat Gott ihre Herzen und ihr Gehör, und über ihrem Augenlicht liegt eine Hülle. Und bestimmt ist für sie eine gewaltige Pein« (Koran, Sure 2, Vers 7); und: »Gott führt irre, wen er will« (Koran Sure 13, Vers 27). Der islamischen Volksüberlieferung zufolge nahm Gott, als er Adam erschuf, alle seine späteren Nachkommen – die aussahen wie kleine Ameisen – und teilte sie in die mit guten und die mit schlechten Zukunftsaussichten. Die guten wurden auf die rechte Seite von Adams Körper plaziert, die schlechten auf die linke.

Das ist eher ein Exkurs, denn die Art, in der das Schicksal in mittelalterlicher arabischer Literatur wirkte, verdankte der spekulativen Theologie nur wenig. Et-Tanuchis *El-Faradsch ba'd asch-Schidda*, *Freud nach Leid* oder *Ende gut, alles gut*, eine Erzählsammlung aus dem zehnten Jahrhundert, die das Wirken göttlicher Vorherbestimmung zeigen soll, wurde mit dem Ziel zusammengestellt, ihr Publikum dazu zu inspirieren, auferlegte Drangsal mit Fassung und frommer Resignation (W. W.: und auch eigenem Mutterwitz, Einfallsreichtum, mit List und klug gewählten Worten angesichts feudaler Willkür u.a.m.) zu ertragen.[27] *Tausendundeine Nacht* enthält viele Geschichten und Fabeln, die diesen Standpunkt des »unausweichlichen Schicksals« ebenfalls vertreten und zu einer Art frommen Quietismus raten. In der *Geschichte von den Fischen und dem Krebs* (Li VI, S. 21-23)[28] begeben sich die Fische, die Angst bekommen, weil ihr Teich austrocknet, zum Krebs (»denn er ist der größte unter uns!«), um ihn um Rat zu fragen. Dieser drängt zur Ergebung in Gottes Willen, denn: »Wißt Ihr denn nicht, daß Allah, der Gepriesene und Erhabene, Seine Diener versorgt, ohne zu rechnen, daß Er ihnen ihr täglich Brot vorausbestimmte, ehe Er noch irgendeines der Dinge schuf, und daß Er einem jeden Geschöpf in Seiner göttlichen Allmacht eine bestimmte Lebenszeit und einen zugemessenen Unterhalt festsetzte?« (Li VI, S. 22) Und wie der Sperling, der in die Falle gegangen ist, in einer der Fabeln feststellt: »Es hat mir nichts genützt, mich vor dem Schlag des Schicksals vorsehen zu wollen, denn auch der, der Vorsicht übt, kann dem Schicksal nie entfliehen.« Aber der Versuch, dem Schicksal zu entkommen, ergibt jedenfalls eine bessere Geschichte, als auf den weisen, alten Krebs zu hören und auf den nächsten Regen zu warten. In den meisten Geschichten aus *Tausendundeiner Nacht* lehnen es die Helden ab, den Warnungen von weisen alten Männern und von Astrologen zu folgen, und bemühen sich darum, das Schicksal zu überlisten.

Sich in Gottes Willen zu ergeben, ist ganz offensichtlich lobenswert. Manchmal allerdings hat man das Gefühl, daß die Doktrin der Vorherbestimmung dazu benutzt wird, weniger lobenswerte Ziele zu verfolgen, und Ergebung in den göttlichen Beschluß kann auch als Entschuldigung für Müßiggang dienen. Einige der Geschichten in *Tausendundeiner Nacht* können sicher so verstanden werden. In der *Geschichte vom Chawadscha Hasan el-Habbal* (Li VI, S. 270-297) zum Beispiel geht es um eine Debatte zwischen zwei Nachbarn darüber, ob harte Arbeit oder das Glück einen Mann reich machen. Sie schließt unvermeidlich damit, daß »Reichtum nicht durch Reichtum kommt, sondern allein durch die Gnade Allahs, des Allmächtigen, wird ein Armer zu einem reichen Manne« (Li VI, S. 297). Allgemeiner gesagt, es ist auffallend, wie viele Geschichten in *Tausendundeiner Nacht*, Geschichten, die dafür gedacht waren, die Müßiggänger in den Kairoer Caféhäusern zu unterhalten, Helden haben, die schwach und untätig sind, aber durch erstaunlich viel Glück zu großen Reichtümern gelangen. 'Ala ed-Din ist vielleicht das bekannteste Beispiel für einen solchen wenig imposanten Helden. Das Schicksal ist launenhaft und bevorzugt den Bescheidenen, den Untalentierten und den Faulen. Man denke auch an Ali Baba, Ma'ruf, den Schuhflikker, und eine ganze Anzahl armer Fischer, die in Flaschen eingesperrte *Dschinnen*, sprechende Fische und magische Ringe aufspüren. Was kann mehr Chancen bieten, als sein Netz ins

Wasser zu werfen? Das Schicksal oder die Vorherbestimmung sind, nach Gott, des armen Mannes allmächtiger Ombudsmann. »Denke nicht, o König, daß du sicher bist vor den Wechselfällen der Zeit und den Schlägen des Schicksals, die eintreten wie ein Reisender in der Nacht«, warnt der Wesir in der *Geschichte von Kamar ez-Zaman* (Li II, S. 351-560). Das Schicksal ist wie der Tod der große Gleichmacher, und der »Tod, der Zerstörer aller Freuden«, ist jedermanns Schicksal. Wir alle werden schließlich durch jenes dunkle und unendlich schmale Loch gezogen.

»Charakter ist«, wie der deutsche Dichter Novalis etwas kryptisch feststellte, »Schicksal«.[29] Novalis meinte wahrscheinlich, daß jedes Individuum durch seine besonderen Fähigkeiten und auf der Suche nach der Verwirklichung seiner besonderen Ziele der Archtitekt seines Glücks oder auch Unglücks ist. In *Tausendundeiner Nacht* dagegen ist der Sinn für dieses Gleichgewicht von Charakter und Schicksal rückwärts gerichtet. Denn, wie Todorov in seinem Essay über die *Erzählpersonen* sagt, scheinen »Charaktere« wie Sindbad und Ali Baba gar keinen Charakter, keinen inneren Tiefgang und keine psychologische Konsistenz zu besitzen. Sie sind, was sie tun, oder eher, sie sind, was das Schicksal (das im Interesse des Erzählers harte Arbeit leistet) sie tun läßt.[30]

Aus den Geschichten von *Tausendundeiner Nacht* lernen wir, das Schicksal ist, »was auf der Stirn geschrieben steht«. Schicksal wird tatsächlich überall geschrieben. Es ist *maktub*, das heißt *(auf-)geschrieben*. Schicksal ist eine durch und durch literarische Angelegenheit. Jeder Mann hat seine Geschichte, und sie ist ihm vorgeschrieben. Der Dichter Zuhair ibn Abi Sulma verglich das Schicksal einmal einem »nachtblinden Kamel«. Es mag stimmen, daß das Schicksal im wirklichen Leben blind ist. Aber wenn wir zur Literatur kommen, stellen wir fest, daß die Blindheit des Schicksals eine gänzlich irreführende Metapher ist. Wie wir sehen werden, ist das Schicksal weit entfernt davon, blind zu sein. Es wacht über allem und ordnet alles peinlich genau. Es gibt kein wahlloses Umhertappen von seiten des Schicksals. Obwohl das Schicksal allgegenwärtig und stets aktiv ist, kann man es nur anhand bestimmter Spuren ausfindig machen, etwa von Zeichen auf der Stirn oder im Sand oder auch durch das Eintreten erstaunlicher Zufälle, *Ittifak*. Obwohl meist unsichtbar, ist das Schicksal in *Tausendundeiner Nacht* eine Hauptfigur. Wie wir gesehen haben, ist das Schicksal in der *Geschichte des zweiten Bettelmönchs* (Li I, S. 131-142), unterstützt von den Astrologen, der Dramaturg der Mißgeschicke von Chasib und dem Prinzen, den er tötet. Ebenso wird der König in der *Geschichte von König Ibrahim und seinem Sohn* von seinen Astrologen gewarnt, sein soeben geborener Sohn würde im Alter von sieben Jahren von einem Löwen angefallen werden, und mehr noch, wenn der Junge den Überfall des Löwen überlebte, würde er heranwachsen, um seinen königlichen Vater zu erschlagen. Der König läßt zum Schutz gegen eine solche Eventualität seinen Sohn einschließen und sorgfältig bewachen. Aber sieben Jahre später ist »die Zeit des vorherbestimmten Schicksals und des auf die Stirn Geschriebenen« gekommen. Die Amme des Jungen wird von einem Löwen getötet, und der Sohn verschwindet. Er kehrt später versehentlich zurück, um seinen Vater zu töten. Mit seinen letzten, ziemlich weitschweifigen, Atemzügen vergibt der König seinem Sohn, denn, wie er seinen Höflingen sagt: »Wisset, das, was Allah auf die Stirn geschrieben hat, sei es nun Glück oder Unglück, das kann niemand wegwischen, und alles, was einem Mann bestimmt ist, das muß ihm unweigerlich geschehen.«

In der *Geschichte von der Tochter des Kaufmanns und dem Prinzen von el-Irak* wird der Kaufmann von einer unsichtbaren Stimme gewarnt, zunächst, daß »Vorherbestimmung über die Vernunft siegt und daß Ergebung in die von Allah gesandten Prüfungen das wichtigste und beste« ist, und dann, daß seine Tochter ein uneheliches Kind von einem irakischen Prinzen bekommen werde. In einem – unausweichlichen – Versuch, den Beschluß des Schicksals zu verhindern, unternimmt der Kaufmann Schritte, um seine Tochter auf einem entlegenen Berg zu verstecken. Aber eben das, was der Kaufmann unternimmt, um die Tugendhaftigkeit seiner Tochter zu bewahren, verursacht ihren Fehltritt. Denn der irakische Prinz begibt sich eines Tages auf die Jagd und trifft auf einen Hengst, der »nach dem Beschluß des Schicksals von Gott gelenkt und dem Prinzen um dessentwillen geschickt wurde, was in der Welt der Geheimnisse vor ihm verborgen geblieben war«. Dieser Hengst trägt den Prinzen zu dem Mädchen, das ganz abgeschieden auf dem Berg lebt. Und so geht die schicksalsbeladene Geschichte ihren Gang. In der *Geschichte von 'Attaf*, auch bekannt als die *Geschichte des Schicksals*, besucht Harun er-Raschid eine Bibliothek, schaut zufällig in einen Band, beginnt zu lachen und zu weinen und entläßt den treuen Wesir Dscha'far. Dscha'far flieht verwirrt und verärgert aus Bagdad und wird in Damaskus in eine Reihe von Abenteuern verwickelt, zu denen 'Attaf und die Frau gehören, die er schließlich heiratet. Nach Bagdad zurückgekehrt, erstattet er Harun Bericht, und der nimmt ihn in die Bibliothek mit. Nun darf Dscha'far in das Buch schauen, das seinem Herrn so viel Kummer und Freude bescherte, und da findet Dscha'far die Geschichte seiner Abenteuer mit 'Attaf, dieselben Abenteuer, die ausgelöst wurden, weil Harun die Geschichte in diesem Buch las. Und so wurde der Beschluß des Schicksals erfüllt. Eine Art umgekehrtes Kausalprinzip herrscht in diesen Geschichten, in denen die Prophezeiung das veranlaßt, was prophezeit wird. C. S. Lewis hat über diesen Geschichtentyp – die Ödipus-Geschichte gehört zur selben Kategorie – geschrieben:

> »Solche Geschichten erzeugen, jedenfalls in mir, ein Gefühl der Ehrfurcht, verbunden mit einer Art von Bestürzung, wie man sie oft empfindet, wenn man ein komplexes Muster von Linien anschaut, die über- und untereinander verlaufen. Man sieht, sieht aber doch wieder nicht ganz, die Regelmäßigkeit... Wir haben soeben etwas mit unserer Vorstellungskraft konfrontiert, das den Verstand immer verblüfft hat: Wir haben gesehen, wie Schicksal und freier Wille miteinan-

der verbunden werden können, sogar, wie der freie Wille der modus operandi des Schicksals ist.«[31]

Das Schicksal liebt Symmetrie und Ökonomie in Geschichten, das Schicksal steht hier natürlich für den Erzähler. *Ein* Weg für den Erzähler, Ökonomie zu erreichen, besteht in der geschickten Entwicklung des Zufalls, aber was ist Zufall? In Julian Barnes' Roman *Flauberts Papagei* lehnt der Erzähler Zufälle rund heraus ab: »Sie haben etwas Spukhaftes: man spürt für einen Augenblick, wie es sein müßte, in einem geordneten, gottgelenkten Universum zu leben, wo Er einem über die Schulter schaut und hilfsbereit überdeutliche Hinweise auf einen kosmischen Plan fallen läßt«. Und Barnes' Brummbär fährt fort: »Und was die Zufälle in Büchern angeht – dieser Kniff hat etwas Kitschiges und Sentimentales; ästhetisch gesehen wirkt es einfach immer billig. Der Troubadour, der gerade rechtzeitig vorbeikommt, um das Mädchen zu retten, das hinter die Hecke gezerrt werden soll; die unverhofft, aber wie gerufen auftauchenden Wohltäter bei Dickens; der saubere Schiffbruch an einer fremden Küste, der Geschwister und Liebende wiedervereint.«[32] Aber Barnes' Erzähler gesteht dem Zufall in Picaro-Erzählungen eine besondere Rolle zu, und natürlich waren sich Araber im Mittelalter ganz sicher, in »einem geordneten gottgelenkten Universum« zu leben, und sie hatten nichts dagegen, daß der Erzähler ebensolche Mächte über seinem fiktionalen Universum vorausetzte.

In der *Geschichte von Dschullanar, der Meermaid, und ihrem Sohn, dem König Badr Basim von Persien* (Li V, S. 86-152) flieht Prinzessin Dschauhara vor einem Aufruhr im Palast auf eine bestimmte Insel und verbirgt sich auf einem bestimmten Baum. Sicherlich wird sie niemand hier entdecken? Aber tatsächlich treibt das Schicksal, »seit Ewigkeit vorherbestimmt«, den Prinzen Badr Basim, der flieht, um sein Leben zu retten, auf ebenjene Insel, auf der die Prinzessin Zuflucht gesucht hat, und Badr legt sich unter ebenjenen Baum, um sich auszuruhen. Der Zufall ist geradezu lächerlich, und Barnes'

Erzähler würde ihn ablehnen, doch ohne den Zufall gäbe es keine Geschichte. Ohne Muster gibt es keinen Sinn. Zufälle aber deuten einen verborgenen Sinn in der Weltordnung an. Das Schicksal verspricht, nein, viel mehr als das: Es verlangt Abenteuer, und nachdem es Abenteuer herbeigerufen hat, zerstreut es sie zum Schluß wieder. Der italienische Filmregisseur Pier Paolo Pasolini, einer der klügsten der modernen Interpreten von *Tausendundeiner Nacht*, hat beobachtet, daß

> »jede Geschichte in *Tausendundeiner Nacht* mit einer ›Erscheinung des Schicksals‹ beginnt, die sich durch eine Anomalie manifestiert, und eine Anomalie ruft stets die nächste hervor. So wird eine Kette von Anomalien inszeniert. Und je logischer, fester geknüpft und wesentlicher diese Kette ist, desto schöner ist die Geschichte. Mit ›schön‹ meine ich vital, fesselnd und amüsant. Die Kette von Anomalien tendiert immer dazu, zur Normalität zurückzuführen. Das Ende jeder Geschichte in *Tausendundeiner Nacht* besteht im ›Verschwinden‹ des Schicksals, das in die Verschlafenheit des Alltagslebens zurückfällt. Protagonist der Geschichten ist tatsächlich das Schicksal selbst.«[33]

Bewußt oder unbewußt sind Pasolinis Reflexionen über das Schicksal ein Echo und eine Weiterentwicklung derer des Sozial- und Kulturtheoretikers Walter Benjamin. Walter Benjamin beobachtete in einem Essay *Schicksal und Charakter*, daß Unglück eine »konstitutive Kategorie des Schicksals« ist, aber: »das Glück ist es vielmehr, welches den Glücklichen aus der Verkettung der Schicksale und aus dem Netz des eignen herauslöst.«[34] Pasolinis Überlegungen mögen einen auch an Vladimir Propps Gedanken über die Funktionen von Mangel und dessen Behebung in russischen Märchen erinnern, von denen im nächsten Kapitel die Rede sein wird.

Jacques Monod behauptet in *Zufall und Notwendigkeit* bei der Überlegung, welche Ideen sich am ehesten in den Köpfen der Menschen festsetzen und daher überleben würden: »Aber es ist deutlich zu erkennen, daß jene Ideen das größte Durchsetzungsvermögen haben, die den Menschen dadurch *erklären*, daß sie ihm seinen Platz in einem notwendigen Schicksalsablauf zuweisen, wo seine Angst sich löst.« Wie mit Ideen, so sicherlich auch mit Geschichten. Eine Geschichte, die damit beginnt, daß sie ein Problem – oder eine Anomalie oder einen Mangel – heraufbeschwört, und die damit endet, daß sie dieses Problem wegzaubert, wird sich all denen unter ihrem Publikum empfehlen, die mit ihrem eigenen Schicksal und ihrem Platz im Universum unzufrieden sind. Die Literatur hat hier fast ähnlich tröstende Kräfte wie die Religion.[35]

Jeder Mann hat sein Schicksal, und das Schicksal eines Mannes kann größer und wichtiger sein als das eines anderen. In der Geschichte *Die Abenteuer 'Ali ez-Zaibaks aus Kairo* (Li IV, S. 715-766) entdeckt der böse jüdische Zauberer 'Adhra durch Geomantik, daß 'Alis »Glück größer ist als das seine« (Li IV, S. 751), so nimmt er davon Abstand, ihn zu töten, und verwandelt ihn statt dessen in einen Esel. Im Vorderen Orient des Mittelalters schrieb man Juden öfter magische Kräfte zu, und tatsächlich kann man in arabischen magischen Texten des Mittelalters, die erhalten geblieben sind, Züge entdecken, die ganz offensichtlich jüdischen Ursprungs sind – die Betonung der Buchstabenmagie und kabbalistischer Buchstabenmanipulation, die Metaphorik des Siegels, des Stabs und des Ringes von Salomon, hebräische oder doch hebräisch klingende Namen von Geistern, die beschworen werden konnten, um die Wünsche des Zauberers auszuführen.

Aber auch wenn Juden in der Volksliteratur öfter als Zauberer fungieren: In *Tausendundeiner Nacht* und volkstümlicher Folklore wird den Maghrebinern, arabischen oder berberischen Muslims aus Nordafrika und Spanien, häufiger die Rolle von Zauberern zugeschrieben. Der bekannteste dieser maghrebinischen Zauberer muß der sein, der zunächst den 'Ala ed-Din benutzen und ihn danach loswerden wollte, aber es gibt viele andere, unter ihnen die drei Brüder, die Dschaudar veranlassen, sie zu fesseln und dann in den Karun-See zu werfen, und der Maghrebiner, dem der Scheich Mohammad in der *Geschichte von Mohammed, dem Sultan von Kairo* begegnet, der »einige beschriebene Blätter vor sich liegen hatte und für diverse Umstehende das Los warf« und der Mohammed gegen einen arglistigen *Dschinn* beisteht. Es waren nicht nur die Verfasser schöner Literatur, die den Maghribinern die Rolle der Zauberer zuschrieben. In Ibn Ijas' Geschichte des mamlukischen Ägypten wird erzählt, wie ein maghribinischer Zauberer einen Garten herbeizauberte, den er einem Kairoer Bürger verkaufte, bevor er selbst mit dem Garten wieder verschwand. Von den beiden wichtigsten mittelalterlichen arabischen Abhandlungen zur Magie wurde eine, mit dem Titel *Ghajat el-Hakim*, *Das Ziel des Weisen*, dem spanisch-muslimischen Mathematiker el-Madschriti im zehnten Jahrhundert zugeschrieben, während die andere, *Schams el-Ma'arif*, »Die Sonne der Kenntnisse«, el-Buni zugeschrieben wurde, einem nordafrikanischen Sufi des dreizehnten Jahrhunderts, der sich in Alexandria niedergelassen hatte. Ez-Zannati, eine Schlüsselfigur in der Geschichte der Geomantik, war ein Berber, und die Araber nahmen an, vielleicht ja zu Recht, daß die Geomantik von den Berbern zu ihnen gekommen sei. Auch Perser erscheinen gelegentlich als Magier. Zum Beispiel gibt es den Geomanten in der *Geschichte des Juweliers Hasan von Basra* (Li II, S. 313-497) vor dem Hasans Mutter ihren Sohn warnt: »Mein Sohn, hüte dich, auf das Geschwätz der Leute zu hören und besonders auf das der Perser, und folge nie ihrem Rate! Denn die Kerle sind Betrüger; und sie lehren die Schwarzkunst!« (Li V, S. 315). Bahram, der Feueranbeter – das ist der Zoroastrier – nutzt tatsächlich das Versprechen, Hasan die Kunst der Alchemie zu lehren, dazu, ihn in seine Gewalt zu bringen. In Wirklichkeit beabsichtigt er, den Jüngling dem Feuer zu opfern, das er als Zoroastrier anbetet.

Wie oben gesagt wurde, gab es im mittelalterlichen Islam keine Hexenverfolgungen mit irgendwelchen Konsequenzen. Den Magier, wie durchtrieben er auch sein mochte, stellte man sich nicht als einen Diener des Teufels vor, sondern eher als einen Meister der *Dschinnen*. Der Magier arbeitete mit Hilfe von Büchern, Talismanen und Lampen, um die unsichtbaren Legionen seinem Willen untertänig zu machen. In der *Geschichte vom Magier und dem jungen Koch aus Bagdad* benutzt der Magier eine Metallflasche, sieben Nadeln, ein Stück Aloeholz, etwas Ton, den Schulterknochen eines Schafs, etwas Filz und ein bißchen Seide. Nachdem er aus diesen Gegenständen ein seltsames, von Nadeln durchbohrtes, Bündel gemacht hat, rezitiert er darüber die Worte: »Ich habe geklopft, habe geklopft an die Saaltüren der Erde, um die *Dschann* zu rufen« – das ist ein Plural von *Dschinn* –, »und die *Dschann* haben geklopft nach den *Dschann* gegen den *Schaitan*«(d.i., den Satan).

Die *Dschinnen*, Singular *Dschinn*, *Geist*, stellte man sich als übernatürliche Wesen mit Körpern aus Feuer vor. Sie waren normalerweise unsichtbar – so konnte es geschehen, daß der Kaufmann in *Tausendundeiner Nacht* zufällig den Sohn eines *Dschinn* tötete, als er einen Dattelkern wegwarf. Aber sie lassen sich in *Tausendundeiner Nacht* ziemlich häufig sehen. Zwar erscheinen sie normalerweise als menschliche Wesen, doch das ist nicht immer der Fall. In der *Geschichte von Zain el-Asnam* (Li VI, S. 213-237) wird Zain el-Asnam von einem *Dschinn* mit dem Kopf eines Elephanten und dem Körper eines Löwen über den See befördert. Die Massen der *Dschinnen*, die sich am anderen Seeufer versammelt haben, sind abscheulich anzusehen. Nur der *Dschinnen*könig hat die Gestalt eines hübschen jungen Mannes angenommen. Für solche Berichte über Begegnungen mit den *Dschinnen*königen und ihren Heeren finden sich mühelos Parallelen in mittelalterlichen arabischen Handbüchern für Magier, die vorgeben, nicht fiktional zu sein. In den Abhandlungen des Magiers Abu l-Kassim el-'Iraki aus dem dreizehnten Jahrhundert zum Beispiel gibt es eine ganze Anzahl von Beschwörungsformeln, um *Dschinnen* herbeizuholen, ihre Geheimnisse zu erkunden und sie als Schatzsucher einzusetzen. Abu l-Kassim kennt auch Zauberformeln fürs Fliegen, Auf-dem-Wasser-Gehen, für die Beherrschung der Telepathie, dafür, Menschen Hundeköpfe und Frauen Bärte anzuhexen. Ein anderer Magier, der unter dem Namen Ibn el-Haddsch schrieb, verfaßte eine Abhandlung mit dem Titel *Die Sonne der Lichter*, die unter anderem einen Zauber dafür enthält, die Tochter des weißen Königs der *Dschinnen* für Sex zu gewinnen. Nach einer Fastenzeit von zwölf Tagen und dem Aussprechen von Beschwörungsformeln in der Wüste erscheint zunächst ein Drache, der nicht beachtet werden darf, und danach eine sehr blasse Frau, die mit wiegendem Gang näherkommt und die mit Gold und Juwelen behangen ist. Das Problem ist, wenn man einwilligt, sie zu heiraten, führt das zur Impotenz mit gewöhnlichen Frauen.[36]

Dschinnen betätigten sich gestaltumwandelnd,[37] wie aus dem Gestaltwandel-Schlagabtausch in der *Geschichte des zweiten Bettelmönchs* (Li I, S. 131-160) deutlich wird. Ganz üblich war, daß *Dschinnen* als Wirbelwinde herumgeisterten. Die Gesellschaft der *Dschinnen* war der der Menschen recht ähnlich. Sie hatte ihre eigenen Könige, Höfe und Armeen. In der Geschichte *Die Abenteuer Bulukijas* (Li III, S. 757ff., IV, S. 72ff.) kommt Bulukija zu Sachr, dem König der *Dschinnen*, der von weniger bedeutenden Königen und Prinzen der *Dschinnen* ebenso wie von Beratern, Emiren und Staatsbeamten umgeben ist. Es gibt gute muslimische *Dschinnen* wie Sachr und sein Gefolge, und es gibt böse, ungläubige *Dschinnen*. Die bösen *Dschinnen* werden manchmal als *Schaitane*, als *Teufel, Satane*, charakterisiert. Da *Dschinnen* sich häufig in der Menschenwelt aufhielten und Geschäfte mit Menschen abschlossen, wurde von Spezialisten des religiösen Rechts ein bedeutsames Rechtskorpus ausgearbeitet, das Spezialitäten wie die Eigentumsrechte von *Dschinnen* und Fälle gemischter Ehen zwischen *Dschinnen* und Frauen behandelte. Rituelle Hygiene war ein anderer möglicher Streitfall. Frauen haben zwar die große rituelle Reinigung, den *Ghusl*, durchzuführen, wenn sie Sex mit einem Mann hatten, bevor es ihnen erlaubt ist, zu beten, sie müssen aber der Gesetzsammlung *El-Fatawa el-hindijja*, *Die Indischen Fetwas* (W. W: eine späte, aber weit verbreitete, vor allem für Nordafrika lange gültige Sammlung religiöser Rechtsgutachten) zufolge diese Reinigung nicht durchführen, wenn sie Sex mit einem Dschinn hatten.[38]

Einige hielten *Iblis*, den *Teufel*, für einen *Dschinn*; andere dachten, er sei ein Engel.[39] Engel wurden aus Licht geschaffen, während *Dschinnen* aus Feuer bestehen. Mehrheitliche Meinung scheint gewesen zu sein, daß er ein gefallener Engel und für seinen Hochmut bestraft worden war. Vor allem hatte er sich Gottes Befehl widersetzt, niederzuknien und Adam anzubeten. Auch wenn Gott ihn deswegen aus dem Himmel vertrieb, verehrten einige Sufis den *Iblis* wegen seiner kompromißlosen Weigerung, vor irgend jemandem anderen niederzuknien als vor Gott. Der Teufel erscheint selten in *Tausendundeiner Nacht*, aber – in einer frühen arabischen Vorform der Geschichte von Tartini und dem Trillern des Teufels – in der *Geschichte von Ibrahim el-Mausili und dem Teufel* (Li IV, S. 637-41, W. W.: Quelle ist das *Buch der Lieder* des Abu l-Faradsch el-Isfahani) erscheint der »Vater der Bitterkeit« vor Ibrahim el-Mausili (W. W.: einem berühmten Sänger am Hof des Kalifen Harun er-Raschid) und lehrt ihn ein neues Lied. *Iblis* taucht auch in der *Geschichte der Sklavin Tuhfat el-Kulub* auf. In beiden Geschichten ist er ein gut aussehender alter Mann. In der Geschichte *Die Abenteuer Bulukijas* wird gesagt, daß die bösen *Dschinnen* die Abkömmlinge von *Iblis* seien, während die guten *Dschinnen* die Nachkommen der sechs Engel seien, die keinen Sündenfall begangen hatten.

Dschinnen spukten gewöhnlich in Badehäusern, und so kommt es, daß in der *Geschichte von Nur ed-Din 'Ali und Enis el-Dschelis* (Li I, S. 404-458) der *'Ifrit*, ein mächtiger *Dschinn*, aus dem Kessel des Badehauses an die Oberfläche kommt, um den Buckligen zu verfolgen. Tuhfat el-Kulub wurde von *Iblis*, dem »Vater der *Dschinnen*«, über einen magischen Gang, der in einem der Badehäuser des Kalifenpalastes verborgen war, zum Land der *Dschinnen* geführt. Auch Ruinen, wie in der *Geschichte von dem Prinzen und der Ghula* (Li IV, S. 271 ff.) und in der *Geschichte von dem Schuhflicker Ma'ruf* (Li VI,

S. 564-637), und Friedhöfe wurden von den *Dschinnen* bevorzugt, besonders von der Untergruppe, die als *Ghule* bekannt sind. Ein *Ghul* ist ein übelwollender *Dschinn*, der in verlassenen Orten oder auf Friedhöfen haust. Er oder sie ist versessen auf Menschenfleisch – manchmal wurde das Wort *Ghul* auch für einen Menschenfresser gebraucht. Ein *Ghul* konnte mit einem Schlag getötet werden, aber wenn der, der den *Ghul* getötet hatte, ihn unabsichtlich ein zweites Mal verletzte, würde der *Ghul* wieder lebendig werden. Charles Doughty zufolge, dem Erforscher der Wüste im neunzehnten Jahrhundert, lockten *Ghule* Reisende vom Weg, den sie gingen, indem sie sie mit der Stimme ihrer Mutter oder einer ihrer Schwestern riefen.

Auf dem Gebiet der Monsterkunde war das Arabische vom Vokabular her weder präzise noch konsequent, aber im allgemeinen scheint ein *Marid* eine mächtigere Art der *Dschinnen* gewesen zu sein, und ein *'Ifrit* war eine noch machtvollere Sorte. *'Ifrite* waren üblicherweise übelwollend – die Wortwurzel, von der dieses Nomen abgeleitet ist, bedeutet *mit Staub bedecken; beschmutzen*. Viele der *Dschinnen*, denen man in *Tausendundeiner Nacht* begegnet, wurden von Salomo in Flaschen oder steinerne Säulen eingesperrt. Salomo herrschte durch seinen Siegelring und seinen Stab über die *Dschinnen* und bestrafte sie für ihren Ungehorsam. In der *Geschichte von der Messingstadt* (Li IV, S. 206-255) schickt der Kalif in Damaskus eine Expedition aus, die nach solchen Flaschen suchen soll. Bestimmte Gegenstände üben einen Zwang auf *Dschinnen* aus, etwa der Siegelring, den Ma'ruf der Schuhflicker in einer unterirdischen Höhle findet. Die Vorstellung, daß man *Dschinnen* mit der korrekten Handhabung bestimmter magischer Gegenstände in seinen Dienst stellen kann, rührt wahrscheinlich von einer verderbten Form vage neoplatonischen Gedankenguts über Theurgie her, die Anwendung der Magie durch die Herrschaft über Geister, wie sie in der Spätantike verbreitet war. Während im europäischen Mittelalter einige Skeptiker jede Geschichte über Geister als Altweibergeschwätz abtun konnten, durfte der Muslim im Mittelalter die Möglichkeit der

Existenz von Geistern nicht so einfach bestreiten, denn sie werden mehrfach im Koran genannt, zum Beispiel im Abschnitt über Salomos Herrschaft über die *Dschinnen*:

»Und dem Salomo machten Wir den Wind dienstbar,
dessen Morgenlauf einen Monat und dessen Abendlauf einen Monat dauert.
Und Wir ließen die Quelle des geschmolzenen Erzes für ihn fließen.
Und unter den Dschinn gab es welche, die mit der Erlaubnis seines Herrn für ihn tätig waren.
Wer von ihnen von Unserem Befehl abweicht, den lassen Wir etwas von der Pein des Feuerbrandes kosten.«
(Sure 34, Vers 12)

Heiden im Arabien des siebenten Jahrhunderts scheinen die *Dschinnen* für Geister gehalten zu haben, die mit Gott verwandt waren. Dieser Glaube wird im Koran abgelehnt:

»Und machten Gotte Nebengötter,
Die Dschinnen, die Er schuf.
Und dichteten ihm Söhn' an
Und Töchter, ohne Wissen.«
(Sure 6, Vers 100, Übersetzung F. Rückert).

Später entliehen die *Dschinnen* in der Literatur Aspekte und Kräfte sowohl von den Dämonen der Spätantike als auch aus dem indischen Pantheon.

Einige sehr spezielle Typen von *Dschinnen* und Monstern finden in mittelalterlichen arabischen Abhandlungen Beachtung. Der *Udar*, ein Geist, der Männer in der Wüste vergewaltigte und sie mit wurminfiziertem After zurückließ, ist ein homosexueller *Ghul*. Der *Atra* ist ein Teufel, der Männer während ihres Gebets einschlafen läßt, indem er ihnen in die Ohren pinkelt. Der *Kutrub* ist der arabische Werwolf. Im Volksglauben war der Werwolf ein Mann oder eine Frau, der/

die sich über Nacht in ein Tier verwandelte und Leichen fraß. Aber der große Arzt Ibn Sina im elften Jahrhundert hielt Lycanthropie für geistige Verwirrtheit. Die Opfer dieser Krankheit waren melancholische, hohläugige, die Einsamkeit suchende Menschen mit einer Vorliebe für die Nacht und für Friedhöfe.[40] *Kabikadsch* war der Name des für die Insekten zuständigen *Dschinns*. Kopisten schrieben seinen Namen manchmal auf ihre Handschriften, um sie davor zu schützen, vom Bücherwurm befallen zu werden. Ein *Nasnas* wird in Edward William Lanes großem *Arabic-English Lexicon*, das auf klassischen arabisch-arabischen Wörterbüchern beruht, so beschrieben: »ein halbes menschliches Wesen, mit einem halben Kopf, einem halben Körper, einem Arm und einem Bein, mit dem es sehr beweglich herumhüpft.« In der *Geschichte von dem Weisen und dem Gelehrten* appliziert der Weise auf die Augenlider eines jungen Mannes *Kuhl*, Antimon, das für die Augenkosmetik und auch als Heilmittel verwendet wurde, und verwandelt den jungen Mann in einen *Nasnas*. Ein *Div* war ein persischer Geist des Bösen und der Dunkelheit. Eine *Peri*, wie in der *Geschichte vom Prinzen Ahmed und der Fee Peri Banu*[41] ist ein schöner weiblicher Geist und Teil der persischen Mythologie. Die *Peris* sind gewöhnlich tugendhaft und werden deswegen von den *Divs* verfolgt. Wenn in *Tausendundeiner Nacht Diws* und *Peris* erscheinen, sind sie in vieler Hinsicht mit den *Dschinnen* identisch.

Der *Ruch* war in der arabischen Folklore ein Vogel von riesigem Ausmaß, sehr ähnlich dem gleichermaßen riesengroßen und mythologischen persischen Vogel *Simurgh*. Er konnte Menschen und sogar Elefanten in seinen Klauen befördern. Die Vorstellung stammt wahrscheinlich von Bildern des indischen *Garuda*, dem Mischwesen, halb Geier, halb Mensch, das in der indischen Ikonographie dargestellt wird, wie es den Vischnu trägt. Einer kryptischen Tradition in der türkischen Folklore zufolge war der *Ruch* ein Vogel mit einem Namen, aber ohne Körper. Der *Ruch* erscheint in der Geschichte *Der Bericht von 'Abd er-Rahman el-Maghribi über den Ruch* (Li III, S. 530-

32) und dann noch einmal in der *zweiten Reise Sindbad des Seefahrers*. Bis zu einem gewissen Grad spielten die Geschichten über diesen Vogel auf der Klaviatur des Umfangs. 'Abd er-Rachman el-Maghribi beschreibt das Ei des Vogels Ruch als »eine große weiße Kuppel, die hell schimmerte und die hundert Ellen hoch war« (Li III, S. 531). Teilweise allerdings sind Geschichten wie die, in der Sindbad von dem Vogel in das Diamantental getragen wird, auch Phantasien über die Möglichkeit des Menschen zu fliegen, und dem Vogel *Ruch* kommt wie dem fliegenden Teppich und dem Ebenholzpferd eine Rolle in der imaginierten Vorgeschichte der Luftfahrt zu. Tatsächlich müssen einige der Geschichten aus *Tausendundeiner Nacht* bei aller technologischen Naivität der in ihnen enthaltenen Wunder dem Kanon der Proto-Science-Fiction-Literatur zugeordnet werden.

Coleridge beobachtete, als er über die kindlichen Ursprünge seiner eigenen poetischen Vorstellungskraft nachdachte: »aus meiner frühen Lektüre von Märchen und über Genien und so weiter und so fort war mein Sinn an Riesenhaftigkeit gewöhnt.« Das Märchen teilt diese die Einbildungskraft steigernde Funktion mit Science Fiction oder spekulativer Phantasie; denn phantastische Reisen, Verschiebungen von Raum und Zeit, fremdartige Wesen, fremdartige Technologien, alternative Gesellschaften, Gesellschaften nach dem Holocaust und imaginäre Geschichtsdarstellungen, die alle zum Repertoire moderner Science-Fiction-Literatur gehören, sind auch in *Tausendundeiner Nacht* zu finden. »Wie man weiß«, sagt der Kulturessayist Gilbert Adair (vielleicht ein bißchen zu optimistisch):

> »hat Science Fiction genau dieselbe Beziehung zur Zukunft oder zu irgendeiner für diesen Planeten vorhersehbaren Zukunft, wie sie die Märchen zur – krypto-mittelalterlichen – Vergangenheit haben. In beiden Genres wurden zum Beispiel Tiere – oder Roboter oder Aliens, fremde Lebewesen – mit gegenwärtig ausschließlich menschlichen Attributen rationalen Denkens und der Rede ausgestattet; die Kontrollsysteme,

> Laserstrahlen, Microchips und Ultrasounds der Science-Fiction-Literatur – die gesamte verwirrende Kaskade dessen, was – nach Dufy – als *la fée electronique*, die elektronische Fee, bezeichnet werden könnte – stellt eine schwindelerregend neue Alchemie dar, einen faustischen, nahezu unendlichen Fundus an Wissen und Macht; und man erkennt in beidem sofort dieselben narrativen Strukturen, dieselben manichäischen Konfrontationen, dieselben Grundthemen von Lehrjahren, von Suche und Erlösung.«[42]

Brian Stableford hat in der *Encyclopedia of Science Fiction* die Theorie aufgestellt, Mary Shelleys *Frankenstein* (1818) sei das erste wirkliche Science-Fiction-Werk, weil es das erste Werk war, das zwischen Wissenschaft und Magie klar unterschied, und das erste, das die Gestalt eines Romans hatte.[43] Auch wenn man respektieren muß, daß Puristen darauf bestehen, es habe kein wirkliches Genre Science Fiction geben können, bevor Mary Shelley, Edgar Allan Poe und Jules Verne die Grundregeln für dieses Genre festgelegt hatten, behandeln manche Geschichten aus *Tausendundeiner Nacht* und aus der Science-Fiction-Literatur einander ähnliche Themen, stützen sich auf ähnliche Techniken und haben ähnliche Ziele. Das mittelalterliche Publikum von Wundererzählungen und die modernen Leser von Science Fiction, die den Umfang und die Vielfalt des Universums bestaunen und die darüber nachdenken, wie es anderweitig sein könnte, haben dieselbe Mentalität.

Die Bücher über *'Adscha'ib*, *Wunder*, stellten ein eigenes Genre in der mittelalterlichen islamischen Literatur dar.[44] Die Kompilatoren von *'Adscha'ib*-Werken sammelten Geschichten über Wunder aus dem griechischen, römischen, pharaonischen und sassanidischen Altertum. Sie berichteten über unheimliche meteorologische Phänomene wie Blutregen und die Geburt von Monstern, etwa dreiköpfigen Kälbern. Sie sammelten Details über absonderliche Zufälle, und sie beschrieben die Wunder des bekannten Universums. Sie mischten in ihren Berichten über phantastische Reisen Wahrheit mit Legende. In ihren Beschreibungen exotischer Gegenden der Welt stützten sich arabische Autoren direkt oder indirekt auf die klassische Literatur über Wunder von Autoren wie Lukian, Ctesias und auf den *Pseudo-Callisthenes*, den *Alexander*-Roman, die über die Wunder Indiens und die Eroberungen Alexanders des Großen berichteten. Auch jene abenteuersuchenden Reisenden Marco Polo und John de Mandeville benutzten diese Art Material.

Das Genre der phantastischen Reise geht letztlich auf das altsumerische *Gilgamesch-Epos* zurück. Alte oder vormoderne Erzählungen über phantastische Reisen waren häufig eher offene oder verschleierte Berichte über die Reise der Seele in das Leben nach dem Tod. In *Tausendundeiner Nacht* ist dieser Aspekt der phantastischen Reise in der Geschichte *Die Abenteuer Bulukijas* (Li III, S. 757- IV, 79) ganz deutlich. Sie enthält Spuren, die auf das *Gilgamesch-Epos* als Ursprung hinweisen.[45] Hier geschieht Wunder auf Wunder. Bulukija trifft auf seiner Suche nach dem Kraut, das Unsterblichkeit verleihen soll, sprechende Schlangen, die so groß sind wie Kamele, er nimmt die Schlangenkönigin gefangen, schreitet über die Oberfläche des Meeres, findet das Grab Salomos, besucht fremde und paradiesische Inseln, entdeckt Bäume, die Trauben menschlicher Köpfe und Vögel auf ihren Ästen tragen, trifft auch auf lachende Bäume, er beobachtet herumtollende Seejungfrauen, er betritt den Garten Eden und wird durch einen Riesen aus ihm vertrieben, er hat eine Audienz beim König der Geister und wird von diesem über die Natur der zahllosen Höllen Allahs belehrt. In der letzten dieser Höllen, *Dschahannam*, gibt es tausend Feuerberge, auf jedem Berg 70 000 Feuerstädte, in jeder Stadt 70 000 Feuerburgen, in jeder Burg 70 000 Feuerhäuser, in jedem Haus 70 000 Feuerlager, und auf jedem Feuerlager 70 000 Arten der Peinigung. Dieses Höllenbild der unendlichen Ausmaße nimmt die riesigen, jegliche Vorstellungskraft übersteigenden Landschaften galaktischer Science Fiction vorweg. Bulukija wird ferner über den Umfang und die Struktur des Kosmos informiert, als er einem riesigen Engel begegnet, der auf dem Gipfel des kosmischen Berges *Kaf* sitzt. Dieser

Engel belehrt Bulukija über die Vielfalt der Welten hinter der einen, die Bulukija kennt, die vom Berg *Kaf* umgeben ist. Es gibt vierzig Welten, die hinter dem Berg *Kaf* liegen, und jede hat den vierzigfachen Umfang von Bulukijas Welt, jede mit ihren eigenen seltsamen Bewohnern, Farben und Schutzengeln. Aber der Umfang dieser Welten ist nichts, verglichen mit der Größe des Engels, der diese Welten trägt, und dieser Engel steht auf einem Felsen, der von einem Bullen getragen wird, der auf einem Fisch steht, der in einem mächtigen Ozean schwimmt. Bulukija wird gestattet, diesen Fisch zu sehen, dessen Kopf drei Tage braucht, um an ihm vorbeizuziehen. Aber der Fisch ist klein, verglichen mit dem Ozean, und der Ozean befindet sich über einem Abgrund aus Luft, der sich wiederum über einer Sphäre aus Feuer befindet, und unter diesem Ganzen ist die kosmische Schlange, die alles verschlingen kann, das sich über ihr befindet, und den Unterschied gar nicht bemerkt. Der Muslim des Mittelalters sah sich als in einem Universum lebend, das in seiner Riesigkeit schwindelerregend war. Die Erhabenheit der Vision Bulukijas ist die Quintessenz der *'Adscha'ib*, des Wundervollen.

Es ist hier nicht der Raum, diesem Thema weiter nachzugehen, aber man kann Bulukijas kosmische Reise islamischen und gnostischen Spekulationen über fremde Lebensformen und das Leben auf anderen Planeten vergleichen. In der philosophisch-phantastischen Reisebeschreibung des Ibn Sina, der im Westen eher als Avicenna bekannt ist, aus dem elften Jahrhundert, *Salaman wa-Absal, Salaman und Absal*, zum Beispiel unternimmt Absal, genau wie Bulukija, eine Reise durch riesige Wüsten und fremde Meere. Er trifft auf fremdartige Geschöpfe, etwa »Menschen«, die die Häute von Vierfüßlern haben und auf denen Pflanzen wachsen. Aber Absal reist weiter als Bulukija, und der Leser von *Salaman wa-Absal* wird in die fremdartigen Sitten und das erstaunliche Aussehen der Bewohner des Mondes und anderer Planeten eingeführt. Absal reist sogar zu den Sternen, um die Bewohner der Tierkreisstädte kennenzulernen.[46]

Zwar stützt sich Sindbad sicher auf die etwas entstellten Berichte realer arabischer Seefahrer im Indischen Ozean, aber das dokumentarische Element in den Reisen Sindbads sollte nicht übertrieben werden.[47] Der Kapitän Buzurg ibn Schehrijar behauptete in seiner Kompilation *Das Buch der Wunder Indiens* aus dem zehnten Jahrhundert, daß neun Zehntel der Wunder der Welt sich im Orient befänden. Kapitän Buzurg stützte sich in seinem Buch auf wirkliche Berichte von Seefahrern und Kaufleuten über das, was sie in Indien, China, auf Java und vielleicht sogar in Japan gesehen hatten. Aber der Hauptgrund für diese und andere Kompilationen war, Beispiele für *'Adscha'ib* zu sammeln. So wurden literarische Werke geplündert, um diese Sammlungen mit Geschichten über die Inseln der Amazonen, kannibalische Gesellschaftsformen, Männer mit Hundeköpfen und Bäume mit menschlichen Köpfen auszustaffieren. Je weiter sich der Reisende über die Kernländer des Islams hinaus wagte, desto seltsamer wurden die Dinge, bis man schließlich zum äußersten Ozean, dem Grünen Meer, kam. Nichts lebt auf oder in diesem Meer. Niemand hat je in seinen Wassern Segel gesetzt. Es ist dunkel, stinkend und erstreckt sich in die Ewigkeit.

Nicht jede Science Fiction findet im Luftraum statt. Die Romane von Jules Verne und Edgar Rice Burroughs zum Beispiel sind Phantasien über die Möglichkeiten des Lebens unter Wasser. Die Erzähler der *Tausendundeinen Nacht* kamen ihnen hier zuvor. In der *Geschichte von Dschullanar der Meermaid und ihrem Sohn, dem König Badr Basim von Persien* (Li V, 86-152)[48] erfährt König Schehriman durch »die Meermaid« Dschullanar von Menschen, die unter Wasser leben – die magische Kraft des Ringes Salomos ermöglicht ihnen das. Leider werden keine Details über diese Unter-Wasser-Gesellschaft gegeben. Aber dieser Mangel wird in der *Geschichte von 'Abdallah dem Landbewohner und 'Abdallah dem Meermann* (Li VI, S. 183-212) ausgeglichen, wo wir die Darstellung einer alternativen Gesellschaft finden. Es ist ein Utopia der Arten. Utopien sind in islamischer fiktionaler und nichtfiktionaler Literatur selten. Es war immerhin gut bekannt, daß im Koran Regeln und Normen für die ideale Gesellschaft niedergelegt waren und daß deren Einzelheiten in den Worten und dem Tun des Propheten Mohammed, der *Sunna*, ausgearbeitet waren, und man nahm allgemein an, daß die strikte Beachtung des islamischen Rechts und der islamischen Sitten ausreiche, um die ideale Gesellschaft zu verwirklichen. Es ist richtig, daß der arabische Philosoph el-Farabi im zehnten Jahrhundert in seiner Schrift *Fi Mabadi' Ara' Ahl el-Madina el-fadila*, *Über die Prinzipien der Meinungen der Bewohner der idealen Stadt*, den großzügigen Entwurf einer idealen Gesellschaft niederlegte. Plato und der Koran wurden hier in einem Stadtstaat zur Übereinstimmung gebracht, der von tugendhaften Philosophen gelenkt wurde. – Nach islamischer Vorstellung ist die ideale Gesellschaft eine urbane. – Doch die Details von el-Farabis idealer Stadt blieben blaß.[49]

Die *Geschichte von 'Abdallah dem Landbewohner und 'Abdallah dem Meermann* aber versucht, eine alternative Gesellschaft detaillierter darzustellen. Auf die Einladung von 'Abdallah dem Meermann hin verläßt 'Abdallah der Fischer sein armes Land, um die Meere des Überflusses zu besuchen. Nachdem er sich den ganzen Körper mit einem speziellen wundersamen Fischöl eingerieben hat, stellt er fest, daß er unter Wasser atmen kann. Die Gesellschaft unter Wasser bietet ein ins Gegenteil verkehrtes Spiegelbild der Gesellschaft auf der Erde. Alles ist anders, es gibt weder Kauf noch Verkauf, Juwelen sind gewöhnlicher Tand, die Menschen gehen nackt, Kleidung ist ihnen unbekannt, freie Liebe ist die Regel, Nahrung nimmt man roh zu sich, bei Begräbnissen amüsiert man sich. Oder besser: nahezu alles ist anders, denn einige der Meerbewohner sind genauso Muslims wie 'Abdallah der Landbewohner der Fischer. Aber die Geschichte entwirft kein eigentlich politisches Programm. Sie bietet etwas Wunderbares, weil Fremdes, nicht etwas, was wunderbar ist, weil es ein Entwurf für das ideale Leben in der Gesellschaft wäre. Der primitive Kommunismus der Gesellschaft unter Wasser ist nur seltsam – und lächerlich.

Dasselbe kann man über die Amazonengesellschaften sagen, die so häufig in *Tausendundeiner Nacht* erscheinen. Geschichten über Gesellschaften, die von Frauen beherrscht werden, waren verführerische Absurditäten, aber auch als diese waren die Beschreibungen von Amazonengesellschaften nicht als Satiren auf den Feminismus gedacht. Es gab keinen Feminismus, den man hätte satirisch darstellen können.

Prophezeiungen eines Holocausts und Spekulationen darüber, wie eine Gesellschaft nach dem Holocaust aussehen könnte, spielen in der Science Fiction des zwanzigsten Jahrhunderts eine herausragende Rolle. Die Phantasiegesellschaften der Science Fiction werden gewöhnlich in der Zukunft angesiedelt. In *Tausendundeiner Nacht* dagegen existieren sie in der Vergangenheit, und die Autoren dieser Geschichten spekulierten über die vergessenen Technologien der Altvorderen, über dahingegangene Kulturen und die Katastrophen, die diese Kulturen vernichtet hatten. Der Koran enthält eine Fülle von Beispielen für Gesellschaften, die verschwunden sind und die Gott vernichtete. Auf dieses selbe Thema wird auch im Prolog zu *Tausendundeiner Nacht* angespielt, in dem Gott gepriesen wird, »der die Geschichte der Alten zum warnenden Beispiel für die späteren Geschlechter gemacht hat« (Li I, S. 19). *Tausendundeine Nacht* warnt die, die Belehrung erfahren wollen. Das Publikum sollte an die Hybris derer denken, die in der Säulenstadt Iram zu wohnen beabsichtigten. König Schaddad brauchte 320 Jahre, um diese Stadt zu bauen, aber als er sich darauf vorbereitete, sie zu betreten, »sandte Allah auf ihn und auf alle die ungläubigen Ketzer, die bei ihm waren, eine Gottesstrafe vom Himmel seiner Allmacht herab, und die vernichtete sie alle mit gewaltigem Getöse« (Li III, S. 112). Oder sie sollten der Stadt Lebta eingedenk sein, deren neuer Herrscher das alte Gebot übertrat und die Burg mit den Bildnissen von den Arabern öffnete und damit die Eroberung der Stadt durch die Araber, die auf den Bildnissen dargestellt waren, herbeiführte (Li III, S. 89-92). Oder der Messingstadt mit ihren tot dasitzenden und stehenden Bewohnern und ihrer schönen, toten Königin, die zunächst durch das in ihre Augenhöhlen gegossene Quecksilber lebendig wirkt und nach rechts und links zu schauen scheint (Li IV, S. 246 f.). Oder der Stadt der Feueranbeter in der *Geschichte der ältesten Dame* im Zyklus *Die Geschichte des Lastträgers und der drei Damen* (Li I, S. 185-97) die bis auf einen, der heimlich im Islam erzogen wurde, sich nicht der mächtigen, unsichtbaren Stimme beugten, sich nicht Allah zuwandten und deswegen in schwarzen Stein verwandelt wurden.[50] Solche Wunder sind auch Warnungen an die, die nachdenken wollen. Und staunen zu können ist der Anfang der Philosophie.

9

Auffassungen, Auslegungen

> »Er war nämlich ebenso lehrreich gewesen wie Miltons ›leutseliger Erzengel‹. Und etwas in der Art des Erzengels erzählte er ihr, wie er zu zeigen unternommen hatte (was vor ihm schon versucht worden sei, freilich ohne jene Gründlichkeit, jene Angemessenheit des Vergleichs und jene wirkungsvolle Anordnung, die Mr. Casaubon anstrebte), daß alle mythischen Systeme und die über die Welt verstreuten mythischen Fragmente nur Verfälschungen einer einmal ursprünglich geoffenbarten Überlieferung waren. Hatte man einmal den wahren Ausgangspunkt errungen und darauf fest Fuß gefaßt, so würde das weite Feld mythischer Konstruktionen einsichtig, ja hell erleuchtet vom Licht, das sich in den Entsprechungen widerspiegelte. Doch diese große Ernte an Wahrheit einzubringen, war keine leichte oder schnelle Arbeit.«
>
> George Eliot, *Middlemarch. Eine Studie über das Leben in der Provinz.*[1]

Verzauberte Schlösser, Hände, die aus trüb erleuchteten Türen winken, kannibalische *Ghule*, sprechende Fische, fliegende Pferde, einsiedlerische Banditen, Derwische mit nur mehr einer Hand… der erste Eindruck des Lesers ist wahrscheinlich der ungeheurer Verschiedenheiten der Geschichten in *Tausendundeiner Nacht* und der frei dahinfließender Phantasie oder Phantasien, die sie formten. Aber nach einer Weile fallen dem Leser bestimmte Dinge auf – etwa wie viele der Helden Kinder eines ältlichen Paares sind, das um ein Kind gebetet hat; wie oft dem

Helden gesagt wird: »Was auch immer du tust, öffne ja diese Tür nicht!« – doch vergeblich, denn natürlich wird er sie öffnen –, und wie oft Unglücksfälle oder auch günstige Gelegenheiten in Dreierreihung auftreten. Mit der Zeit ähnelt jede Geschichte einer anderen, und der Leser erkennt allmählich die Muster und Wandlungen. Phantasie hat ihre Regeln. Das phantasiereiche Universum der arabischen Erzähler war unsichtbaren Zwängen unterworfen.

Beim Studium eines fiktionalen Korpus, der teils Literatur, teils Folklore ist und der durch Besonderheiten der schriftlichen ebenso wie der mündlichen Kultur charakterisiert wird, ergeben sich ganz spezielle Probleme. Wir wissen tatsächlich nichts über die Verfasser der Geschichten, die in *Tausendundeiner Nacht* gesammelt sind; aber viele Geschichten haben deutlich literarische Qualitäten, und der Sprachgebrauch in ihnen schließt eine unüberlegte Debatte über sie als durchgängig anonyme, zusammengesetzte, mündlich entstandene Beispiele der Volkskultur aus. Unsicherheit über den Status von *Tausendundeiner Nacht* und Unkenntnis des Milieus, in dem die Sammlung entstand, waren für Literaturkritiker ebenso wie für Ethnologen eine Barriere bei der ernsthaften Erforschung der Geschichten. Literarische Verdikte waren gewöhnlich ebenso vage wie überschwenglich. Dem viktorianischen Essayisten Leigh Hunt zufolge »appelliert *Tausendundeine Nacht* an die Sympathie der Menschheit mit der übernatürlichen Welt, mit dem Unbekannten und dem Zufälligen, dem Möglichen und dem Fernliegenden. Sie bringt das Wunderbare zum Vorschein, das in unseren Alltäglichkeiten verborgen liegt.«[2] Ähnliche Kommentare gibt es auch von anderen Autoren, etwa William Hazlitt, Walter Bagehot und G. K. Chesterton. Sie legten die Betonung meist auf die Wildheit dieser orientalischen Geschichten und kontrastierten ihre Exotik den freudlosen Realitäten Europas im Zeitalter der Eisenbahn und der Gaslaterne.

Die Brüder Jacob und Wilhelm Grimm haben nicht nur Märchen publiziert, sondern auch das ernsthafte Studium der Folklore im frühen neunzehnten Jahrhundert begründet. Die ersten Folklore-Studien in Deutschland und Frankreich waren noch eng mit der Philologie und mit Theorien über die arischen Ursprünge europäischer Sprachen und Mythologien verbunden. Der deutsche Indologe Max Müller behauptete, die Mythologie sei eine »Krankheit der Sprache« und Volkserzählungen seien Geröll alter Mythen, besonders von Sonnenmythen. Die ersten Volkskundler, die *Tausendundeine Nacht* ernsthaft untersuchten, waren vor allem damit befaßt, die Herkunft der Geschichten aufzuspüren, und, wie wir gesehen haben, beeinflußten Müllers Überlegungen die Indologen Benfey und Cosquin sehr stark bei ihren Bemühungen, indische, also arische, Quellen für die Geschichten aus *Tausendundeiner Nacht* zu entdecken. In England dagegen entwickelte sich das Wort »Folklore« unter den sich überlappenden Schatten von Altertumskunde und klassischen Studien. Der Terminus »Folk Lore« wurde zuerst von W. J. Thoms, einem Editor englischer mittelalterlicher Texte, in einem Artikel in der Zeitschrift *Athenäum* im Jahr 1846 verwendet. Vom Kontinent kommende Theorien über Diffusionstheorie und Folklore als entartete Abkömmlinge von Mythen wurden von Andrew Lang (1844-1912) angegriffen. Lang, ein schottischer Schriftsteller, Mythologieexperte und Fachmann auf dem Gebiet der homerischen Epen, konnte auf mögliche Quellen für Märchen und andere Spezifika der Folklore in der altgriechischen und der altägyptischen Kultur hinweisen. Er machte auch mit den Solarmythentheorien Max Müllers und seiner Schule Schluß. Heute ist Lang vor allem für sein Werk *Das blaue Märchenbuch* (1893) und seine verschiedenfarbigen Nachfolger bekannt. Lang brachte 1898 auch eine auf Galland basierende *Tausendundeine-Nacht*-Ausgabe heraus, die aber für das jugendliche Lesepublikum, an das sie sich richtete, stark und ungeschickt »gereinigt« war. Lang lebte von dem, was er schrieb, und seine *Tausendundeine-Nacht*-Ausgabe entstand, wie sehr viele andere, aus finanziellen Gründen. Generell wurden Folklore-Untersuchungen in der englischsprachigen Welt bis noch vor sehr kurzer Zeit nur von Hobby-Literaten und -Historikern unternommen.

Sie sind durch ihren Dilettantismus gekennzeichnet. Rituale, Balladen, Geschichten und Witze wurden unsystematisch gesammelt und wiedergegeben und dann unsystematisch miteinander verglichen.

Es war im Finnland des neunzehnten Jahrhunderts, wo man anfing, seriös an der Klassifikation von Geschichtentypen zu arbeiten. Finnland, damals auf der Suche nach seiner nationalen und kulturellen, auch sprachlichen Identität gegen Schweden auf der einen, Rußland auf der anderen Seite, war das erste Land der Welt mit einer Gesellschaft, die sich seiner nationalen Folklore widmete. Der Arzt Elias Lönnrot (1802-1884) sammelte in den Waldgebieten Kareliens Tausende von Versen und Liedern, die dort seit Generationen überliefert wurden. Er stellte sie 1835 zum *Alten Kalevala* zusammen, beeinflußt wohl von den homerischen Epen. 1849 erschien sein wesentlich erweitertes *Neues Kalevala*. Kalevala ist der heros eponymos des Landes, um dessen Helden die Lieder kreisen. Lönnrots Sammlung »brachte über Nacht Gelehrten und Ungelehrten das Bewußtsein einer nationalen Vergangenheit, die eine nationale Zukunft versprach«.[3] Es wirkte anregend auf die Brüder Grimm und andere Folkloristen dieser Zeit.

Vertreter der Methode, die als die historisch-geographische bekannt wurde, nahmen jede einzelne Geschichte als eine Einheit und versuchten, ihr erstes Auftauchen in verschiedenen Regionen, ihre regionalen Varianten und Untertypen und die Grundelemente, aus denen sie sich zusammensetzte, zu erfassen. Viele finnische Gelehrte waren wie Lang mit Benfeys Tendenz, auch der anderer, nicht einverstanden, jede Geschichte auf einen hypothetischen Ursprung in Indien zurückzuführen. Sondern die finnischen Folkloristen spürten wie die Diffusionstheoretiker den Ursprungsregionen von Geschichten nach. Antti Aarne (1867-1925) sammelte eine sehr große Anzahl von Geschichten, klassifizierte sie nach einer Art Behelfssystem und versah alles mit Nummern. Sein *Verzeichnis der Märchentypen* (1911) ist ein systematischer Katalog von hauptsächlich finnischen Stoffen, aber er fügte viele Hinweise auf parallele oder frühere Versionen finnischer Geschichten in Rußland, Skandinavien, Deutschland und anderswo hinzu. Spätere Überarbeitungen des Werks nach Aarnes Tod durch den amerikanischen Ethnologen Stith Thompson erweiterten das Ganze beträchtlich zu dem, was heute als Aarne/Thompsons *The Types of the Folktale*,[4] *Typen der Volkserzählung*, bekannt ist. Spezifika aus ganz Europa und Indien wurden eingearbeitet, und unter einigen Überschriften werden gelegentlich auch Verweisungen auf afrikanische, nordamerikanische Indianer- und arabische Folklore ebenso wie Hinweise auf die literarische Behandlung folkloristischer Themen durch Romanciers oder Dichter gegeben. Aber, auch wenn es gewisse Überschneidungen zwischen arabischer Volksliteratur und der europäischen Folklore gibt, war Aarnes Klassifikation von Geschichtentypen doch dafür gedacht, Beziehungen von Anleihen und Herkunft innerhalb der europäischen Folklore nachzugehen. Es war nicht geplant, Werke der arabischen Literatur einzubeziehen.

Ein »Geschichtentyp« wird von Stith Thompson als »eine Erzählung«, definiert, »die in der Tradition eine unabhängige Existenz aufrecht erhalten kann«. Dies zur Unterscheidung vom Motiv, das ist: »jedes der Teile, in die ein Gegenstand der Folklore zerlegt werden kann«. Thompson erweiterte in den folgenden Jahren den Forschungsbereich der finnischen Schule und veröffentlichte 1932-36 *The Motif-Index*, den *Motiv-Index*. Dieser unterscheidet sich vom Index der Geschichtentypen dadurch, daß er in seiner Spannweite global ist, und darin, daß er regelmäßig auf Literaturwerke wie die *Fabeln des Aesop*, das indische *Katha Sagit Sagara* und *Tausendundeine Nacht* verweist. Anders als die Geschichtenklassifikation wurde der Motiv-Index nicht unter der Voraussetzung zusammengestellt, daß einige oder alle unter einer bestimmten Überschrift aufgeführten Punkte genetisch zueinander in Beziehung ständen. Der Motiv-Index listet lediglich Motive in einer Art logischen Ordnung auf, etwa ähnlich dem Deweyschen System der Dezimalklassifikation für Bibliotheken oder dem Rogetschen *Thesaurus*.[5] Der *Motiv-Index* ist ein umfangreiches

Kompendium, in dem magische und mythische Personen, Dinge, Wunder, Rätsel und tabuisierte Tätigkeiten Nummern erhalten haben. Zum Beispiel ist Sektion B Tieren gewidmet, B 0-99 mythischen Tieren, B 40 vierfüßigen Vögeln, B 41.2 ist die Nummer für das fliegende Pferd. Unter dieser Überschrift finden wir natürlich einen Hinweis auf *Die Geschichte vom Ebenholzpferd* in der Burtonschen Ausgabe der *Tausendundeinen Nacht*, aber es wird auch auf fliegende Pferde in der Sanskrit-, der indo-chinesischen, der deutschen und der altnordischen Folklore verwiesen.

Es wäre erfreulich, wenn es etwas wie den *Motiv-Index* für den modernen Roman gäbe. Dann könnten wir unter Eintragungen wie »R. H. (Roman-Handlung) Typ A 493 Ehebruch im mittleren Alter, 493 a Ehebruch eines erfolgreichen Mannes im mittleren Alter in Hampstead, s. John Braine, Margaret Drabble...« nachsehen. Aber diese Art formaler Klassifizierung ist auf Volksliteratur leichter anwendbar als auf den modernen Roman,[6] denn die anonyme Volkserzählung sucht, ganz anders als etwa Romane von Henry James oder John Fowles, normalerweise nicht danach, zu überraschen oder Erwartungen zu enttäuschen, sondern ihnen zu entsprechen. Vorhersagbarkeit und Mangel an Vieldeutigkeit und Hintergründigkeit ist für Volkserzählungen sogar wichtiger als etwa für Seifenopern im Fernsehen.

Aber zurück zu den Geschichtentypen- und Motiv-Indices, wie es sie heute gibt: Ihre Relevanz für das Studium von *Tausendundeiner Nacht* ist begrenzt. Erstens besteht die Sammlung allenfalls zu einem Teil aus Volkserzählungen. Sie ist in einem erheblichen Ausmaß eine freie literarische Komposition, die sich auf andere, ältere literarische Kompositionen stützt. Zweitens wurde *Tausendundeine Nacht* im semitischen Kulturkreis zusammengestellt, und Aarne und Thompsons Index von Geschichten war, wie schon gesagt, nicht für die Untersuchung der semitischen Volksliteraturen gedacht. Hasan El-Shamy hat in seinen *Folktales of Egypt* (1980), seinen *Volkserzählungen aus Ägypten*, versucht, seinem Material Geschichtentyp- und

Motivnummern hinzuzufügen, wo immer möglich, aber er bemerkte dazu, daß »dem Typenindex im Hinblick auf arabische und berberische Volkserzählungen, und besonders im Hinblick auf ägyptische Erzählungen ernsthafte Grenzen gesetzt sind«.[7] Außerdem haben Experten für Volksliteratur andere, allgemeinere und theoretische Einwände gegen den Aarne-Thompsonschen Ansatz. Einige haben Aspekte der klassifikatorischen Anordnung in Frage gestellt; andere sind weiter gegangen und haben die ihr zugrundeliegenden theoretischen Grundsätze bestritten. Eine Geschichte kann sicherlich Ähnlichkeit mit einer anderen haben, aber sie wird auch Unterschiede zu ihr aufweisen. Wenn man eine komparatistische Methode anwenden will, dann könnte es wichtiger sein, sich auf fundamentale Unterschiede zu konzentrieren als auf oberflächliche Ähnlichkeiten – und nur ganz beiläufig: Es ist eigentlich kaum einzusehen, daß jemandes Einsicht in irgend etwas dadurch wächst, daß er zum Beispiel das achtbeinige altnordische fliegende Pferd Sleipnir in dieselbe Kategorie einordnet wie das arabische[8] Ebenholzpferd.[9]

Ein dem vorausgegangener Versuch des Iranisten Arthur Christensen, Spezialist für persische Legenden und Literatur allgemein, einen Motiv-Index zu erstellen, wurde von den meisten Kritikern auf diesem Gebiet als unzulänglich bewertet. Aber sein Werk *Motif et thème: Plan d'un dictionnaire des motifs des contes* (1925), *Motiv und Thema, Entwurf eines Wörterbuchs der Geschichtenmotive*, diente Nikita Elisséeffs *Thèmes et motifs des Mille et une nuits: Essai de classification* (1949), *Themen und Motive der ›Tausendundeinen Nacht‹: Versuch einer Klassifizierung*, als Vorbild, in dem eine reichlich willkürliche Auswahl von Themen, Motiven und epischem Zubehör aus *Tausendundeiner Nacht* alphabetisch in zwei Tafeln aufgelistet ist. Ein Motiv ist hier ein Element, das eine vollständige, in sich berechtigte, Episode in einer Geschichte darstellt, etwa ein Schiffbruch oder ein Kampf mit einem *Dschinn*. Ein Thema ist die Grundidee, die durch ein Motiv zum Ausdruck gebracht wird. Episches Zubehör ist ein Gegenstand, der in der

Geschichte Verwendung findet, etwa ein fliegendes Pferd oder ein Schwert. Elisséeffs *Index* hilft einem zwar wenig dabei, *Tausendundeine Nacht* zu verstehen, aber er kann nützlich sein, wenn man Geschichten oder Ereignisse in solchen Geschichten lokalisieren will.

Zwar trugen die Arbeiten von Aarne, Thompson und Christensen schon dazu bei, dem Bedarf nach einer Ordnung dieser riesigen Menge von Material entgegenzukommen, aber es waren Klassifizierungsarbeiten. Sie machten kaum einen Versuch, die tieferen, literaturerzeugenden Mechanismen und Genrezwänge zu untersuchen, oder schließlich allgemeine Regeln zu formulieren, die aus dem Geschichtenschatz ableitbar sind. Die Kritik des russischen Strukturalisten und Volksliteraturexperten Vladimir Propp am Klassifizierungsansatz ist besonders interessant. In *Morfologija Skazki* (1928), *Die Morphologie der Erzählung*, kritisierte Propp die Willkürlichkeit der Kategorien in *The Types of the Folktale*. Er bemängelte außerdem die häufige Verwechslung von Geschichte und Motiv, die sich in den Auflistungen fand.[10] Vorformulierte Kategorien seien dem Material von außen auferlegt worden, statt aus der intensiven Untersuchung des Materials selbst abgeleitet worden zu sein. Propp sagte, daß oft nur auf Grund trivialer äußerlicher Züge künstlich zwischen Geschichten unterschieden worden sei, die vom Wesen her identisch wären. Er wunderte sich außerdem darüber, daß Geschichten über Tiere so behandelt wurden, als seien sie eine von normalen Geschichten verschiedene Kategorie. Sollte nun eine Geschichte über ein wundersames sprechendes Tier als Tiergeschichte oder als Wundergeschichte behandelt werden? Aarnes Kategorien seien vielleicht für Verweisungen nützlich, aber nicht, um mit ihnen zu denken.

Propp hatte bei seiner Untersuchung russischer Volkserzählungen einen ganz anderen Ansatz. Als Grundlage für seine Forschungen dienten ihm die *Narodnyje russkije skazki* (1855-64), die *Russischen Volkserzählungen,* eine Sammlung von über 600 russischen Volkserzählungen, die der große russische Ethnograph Alexander Nikolajevič Afanasjev zusammengestellt hatte, und in ihr die Erzählungen, die man als Wundergeschichten bezeichnen konnte. Propp wollte dem Studium von Volkserzählungen eine wissenschafliche Grundlage geben und selbst der Linné oder Cuvier dieser Erzählungen werden. Er war der Ansicht, daß die Suche nach den »Zähnen« oder »Wirbeln« von Geschichten notwendige Voraussetzung für die Entwicklung einer gut begründeten Theorie über den Ursprung der Geschichten sei. Propp glaubte an den Primat des Mythos, d.h., er glaubte, daß die Volkserzählungen, die er untersuchte, entstellte und degenerierte Abkömmlinge früherer heidnischer Mythen und Riten seien. Darin war Propp von Goethes seltsamem Versuch beeinflußt, ein System botanischer Morphologie zu entwickeln, das auf analogen Schlüssen beruhen sollte. Goethe hoffte, zeigen zu können, daß es einmal eine *Urpflanze* gegeben habe, eine Primatenpflanze, und daß alle Pflanzen degenerierte Abkömmlinge dieser *Urpflanze* seien. Man kann feststellen, daß Goethes absonderliche Klassifizierung eine Art umgekehrten Darwinismus entstehen ließ.

Propp legte eine Gruppe russischer Volkserzählungen, insgesamt hundert, als Arbeitsbeispiele zugrunde, die unter die Nummern 300 bis 749 der Aarne/Thompsonschen *Types of the Folktale* fielen, das heißt, es waren Wundererzählungen, Volkserzählungen, in denen Magie oder Übernatürliches eine Rolle spielte. Diese Eingrenzung ist wichtig. Propp ging nicht daran, Tiergeschichten, religiöse Geschichten, romantische Geschichten, Witze oder Schelmenstücke und Anekdoten oder formelhafte Geschichten einzubeziehen, obwohl diese auch Teil der Volksliteratur sind – und sich aus diesem Grund in *Tausendundeiner Nacht* finden.

In Propps System sind Helden, Schurken, Märchenrequisiten, Schauplätze und Themen nur Äußerlichkeiten einer Wundergeschichte, und die Untersuchung von Äußerlichkeiten ist für das Verständnis der wahren Natur der Wundergeschichte keine Hilfe. Es ist unwichtig, ob der Schurke einen Kopf hat oder drei, ob die Handlung der Geschichte unter Wasser oder in der Luft spielt oder ob die Geschichte sich durch ein Haus auszeichnet, das auf Hühnerbeinen umherläuft. Nein, die Funktionen der Geschichte sind das, was zählt, und sie geben der Geschichte ihre »Wirbel«. Es gibt in der russischen Wundererzählung 31 mögliche Funktionen. Hier ist nicht der Platz, näher auf sie einzugehen, oder auch nur, sie alle aufzuführen, aber sie beginnen so: 1.: ein Familienmitglied verläßt sein zu Hause; 2.: den Helden trifft ein Verbot; 3.: er verstößt gegen das Verbot oder begeht eine Übertretung; 4.: der Schurke unternimmt einen Versuch zur Aufklärung; und so weiter. Die Liste der Funktionen endet damit, daß der Held heiratet und den Thron besteigt. Es gibt nicht nur eine begrenzte Zahl von Funktionen, sondern auch eine begrenzte Zahl von Möglichkeiten, eine Funktion mit der anderen zu verknüpfen. Bei all ihrer scheinbaren Wildheit entwickelt sich die Handlung von Wundererzählungen in geordnetem Voranschreiten. Funktionen sind das, was eine Geschichte von Anfang bis Ende vorantreibt. Die einzige Existenzberechtigung einer Funktion ist, eine Geschichte bis zu ihrem Ende zu führen.

Dann zog Propp es vor, anstelle von Charakteren an Aktionssphären zu denken. Eine »Aktionssphäre« konnte naheliegenderweise eine Person, konnte aber auch ein Tier oder ein Gegenstand sein. Es gab sieben elementare Aktionssphären: 1. den Helden; 2. den falschen Helden; 3. den Angreifer; 4. den Spender; 5. den Sender; 6. den Helfer; 7. die Prinzessin. Hier könnte man fragen, wie Propp denn eigentlich zu dieser Glückszahl sieben kam. Warum zwischen dem Aggressor und dem falschen Helden unterscheiden? Sind der Spender und der Sender immer verschiedene Personen? Es könnte auch eingewendet werden, daß Propps Methode der Handlung den Vorzug gibt und die Originalität der Bildersprache und des Dialogs unterbewertet. Diese formalistische Art zu reduzieren hat ihre Reize, aber wenn die Handlung so vorhersagbar ist, wie Propp das darstellt, worin kann dann eigentlich das Vergnügen bestehen, einer solchen Geschichte zuzuhören?

Wie auch immer, nach Propp ist es möglich, die Entwicklung einer Wundererzählung in einer Art algebraischen Beschreibung zu entwerfen, wenn man die Aktionsspären und die Funktionen miteinander kombiniert. Propp glaubte, daß »alle Märchen in ihrer Struktur uniform sind«. Das allgemeine Muster russischer Wundererzählungen ist der Übergang von Gleichgewicht zu Abenteuer oder zu Instabilität und danach wieder zurück zu Gleichgewicht. Der Regisseur Pier Paolo Pasolini scheint Propps Ansichten über das Märchen geteilt zu haben, denn er sagt zu den Geschichten von *Tausendundeiner Nacht*, daß jede Geschichte mit der Darstellung einer Anomalie beginne und daß sie ende, wenn diese Anomalie und alle auf sie folgenden beseitigt seien und wir »zur glücklichen Schläfrigkeit des Alltagslebens« zurückkehren.[11] Propps Ansichten haben eine ganze Reihe von Filmkritikern beeinflußt, die Proppsche Vorstellungen von Funktionen und Aktionssphären verwendet haben, um die den Handlungssträngen von Filmen wie *Kiss me Deadly* und *Sunset Boulevard* zugrundeliegenden Absichten herauszuarbeiten.[12] Von den Filmen einmal abgesehen: Alan Dundes hat gezeigt, wie Propps Kategorien genutzt werden können, um Kinderspiele ebenso wie nordamerikanische Indianerlegenden zu analysieren.[13] Die Proppschen Analysekriterien bieten sich für die Analyse bestimmter Literaturwerke geradezu an, auch wenn diese gar nichts Übernatürliches enthalten. Zum Beispiel ist in Robert Louis Stevensons *Die Schatzinsel* Jim Hawkins der Held, Long John Silver der Aggressor, Billy Bones der Spender, Benn Gunn ist ein Helfer. Wenn der blinde Pew Billy Bones Landkarte sucht, dann ist das F(unktion) 4 (das heißt, der Schurke versucht, Informationen zu erhalten), wenn Hawkins die Segel nach der Schatzinsel setzt, ist das F 11 (der Held geht von zu Hause weg) und so weiter.

Propps Typologie paßt hervorragend auf einige Geschichten aus *Tausendundeiner Nacht*. Der französische Arabist André Miquel hat in seinem Buch *Sept contes des Milles et une nuits* (1981), *Sieben Geschichten aus Tausendundeiner Nacht*, gezeigt, daß die *Geschichte von Abu Mohammed dem Faulpelz* (Li III, S. 170-193) tatsächlich eine Wundergeschichte ist, die dem Muster entspricht, das Propp in den russischen Wundergeschichten entdeckt hat. Sie beginnt mit einem Mangelzustand (Zubaida braucht einen Edelstein) und schreitet über verschiedene Funktionen bis zu ihrem Schluß voran, wenn das Vergehen gesühnt, der Schurke bestraft und der Held mit seiner Braut nach Hause zurückgekehrt ist. Im Hinblick auf die *Geschichte von der Sklavin Tawaddud* (Li III, S. 613-683) hat Miquel festgestellt, daß sie im weitesten Sinne ebenfalls der Proppschen Struktur entspricht, denn sie wird mit einer glücklichen Heirat als Schlußfunktion beendet, aber auch, daß diese Art, die Geschichte zu betrachten, ihren eigentlichen Inhalt, die didaktische Darlegung der mittelalterlichen islamischen Wissenschaften, nicht deutlich werden läßt. Ebenso entspricht der erste Teil der *Geschichte von 'Abdallah dem Landbewohner und 'Abdalllah dem Meermann* (Li VI, S. 183-212) den Proppschen Regeln, nicht aber der zweite. Der zweite Teil der Geschichte ist sicherlich voller Wunder, aber er enthält keinerlei Struktur eines Mangelzustands, Schadens oder einer Missetat und dessen/deren schließliche Beseitigung/Sühnung. In einer zweiten Untersuchung mit dem Titel *Une Conte des Mille et une nuits: Ajib et Gharib* (1977), *Eine Geschichte aus Tausendundeiner Nacht: 'Adschib und Gharib*, hat André Miquel den Inhalt dieser ziemlich langen Wundergeschichte analysiert und herausgefunden, daß sie weitgehend den Proppschen Regeln entspricht, denn sie beginnt mit einer Missetat – 'Adschib befiehlt, Gharibs spätere Mutter zu ermorden – und setzt sich durch dazwischenliegende Funktionen fort, um schließlich mit einer Wiedereinsetzung auf den Thron und einer Heirat zu enden, der Gharibs; dann führt eine zweite Runde Gharibscher Abenteuer in einen zweiten Zyklus Proppscher Funktionen. Aber die Geschichte ist vielschichtiger als jede der von Propp untersuchten. Sie scheint zwar im weitesten Sinne der Proppschen Typologie der Wundererzählung zu entsprechen, doch die Charakterisierung ist irgendwie unbefriedigend.

David Pinault stellt in seinem Buch *Story-Telling Techniques in the Arabian Nights* (1992), *Erzähltechniken in Tausendundeiner Nacht*, fest, daß Mohammeds Geschichte in der *Geschichte vom falschen Kalifen* präzise »einem der traditionellen Muster folgt, die Vladimir Propp in seiner *Morphologie der Volkserzählung* untersucht hat: Verbot/ Verbotsübertretung/ körperliche Verletzung/ Vertreibung/ das Unglück, oder der Mangelzustand werden bekannt gegeben.« Die Geschichte verläuft so: Mohammed muß schwören, das Lager seiner geliebten Dunja nicht zu verlassen, aber, aufgefordert von der Gattin des Kalifen Harun er-Raschid, der Herrin Zubaida, verläßt er das Haus. Als Dunja seinen Ungehorsam bemerkt, läßt sie ihn heftig verprügeln und wirft ihn aus dem Haus. Mohammed erzählt seine Geschichte Harun er-Raschid.[14]

Eine i-tüpfelchen-genaue Anwendung von Propp auf die Geschichten der *Tausendundeinen Nacht* ist wirklich nicht sehr befriedigend. Einige Erzählungen aus der Sammlung erinnern an russische, aber andere tun es nicht, und Propps kleine Palette von Funktionen und Aktionsspären trifft auf sie nicht zu. Was ist zum Beispiel mit Heldinnen in Geschichten aus *Tausendundeiner Nacht*, die eine aktive Rolle, zum Teil sogar eine führende Rolle spielen, Marjam die Gürtlerin, Marjana aus der *Geschichte von Ali Baba und den vierzig Räubern*, Zumurrud in der *Geschichte von 'Ali Schar und Zumurrud*? Ein weiterer Einwand, der die Nützlichkeit des Proppschen Interpretationssystems einschränken könnte, ist der, daß offensichtlich alle die russischen Märchen, die er analysiert hat, glücklich ausgehen. Das ist in *Tausendundeiner Nacht* nicht durchgängig der Fall. Zum Beispiel sind die Geschichten des ersten, zweiten und dritten Bettelmönchs mit Sicherheit Wunder- und Zaubergeschichten, aber alle enden unglücklich. Hier gibt es keine Heimkehr, keine glückliche Heirat, keine Kompensation eines Mangels: Ganz im Gegenteil, die Protagonisten dieser Geschichten sind unverheiratete Bettler, die alle ein Auge verloren haben.

Propps Kategorien sind nicht auf alle Geschichtentypen anwendbar, sie waren aber auch gar nicht dazu gedacht. Propp formulierte seine Kategorien für eine kleine Menge russischen Folklore-Materials, und Kritiker haben darauf hingewiesen, daß es sogar innerhalb der Gruppe der russischen Wundererzählung alle möglichen Arten von Handlungen gibt, die den Proppschen Strukturregeln nicht entsprechen und in seiner symbolischen Kategorisierung nur schwer unterzubringen sind. Trotzdem fanden Literaturtheoretiker der formalistischen oder strukturalistischen Schule die Art, in der Propp seine Aufgabe anging, attraktiv, und einige entschlossen sich dazu, seine Erkenntnisse auf breitere literarische Gebiete anzuwenden. In Frankreich versuchten Strukturalisten wie Algirdas Greimas und Claude Bremond ebenso wie der Bulgare Tzvetan Todorov die Proppschen Kategorien zu verfeinern oder zu erweitern.[15] Es sind faszinierende, aber auch ziemlich schwer verständliche Unternehmungen. Manchmal nutzen sie die Geschichten aus *Tausendundeiner Nacht* als Versuchsobjekte für ihre Theorien.

Claude Bremond hat in seiner *Logique du récit* (1973), *Die Logik der Erzählung*, versucht, Propps Kategorien zu vereinfachen und sie, neben anderen Erzähltypen, auch auf Geschichten aus *Tausendundeiner Nacht* anzuwenden. Bremond war der Ansicht, daß Propps einundreißig inhaltliche Funktionen zu viele seien. Er ersetzte sie durch Kardinalfunktionen und wies darauf hin, wo eine Handlung in eine ganze Anzahl von Richtungen weitergehen konnte. Bremond setzte auch an die Stelle von Propps sieben Aktionssphären Handelnde, Leidende, Einflußnehmende, Verbesserer und Nutznießer. Bremond verwendete Kardinalfunktionen und verschiedene Typen aktiver und passiver Gestalten ebenso wie Vermittler, um abstrakt erscheinende Handlungen zu analysieren. Sie alle wurden durchnumeriert wie Vorschläge in Ludwig Wittgensteins *Tractatus logico-philosophicus*, *Logisch-philosophischer Traktat*. So ist II.1.3.4 »Zufriedenheit oder Unzufriedenheit, die der Handelnde erlebt, der über sich selbst urteilt, daß er bei seiner Aufgabe Erfolg hatte oder versagte.« Eins der hier aufgeführten Beispiele ist ein Räuber in Gallands Version von *Ali Baba und die vierzig Räuber*. Dieser Räuber versucht, an Ali Babas Haus ein Zeichen zu seiner späteren Identifizierung anzubringen, aber Marjana überlistet ihn, und er wird infolgedessen von einem der anderen Räuber getötet. Man kann Bremonds Methode dazu verwenden, unglaublich komplizierte Diagramme von Handlungen von Geschichten zu entwerfen. Aber was man sonst noch damit tun könnte, ist unklar. Seine Kardinalfunktionen gestatten so viel Flexibilität, daß alles möglich wird, und Propps »Wirbel« scheinen sich in Wackelpudding aufgelöst zu haben.

Tzvetan Todorov hat einen anderen Ansatz. Sowohl in der *Grammatik des Decamerone* als auch in *Die fantastische Literatur* versucht er, eine generative Grammatik für bestimmte literarische Gattungen zu schaffen. Die *Grammatik des Decamerone* (1969) geht daran, die konstituierenden Elemente der »Sprache« in Boccaccios Geschichten zu erforschen. In der »Grammatik« des Erzählens ist ein »Nomen« eine Person oder ein Gegenstand in der Geschichte. Ein »Verb« ist eine Form der Handlung. Todorov postuliert drei Typen des »Verbs«: erstens: Wechsel (eine weite Kategorie, die Verkleidung/Entlarvung, Angriff/Widerstand und so weiter umfaßt); zweitens: Übergang; drittens: Bestrafung. »Verben« haben Modi: Necessitativ – Notwendigkeitsmodus, Optativ – Wunschmodus, Konditionalis – Bedingungsmodus, Prädiktiv – Vorhersagemodus. Ein »Adjektiv« ist ein Zustand, eine Eigenschaft oder eine Bedingung. Todorovs Konstruktion der Grammatik des *Decamerone* brachte ihn zu dem Schluß, daß ein großer Teil der Geschichten unausgesprochene Werte- oder Gesetzescodices behandele, die durch Gestalten in den Geschichten verletzt würden, aber daß diese Gestalten, oft Ehebrecher, meist ungestraft davonkämen. So handelten Boccaccios Geschichten vom Zusammenbruch des mittelalterlichen Moralkodex' im Italien des vierzehnten Jahrhunderts. Sie waren die Vorboten des modernen kapitalistischen Individualismus.

Es wäre erstaunlich, wenn Todorovs Schlußfolgerungen zum *Decamerone* nicht auch für *Tausendundeine Nacht* relevant wären, denn hier vergleichen wir Gleiches mit Gleichem. Beides sind Geschichtensammlungen. Beide haben eine Rahmenerzählung, in der im Schatten des Todes Geschichten erzählt werden. Beide stützen sich auf Elemente von Volkserzählungen, geben ihnen aber trotzdem eine literarische Form. In keiner der beiden Sammlungen wurden viele, wenn denn überhaupt irgendwelche Geschichten von denen erdacht, die sie niederschrieben. Darüber hinaus enthalten, wie wir gesehen haben, das *Decamerone* und *Tausendundeine Nacht* einige identische Geschichten. Man könnte auch anführen, daß das Kairo und das Florenz des vierzehnten Jahrhunderts zu einer einheitlichen mediterranen Kulturregion gehörten. Aber wenn man Todorovs These in Zweifel ziehen will, könnte man einwenden, da einige Geschichten bei Boccaccio vom Wesen her dieselben sind, wie die, die im Bagdad des zehnten Jahrhunderts und im Indien des siebenten Jahrhunderts kursierten, daß man dann auch nach einem Zerfall des konventionellen Moralsystems zu jenen Zeiten und in jenen Regionen suchen müßte.

Auch wenn Todorov nicht versucht hat, eine »Grammatik« der *Tausendundeinen Nacht* herauszuarbeiten, stellt die Sammlung einen Text dar, zu dem er eine ganze Menge zu sagen hat. In einem wichtigen Essay *Les Hommes-Récits*, *Erzählpersonen*, publiziert als Anhang zur *Grammatik des Decamerone*,[16] widmet er sich der »Blässe« eines bestimmten Typs literarischer Gestalten und dem Mangel an psychologischem Tiefgang in Werken wie der *Odyssee*, dem *Decamerone* und *Tausendundeiner Nacht*. Todorov sagt, daß die Persönlichkeit Sindbads des Seefahrers nicht von seiner Geschichte getrennt werden kann. Er ist ein »Geschichtenmensch«. In *Tausendundeiner Nacht*, von Todorov als »Erzählmaschine« charakterisiert, sind alle Charakterzüge unmittelbar kausal. Wir erfahren, daß Sindbad gern reist, weil er reist; wir erfahren, daß er reist, weil er gern reist. Es scheint so, als wüßten die Gestalten in *Tausendundeiner Nacht* nur dadurch, wer sie sind, daß sie sehen, was sie getan haben. In der naiven Psychologie von *Tausendundeiner Nacht* ist Motivation direkt mit Handlung verbunden. Der despotische Sultan tötet, weil er grausam ist; er ist grausam, weil er tötet. Da sich eine Persönlichkeit durch Handlung definiert, ist es ganz natürlich, daß sich jede neue Gestalt, die in einer Geschichte auftaucht, dadurch etabliert, daß sie zunächst ihre Geschichte erzählt, daher das Einflechten von Geschichten, das so typisch für *Tausendundeine Nacht* und andere Erzählsammlungen ist. Die Geschichten der Menschen sind ihr Leben, und so ist es völlig richtig, daß in *Tausendundeiner Nacht* immer wieder Menschen ihr Leben dadurch retten, daß sie Geschichten erzählen.

Todorovs *Einführung in die fantastische Literatur*, französisches Original 1970, war ein Versuch, ein literarisches Genre abzugrenzen und seine besonderen Regeln aufzudecken. Todorov wollte das Phantastische mehr durch seine Tiefenstruktur definieren als durch sein Drum und Dran – also nicht durch Geister, knarrende Paläste, Hexen, *Dschinnen*, Wunschringe und so weiter. Todorov zufolge sind phantastische Geschichten in einer Welt angesiedelt, in der, wie es aussieht, gegen die Naturgesetze verstoßen wird. Aber vom Leser wird erwartet, daß er sich fragt, ob tatsächlich ein Verstoß gegen diese Gesetze vorliegt. Mehrdeutigkeit ist ausschlaggebend für die phantastische Geschichte, und in der reinsten Form dieser Geschichte, etwa in Henry James *The Turn of the Screw* (1898), *Die Drehung der Schraube*, wird diese Mehrdeutigkeit nie aufgelöst – werden die Kinder wirklich vom Geist von Quint bedroht, oder wird der Leser zum Opfer der undurchsichtigen Erzählung der Gouvernante? Wenn die Mehrdeutigkeit einer Geschichte aufgelöst wird, dann bestimmt die Art, wie sie aufgelöst wird, ob eine Geschichte als »unheimlich« oder als »Wundergeschichte« zu bezeichnen ist. Wenn wir zum Schluß der Geschichte merken, daß gegen kein Naturgesetz wirklich verstoßen wurde, zum Beispiel, daß die Gespenster nichts weiter als verkleidete Menschen waren, dann ist es eine unheimliche Geschichte. Wenn aber gegen Naturgesetze verstoßen wurde, dann ist es eine Wundergeschichte.[17] Die meisten phantastischen Geschichten in *Tausendundeiner Nacht* lösen sich in Wundergeschichten auf. Es stellt sich heraus, daß böse Frauen tatsächlich in Hunde verwandelt wurden, 'Abdallah der Meermann reist wirklich in das Unterwasserkönigreich, und das Ebenholzpferd fliegt tatsächlich. Das schwer Durchschaubare, das für Schriftsteller wie Cazotte, Potocki und Henry James so typisch ist, findet sich in *Tausendundeiner Nacht* nur selten. Das Rüstzeug von *Tausendundeiner Nacht* ist ganz eindeutig das Wundersame – Wundersames, das auf Hyperbolik beruht – zum Beispiel Sindbad und der Riesenfisch, der zunächst für eine Insel gehalten wird; auf dem Exotischen – etwa Sindbad und das Nashorn; oder auf einem Requisit – wie der fliegende Teppich.

Todorovs Typologie des Wunderbaren paßt sehr gut auf einige Geschichten, aber es ist schwer festzustellen, wie sie auf Geschichten wie die *Vom Buckligen*, *Vom erwachten Schläfer* oder *Vom falschen Kalifen* passen sollte.[18] Manchmal spürt man einfach, daß Todorov nicht so sehr durch seine Methodologie zu seinen Ergebnissen gelangt als durch intensives und intelligent gehandhabtes Lesen, etwa in seinen Aussagen über die *Geschichte des zweiten Bettelmönchs* (Li I, S. 131-142). Bei dieser Geschichte, die Todorov als eine Geschichte über Metamorphosen und magische Kräfte bezeichnet, interpretiert er den *Dschinn*, der den Mann in einen Affen verwandelt, als Personifizierung des Unglücks dieses Mannes.[19] Übernatürliche Geschöpfe stehen in Geschichten aus *Tausendundeiner Nacht* oft für das Schicksal oder den Zufall.

Todorovs Beobachtungen zu *Tausendundeiner Nacht* und ausgewählten Werken der europäischen phantastischen Literatur sind zweifellos interessant. Aber sie gelten nur für eine bestimmte Art der phantastischen Literatur, und man kann sich nur schwer vorstellen, wie Todorovs restriktive Theorie der Gattung des Phantastischen erweitert werden könnte, um solche Werke wie George Macdonalds *Phantastes*, *Phantasten*, Mervyn Peakes *Gormenghast* oder Tolkiens *Der Herr der Ringe* einzubegreifen. Notwendig wäre ein formales System, das nicht nur erklärt, was in einem bestimmten Genre geschrieben wird, sondern auch darauf hinweisen kann, welches die Grenzen des Genres sind und was oder auch was nicht in diesem Genre geschrieben werden kann oder könnte. Gegenwärtig aber scheint jeder Versuch, der Analyse von Literatur eine formale oder strukturalistische Basis zu geben, bei einem neuen Ausgangspunkt zu beginnen.

Der Einfluß von Propp wie von Todorov ist in dem Buch der Ägypterin Ferial Ghazoul *The Arabian Nights: A Structural Analysis* (1980), deutlich. Ghazoul ist der Ansicht, daß die Geschichten aus *Tausendundeiner Nacht* Regeln haben, aber innerhalb dieser Regeln sei es möglich, eine nahezu unbegrenzte Vielfalt von Geschichten zu konstruieren, genauso wie die englische Grammatik ihre Regeln hat, und man, wenn man diese Regeln anwendet, eine nahezu unbegrenzte Anzahl von aussagekräftigen Sätzen bilden kann. Die Geschichten wurden durch eine Anzahl binärer Gegensätze geschaffen, außerdem durch *bricolage*, »Bastelei«, das ist ein Terminus, der von einem anderen Strukturalisten, Claude Lévi-Strauss, stammt und der die geschickte Verwendung von leicht zugänglichen Materialien meint. So verwendeten die Redakteure der Geschichten von *Tausendundeiner Nacht* ältere Teile und Stückchen von Geschichten, um daraus neue zu fertigen. Leider ist Ghazouls geistvolles Buch, das in Kairo gedruckt wurde, in Europa nicht so leicht erhältlich.

David Pinault hat in seinem Buch *Story-Telling Techniques in the Arabian Nights* (1992) einen ganz anderen Ansatz.[20] Was ihn sehr stark interessiert, ist, Charakteristika mündlichen Erzählens in den erhaltenen schriftlichen Versionen von *Tausendundeiner Nacht* herauszufinden. Er stützt sich wie andere, die den Grenzen zwischen mündlichem und schriftlichem Erzählen nachgegangen sind, auf das Werk von Parry und Lord. Milman Parry untersuchte zwischen 1902 und 1935 die Texte der *Ilias* und der *Odyssee*. Nach seinem Tod wurde sein Werk von Albert B. Lord fortgeführt und 1978 unter dem Titel *The Singer of Tales*, *Der Sänger von Geschichten*, veröffentlicht. Dieses Buch untersucht die charakteristischen formelhaften Epitheta, die für die Beschreibung von Angriffen, Schlachten, Schiffen, Ratsversammlungen, Männern und so weiter Verwendung finden. Solche Epitheta, so sagen Parry und Lord, dienten den griechischen Barden der Frühzeit als konfektionierte Beschreibungen in dem geeigneten poetischen Metrum. Formelhafte Adjektive und Sätze, die schnell auswendig gelernt werden konnten, machten es den Barden leicht, Auftritte zu improvisieren. Parry und Lord fanden im Jugoslawien des zwanzigsten Jahrhunderts eine Bestätigung für ihre von Homer ausgehende These. Dort nahmen sie die Auftritte der analphabetischen serbischen *Guslar*, der Barden, auf Band und analysierten sie. Sie befragten auch die *Guslar* selbst. So erfuhren sie, wie das Gedächtnis der Barden funktionierte und wie die *Guslar* lange Epen rezitieren konnten, ohne Zugang zu einem Text zu haben, nämlich, indem sie improvisierten – kein Auftritt glich ganz einem anderen – und vorgefertigte Sätze verwendeten. Parry und Lord sind der Ansicht, daß die beiden Epen Homers dadurch entstanden, daß kürzere Balladen aneinandergereiht wurden, die ursprünglich in den Stegreifaufführungen der Barden geschaffen worden waren. Die Schlußfolgerungen von Parry und Lord wurden von vielen akzeptiert, mancherorts aber auch in Frage gestellt. Die Debatte darüber, wer die griechischen Epen verfaßt hat, geht weiter, und es ist so, wie eine Gestalt in Aldous Huxleys *Those Barren Leaves* (1925), deutsch *Parallelen der Liebe*, scherzhaft bemerkt hat: »Es ist wie mit der Autorschaft der *Ilias*... Der Autor dieses Epos ist entweder Homer oder, wenn nicht er, dann jemand anderer mit demselben Namen.«

Pinault sagt, sicher zu Recht, daß diejenigen, die die Geschichten aus *Tausendundeiner Nacht* verfaßten, sich, in vielem ähnlich wie die griechischen Barden, die vorgefertigte Epitheta und Sätze verwendeten, auf vorhandenes Material stützten, dieses neu ordneten, und daß »auch ein Formelsystem in *Tausendundeiner Nacht* verwendet wurde, wennschon mehr beim Grundstock der Geschichte denn als Epitheton oder Satz.« So dienten Handlungsklischees als Bausteine für die mündlich überlieferten Geschichten. In der *Geschichte vom Fischer und dem Dämon* (Li I, S. 48-96) spielt »der Redakteur deutlich mit dem Motiv des wohlwollenden wünscheerfüllenden Geistes, der uns aus anderen Geschichten in dieser Gattung so gut bekannt ist«. Aber bei diesem besonderen Beispiel verkehrt der Redakteur die Konvention in ihr Gegenteil, indem er den *Dschinn*, den Dämon, ausgesprochen übelwollend gestaltet. Pinault untersucht dann die *Geschichte vom König Junan und dem weisen Duban*, die in die Rahmengeschichte vom *Fischer und dem Dämon* eingefügt ist. Thematisch stehen die beiden Geschichten deutlich in Beziehung zueinander, denn ebenso wie der Fischer durch den Dämon bedroht wird, wird der Weise durch den undankbaren König bedroht; aber Pinault zeigt, daß die beiden Geschichten durch die sorgfältige Verwendung des Leitsatzes (Schlüsselmotivs) »Verschone mich, dann wird Gott dich verschonen!« miteinander verknüpft sind. Noch wirkungsvoller ist die Verwendung des Leitsatzes »Das ist ein Beispiel für die, die sich ein Beispiel nehmen«, in der *Geschichte von der Messingstadt*. Pinault untersucht auch, wie die Redakteure der *Tausendundeinen Nacht* vom *Leitwort* Gebrauch machten. Ein *Leitwort* in *Tausendundeiner Nacht* ist eine Wortwurzel aus drei Buchstaben, die in ihren verschiedenen Formen Wörter mit verwandten Bedeutungen bildet. – Die meisten arabischen Wörter sind durch Hinzufügungen zu einer Wortwurzel gebildet, die aus drei Konsonanten besteht. – Solche miteinander verbundenen Schlüsselwörter können wiederholt verwendet werden, um eine stilistische Wirkung zu erreichen oder um die Botschaft einer Geschichte hervorzuheben. Der Begriff *Leitwortstil*, der zuerst in der kritischen Bibelwissenschaft Verwendung fand, wurde schon von John Wansbrough in seinem Buch *The Sectarian Milieu* (1978), *Das religiöse Milieu*, benutzt, um Teile des Korans zu analysieren. Pinault zeigt, wie *Die Geschichte der ältesten Dame* in der *Geschichte des Lastträgers und der drei Damen* mit der Wurzel *s-ch-t*, mit dem wiederholten Einsatz der Form *mas-chūt* in der Bedeutung »ein Mann, der durch göttlichen Zorn in einen Stein verwandelt wurde«, oder allgemeiner: »einer Metamorphose unterworfen«, und *sucht*, »Mißfallen oder göttlicher

Zorn«, spielt. In diesen und anderen Analysen versucht Pinault, die Muster aus den Geschichten zu erschließen, nicht, sie ihnen aufzuzwingen. Das läuft darauf hinaus, daß das Muster vom Erzähler gewählt wurde, nicht, daß es ihm als ein ihm selbst gar nicht bewußter Zwang oblag.[21]

Dieses Kapitel befaßt sich zwar vorwiegend mit strukturalistischen Ansätzen bei der Untersuchung von *Tausendundeiner Nacht*, das soll aber nicht heißen, daß nur Schüler von Propp, Todorov oder Lévi-Strauss Wichtiges zu *Tausendundeiner Nacht* zu sagen hätten oder gehabt hätten. Mia Gerhardt ist, im Gegensatz zu Pinault, nicht Arabistin. Trotzdem ist ihr Buch *The Art of Story-Telling: Literary Studies in the Arabian Nights* (1963), *Die Kunst des Erzählens: Literaturwissenschaftliche Untersuchungen zu Tausendundeiner Nacht* eine der besten Untersuchungen und außerdem die lesbarste (im Englischen). Man kann den Einfluß von André Jolles' strukturalistischer Abhandlung *Die einfachen Formen*, erste Auflage 1930, erkennen, die eine Morphologie dessen bietet, was Jolles für die universalen einfachen Formen hielt, also *Legende, Sage, Mythe, Rätsel, Spruch, Kasus, Memorabile, Märchen und Witz*. Aber Gerhardts Untersuchung beruht nicht auf einer bestimmten Methodik, und ihre Behandlung des Themas steht auch nicht ernsthaft unter dem Zwang morphologischer Erwägungen. Patrice Coussonet hat für *Pensée mythique, idéologie et aspirations sociales dans un conte des Mille et une nuits: Le Récit d'Ali du Caire* (1989), *Mythisches Denken, Ideologie und soziale Hoffnungen in einer Geschichte aus ›Tausendundeiner Nacht‹: ›Die Geschichte von 'Ali aus Kairo‹*, und für einige kürzere Untersuchungen eine sehr gründliche Lektüre vorgenommen, auch um einzelne Geschichten datieren und damit in den richtigen sozialen und ideologischen Kontext einordnen zu können. Jede Geschichte muß für sich betrachtet werden, denn es kann sein, daß eine alte Version einer alten Geschichte nur in einem relativ jungen Text erhalten ist, zum Beispiel in der Bulaker Textrezension oder auch in der Habichtschen. Andras Hamori hat einige kürzere, aber sehr eindrucksvolle Analysen einzelner Geschichten vorgelegt, die die Aufmerksamkeit auf ästhetische Qualitäten lenken, die in den nüchterneren strukturalistischen Analysen von Erzählwerken meist vernachlässigt werden. Hamoris Lesarten wollen verborgene Allegorien in den Geschichten aufdecken.[22] Schließlich sollen zwei Überblicksdarstellungen, nämlich Suhair el-Kalamawis *Alf Laila wa-Laila* (1966) und Wiebke Walthers *Tausendundeine Nacht. Eine Einführung* (1987), vor allem arabisch-, beziehungsweise deutschsprachigen Lesern empfohlen werden.

Todorov bemerkt gegen Ende seiner *Einführung in die fantastische Literatur*:

> »Die Psychoanalyse hat die fantastische Literatur ersetzt (und damit überflüssig gemacht). Man hat es heute nicht mehr nötig, auf den Teufel zurückzugreifen, um über eine exzessive sexuelle Begierde sprechen zu können, wie man auch der Vampire nicht länger bedarf, um deutlich zu machen, welche Anziehungskraft von Leichen ausgeht: Die Psychoanalyse und die Art der Literatur, die direkt oder indirekt von ihr inspiriert ist, handeln davon in unverhüllten Begriffen.«[23]

Bis jetzt scheinen die Verlagspublikationen Todorovs These, Phantasie sei obsolet, kaum zu bestätigen, und der Gedanke, daß phantastische Literatur nützlich sein müsse, mag einige Leser als recht seltsam überraschen. Wie auch immer, Psychoanalytiker halten die utilitaristische Funktion von Phantasien für sicher. Bruno Bettelheim, ein Freudianer, nimmt in *The Use of Enchantment: The Meaning and Importance of Fairy Tales* (1976), deutsch *Kinder brauchen Märchen*, an, daß Kinder das naturgegebene Publikum für Märchen seien, und sagt, daß die Funktion der Märchen darin bestehe, Kinder dadurch auf das Erwachsenenleben vorzubereiten, daß sie die Schwierigkeiten, die ihnen vielleicht im späteren Leben begegnen könnten, in verkleideter fiktionaler Form literarisch umsetzen. Sehr oft personifizierten die verschiedenen Protagonisten in den Geschichten unterschiedliche Aspekte der menschlichen Persönlichkeit. Märchen werden von Bettelheim so interpretiert, wie Anhänger Freuds Träume interpretieren, als hätten sie einen latenten ebenso wie einen manifesten Inhalt. Er entnimmt zwar die meisten seiner Demonstrationstexte den Brüdern Grimm und Perrault, aber er bezieht auch Geschichten aus *Tausendundeiner Nacht* in seine Argumentation ein. So stellten in der *Geschichte von Sindbad dem Seefahrer* die beiden Sindbads, nämlich Sindbad der Seefahrer und Sindbad der Lastträger, konträre Seiten der menschlichen Persönlichkeit dar. Sindbad der Lastträger verkörpere das Ego, Sindbad der Seefahrer das Es, und in gewisser Weise seien die Abenteuer Sindbads des Seefahrers die Phantasien des schwer arbeitenden, erdgebundenen Ego. Man sollte hier kritisch anmerken, daß Bettelheim Sindbad dem Lastträger zuviel Bedeutung beimißt: In der arabischen Geschichte erscheint er nur als der flüchtig gezeichnete Zuhörer für die Geschichten seines kühneren Namensvetters.

In Bettelheims Interpretation der Rahmengeschichte von *Tausendundeiner Nacht* erscheint Schehrezad als mittelalterliche Psychoanalytikerin und Schehrijar als ihr Patient. Sie erzählt ihm viele Geschichten, um seine Heilung zum Erfolg zu führen, denn »eine einzige Geschichte würde nicht genügen, dafür sind unsere seelischen Probleme zu vielschichtig und schwierig. Nur eine große Vielfalt von Märchen kann den Anstoß zur Katharsis geben. Es erfordert fast drei Jahre ununterbrochenen Märchenerzählens, um den König von seiner tiefen Depression zu befreien und seine Heilung herbeizuführen.« Schehrijar ist ein gestörtes Es, während Schehrezad ein von einem Über-Ich beherrschtes Ich ist. So wird die nächtliche Begegnung von Schehrezad und Schehrijar zu einer Parabel für Integration, nämlich der Integration der Persönlichkeit Schehrijars, die von ihren Ambivalenzen zerrissen war.[24] Viele haben die Rahmenerzählung genauso verstanden wie Bettelheim. In der bisher bekannten ältesten Fassung der Rahmenerzählung wird Schehrijar tatsächlich als »wahnsinnig« beschrieben,[25] und hier und in anderen Fassungen wird auch gesagt, daß Schehrezad ihn »heilte«.[26] Die späten, ägyptischen, Fassungen der Rahmenerzählung scheinen allerdings die Aussage zu enthalten, daß Schehrijars Weltsicht im allgemeinen und von Frauen im besonderen richtig ist. Mit der Ausnahme des Tugendideals Schehrezad sind alle Frauen auf sexuellem Gebiet notorisch untreu. Allgemeiner gesagt, Bettelheims Interpretation der Geschichten als kleine Dramen mit dem Es, dem Ich und dem Über-Ich in den Hauptrollen erscheint bedrückend klaustrophob und reduktionistisch. Es ist kaum anzunehmen, daß die Geheimnisse irgendeiner mittelalterlichen arabischen Geschichte nur mit Hilfe einer westlichen psychologischen Theorie des zwanzigsten Jahrhunderts entschlüsselt werden könnten.

Die Jungianer sind, wenn sie Mythen, Legenden und Märchen erforschen, wie die Freudianer, eifrig dabei, die Unterschiede, die eine Kultur von einer anderen und eine historische Periode von einer anderen trennen, einfach zu ignorieren. So scheint Joseph Campbell, der Mythograph der Jungschen Schule, stets mehr mit Ähnlichkeiten als mit Unterschieden befaßt. Er bemerkt in seinem Vorwort zu einer Auswahl von Geschichten aus *Tausendundeiner Nacht*, die in den USA erschien:

> »Die Schlachtszenen könnten bequem auch im Artusroman erscheinen, die Geschichten von verzauberten Schlössern, Wunderschwertern, Talismantrophäen und der Suche in den Reichen der *Dschinnen* erinnern in vielem an Lieblingsgestalten des Artusromans; das Muster der romantischen Liebe ist seinem Wesen nach identisch mit dem der Provence des zwölften Jahrhunderts; die frommen Geschichten atmen denselben Duft spiritueller Kindheit und die frauenfeindlichen Exempla denselben mönchischen Haß wie die des christlichen Europa.«

In seiner bekannten Untersuchung *Der Heros mit tausend Gestalten* stellt Campbell Kamar ez-Zaman in der *Geschichte von*

Kamar ez-Zaman» (Li II, S. 351-560) als einen Helden dar, der demselben Grundtyp entspricht wie Cuchulinn,[27] Moses und Krischna. Neben der Jungschen Vorbildung ist vielleicht auch der Einfluß von Propp auf Campbell deutlich. Die *Dschinnen*, die Kamar ez-Zaman und die Prinzessin Budur zusammenbringen, sind erkennbar Helden der Proppschen Kategorie. In Campbells Augen charakterisieren die Begegnung der beiden jungen Menschen, die von den *Dschinnen* arrangiert wird, und der Ring, den Kamar ez-Zaman von Budur empfängt, seinen Einblick in die Tiefen seines Unbewußten und in die Tatsache, daß dessen Wahrheiten denen des gewöhnlichen Lebens im Wachzustand gleichwertig seien. »Nicht jeder hat ein Geschick: nur der Held, der hinabgetaucht ist, um es anzurühren, und wieder, mit einem Ring, emporgekommen ist.«[28] Pasolinis filmische Fassung derselben Geschichte in seinen *Erotischen Geschichten aus Tausendundeiner Nacht* mag als Gegengewicht zu Campbells ungesund obsessiver Vertiefung in Helden und Heldenschicksale empfohlen werden.[29]

Propp hat gesagt, die »Volkserzählung kann, wie alles Lebendige, nur Formen hervorbringen, die ihr gleichen.« Auch wenn die formalistische oder strukturalistische Analyse eine Geschichte alles dessen entkleidet, was sie für den Leser angenehm macht: Stil, Schauplatz, Charakterisierung, Metaphorik, mag die Herausarbeitung des Skeletts einer Handlung durchaus nützlich sein. Man hat dann ein Gerüst für die Untersuchung der Formen des Weiterlebens und der Weiterentwicklung von Geschichten. Propps permanenter Rückgriff auf biologische Metaphern ist auffällig. In einem Abschnitt über das Weiterleben von Gedanken in seinem Buch *Zufall und Notwendigkeit* (1970) hat der französische Biologe Jacques Monod gesagt: »Für einen Biologen ist es verlockend, die Evolution der Ideen mit der Evolution der belebten Natur zu vergleichen. Wenn auch das Reich des Abstrakten viel weiter noch über die belebte Natur hinausgeht, als diese die unbelebte Welt überschreitet, so haben doch die Ideen einige der Eigenschaften von Organismen behalten. Wie diese wollen sie ihre Struktur fortpflanzen und vermehren, wie diese können sie ihren Inhalt vermischen, rekombinieren und wieder abtrennen, wie diese haben sie schließlich eine Evolution, und in dieser Evolution spielt die Selektion ohne jeden Zweifel eine große Rolle.«[30] Es wird heute oft gesagt, der moderne Roman habe sich aus Geschichten wie denen im *Decamerone* oder in den *Canterbury Geschichten* »entwickelt«. Aber es ist sicher an der Zeit, über die unreflektierte Verwendung des Worts »sich entwikkeln« hinauszugehen, und es ist an der Zeit, über die Gesetze nachzudenken, die möglicherweise die Entwicklung literarischer Formen steuern.

Will man sich vom Genetiker Richard Dawkins leiten lassen, dann könnte es von Nutzen sein, an eine Geschichte als »eine egoistische Schnur von Worten« auf den Zeilen des egoistischen Genres zu denken.[31] Diese Wortkette hat keinen eigenen Willen, nimmt aber trotzdem unbewußt durch Reproduktion an einem blinden Überlebenskampf teil. Ich benutze das Wort »Reproduktion« mit Bedacht. Wortketten werden von Caféhaus zu Caféhaus, von Bibliothek zu Bibliothek getragen. Aber gegenwärtig gibt es noch viele ungelöste Probleme. Wie findet die »Fortpflanzung« einer Geschichte statt? Was ist die Zelle der Reproduktion? Ist es die Geschichte? Oder ist es das Geschichtenmotiv? Wäre, wenn das letztere zuträfe, die Geschichte dann nur eine Möglichkeit für das Geschichtenmotiv sich fortzupflanzen? Wenn Geschichten miteinander um die Aufmerksamkeit des Publikums und damit um das Weiterleben rivalisieren, welche Formen der Adaption führen dazu, daß eine Geschichte besser im Gedächtnis bleibt als eine andere, und tragen dazu bei, daß sie weitererzählt wird und so weiterlebt, überlebt. Geschichten müssen ihren menschlichen Wirten etwas bieten, um den entscheidenden Sprung von Gedächtnis zu Gedächtnis oder von einer Seite auf eine andere zu schaffen. Eine Art, durch die eine Geschichte sich ihrem Wirt empfehlen könnte, ist die, daß der Wirt durch sie seinen Lebensunterhalt erwirbt, indem er sie erzählt. Und hier sind arabische Bettlergeschichten über legendäre Großzügigkeit ein besonders treffendes Beispiel. Andererseits kann eine Geschichte das Überleben einer Gruppe fördern, indem sie ihren Zusammenhalt und ihr Wissen um die gemeinsame Geschichte fördert. Ein Volksroman oder eine Saga wie der Ritterroman von *'Omar ibn en-Nu'man* mag als Beispiel dienen. Zwei Geschichten mögen sich miteinander verbinden, um ihre Überlebenschance zu verbessern. So haben wir gesehen, wie sich der »weinende-Hund«-Geschichtentyp mit dem »kluge-Antwort-einer-Frau«-Geschichtentyp zusammengetan hat zur *Geschichte von der Frau, die ihren Mann betrügen wollte.* Ebenso ist es wahrscheinlich, daß Geschichten, die sich in eine Rahmenerzählung fügen, überleben, wenn diese weiterlebt. So hat sich eine ganze Anzahl ziemlich törichter und fader Geschichten unter dem Schirm von Schehrezads Erzählung erhalten. Geschichten müssen sich der Kultur anpassen, in der sie sich befinden. So sind die typisch indischen Züge von Geschichten aus dem *Katha Sagit Sagara* – zum Beispiel indische Namen und Hinweise auf das Hindu-Pantheon – in den Versionen aus *Tausendundeiner Nacht* eliminiert. Wie in der eigentlichen Genetik kann auch beim Erzählen ein Irrtum oder eine Mutation die Überlebensfähigkeit von Geschichten fördern, zum Beispiel der Vererbungs-/Überlieferungsfehler, der Aschenputtels Pelzpantoffeln als Märchenrequisit in gläserne Schuhe verwandelte.

Die *Geschichte von Sindbad dem Seefahrer* in *Tausendundeiner Nacht* ist vielschichtiger und anspruchsvoller als ihr hypothetischer pharaonischer Prototyp, die *Geschichte vom schiffbrüchigen Seemann.* Es ist einleuchtend, daß blinde Wortketten oder Geschichten vielschichtigere Formen verlangen, weil diese vielschichtigen Formen in den heutigen vielschichtigen Gesellschaften, in denen alte Geschichten ungesichert kursieren, eine höhere Überlebenschance haben. Einfachere Formen wie Exempla, Fabeln und anekdotische Weisheitsliteratur sind im Gegensatz dazu aus der modernen westlichen Gesellschaft nahezu verschwunden. Zwar leben 'Ala ed-Dins Abenteuer heute im Bewußtsein der meisten recht gut weiter, aber die mit islamischer Überlieferung und obsolet gewordenen wissenschaftlichen Theorien schwer befrachtete *Geschichte von der Sklavin Tawaddud* hat lediglich noch im Bewußtsein einiger Wissenschaftler einen gefährdeten Platz behalten. In *Tausendundeiner Nacht* sind Geschichten das Mittel, um Leben zu retten, – zum Beispiel die Geschichten, die Schehrezad vorträgt, oder die, die die alten Männer erzählen, um das Leben des Kaufmanns zu retten, der den Sohn eines *Dschinns* mit einem gedankenlos weggeworfenen Dattelkern tötete. In *Tausendundeiner Nacht* kann die Kenntnis einer Geschichte und die Fähigkeit, sie zu erzählen, das Überleben eines Individuums sichern. Ebenso könnte es sein, daß auch im wirklichen Leben die Kenntnis von Geschichten das Überleben von Gruppen oder von Individuen in solchen Gruppen sichert. Monod selbst glaubt, daß Geschichten, die dem Menschen Sicherheit über sein Schicksal geben, in besonderem Maße ein Weiterleben beschieden ist. Sich auf literarische Biologie einzulassen, heißt natürlich, nur mit einer Metapher zu spielen. Doch es ist vielleicht eine fruchtbare Metapher.

10

Nachkommen der Tausendundeinen Nacht

Vom achtzehnten Jahrhundert an liefen so viele Übersetzungen der *Tausendundeinen Nacht* in Europa und Amerika um, daß nach ihrem Einfluß auf die westliche Literatur zu fragen beinahe so ist, als fragte man nach dem Einfluß jener anderen großen Sammlung orientalischer Geschichten, der Bibel, auf westliche Literaturen. Eine Antwort auf die zweite Frage könnte Hinweise auf Dantes *Göttliche Komödie*, *Die privaten Memoiren und Bekenntnisse eines gerechtfertigten Sünders* von John Hogg,[1] George Eliots *Middlemarch*, John Henry Newmans *Apologia pro vita sua*, *Rechtfertigung seines Lebens*, Leo Tolstois *Anna Karenina*, Thomas Manns *Joseph und seine Brüder*, Lew Wallaces historischen Roman *Ben Hur* und *Bootfahren für Anfänger* einschließen, um nur einige relevante Titel zu nennen. In manchen Fällen hat die Bibel stilistisch Einfluß ausgeübt. In anderen hat sie Gestalten und Requisiten für eine gute Geschichte geliefert. In wieder anderen hat das Studium des Texts die Autoren vor moralische und intellektuelle Probleme gestellt, die sie in literarischer oder poetischer Form zu lösen versucht haben. Sehr häufig wurden die Mentalität und das Temperament eines Schriftstellers dadurch geprägt, daß er früh und immer wieder der Bibel ausgesetzt war. Die Bibel ist so stark mit der westlichen Kultur verbunden, daß es heute viele Menschen gibt, die dieses Buch zwar nie aufgeschlagen haben, die aber trotzdem über umfangreiche Kenntnisse der Lehren und der Geschichten der Bibel verfügen. Ebenso mögen Menschen, die sich nie hingesetzt haben, um *Tausendundeine Nacht* zu lesen, die Geschichten von Ali Baba, 'Ala ed-Din und Sindbad kennen oder doch von ihnen gehört haben. Jorge Luis Borges hat in der für ihn charakteristischen paradoxen Weise gesagt: »Es ist ein Buch, das so umfassend ist, daß man es nicht gelesen haben muß.«[2] Wenn man danach fragt, worin der Einfluß von *Tausendundeiner Nacht* auf die abendländischen Literaturen bestand, dann fragt man nicht nur nach einer Antwort, sondern nach einer ganzen Reihe von Antworten auf eine ganze Anzahl von Fragen, die untereinander vielschichtig verknüpft sind.

Antoine Gallands Übersetzung von *Tausendundeiner Nacht* wurde in den Jahren 1704-17 publiziert. Schon bevor seine Übersetzung vollständig erschienen war, zirkulierten in Frankreich, England und Deutschland billige Versionen und Auszüge aus den ersten Bänden. In Frankreich hatte der schnelle Erfolg von Gallands Werk eine Flut von Imitationen und Parodien zur Folge. Thomas Simon Guellette (1683-1766) produzierte Bände tatarischer, mongolischer und chinesischer Erzählungen in pseudo-orientalischer Weise. Er publizierte sogar eine Sammlung zur Gänze gefälschter peruanischer Erzählungen. Sie waren damals populär, sind aber heute zu Recht vergessen.[3]

Sex und Satire waren die Rohstoffe für die pseudoorientalische Erzählung im frühen achtzehnten Jahrhundert. Anthony Hamilton (1646-1720), ein in Irland geborener schottischer Ritter und Höfling Karls II, der französisch schrieb, schuf heitere Erzählungen, die damals sehr beliebt waren. Hamiltons Geschichten, die ihr Vorbild gleichzeitig nachahmen und parodieren, sind typische Beispiele für den Einfluß von *Tausendundeiner Nacht* in den ersten Jahrzehnten nach dem Erscheinen der Sammlung. Leser der *Tausendundeinen Nacht* im Frankreich des frühen achtzehnten Jahrhunderts fanden in der Sammlung eine Art Befreiung, eine Möglichkeit zur Flucht vor Ernsthaftigkeit und zur Mißachtung des Zwangs, glaubwürdig zu bleiben. Die *Histoire du Fleur d'Épine*, *Die Geschichte der Dornblume*, wurde als Parodie auf *Tausendundeine Nacht* in einem Stil verfaßt, von dem Hamilton behauptete, er sei »arabischer als der der Araber«. In diesem Werk erzählt Schehrezad eine unsäglich alberne Geschichte, in der es um einen suchenden Weisen namens Puh Puh ebenso geht wie um eine musikalische Stute, einen lichtspendenden Hut und ein schönes Mädchen, das mit einem Blick tötet. Hamilton läßt Dunjazad die Schehrezad kritisieren, weil ihre Geschichte zu weitschweifig und verworren sei. Im Falle Hamiltons mag der Leser durchaus das Gefühl haben, daß Dunjazad das Recht auf ihrer Seite hat. Hamiltons *Les Quatre Facardins*, *Die vier Fakardins*, war ähnlich dümmlich. Die vier Prinzen, die alle Fakardin heißen – das ist Hamiltons Version des arabischen Namens Fachr ed-Din – versuchen, einen zusammenhängenden Bericht über ihre magischen und amourösen Abenteuer zu geben. Sie sind nicht gerade erfolgreich, da ihre Geschichten regelmäßig durch andere unterbrochen und nur selten zu Ende geführt werden. Das orientalische Flair in Hamiltons phantastischem Kunterbunt ist aufgesetzt, und Perraults französische Feenmärchen sind mindestens ebenso sehr Zielscheibe von Hamiltons Parodien wie die Geschichten von *Tausendundeiner Nacht*.[4]

Der frivole Ton von Hamiltons Geschichten fand in den Imitationen von Crébillon dem Jüngeren ein Echo. Sein Vater, eine gewichtigere, aber trübere Gestalt, war ebenfalls Schriftsteller. Obwohl er (seit 1759) als Regierungszensor tätig war, spezialisierte sich Crébillon der Jüngere (1707-77) auch darauf, erotische Literatur zu schreiben. *Le Sopha* (1742), *Das Sofa*, bedient sich der Form der Rahmengeschichte und orientalisierender Namen und Szenerien. In der Rahmengeschichte befiehlt ein Sultan, Enkel der Schehrezad, dessen große Leidenschaft die Stickereien und Ausschneidearbeiten seiner Höflinge und Hofdamen sind, dem Amanzei, einem seiner Höflinge, ihn mit Geschichten zu unterhalten. Der Sultan unterbricht und kommentiert beim Zuhören Amanzeis Geschichten und ironisiert sich damit selbst. Amanzei hat eine bemerkenswerte und längere Vergangenheit. Er kann (W. W.: als Brahmane, der an Seelenwanderung glaubt) frühere Leben ins Gedächtnis rufen, besonders eine Periode, in der er (auf Grund seines lasterhaften Lebens von seinem Gott Brahma) dazu verdammt war (W. W.: in Agra, das für Paris steht), in einer Reihe von Sofas inkarniert zu werden, bis zu dem Zeitpunkt, in dem er das Gewicht zweier junger Menschen zu tragen hatte, die sich zum ersten

Mal ihrer Liebe erfreuten. Amanzei erzählt dem Sultan sechs Geschichten von Paaren, für deren Tändeleien und Schäkereien er intimer Zeuge und jeweils die Unterlage war. Crébillons Verwendung der orientalisierenden Geschichte als Vehikel für die zynische und satirische Präsentation der Amouren zeitgenössischer Libertins muß Denis Diderot (1713-84) beeinflußt haben. Diderot schrieb *Les Bijoux indiscrets* (1748), *Die indiskreten Kleinode*, angeblich innerhalb von zwei Wochen, weil er gewettet hatte, daß es sehr leicht sei, eine Geschichte im Stil Crébillons zu verfassen. In Diderots erotischer Satire auf die Sitten und Freuden der französischen Aristokratie gibt Cucufa, ein pittoresk gezeichneter, hypochondrischer, alter Geist, dem Sultan einen silbernen Zauberring. Der hat die Macht, die Sexualorgane seiner Untertanen[5] sprechen und sie enthüllen zu lassen, was sie so treiben. Der Träger des Rings kann sich unsichtbar machen. Hamilton, Crébillon und Diderot schrieben fragile Geschichten, die von orientalisierenden Szenerien, Namen und Zauberrequisiten reichlich spielerischen Gebrauch machten. Für diese Romanciers war der Orient eine Spielwiese, nichts ernst zu Nehmendes.[6]

Die Verwendung orientalisierender Motive in ernsthafteren, moralisierenden Erzählungen war jedoch ähnlich aufgesetzt. Montesquieus *Lettres persanes*, *Persische Briefe*, 1721 veröffentlicht, ist ein Briefroman, in dem der Autor das literarische Mittel von Briefen verwendet, die zwei Perser, Usbek und Rika, die durch Europa reisen, schreiben und empfangen, um seine Ansichten über Religion, Politik und Recht darzulegen. Usbeks und Rikas Berichte über die seltsamen Dinge, die sie in Europa gesehen haben, kreuzen sich mit Briefen aus Persien, die über die immer tragischeren Intrigen in Usbeks Harem berichten. Auch wenn spätere und oberflächliche Leser das vielleicht nicht immer realisiert haben mögen: Montesquieu versuchte nicht, ein ernsthaftes Bild des Familienlebens in Persien zu geben. Die Briefe aus dem Harem schildern in Wirklichkeit ebenso sehr Frankreich wie die Briefe, die aus Frankreich abgesandt werden. Aber um seinen orientalischen Harem auszumalen, machte Montesquieu hauptsächlich Gebrauch von den französischen Reiseberichten des siebzehnten Jahrhunderts über Persien, die Chardin und Tavernier verfaßt hatten, als Quellen für orientalisches Ambiente. Gleichzeitig scheint Montesquieu, wenn er das Frankreich seiner Zeit aus der Sicht zweier Perser als Land der Wunder und seltsamer abergläubischer Vorstellungen präsentiert, freizügig und spielerisch versucht zu haben, seine eigene Gesellschaft mit dem illusorischen Zauber eines der arabischen Königreiche auszustatten, die durch Gallands vor kurzem erschienene Adaption so populär geworden waren. Es gibt allerdings keinerlei Beweise dafür, daß Montesquieu ein Bewunderer des Werks von Galland war, und die genuinen orientalischen Geschichten werden von Rika im 137. Brief wegen ihrer Langweiligkeit und ihrer Unglaubwürdigkeit kritisiert: »Ich bin sicher, Sie finden es nicht gut, wenn eine Fee eine Armee aus dem Boden stampft, ein Held ganz allein eine von hunderttausend Mann umbringt. Aber so sind unsere Romane. Solche frostigen und immer wiederkehrenden Abenteuer ermüden uns, und solche überspannten Wunder sind uns zuwider.«[7]

Voltaire neigte zu einer ähnlich niedrigen Meinung von der genuin orientalischen Erzählung, obwohl er sich darauf eingestellt hatte, ihre Konventionen für seine Zwecke zu nutzen. »Zauber der Augen, Qual der Herzen, Licht des Geistes, den Staub eurer Füße küsse ich nicht, weil Ihr selten im Staub, sondern auf Perserteppichen, vielmehr auf Rosen wandelt.«[8] Dieser Anfangssatz der Widmungsepistel von Zadig[9] gibt dem philosophischen Roman seinen verspielten Ton. *Zadig ou la destinée* (1748), *Zadig oder Das Schicksal*, spielt in Babylon am Euphrat in einem angedeutet vorislamischen Orient. Der Roman erzählt von den Abenteuern des weisen jungen Mannes Zadig, von seiner Suche nach dem Glück und von dem Unglück, das er durch die Intriganz von Monarchen und von Frauen erfährt. Voltaires Phantasie ist eine Satire auf religiöse Heuchelei und die zeitgenössische Moral und erzählt uns weitaus mehr über Frankreich im Zeitalter der Aufklärung als über das alte Zweistromland, aber sie ist vor allem eine Abhandlung in fiktionaler Form über die Natur von Zufall und Schicksal. Zadig treffen die plötzlichen Schicksalsschläge, die die Helden der Geschichten in *Tausendundeiner Nacht* so oft durchleben. Am Ende, nach zahlreichen Wendungen des Schicksals belehrt ein Engel den Zadig, daß hinter der Erscheinungsform von Glück und Unglück eine göttliche Vorsehung die Welt regiere: »›Es gibt keinen Zufall: alles ist Prüfung oder Strafe oder Lohn oder Bestimmung‹ ... Auf Knien betete Zadig die Vorsehung an.«[10] Aber diese Schlußfolgerung ist vielleicht ein bißchen ambivalent. Sie war sicherlich nur eine vorläufige, denn Voltaire war später mitleidlos genug, sich in seinem noch beliebteren philosophischen Roman *Candide* über schicksalhafte Erklärungen von Übel und Unglück lustig zu machen.

Voltaire war ein hervorragender Kenner der Geschichten aus *Tausendundeiner Nacht* – er behauptete, sie vierzehnmal gelesen zu haben – und entnahm ihnen Themen und Motive, um sie in seinen Werken in vielerlei Weise zu nutzen, aber das hielt ihn nicht davon ab, sich über die zeitgenössische leidenschaftliche Begeisterung für sie lustig zu machen. In *Zadig* läßt er den Sultan Ulug die Sultaninnen nach ihrer Vorliebe für solche Erzählungen fragen: »Wie könnt Ihr Geschichten höher schätzen«, fragt der weise Ulug, »die weder Sinn noch Verstand haben?« »Eben dafür lieben wir sie ja«, erwidern die Damen. Mehr noch, obwohl Voltaire mit Gallands Geschichten bestens vertraut war, erzählte er später William Beckford, seine Hauptinspiration für *Zadig* seien die Liebesgeschichten von Anthony Hamilton gewesen. Durch Hamilton, Diderot und zahlreiche weniger bekannte Autoren ist die pseudoorientalische Erzählung zu eigenem Leben gelangt, mehr oder weniger unabhängig vom arabischen Prototyp.

Im Frankreich des achtzehnten Jahrhunderts wurden schätzungsweise rund 700 Liebes- und Abenteuerromane im orientalischen Stil veröffentlicht. Guellette, Hamilton, Crébillon und andere französische Autoren, die in diesem Stil schrieben, wurden im England des achtzehnten Jahrhunderts übersetzt und eifrig gelesen, und Gallands Version der *Tausendundeinen Nacht* war in England mindestens ebenso populär wie in Frankreich.[11] Eine anonyme englische Übersetzung von *'Ala ed-Din* erschien wahrscheinlich 1708 und kursierte in einer volkstümlichen Ausgabe. Weitere Auswahlübersetzungen aus Galland folgten in Taschenbuchform, und sehr bald waren englische Schriftsteller damit befaßt, die arabischen Geschichten zu überarbeiten, zu imitieren und zu parodieren. Es wäre allerdings falsch, *Les Mille et une nuit* als die einzige Ursache für diese Orientleidenschaft in Frankreich und England anzusehen. Die Vorliebe für Galland und seine Nachahmer und Parodisten war lediglich Teil eines weit verbreiteten modischen Faibles für Chinoiserien, Turquerien, orientalische Seiden, Keramiken und architektonische Torheiten in ägyptischer, chinesischer oder maurischer Manier.[12] Der wachsende Konsum von Opium im achtzehnten Jahrhundert scheint mit einem Interesse an orientalischer Imagination einhergegangen zu sein. Sir William Jones' (1746-96) Übersetzungen aus Hindu-, aus persischen und arabischen Klassikern wurden viel gelesen. Die Reiseberichte von Chardin, Tavernier, Tournefort, Sherley und Bernier waren ebenfalls sehr populär. Das Interesse an der indo-muslimischen Kultur wurde durch die kommerziellen und militärischen Unternehmungen der Engländer und Franzosen in Indien angeregt. Gegen Ende des Jahrhunderts, 1798, landete Bonaparte mit seinen Truppen in Ägypten. Edward Said bemerkt dazu in seinem Buch *Orientalism*, *Orientalismus*, diese »Invasion war in vieler Hinsicht das Vorbild für eine wahrhaft wissenschaftliche Aneignung einer Kultur durch eine andere«.[13]

Generell konnten englische Schriftsteller, die die orientalisierende Mode mitmachten, mit dem Witz und dem Hang zu Lasterhaftigkeit, den ihre französischen Zeitgenossen an den Tag legten, nicht Schritt halten.[14] Tatsächlich neigten die meisten englischen orientalisierenden Geschichten zu einer geradezu bleiernen Moral. Kalifen, Prinzessinnnen, *Dschinnen*, *Kalender-Derwische* und Zauberer werden zu Vehikeln für oft ebenso pompöse wie trostlose Sermone. Der Essayist Joseph Addison (1672-1719) vertrat die Ansicht der Aufklärung, jedes Kind sollte ermutigt werden, seine Phantasie zu entwickeln. Wenn man allerdings seine eigenen Nacherzählungen von Geschichten aus *Tausendundeiner Nacht* zum Maßstab nimmt, dann hat jede Phantasie ein strikt moralisches Ende zu haben. In der *Geschichte vom griechischen König und dem Arzt Duban* bemühte sich Addison, sein exotisches Material zu zivilisieren und zu christianisieren, und, wie er zu seiner Version von *Nuschars Tagtraum* bemerkt: »wird die Tugend der Übereinstimmung in freundschaftlichem Gespräch sehr hübsch durch eine wilde kleine arabische Geschichte illustriert« – nur daß diese in Addisons Nacherzählung gar nicht so wild ist. Addisons charakteristischer Ton in seinen moralisierenden Erzählungen ist in höflicher Form skeptisch, geht aber nie so weit, christliche Wahrheiten in Frage zu stellen. Sein schönster Essay im orientalisierenden Genre ist *Die Vision des Mirza*, eine Allegorie auf die christliche Lebenssicht. Er behauptete zwar, daß diese Geschichte, die zuerst in[15] »*The Spectator*« veröffentlicht wurde, die Übersetzung einer orientalischen Geschichte sei, aber sein Anspruch war nicht allzu ernst zu nehmen. In dieser grandiosen Allegorie – die einige Leser vielleicht an die spektakulären Katastrophenbilder erinnern mag, die der »verrückte« John Martin malte –, schaut Mirza auf die große Brücke des Lebens hinab, über die die Menschheit reisen muß. Früher oder später verlieren alle, die über die Brücke ziehen, den Halt und stürzen entweder auf den Felsen in die Verdammnis oder in die Rettung, in einer Strömung, die sie zu den Inseln der Gesegneten trägt. Mirza wird gesagt, daß er »auf jenen Abschnitt der Ewigkeit« schaue, »der Zeit genannt wird, ausgemessen von der Sonne, und der vom Beginn der Welt bis zu ihrem Ende reicht.« Addison verschmilzt orientalische Phantasie mit christlicher Predigt: »›Sicher‹, sagte ich, ›der Mensch ist nichts als Schatten und Traum.‹«

Des englischen Schriftstellers und Journalisten Samuel Johnsons (1709-1784) *Rasselas: Prinz von Abessinien* (1759) ähnelt in seiner Verwendung eines phantastischen Orients als Folie für philosophische Fragen Voltaires *Zadig*. Aber seine philosophischen Erörterungen sind Voltaires anderem Meisterwerk *Candide* näher – erstaunlicherweise wurden die beiden Werke innerhalb von wenigen Wochen nacheinander publiziert. In *Rasselas* verläßt der prinzliche Titelheld das Glückliche Tal in Abessinien und erklärt: »Ich werde mich danach sehnen, das Unglück dieser Welt zu schauen, denn sein Anblick ist Voraussetzung für das Glück« und begibt sich auf eine Pilgerfahrt der Erforschung des Lebenssinns und die Suchwanderung nach ewigem und lohnendem Glück. Johnsons melancholisches Temperament erlaubte ihm nicht, seinen Lesern eine endgültige Antwort auf Rasselas' Suche zu geben. Die Befrachtung mit Moral- und Sozialsatire bei Johnson ebenso wie bei Voltaire ist den original arabischen Erzählungen gänzlich fremd. Johnson machte sich, wie Voltaire, lustig über das, was er für die üppige Blumenhaftigkeit der arabischen Originale hielt. Er hatte kein wirkliches Interesse am Islam, dem Vorderen Orient oder arabischer Literatur, aber das hielt ihn nicht davon ab, dem Zeitgeschmack Vorschub zu leisten und separat in den von ihm herausgegebenen Wochenschriften *The Rambler* (*Der Wanderer*, 1750-52) und *The Idler* (*Der Müßiggänger*, 1758-60) sechzehn orientalische Geschichten zu veröffentlichen, die in Wirklichkeit geschickt in ein orientalisches Phantasiegewand gehüllte Sermone waren.

Die Engländer konnten im achtzehnten Jahrhundert anscheinend gar nicht genug Predigten zu hören (oder zu lesen) bekommen. Anders kann man sich den Erfolg sowohl von Addisons als auch von Johnsons kleinen Geschichten und der ziemlich langen Erzählung *Almoran und Hamet* (1761) von Hawkesworth kaum erklären. John Hawkesworth (1715-73), ein Essayist und Journalist, war ein Freund und Mitarbeiter von Johnson. Hawkesworth beeinflußte Johnson und umgekehrt. *Almoran und Hamet*, eine Johnsonsche Parabel darüber, wie wahres Glück zu finden sei, spielt in Persien.[16] Almoran ist ein lasterhafter Prinz und Hamet sein tugendhafter Bruder. Dem Almoran steht bei seinen boshaften Plänen ein *Dschinn* bei, der ihm einen Ring schenkt, der es ihm ermöglicht, sich in jeden zu verwandeln, an den er denkt. Almoran erklärt: »Ich will keinen Wunsch unterdrücken, den die Natur in meiner Brust aufflammen läßt.« Diese Vorgabe mag vielversprechend sein, aber Hawkesworth verschenkt seine Möglichkeiten. Almoran schafft es nicht, die züchtig tugendhafte Almeida zu deflorieren, und die Geschichte verwandelt sich in eine strenge Lektion über den Unwert einer Suche nach Vergnügen, der durch keinerlei moralische Bedenken Grenzen gesetzt sind. Zum Schluß wird der despotische Almoran in einen Felsen verwandelt. Er und der Leser haben ihre Lektion verstanden.

Ähnlich langweiliges, wenn auch moralförderndes, Zeug wurde auch von vielen anderen produziert, darunter dem Reverend James Ridley: *Tales of the Genii, or the Delightful Lessons of Horan, the Son of Asmar* (1764), *Geschichten der Genien oder die entzückenden Lektionen von Horan, dem Sohn von Asmar*, Hugh Kelly: *Orasmin and Elmira* (1767), *Orasmin und Elmira*, und Maria Edgeworth: *Murad the Unlucky* (1804), *Murad, der Unglückliche*. Solche Werke sind zwar ziemlich öd, aber sie waren damals populär. Charles Dickens zum Beispiel liebte als Kind Ridleys Erzählungen und spielte in späteren Romanen immer wieder auf sie an. Frances Sheridans *Nurdschehad* (1767) ist zwar eine moralisierende Geschichte desselben ärgerlichen Genres, aber das wird durch die Eigenart und Originalität seiner Grundidee wettgemacht. Nurdschehad werden durch den ihn beschützenden Geist, den *Dschinn*, Unsterblichkeit und nahezu unermeßliche Reichtümer versprochen, doch gleichzeitig wird ihm gesagt, daß diese Geschenke eine Strafe zur Folge haben würden. Der *Dschinn* bereitet ihn warnend darauf vor, daß er manchmal und ohne Vorbereitung für lange Zeiten, einige Jahre oder Jahrzehnte, in Schlaf fallen würde. Doch Nurdschehad läßt das kalt, und so geschieht es, daß er die Geburt seines Sohnes und den Tod seiner Frau verschläft. Dann wiederum plant er eine blasphemische Festlichkeit, bei der jugendliche und verführerische Damen seines Harems Frauen des Propheten darstellen sollen, aber als er, scheinbar am folgenden Morgen, aufwacht, stellt er fest, daß die Schönen seines Harems, die mit Rosen im Haar vor ihm tanzen sollten, krumme, verdorrte alte Vetteln geworden sind. Nurdschehad fällt weiter zu unpassenden Zeiten und unpassend lange in Schlaf, bis Sheridans kleiner Roman mit einem überraschend moralisierenden Knalleffekt schließt. *Nurdschehad* bietet eine interessante Variante des Motivs »jahrelange Erfahrung in einem Moment«. Und einmal abgesehen von der moralisierenden Wendung am Schluß, kann Sheridans Geschichte auch als Parabel über das Thema der Zeit als Zerstörerin aller menschlichen Hoffnungen gelesen werden. Wie der kluge Cozro zu Nurdschehad bemerkt: »Was waren denn all deine Mißgeschicke ... die nicht dem ganzen Menschengeschlecht gewohnt sind?«[17]

Clara Reeves legte ihrem orientalisch-biblischen Roman, *The History of Charoba, Queen of Aegypt* (1785), *Die Geschichte von Charoba, Königin von Ägypten*, eine alte arabische Legende zugrunde. Diese Geschichte über einen König Gebirus, der in Ägypten einfällt, aber danach durch Zauber und Frauenlist besiegt wird, sollte später Walter Savage Landors episches Poem *Gebir* (1798) inspirieren. Außer an einen Roman in orientalisierendem Stil wagte sich Clara Reeve noch an einen Schauerroman *The Champion of Virtue: A Gothic Story* (1777), *Der Tugendheld: ein Schauerroman*. Aber es blieb William Beckford überlassen, beide Genres in einem Werk zu vereinen.

Man könnte Beckfords *Vathek* ebenfalls so besprechen, als sei er ein moralisierender Roman, aber, wie wir sehen werden, ist seine Übereinstimmung mit den Konventionen dieser Gattung rein formal, und dieser Roman ist der erste orientalisierende, der von echtem und bleibendem literarischem Wert ist.[18] William Beckford (1760-1844) war der Sohn eines der reichsten Kaufleute Englands. Sein Vater hatte mit Jamaica-Zucker sein Glück gemacht und wurde dann Lord Mayor von London und ein führender Politiker der Whigs. Alderman Beckford hatte gehofft, daß sein Sohn ihm in die Politik folgen würde, aber William sollte auf anderen, weniger erbaulichen Gebieten zu

Ruhm gelangen. Als er Kind war, hatte ihn *Tausendundeine Nacht* fasziniert, und er begann, orientalisierende Gemälde zu sammeln. Sein Großvater, Lord Chatham, besorgt über das ungesunde Interesse des Jungen an allem Orientalischen, schrieb an seinen Hauslehrer und wies ihn an, abzusichern, daß der Junge keinen Zugang mehr zu *Tausendundeiner Nacht* erhielte. Beckfords indische Gemälde wurden verbrannt, aber Geschichten über orientalische Laster und orientalischen Despotismus hatten die Vorstellungskraft des Jungen bereits beeindruckt, und Beckfords frühes Interesse am Vorderen Orient lebte später durch seinen Zeichenlehrer, den Maler Alexander Cozens, wieder auf. Cozens (1717?-86) war in Rußland aufgewachsen, wo er viele Perser kennengelernt und orientalische Interessen entwickelt hatte. Er erhielt von seinem Schüler folgerichtig den Spitznamen »der Perser«.

Beckfords Eltern starben, als er Kind war. Danach gewöhnte er sich unter wechselnden Hauslehrern daran, seine extravaganten Wünsche und Launen auszuleben, ohne auf Widerstand zu stoßen. 1781 wurde anläßlich seiner Volljährigkeit eine dreitägige Festivität veranstaltet. Der Bühnenbildner, Maler, Spion und Okkultist Philippe de Loutherbourg half dabei, das Ambiente für einen der großartigsten Maskenbälle vorzubereiten, die im England des achtzehnten Jahrhunderts durchgeführt wurden. Loutherbourgs magische Lichteffekte verwandelten den Familiensitz in Fonthill in Wiltshire, und hinter geschlossenen Fensterläden und Vorhängen verlief Beckfords Festlichkeit für eine ausgelassene Jeunesse dorée in einer exotischen Traumlandschaft. Beckford selbst hat das später so beschrieben:

> »Das massive ägyptische Vestibül sah aus, als sei es aus einem lebenden Felsen gehauen – die Flucht der Zimmer und der scheinbar endlosen Durchgänge, die sich von ihm an jeder Seite ausdehnten, war ganz überwölbt – eine endlose Treppe, die, wenn man auf sie hinunterblickte, so tief erschien wie ein Lichtschacht in einer Pyramide, und die, wenn man zu ihr aufschaute, sich in Nebelschwaden verlor, führte

zu Suiten stattlicher Räume, die in Marmorverkleidungen schimmerten – glänzend wie Kristall – und irritierend hohen Decken ... Durch all diese Suiten – durch all diese Galerien – streiften und wanderten wir – zu oft Hand in Hand – perlende Musik schwoll in Intervallen an.«

Dramaturgie trug dazu bei, Fonthill House mit der labyrinthischen Vielfalt von *Tausendundeiner Nacht* zu überziehen:

»Die glühenden Schleier, die alles umhüllten, der mystische Anblick, die Weite, die Raffinesse dieses schwingenden Labyrinths rief eine so verwirrende Wirkung hervor, daß es jedem unmöglich wurde – in diesem Moment – genau zu sagen, wo er stand, wo er gewesen war oder wohin er gerade ging – so groß waren der Wirrwarr – das Erstaunen, das so viele erleuchtete Stockwerke unendlich verschiedener Räume hervorrief.«[19]

Später sollte Beckford zugeben, daß es dieser Maskenball war, der ihn zu seinem Roman inspirierte, einen der seltsamsten der englischen Literatur überhaupt. Beckfords Arbeit an seinem Roman *Vathek* wiederum regte 1782 eine weitere Festivität an, für die Fonthill House in den Palast des Alkoremi und den Saal des Iblis verwandelt wurde. Beckford behauptete, er habe *Vathek* innerhalb von drei Tagen und zwei Nächten geschrieben, was wahr sein mag, aber es dauerte länger, eine endgültige Version herzustellen. In den frühen achtziger Jahren des achtzehnten Jahrhunderts, während er an seinem Roman besserte und ihn überarbeitete, saß er auch, gemeinsam mit einem Türken namens Zemir, an einer ziemlich freien Übersetzung einiger Geschichten aus einer Handschrift von *Tausendundeiner Nacht* ins Französische, die Edward Wortley Montagu nach England gebracht hatte. Diese Übersetzung, zu der auch die der *Geschichte vom Neider und dem Beneideten* und von *Uns el-Wudschud* gehörte, wurde zum ersten Mal 1992 veröffentlicht. Es gab Gerüchte, daß sich William und seine Cousine Louisa Beckford in diesen Jahren dilettantisch auf schwarze Magie einließen. Die Gerüchte waren möglicherweise unbegründet, aber 1784 kam ein weiterer Skandal auf. Londoner Zeitschriften berichteten, daß Beckford mit seinem jungen Cousin William Courtenay zusammen im Bett entdeckt worden sei. Beckford mußte ins Ausland gehen, bis Gras über den Skandal gewachsen war, und kehrte erst 1796 nach England zurück.

Beckford veröffentlichte Berichte über seine Reisen und andere kürzere Stücke, konzentrierte sich aber von nun darauf, Bücher und Gemälde zu sammeln, und wurde architektonischer Mäzen. Er hatte Fonthill House, das Haus seines Vaters, abreißen lassen und verwendete sein rasch abnehmendes Vermögen dazu, einen Palast zu bauen, um seine Schätze darin unterzubringen. James Wyatt wurde damit betraut, die pseudogotische Fonthill Abbey zu errichten, die von Peusner als »die gewaltigste romantische Torheit in England« bezeichnet wurde. Das rasende Bautempo hielt Tag und Nacht an. Beckford schrieb an einen Freund: »Ich höre in der Stille der Nacht auf die widerhallenden Stimmen und sehe riesige Kübel voller Mörtel und Wasser nach oben steigen, als würden sie aus dem Innern einer Mine hervorbefördert, inmitten von Rufen aus der Tiefe, Schwüren aus der Hölle selbst und Gesängen aus dem Pandämonium oder der Synagoge.« Fonthill Abbey wurde in Kreuzform erbaut, die Seitenarme jenes Kreuzes trafen sich in der stucküberwölbten großen Halle. Die ganze Konstruktion wurde von einem 276 Fuß hohen Turm überragt. Zwölf Meilen zwölf Fuß hoher Mauern verbargen den Herrn dieses Geländes vor den Blicken der Neugierigen, und dort herrschte er wie ein in Abgeschlossenheit residierender orientalischer Despot als »der Kalif von Fonthill«. Schulden allerdings zwangen ihn, 1822 alles zu verkaufen, und der große Turm, der ohne eine eigene Fundierung errichtet worden war, stürzte 1825 ein. Beckford verbrachte seine letzten Lebensjahre als zunehmend exzentrischer und menschenfeindlicher Einsiedler. Er hinterließ zwar auch einige Reisebücher und diverse Schriften, aber *Vathek* ist das Meisterwerk, dessentwegen er der Nachwelt im Gedächtnis geblieben ist.

Vathek, geschrieben ursprünglich auf Französisch im oder um das Jahr 1782, in Englisch 1786 publiziert, ist ein Klassiker der englischen Literatur. Der Autor kündigte im Vorwort an, es sei eine »Geschichte, so schrecklich, daß ich zittere, wenn ich sie erzähle, und alle meine Nerven wie Espenlaub beben«. Vathek, ein junger Abbasidenprinz, wächst gelangweilt und zügellos unter dem Einfluß seiner Mutter, der Zauberin Carathis, auf. Er kennt nur eins: Seine Begierden auszuleben. »Sein Aussehen war hoheitsvoll und schön; nur wenn er zornig wurde, blickte sein eines Auge so schrecklich, daß man es nicht ertragen konnte: der Unglückliche, den dieser Blick traf, fiel rücklings zu Boden und hauchte manchmal auf der Stelle den Geist aus.«[20] Ein böser indischer *Giaur*, das ist ein türkisches Wort für *Ungläubiger*, erscheint, der als Bote für *Iblis*, den *Teufel*, agiert. Der *Giaur* bietet Vathek die Schätze der voradamitischen Sultane, aber zunächst muß Vathek fünfzig unschuldige Kinder töten. Vathek bringt dieses grausame Opfer dar und begibt sich auf den Weg nach der zerstörten Stadt Istachar, wo, wie man ihm gesagt hat, die Schätze zu finden sind. Auf dem Weg dorthin macht er Rast beim Emir Fakreddin, einem seiner treuesten Untertanen. Fakreddin hat eine Tochter, Nuronehar, die ihrem zarten, im Harem aufgezogenen, Vetter Gulchenruz anverlobt ist.

> »Nuronehar liebte ihren Vetter mehr als ihre eigenen Augen, so schön diese auch waren. Beide hatten die gleichen Neigungen und Beschäftigungen, den gleichen schmachtenden langen Blick, das gleiche Haar und die gleiche weiße Haut, und wenn Gulchenruz die Kleider seiner Cousine anzog, schien er noch mehr Weib zu sein als sie. Wenn er zufällig den Harem für einen Augenblick verließ, um zu Fakreddin zu gehen, so geschah es mit der Schüchternheit des jungen Damhirschs, der sich von der Hirschkuh trennt.«[21]

Obwohl Fakreddin versucht, Nuronehar und Gulchenruz vor Vathek zu verstecken, mißbraucht dieser dessen Gastfreundschaft dazu, seine Tochter zu verführen, und macht sich mit ihr davon. Vathek und Nuronehar legen die letzte Etappe der Reise gemeinsam zurück:

»Also erreichten sie bei Aufgang des Mondes zwei ragende Felsen, die gleich einem Portal den Eingang zu dem Tale bildeten, dessen anderes Ende von den weiträumigen Ruinen Istachars geschlossen wurde.«[22]

Sie steigen Marmorstufen hinab und durchschreiten Ebenholztore und betreten dann den Palast des unterirdischen Feuers:

»Der Kalif und Nuronehar blickten einander erstaunt an, als sie sich an einem Ort fanden, der, obschon gewölbt, doch so weit und hoch war, daß sie ihn für eine ungeheure Ebene hielten. Ihre Augen gewöhnten sich endlich an die Größe der Gegenstände; sie entdeckten Säulen und Arkaden in Reihen, die, immer kleiner werdend, in einem Punkt zusammenliefen, der glänzte wie die Sonne, wenn sie auf das Meer ihre Strahlen wirft.«[23]

Die Schätze der präadamitischen Sultane sind tatsächlich überall aufgehäuft, aber unter diesen Schätzen

»wandelte eine große Menge von Frauen und Männern, die alle ihre rechte Hand aufs Herz gelegt hielten, auf nichts acht hatten und ganz still waren. Sie waren alle bleich wie Leichname, und ihre Augen waren in den Kopf hineingesunken und glichen so den Lichtträgern, die man des Nachts auf Kirchhöfen sieht.«[24]

Nach drei Tagen dieser düsteren Bilder werden sie vor *Iblis* gebracht:

»Sein Gesicht glich dem eines jungen Mannes von zwanzig Jahren, dessen vornehme und regelmäßige Züge von schlechten Dünsten angewelkt sind. Verzweiflung und Stolz

> standen in seinen großen Augen, und sein flutendes Haar erinnerte noch an den Engel des Lichtes.«[25]

Iblis verurteilt Vathek und Nuronehar dazu, bis in alle Ewigkeit mit flammenden Herzen durch seine Hallen zu wandern.

Zusätzliche Episoden wurden für *Vathek* geschrieben, aber zu Beckfords Lebzeiten nie veröffentlicht. Zweieinhalb Episoden – Geschichten, die von Leidenden erzählt werden, denen Vathek in den Hallen des *Iblis* begegnet – wurden erst im zwanzigsten Jahrhundert wieder entdeckt. Diese Geschichten der Verdammten enthüllen Beckfords wahre Neigungen. Die *Histoire des deux princes amis, Alasi et Firouz*, *Die Geschichte der beiden fürstlichen Freunde Alasi und Firuz*, handelt von homoerotischer Liebe. *Die Geschichte vom Prinzen Barkarioch* enthält Szenen nekrophiler Vergewaltigung. In der *Geschichte der Prinzessin Zulkais und des Prinzen Kalilah* geht es um Inzest. In dieser Geschichte verbindet sich Zulkais mit ihrem Zwillingsbruder, der auch ihr Liebhaber ist, in der Hölle, und sie erzählt Vathek, wie

> »ich schließlich in das Zimmer kam, das quadratisch war und ungeheuer geräumig und mit Marmor in Fleischfarbe verkleidet, der von den Adern und Arterien eines menschlichen Leibes durchzogen war. Die Wände dieses Schreckensortes waren hinter riesigen Stapeln von Teppichen von tausenderlei Art und in tausend Farbtönen verborgen, und diese bewegten sich langsam hin und her, als würden sie schmerzhaft von menschlichen Leibern bewegt, die unter ihrem Gewicht stöhnten. Rundherum standen schwarze Truhen, deren metallene Vorhängeschlösser blutverkrustet zu sein schienen.«

Vathek ist skurrile Phantasterei, aber da der Roman von einem skurrilen Autor verfaßt wurde, ist es nicht schwer, in ihm autobiographische Phantasievorstellungen zu erkennen – oder auch mehr als Phantasievorstellungen. In diesem Schlüsselroman verwandelt sich Beckfords strenge, calvinistische Mutter in die Zauberin Carathis. Seines Vaters wilde Zornesausbrüche und furchterregender Blick sind auf Vathek übertragen, aber des Kalifen Suche nach unerlaubtem Wissen und verbotenen Freuden beruhen auf dem Verlangen des Verfassers, sein Leben ungezügelten Vergnügungen zu widmen, und auf seinem Interesse an allem Exotischen. Die Gestalt der Nuronehar geht sicher auf Beckfords Cousine Louisa zurück. Der feminine Gulchenruz hat vieles mit William Courtenay gemeinsam. Der *Giaur* ist teilweise vielleicht ein Abbild des bösen Künstlers Alexander Cozens. Der Palast der unterirdischen Feuer ähnelt in einigem Fonthill.

Beckfords Assistent und Mitarbeiter Reverend Samuel Henley nahm den unkorrigierten Entwurf von *Vathek* mit nach Paris, wo er daran ging, die Phantasterei mit Fußnoten zu versehen, die den doppelten Zweck hatten, die Phantasie in echter orientalischer Überlieferung zu verwurzeln und den Leser über die Sitten und Gebräuche im Orient zu informieren – in sehr ähnlicher Weise, wie es später Lanes Anmerkungen zu seiner *Tausendundeine-Nacht*-Übersetzung taten. In den Anmerkungen wird ziemlich häufig auf d'Herbelots *Bibliothèque orientale* verwiesen. Tatsächlich hatte Beckford zuerst in der *Bibliothèque orientale* vom historischen Kalifen Vathek, das ist al-Wathik, gelesen und erfahren, daß »der Kalif Vathek so schreckliche Augen besaß, daß er einmal kurz vor seinem Tod einen Zornesblick auf einen seiner Diener warf, der irgend etwas falsch gemacht hatte, so daß dieser Mensch die Fassung verlor und auf jemanden fiel, der nahe bei ihm stand.« Der Koran, *Die Geschichten von Inatuulla* in der Übersetzung von Dow und Orientreisende wie Chardin und Thévenot werden in diesen Fußnoten häufig zitiert.

Die Fußnoten lassen außerdem vermuten, daß Beckford für einige Details und Motive in seinem Roman tatsächlich auf *Tausendundeine Nacht* zurückgegriffen hat, und die Episoden beruhen sicher auf Geschichten aus *Tausendundeiner Nacht*. *Die Geschichte der Prinzessin Zulkais und des Prinzen Kalilah* hat der *Geschichte des zweiten Bettelmönchs* eine Episode entnommen, und *Die Geschichte des Prinzen Barkarioch* entstammt teilweise der *Geschichte des zweiten Scheichs*. Aber obwohl Beckford einiges Wissen im Arabischen erworben und an der Übersetzung einiger Geschichten aus *Tausendundeiner Nacht* gearbeitet hatte, scheinen seine Kenntisse dieser Geschichten von Galland herzurühren, und es gibt wenige oder eher gar kein Anzeichen für einen stärkeren Einfluß der arabischen Literatur auf *Vathek*. Henleys pseudogelehrte Anmerkungen zu Beckfords Phantasterei regten aber die modische Tendenz an, orientalische Fiktionen mit Anmerkungen zu versehen, und dem Vorbild des *Vathek* folgten Southey in *Thalaba* und Moore in *Lalla Rookh*.

Vathek war die prachtvollste aller orientalisierenden Geschichten, die bis zu dieser Zeit in Englisch und Französisch erschienen, und die, die in ihren Details über das Leben in islamischen Ländern am genauesten war. Trotzdem war sie nicht sehr akkurat, und vieles von dem, was die Fußnoten an Gelehrsamkeit zu vermitteln scheinen, war in Wirklichkeit eher Schwindelei. Das Werk beruht ziemlich sicher weit mehr auf pseudoorientalischen Fiktionen in Englisch oder Französisch als auf arabischen Quellen. Der Kalif Vathek in seiner ungezügelten Suche nach der Realisierung seiner egoistischen Begierden und der Ausübung tyrannischer Macht verdankt sicher einiges dem von Hawkesworth geschaffenen Despoten Almoran. Wenn Almoran verkündet: »Wenn ich denn sterben muß, dann will ich unbesiegt sterben. Ich will keinen Wunsch unterdrükken, den die Natur in meiner Brust aufflammen läßt, noch sollen meine Lippen je ein anderes Gebet sprechen als das nach neuen Kräften, um die Flamme zu füttern«, so nimmt er damit Vatheks sorgsam gehüteten Wunsch nach tyrannischer Macht vorweg. Viele der auffälligsten Züge Vatheks stammen aus Guellettes pseudoorientalischen Erzählungen. Noch beherrschender ist der Ton herabsetzender Ironie und spöttischer Übertreibung, den Beckford gelegentlich anschlägt, um eine Geschichte voll düsterer Schrecken und Greuel zu akzentuieren, und der sicher dem seines entfernten Verwandten, des urbanen und witzigen Romanciers Anthony Hamilton, nachgestaltet ist.

Die ebenso großartige wie schreckliche Beschreibung des Höllenreichs von *Iblis* mit ihren exotischen Detailschilderungen und dem Protzen mit islamischer Überlieferung verdankt der Sammlung *Tausendundeine Nacht* nur sehr wenig, sondern erheblich mehr europäischen Literaturen. Vatheks Verführung und seine Suche nach dem Verbotenen gehen sicher auch auf den *Faust*stoff zurück, und seine Befragungen der Verdammten dürften zum Teil von ähnlichen Episoden in Dantes *Inferno* inspiriert sein. Andererseits erinnert Beckfords jugendlicher, aber verdorbener *Iblis* an Miltons Beschreibung des Lucifer in seinem *Paradise Lost*, dem *Verlorenen Paradies*:

> »Seine Gestalt hatte noch nicht verloren
> all ihren ursprünglichen Glanz, noch erschien sie
> weniger als ein zerstörter Erzengel und das Übermaß
> an verdunkeltem Ruhm.«

Da der Roman damit endet, daß Vathek und Nuronehar für alle Ewigkeit Höllenqualen ausgesetzt sind, könnte man behaupten, Beckfords Phantasieroman sei ein moralisierendes Werk in der Tradition früherer orientalisierender Autoren wie Guellette und Hawkesworth. Aber das wirkt wenig glaubwürdig, denn die intensive Lust des Autors an den Lastern seiner Helden wie an ihrer Bestrafung verträgt sich kaum mit wahrer christlicher Sensibilität. *Vathek*s düstere Töne, seine morbiden Themen und seine unheimlichen Bilder erinnern an frühe Beispiele des Schauerromans wie Horace Walpoles *The Castle of Otranto* (1765), *Das Schloß von Otranto*, und M. G. Lewis' *The Monk* (1796), *Der Mönch*. Zugegeben, der Ton ist nicht durchgängig ernsthaft, und Übertreibung und Exzeß werden manchmal in parodistische Extreme getrieben. Vieles an Beckfords Anflügen schauerlichen Schreckens mag ursprünglich als Parodie gemeint gewesen sein; aber als Vathek und Nuronehar

Istachar erreichen, läßt sich ihr Schöpfer zu einer Verurteilung verleiten, und persönliche Alpträume werden orientalisch eingekleidet. Trotz Beckfords zahlreicher Anleihen bei früheren Erzählungen in westlichen und orientalischen Sprachen hat *Vathek* keinen wirklichen Vorgänger. Doch er fand viele Nachahmer und Bewunderer, darunter Lord Byron, Benjamin Disraeli, Edgar Allan Poe, Herman Melville und den amerikanischen Horrorautor Howard Phillips Lovecraft.

»Lies Sindbad, und dir wird schlecht von Aeneas!« verlangte der Schauerromancier Horace Walpole. Beckford traf seine Wahl für Lektüre und eigenes Schreiben aus seiner Auflehnung gegen die Klassiker der griechischen und römischen Literatur heraus, die ihn anödeten. Es gab in der Revolte des achtzehnten Jahrhunderts gegen die Gesetze der klassischen Literaturen eine enge Verbindung zwischen dem Orientalisierenden und dem Schaurigen. Die Ursprünge des Schauerromans im Englischen müssen wahrscheinlich vorwiegend im wachsenden Interesse an alten englischen Balladen gesucht werden, an den Institutionen des Rittertums, an der Architektur des Mittelalters und generell im gestiegenen Interesse an allem Altertümlichen. Trotzdem waren Reeve und Beckford nicht einfach Autoren von Schauerromanen, die dem Zauber des Orients verfielen. Es gibt Spuren, wenn auch leichtere, des Einflusses von *Tausendundeiner Nacht* und anderer Sammlungen genuin orientalischer oder auch pseudoorientalischer Erzählungen auf nahezu alle Autoren des Schauergenres. Horace Walpole, der in Nachahmung von Anthony Hamilton 1785 eine Sammlung *Hieroglyphenerzählungen* veröffentlichte, war ein großer Verehrer der Erzählungen von *Tausendundeiner Nacht* und sagte, es sei »eine Wildheit in ihnen, die fasziniert«. Es ist sicher bezeichnend, daß er, als er seinen berühmten Schauerroman *Das Schloß von Otranto* schrieb, ihn auch als »eine Geschichte, so wild« bezeichnete. Vertrautheit mit der orientalischen Erzähltradition hatte im ausgehenden achtzehnten Jahrhundert eine befreiende Wirkung auf Schriftsteller. Sie befreite sie von dem Zwang, plausibel zu bleiben, und ermutigte sie, mit übernatürlichen Effekten zu arbeiten, etwa wenn im *Schloß von Otranto* Bianca einen Ring reibt und eine riesige Gestalt erscheint. Matthew Gregory Lewis übersetzte Anthony Hamilton ins Englische und bewunderte den *Vathek* sehr. Lewis' Roman *Der Mönch* spielt im Spanien des achtzehnten Jahrhunderts und ist frei von offenkundigem orientalischem Ambiente. Aber dieser fragwürdig erbauliche barocke Schauerroman, die Geschichte eines lasziven, mordenden Mönchs, der, irregeleitet, seine Seele dem Teufel verkauft, um menschlicher Gerechtigkeit zu entkommen, ist eine romantische Überarbeitung der Geschichte von *Barsisa* aus der alten türkischen Erzählsammlung *Die vierzig Wesire*.

Die Geschichte von der gespenstischen blutenden Nonne ist eingebettet in Lewis' Geschichte über den der Verdammung anheimgegebenen Mönch Ambrosio, und es mag sein, daß Lewis bei seiner Verwendung der literarischen Technik der Rahmengeschichte von orientalischen Erzähltraditionen inspiriert war. Dasselbe Mittel der Geschichte-in-einer-Geschichte fand in Charles Robert Maturins *Melmoth der Wanderer* (1820) eine wirksamere und kunstvollere Gestaltung. In dieser Geschichte sucht Melmoth, der seine Seele dem Teufel verkauft hat, nach jemandem, der mit ihm tauschen will. Er findet zwar viele Menschen mit schrecklichen Schicksalen und erfährt von allen ihre Geschichte, aber niemand will ihm die Last seiner Verdammnis abnehmen. Doch, was immer auch Autoren von Schauerromanen mittelalterlichen arabischen Erzählern zu verdanken haben, der Geist des barocken Schauerromans mit seinen kettenrasselnden, einem das Blut in den Adern gerinnen lassenden Schrecken und seinem Kult des Großartigen und Altertümlichen ist dem arabischen Empfinden völlig fremd. Daß im Arabischen Gespenstergeschichten nicht existieren, wurde bereits gesagt. Es gibt zwar durchaus Greueltaten in *Tausendundeiner Nacht*, aber solche Schaurigkeiten werden nicht kultiviert. Die Verfasser oder Überlieferer der arabischen Geschichten interessierten sich auch nicht für die Psychologie oder eher Psychopathologie von Extremsituationen.

Es gibt noch viele staunenswerte Ähnlichkeiten zwischen Maturins *Melmoth der Wanderer* und des polnischen Grafen Jan Potockis großem literarischen Werk, der *Saragossa-Handschrift*, die 1797-1815 entstand. Beide beginnen mit der Lektüre einer soeben entdeckten Handschrift. In beiden Werken entpuppt sich der Inhalt der Handschrift als eine Serie von miteinander verknüpften, ineinander verschachtelten Geschichten, das heißt, von ineinander verschachtelten Geschichten, bei denen Entwicklungen in einigen Geschichten Konsequenzen in anderen haben, und beide Bücher handeln von einem Helden, der von der spanischen Inquisition zu Unrecht verurteilt wurde. Es ist möglich, daß Maturin wenigstens Teile von Potockis bedeutendem Meisterwerk gelesen hatte und davon beeindruckt war. Das Leben des Autors der *Saragossa-Handschrift* war kaum weniger bemerkenswert als sein literarisches Werk.[26] Jan Potocki wurde 1761 als Sohn einer der vornehmsten Familien Polens geboren. Seine Erziehung und Ausbildung genoß er in der Schweiz und später an der Wiener Akademie für Militärtechnik. Er betätigte sich als gebildeter Sprachenkundiger und beherrschte mindestens acht Sprachen. Irgendwann in seinem Leben lernte er auch Arabisch. Als junger Mann bereiste er ausgiebig Westeuropa, besuchte aber auch Tunesien, Konstantinopel, Ägypten und Marokko. 1779 wurde er zum Malteserritter ernannt und schloß sich den Rittern auf einer Piratenjagd gegen Berberkorsaren an. In der *Saragossa-Handschrift* nutzte er später diese seine Erfahrungen als Malteserritter. 1784 beobachtete er in Konstantinopel professionelle Erzähler bei ihren Auftritten in Caféhäusern und versuchte sich im Abfassen von Geschichten in orientalischer Manier. Später, 1791 in Marokko, jagte er vergeblich nach einer *Tausendundeine-Nacht*-Handschrift. Ihm wurde gesagt, die einzige Geschichtensammlung, die erhältlich sei, kursiere unter dem Titel *Die dreihundertvierundfünfzig Nächte*, doch es gab nicht eine einzige Handschrift zu kaufen. Auf dem Rückweg von Marokko reiste er durch Spanien und sah die Denkmäler der muslimischen Kultur in Andalusien. Er reiste auf dem Weg nach Madrid durch die menschenleere, von Räubern beherrschte Sierra Morena. Potocki war von der islamischen Kultur fasziniert. Es ist möglich, daß er das schon war, bevor er den Vorderen Orient bereiste, denn Polen beherbergte im ausgehenden achtzehnten Jahrhundert größere Gemeinschaften von Muslimen, und es gibt heute noch Muslime dort. Persische Kostüme und Moden waren beim polnischen Adel en vogue.

Potockis Reisen in Westeuropa lieferten ihm ebensoviel Material für seinen künftigen Roman wie seine Reisen in der islamischen Welt. In Paris besuchte er um 1780 immer wieder die Salons und traf führende Vertreter der Aufklärung. Er erforschte auch die geheimen Ziele der Illuministen, befaßte sich mit dem Kabbalismus und wohnte spiritistischen Sitzungen bei – es war die Zeit von Cagliostro, Mesmer und Swedenborg.[27] Potocki war von der okkultistischen Strömung im Rationalismus des achtzehnten Jahrhunderts fasziniert. Er verfolgte zunächst auch mit viel Sympathie die Ziele der Aufklärung und der Reformer, die dann in der Französischen Revolution eine führende Rolle spielten. 1788 kehrte er, erfüllt von Reform- und Fortschrittsgedanken, nach Polen zurück. Im selben Jahr war er der erste Pole, der gemeinsam mit M. Blanchard in einem Ballon über Warschau in die Lüfte stieg. Sie wurden von Osman, einem türkischen Hausdiener, den er aus Istanbul mitgebracht hatte, und von seinem Hund Lulu begleitet. Potocki war zwar später vom blutigen Verlauf der Revolution in Frankreich enttäuscht, aber bis mindestens 1791 hatte er noch freundschaftliche Kontakte zum Club der Jacobiner in Paris.

1798 reiste Potocki durch den Kaukasus. Er war ein Pionier bei der Erforschung der alten Kulturen und Sprachen dieser Region. Vor allem lernte er die Geheimsprache, die dem tscherkessischen Adel vorbehalten war. Potocki verfaßte mehrere Bände über die Ethnographie und Archäologie der slawischen und der kaukasischen Völker. Unter seinen nichtbelletristischen Werken waren gelehrte Schriften wie der *Essai sur l'his-*

toire universelle et recherches sur la Sarmatie (*Essay über die Universalgeschichte und Forschungen über Sarmatien*) und die *Principles of Chronology for the Ages Anterior to the Olympiads* (*Prinzipien der Chronologie für die Epochen vor den Olympiaden*). 1805 schickte ihn Zar Alexander mit einer Gesandtschaft nach Peking. Obwohl die Mission in der Mongolei von den Chinesen zurückgeschickt wurde, machte er viele wertvolle Beobachtungen über die Sitten und Gebräuche der Völker Sibiriens und der Mongolei. In seinen letzten Lebensjahren zog er sich auf sein Gut in Podolien zurück und überließ sich heftigster Langeweile und der Melancholie. Es scheint, als habe eine seiner Phantasien darin bestanden, er sei zum Werwolf geworden, und es wird auch berichtet, daß er, als er schließlich beschloß, Selbstmord zu begehen, einen Samovar eingeschmolzen habe, um Silber für die Schicksalskugel zu gewinnen. Er erschoß sich am 20. November 1815.

Zwischen 1780 und 1790 hatte Potocki einige kleinere literarische Werke im orientalisierenden Stil verfaßt. Wie später Gérard de Nerval fügte er sie in seine Reisebeschreibungen ein. Er begann 1797 mit der Arbeit an seinem Meisterwerk *Le Manuscrit trouvé à Saragosse* (*Die Saragossa-Handschrift*). Obwohl das Werk rein äußerlich abgeschlossen war, als er 1815 starb, wirkt der Schluß etwas plötzlich und flüchtig. Möglicherweise hätte die *Saragossa-Handschrift* einen ganz anderen Schluß, wenn der Autor sich dazu hätte überreden können, etwas länger am Leben zu bleiben.

Potockis Erzählwerk ist in Tage eingeteilt, vielleicht nach dem Vorbild von *Tausendundeiner Nacht*. Die Geschichte beginnt 1739, als ein junger wallonischer Offizier, Alphonse Van Werden, durch die Sierra Morena reist, in der Hoffnung, so nach Madrid zu gelangen. Aber er ist töricht genug, die Nacht in einem Gasthof zu verbringen, in dem es spukt, und gerät danach in eine Reihe von mysteriösen und alptraumhaften Abenteuern. Im Verlauf der ersten Nacht läßt er sich auf die süß-verführerischen maurischen Schwestern Emina und Zubeida ein, die behaupten, seine Cousinen zu sein. Wahrscheinlich sind sie aber eher Boten des Teufels, die Alphonse dazu bringen sollen, seine Hoffnung auf eine christliche Erlösung aufzugeben. Wer immer sie sein mögen, Alphonse läßt sich dazu bewegen, in ihrem Bett zu schlafen, und träumt vom Zauber eines Serails. Als er aufwacht, findet er sich nicht in einem Bett im Gasthaus mit den bezaubernden Schwestern, sondern unter einem Galgen liegend, an dem zwei Banditen gehängt worden waren. Schlimmer noch: »Die Körper von Zotos Brüdern waren nicht aufgeknüpft, sondern sie lagen neben mir. Ich hatte augenscheinlich die Nacht mit ihnen verbracht. Ich lag auf Seilenden, Radteilen, Überresten menschlicher Leichen und auf den schrecklichen Fleischfetzen, die sich infolge des Zerfalls der Leiber gelöst hatten.« Eine seltsame Begegnung folgt der anderen, und Mysteriöses häuft sich auf Mysteriöses. Alphonse fragt sich, ob er nicht vielleicht das Opfer von Träumen ist, von Betrügereien oder Halluzinationen, die von Drogen ausgelöst wurden. Er ist sich nie sicher, was er glauben soll, und der Leser ist es auch nicht.

Alphonse' erstaunliche Abenteuer dienen als Rahmen für andere Geschichten, die von Leuten erzählt werden, denen er begegnet. Darunter sind ein von Dämonen Besessener, ein Kabbalist, ein Zigeunerhauptmann, ein Mathematiker, ein Bandit und der ewige Jude. Deren Geschichten wiederum sind der Rahmen für wieder andere Geschichten – von Liebe, Ehre, Rache, Ehebruch, Zauber, in denen Soldaten, Liebhaber, Inquisitoren und übernatürliche Erscheinungen eine Rolle spielen. Die labyrinthische Vielfalt in Potockis Erzählsammlung übertrifft sogar Bestandteile von *Tausendundeiner Nacht* wie den ineinander geschachtelten *Buckligen*-Zyklus. Potockis Geschichten greifen ineinander und überschneiden sich, die Handlung einer Erzählung bestimmt den Ausgang einer anderen. Irgendwo tief in all diesen Geschichten steckt die Verheißung geheimen Wissens. Alphonse Van Werdens Gesprächspartner führen ihn in eine Welt der Mysterien, initiatorischer Geheimnisse und vergrabener Schätze. Emina und Zubeida sind unterirdische Geschöpfe, denen er zunächst in einem Keller begegnet. Ihr Vater, der Scheich der Gomelez, ist der führende Kopf eines gewaltigen Komplotts, das die angeblichen und tatsächlichen Konspirationen der Illuministen und anderer politisch-okkulter Gruppen des späten achtzehnten Jahrhunderts widerspiegelt und parodiert.

Einige der Mysterien, mit denen Alphonse konfrontiert wird, sind sexuelle. Insbesondere werden Alphonse und seinen Gefährten die gefährlichen Reize von Dreierbeziehungen verlockend ausgemalt, erst in einer, dann in anderer Form, in einer langen Serie von unheimlichen Dopplungen. Sowohl Emina als auch Zubeida erklären ihren Wunsch, Alphonse zu heiraten, aber vielleicht ist ihr Zauber trügerisch, sind ihre Körper nur die reanimierten Leichen der Zoto-Brüder. Alphonse wird in Versuchung geführt und wird später auf eine Parallele zu dieser seiner Versuchung treffen, als er die Geschichte von Pacheco, dem Besessenen, über seine unglückliche Liebe zu den Schwestern Camille und Inesille hört; und Pachecos Geschichte ihrerseits findet auf höherer Ebene ein Gegenstück in Rebeccas Geschichte über die kabbalistische Auferweckung zweier mystischer Wesen, die als die himmlischen Zwillinge bekannt sind. Und so weiter. So werden Dopplungen in einer Reihe von unheimlichen Vexierspiegeln weiter verdoppelt. Was geht vor? Ebenso wie in Cazottes *Le Diable amoureux*, *Der verliebte Teufel*, der noch kurz besprochen werden wird, liegt der Schauer in der Doppeldeutigkeit. Potocki handhabt dieses Element des Phantastischen meisterhaft, und Alphonse ist sich, wie Abu el-Hasan in der *Geschichte vom erwachten Schläfer*, über den größten Teil seiner Geschichte nie sicher, ob er nun wacht oder träumt.

Orientalische Themen, Schauergeschichten und okkulte Doktrinen und Praktiken faszinierten Potocki, aber sie stießen ihn auch ab. Seine mysteriösen Greuel sind nicht ganz ernst zu nehmen, und manchmal wird aus der Mystifizierung eine reine Komödie, wie in der Geschichte von dem Mann in Madrid, der einen Beitrag zur Literatur leisten wollte, der aber, da ihm das Talent zu schreiben abging, sein Leben damit verbrachte,

Tinte herzustellen, um so den Schriftstellern zu dienen. Potocki, der Philosoph, hielt ironische Distanz zu seinem Material und nutzte die typischen Gestalten der Romantik, Zigeuner, Succubi, Kabbalisten und Räuber, im Dienst aufklärerischer Wertbegriffe. *Die Saragossa-Handschrift* ist in mancher Hinsicht eine Abhandlung über die Tugend der Toleranz und eine Satire auf veraltete feudale Ehrvorstellungen. Potocki wollte belehren ebenso wie unterhalten, und auf mehr als 800 Seiten ist Raum für eine enzyklopädische Sammlung von Diskursen über fremde Sitten, ethische Systeme und zeitgenössische Philosophie.

Die Geschichte der Entstehung und Veröffentlichung von Potockis Erzählungen ist, wenn irgend etwas, dann noch verwirrender als es die Geschichten selbst sind. Einer zeitgenössischen Quelle zufolge lag der Ursprung des Werks in Potockis Lektüre von *Tausendundeiner Nacht* und seinem Wunsch, seine kranke Frau zu unterhalten, indem er ihr Geschichten derselben Art erzählte. Er begann 1797, die Geschichten zu Papier zu bringen. 1804-05 hatte er den ersten Teil des Werks, die ersten dreizehn Tage, auf einer eigenen Presse gedruckt, um ihn an Freunde zu verteilen. Der zweite Teil des Werks wurde dann 1813 in Paris kommerziell als *Avadoro, histoire espagnole*, *Avadoro, eine spanische Geschichte*, publiziert. Die beiden gedruckten Versionen wurden gemeinsam in einer dreibändigen Ausgabe 1814 in St. Petersburg veröffentlicht. Puschkin spielte mit dem Gedanken einer Versübersetzung ins Russische. Den letzten Teil des Werks scheint er vor seiner erfolglosen Reise nach China geschrieben zu haben. Jedoch hatte er die Sammlung vor seinem Tod nicht gänzlich redigiert. *Die Saragossa-Handschrift* war auf Französisch abgefaßt. 1847 entdeckte Edmund Chojecki eine vollständige Version und übersetzte sie ins Polnische. Danach ging das französische Originalmanuskript verloren. Die vollständige französische Version, die erst 1989 publiziert wurde, ist größerenteils eine Rückübersetzung aus dem Polnischen. Gedruckte Fassungen der Erzählungen Potockis waren im Westeuropa des neunzehnten Jahrhunderts nur fragmentarisch erhältlich. Sie wurden aber trotzdem skrupellos nachgeahmt: Von Maurice Cousin in seinen *Memoirs of Cagliostro*, *Cagliostros Erinnerungen*, von Washington Irving in *Wolfert's Roost and other Stories*, *Wolferts Schlafsitz und andere Geschichten*, von Jean Nodier in *Ines de las Sierras* und von Gérard de Nerval in *Les Infernales*, *Die Höllischen*.

Beckford und Potocki waren zwei Begründer der modernen Fantasy-Literatur. Es ist jetzt an der Zeit, sich eine dritte Schlüsselfigur anzuschauen: Jacques Cazotte (1719-92).[28] Cazotte wurde bereits in einem vorhergehenden Kapitel als Mitarbeiter des syrischen Priesters Dom Chavis bei einer frühen Übersetzung der *Tausendundeinen Nacht* ins Französische genannt. Cazotte war von Jesuiten erzogen und ausgebildet worden und später beim französischen Marine-Ministerium beschäftigt. In Martinique brachte er sich in allerhand Schwierigkeiten und landete schließlich, krank und finanziell ruiniert, im Gefängnis. Er kehrte 1759 nach Frankreich zurück und begann eine neue Karriere als Schriftsteller. Perrault, d'Aulnoy und Galland hatten das Feenmärchen in Frankreich populär gemacht, und Cazotte folgte diesem Trend. In seiner *La Patte du Chat* (1741), *Die Katzenpfote*, wird Armadil, ein Höfling, von der Königin verbannt, weil er ihrer Katze auf die Pfote getreten hat. Er begegnet darauf einer Sirene, wird von ihr in einen See gelockt und reist in fremde Regionen, bevor er an den Hof zurückkehrt, und, da ihm die Königin verzeiht, die Prinzessin heiratet. Ein Jahr später verfaßte Cazotte eine Parodie auf *Tausendundeine Nacht*, *Les Mille et une fadaises* (*Tausendundeine Albernheit*), in der ein Abt gebeten wird, die Schlaflosigkeit einer Dame der guten Gesellschaft dadurch zu kurieren, daß er ihr Geschichten erzählt. Er ist dabei sehr erfolgreich, denn seine Geschichten sind so dümmlich, daß sie seine Zuhörer unterschiedslos in Schlaf versetzen. Die Geschichten, die Cazotte den Abt erzählen läßt, sind unbeschwert und in galanter Weise sentimental, ganz in der Art von Guellette und Hamilton. Tatsächlich sind Fabulierer in pseudoorientalischem Stil eine Zielscheibe von Cazottes Parodien. *Le Mille et une fadaise* und das spätere, recht ähnliche Werk *Le Lord impromptu* (1764), *Der improvisierte Lord*, waren damals ungeheuer populär, sind heute aber nur noch von historischem Interesse.

Von Cazottes Meisterwerk *Le Diable amoureux* (1772), *Der verliebte Teufel*, kann man das nicht sagen. Einige Literaturkritiker sind der Ansicht, dies sei der erste Fantasy-Roman der französischen Literatur. Der junge Held Don Alvare de Maravilla erlebt, nachdem er kabbalistische Rituale praktiziert hat, um den Teufel auf einem Friedhof zum Leben zu erwecken, die Erscheinung eines Kamels, das mit schrecklicher Stimme brüllt: »Was willst du?« Etwas später lernt Don Alvare eine junge Dame kennen, Biondetta, deren ganzes erkennbares Begehren darin besteht, ihm zu dienen. Als sie in Don Alvares Dienste tritt, hängt sie sich voller Ergebenheit an ihn. Sie ist nie anders als sklavisch unterwürfig und voll süßer Liebe, aber Don Alvare wird von Zweifeln gequält. Ist sie, was sie zu sein scheint, oder ist sie der Teufel in menschlicher Gestalt? Nach zwei Monaten des Zusammenlebens mit ihr ist Alvare sich immer noch nicht sicher. Er überlegt im Anklang an das Thema vom *Erwachten Schläfer*: »Aber was kann ich aus meinem ganzen Abenteuer machen? Es scheint alles nur ein Traum zu sein, habe ich mir stets gesagt. Doch was ist das menschliche Leben anderes? Ich träume lediglich ausgefallener als andere, das ist alles.« Alles wird in Zweifel gezogen, alles ist fast bis zum Schluß des Romans undurchsichtig. Selbst wenn Alvare, und wir mit ihm, sicher sein könnten, daß Biondetta der Teufel war, dann wäre sie ein Teufel in einem neuen und ungewöhnlichen Licht: »Ich bin aus eigener Entscheidung eine Frau, Alvare, aber noch bin ich eine Frau und all den Schwächen von Frauen unterworfen.« Vielleicht war *Der verliebte Teufel* als eine seltsame Parabel auf die Verletzlichkeit des Bösen gedacht.

Cazottes Roman warnte vor den Gefahren des Spiels mit dem Okkulten. Nach der Veröffentlichung des Buchs suchten Martinisten ebenso wie Illuministen den Kontakt zu ihm, da sie dachten, sie könnten in dem Phantasie-Roman Elemente echten okkulten Wissens entdecken. Die Martinisten folgten den Lehren des obskuren Visionärs Martinez de Pasqually (1727-74). Sie waren über ganz Frankreich, ähnlich wie Freimaurer, in Geheimlogen organisiert und glaubten an eine Welt unsichtbarer Geister und die Möglichkeit, diese Geister sichtbar zu machen und zu ihnen Kontakt aufzunehmen. Sie glaubten, alle Menschen seien einmal Geister gewesen, aber ihre Seelen seien seit dem Sündenfall in der materiellen Welt gefangen. Mit magischen Ritualen versuchten eingeweihte Martinisten, den Status des Menschen durch den Kontakt mit der spirituellen Welt anzuheben und die Hilfe guter Geister beim Kampf gegen böse zu sichern. Sie bemühten sich, den seit seiner Vertreibung aus Eden gesunkenen Status des Menschen anzuheben und seine ursprünglich gottgleiche Stellung durch psychische Reintegration wiederherzustellen. Man kann den Erfolg von Kulten wie dem Martinismus und dem Swedenborgianismus im späten achtzehnten Jahrhundert ebenso wie die Karriere von Männern wie Casanova und Cagliostro bis zu einem gewissen Grad als Ausdruck einer Revolte gegen die Werte der Aufklärung ansehen. Aber je intensiver man die Verbindung zwischen dem Denken der Aufklärung und okkulter Philosophie betrachtet, desto weniger angebracht erscheint jede grobe Unterscheidung zwischen Verstand und Aberglauben zu sein. Europäische Freimaurer zum Beispiel bekämpften die abergläubischen Vorstellungen der katholischen Kirche, indem sie neue, eigene Mythen und Rituale erfanden. In seinem späteren Leben gelangte Cazotte als Visionär zu Ansehen, und es kursierten Geschichten über seine prophetischen Kräfte. Sein Freund La Harpe berichtet, daß Cazotte bei einem Dîner 1788 die Exekution von Ludwig XVI. und Marie Antoinette ebenso vorhergesagt habe wie das Schicksal derer, die mit am Tisch saßen, darunter auch seine eigene Hinrichtung und die des Marqis de Condorcet. 1792 wurde Cazotte, der ein mystischer Monarchist geworden war, ins Gefängnis geworfen und dann als Konterrevolutionär guillotiniert.

Wahrscheinlich war es Cazottes Hang zum Übernatürlichen und zum Erotischen, der ihn *Tausendundeiner Nacht* nahebrachte. Wie bereits gesagt, ist Chavis' und Cazottes *Suite des mille et une nuits*, deutsch *Echte Fortsetzung der Tausendundeinen Nacht*, die als Band 38-41 der Märchensammlung *Cabinet des fées*, *Feenkabinett*, 1788-90[29] herauskam, zum Teil eine Originalübersetzung arabischer Geschichten, beruhend auf der Handschrift MS arabe 1723 der Pariser Nationalbibliothek. Chavis lieferte eine grobe wörtliche Übersetzung, die Cazotte danach, dem Vorbild Gallands folgend, in ein elegantes Französisch umsetzte. Aber Cazotte bearbeitete auch authentische Erzählungen, um sie in mystische martinistische Allegorien zu verwandeln. Außerdem scheinen vier Erzählungen in der Sammlung von Chavis und Cazotte von Cazotte selbst zu stammen: *Die Geschichte von Xailoun, dem Idioten*, *Die Geschichte von Alibengiad, dem Sultan von Herak, und den falschen Vögeln des Paradieses*, *Die Geschichte der Familie Schebanad von Surat* und *Die Geschichte von Maugraby, dem Zauberer.* Die letzte Geschichte ist die eindrucksvollste und mystischste. In ihr läßt sich Habed-il-Kalib, der König von Tadmur, auf einen spiritualistischen Kampf mit Maugraby, einem Gesandten des Teufels, ein. Maugraby ist darauf spezialisiert, Kinder zu entführen, die er zu den Höhlen von Domdaniel unter den Wurzeln des Meeres bringt, wo sie einer Gehirnwäsche unterzogen und in den bösen Künsten der Zauberei geübt werden sollen. Habed wird durch Träume geführt, studiert Magie und unterzieht sich Initiationsordalen, um sich auf den Kampf mit Maugraby vorzubereiten, der immer wieder die Gestalt wechselt. Diese unheimliche und grausame Geschichte war von Cazotte zweifelsohne als Parabel auf das martinistische Programm spiritueller Reintegration und Errettung gedacht.

Robert Heron übersetzte 1792 das Werk von Chavis und Cazotte unter dem Titel *The Arabian Tales, or a Continuation of the Arabian Nights* (*Die arabischen Geschichten oder eine Fortsetzung der Tausendundeinen Nacht*), ins Englische, und der Übersetzung der Geschichte *Maugraby der Zauberer* entnahm der Dichter Robert Southey (1774-1843) den Grundstock für sein episches Poem *Thalaba the Destroyer* (1801), *Thalaba der Zerstörer.*[30] Southey, der Galland, oder vielleicht doch eher Cazotte, gelesen hatte, erklärte: »Die arabischen Geschichten sind sicher übervoll von Genialität, sie haben ihren metaphorischen Plunder verloren, als sie durch den Filter einer französischen Übersetzung gingen.« Der Dichter, der die arabische Literatur und deswegen auch die Kunst und Religion der Araber für wertlos hielt, machte aus der Fantasy-Geschichte eine Allegorie christlicher Pflichterfüllung und Anstrengung. Cazottes Habed-il-Kalib wird von Southey in den Christen Thalaba verwandelt, und Thalaba zieht los, um mit den Zauberern zu kämpfen, die in der unter dem Meer befindlichen Domäne von Domdaniel wohnen, »unter den Wurzeln des Ozeans«. Er begegnet vor seinem endgültigen Triumph und seiner Apotheose allen möglichen Wundern aus *Tausendundeiner Nacht*. Trotz der starken Erzähllinie und der lebendigen Bilder ist das Gedicht nicht wirklich gut. Beckfords *Vathek* imitierend versah Southey seine Romanze mit einem riesigen Apparat orientalistischer Fußnoten – sie sind umfangreicher als das Poem selbst. Southey blieb von orientalischen Themen fasziniert, obwohl er dem Islam ablehnend gegenüberstand und die arabische Literatur verachtete. In *The Curse of Kehama* (1810), *Kehamas Fluch*, verpflanzte er den Topos vom ewigen Juden in eine Hindu-Umgebung.[31]

Southeys poetische Fassungen orientalisierender Geschichten stießen bei ihrem Erscheinen auf heftige Kritik und verkauften sich nicht gerade gut. Dagegen war Thomas Moores *Lalla Rookh* (1817), *Lalla Rukh*, äußerst populär und wurde in den Jahrzehnten nach seiner Erstveröffentlichung immer wieder aufgelegt.[32] In Moores Buch wird die Titelheldin der Geschichte, eine Prinzessin, von einem gewissen Feramorz auf ihrem Weg zu einer unerwünschten Heirat mit dem König der Bucharei begleitet. Um ihr die Reisezeit zu verkürzen, erzählt Feramorz der Prinzessin Geschichten. Diese Prosaerzählung bildet den Rahmen für vier Verserzählungen, die Feramorz vorträgt. Moore nahm sich hier Inajat Allahs *Bahar-e Danisch*, *Frühling des Wissens*, zum Vorbild, eine indisch-persische Erzählsammlung, die auch in den Fußnoten zu Beckfords *Vathek* und zu Southeys *Thalaba* zitiert wird. Die Geschichten sind *Der verschleierte Prophet von Khorasan*, – die die Hauptquelle für Borges' *Der Färber in der Maske Hakim von Merv*[33] darstellt, *Das Paradies und die Peri*, *Die Feueranbeter* und *Das Licht des Harems*. Lalla Rukh verliebt sich, als sie diesen Geschichten voller üppigen orientalischen Bilderreichtums zuhört, in Feramorz. Bei der Ankunft in der Bucharei entdeckt sie, daß er niemand anderer als der König dieses Landes ist. So werden sie glücklich miteinander verheiratet.

Sicherlich war Moore bis zu einem gewissen Grad von der Wildheit und dem Bilderreichtum von *Tausendundeiner Nacht* beeinflußt. Aber *Lalla Rukh* verdankt den Übersetzungen mittelalterlicher persischer Poeten wie Saadi und Hafez von Schiras weitaus mehr. Im frühen neunzehnten Jahrhundert waren Werke der persischen und der arabischen Literatur zunehmend in englischen, französischen und deutschen Übersetzungen zugänglich geworden. Schriftstellern stand nicht mehr nur *Tausendundeine Nacht* als Inspirationsquelle zur Verfügung. Romanciers und Poeten fanden also ihre Anregungen in authentischen Werken vorderorientalischer Literaturen ebenso wie in den üppig sprießenden Werken der pseudoorientalischen Literatur von Anthony Hamilton, Frances Sheridan, Jacques Cazotte, William Beckford und anderen. Außerdem war der Vordere Orient Reisenden aus westlichen Ländern nun viel leichter zugänglich als jemals zuvor. Auch wenn Lord Byron in einigen seiner Gedichte Bilder aus *Tausendundeiner Nacht* verwendet, vor allem in *Don Juan*, hatte *Vathek*, den er sehr verehrte, wahrscheinlich einen stärkeren Einfluß auf ihn: »Im Hinblick auf die Genauigkeit der Kostümierung, die Schönheit der Beschreibung und die Imaginationskraft übertrifft er alle europäischen Nachahmungen bei weitem.«[34]

Aber Byrons eigene Reisen im östlichen Mittelmeerraum waren doch wichtiger für die Form von Gedichten wie *The Giaour* (1813), *Der Giaur*, und *The Corsair* (1814), *Der Seeräuber*. Im neunzehnten Jahrhundert stützten sich Werke der »orientalistischen«[35] Literatur wie Thomas Hopes *Anastasius* (1819), James Moriers *Hadschi Baba von Isfahan* (1824), Alexander Kingslakes *Eothen* (1844), William Makepeace Thackerays *Notes of a Journey from Cornhill to Grand Cairo* (1845), *Bemerkungen von einer Reise von Cornhill nach Großkairo*, und Benjamin Disraelis *Tancred* (1847) auf die Reisen ihrer Autoren in den damals osmanischen Ländern. Die damaligen dortigen Realitäten wirkten oftmals enttäuschend auf die, deren Bild von der Levante durch Gallands höfische Version der *Tausendundeinen Nacht* geprägt war. Alexander William Kinglake (1809-1891), der Verfasser von *Eothen oder Reiseimpressionen aus dem Orient* (1844), der 1834/5 Syrien und Ägypten bereiste, kam zu der Ansicht, daß *Tausendundeine Nacht* »ihre Inspiration nicht einem reinen Orientalen verdanken könne, der, was Kreativität anlangt, etwas Totes und Trokkenes ist, – eine mentale Mumie, die vielleicht nach der Sintflut einmal ein lebendiger König war, aber seitdem in Gewürze einbalsamiert dagelegen hat«. Kinglake entschied sich dafür, daß *Tausendundeine Nacht* eher von Griechen geschrieben wurde.[36] Einige Schriftsteller waren nun der Meinung, *Tausendundeine Nacht* sei etwas, das man besser weglegen solle wie anderes kindisches Zeug, wenn man zu Reife gelangt ist.

Kinder nehmen das an ihrer Lektüre, was ihnen schwer verständlich erscheint, mit, und nicht alle hatten ungetrübte Freude an *Tausendundeiner Nacht*. Coleridge und De Quincey fanden darin unheimliche Dinge. Samuel Taylor Coleridge (1772-1834) zufolge

> »machte eine Geschichte ... die Geschichte eines Mannes, der gezwungen wurde, nach einer reinen Jungfrau zu suchen – einen so tiefen Eindruck auf mich – ich hatte sie abends gelesen, als meine Mutter Strümpfe stopfte –, daß ich von Gespenstern verfolgt wurde, wann immer ich im

Dunkeln war – und ich entsinne mich ganz genau des ängstlichen und furchterfüllten Eifers, mit dem ich das Fenster beobachtete, in dem die Bücher lagen – und immer, wenn die Sonne auf sie schien, griff ich nach ihnen, trug sie zur Wand, sonnte mich und las – . Mein Vater fand die Wirkung heraus, die diese Bücher hervorgerufen hatten – und verbrannte sie.«[37]

Coleridge behauptete, *Tausendundeine Nacht* im Alter von sechs Jahren gelesen zu haben. Er ist nicht immer der zuverlässigste Zeuge, wenn es um sein eigenes Leben geht, aber, in welchem Alter er auch die Geschichten gelesen haben mag, es fällt schwer sich vorzustellen, was ihn an der *Geschichte von Zain el-Asnam* (Li VI, S. 213-37)[38] so erschreckt hat. Hier befiehlt der Herr der *Dschinnen*, der die Gestalt eines schönen jungen Mannes angenommen hat, dem Zain el-Asnam, ein schönes junges Mädchen ausfindig zu machen, das noch nie einen Mann begehrt hat, und es zu ihm zu bringen.[39]

Allgemeiner gesagt, Coleridge sah in den orientalischen Geschichten dunkle Dinge. Im Jahr 1800 hatte er einen opiuminspirierten Traum von »einer Frau, deren Züge im Dunkeln lagen, die mein rechtes Auge packte und versuchte, es herauszuziehen – ich griff fest nach ihrem Arm – ein schreckliches Gefühl … der Name der Frau war Ebon Ebon Thalud – Als ich aufwachte, war mein rechtes Auge geschwollen.« Dieser alptraumhafte Vampir scheint teils von Ibn Taher herzurühren, einem Drogenhändler in einer Geschichte aus *Tausendundeiner Nacht*, teils von einem weiblichen *Ghul* in einer anderen Geschichte.[40] In Coleridges Vorstellung war *Tausendundeine Nacht* mit Akten der Gerechtigkeit verknüpft, die so grausam und tyrannisch waren, daß sie kaum als solche angesehen werden konnten. Angeregt von der Schrecklichkeit des Ordals des alten Seemanns und seiner Gefährten, die daran gingen, den Albatros zu töten, verglich er ihr Schicksal mit dem des Kaufmanns, der einen Dattelkern wegwirft und sich dann von einem *Dschinn* zum Tode verurteilt wiederfindet.

Coleridge war zwar erfüllt von *Tausendundeiner Nacht*, aber er ließ sich auch von pseudoorientalischer Literatur inspirieren. *Die Abenteuer von Abduah dem Kaufmann* in James Ridleys *Geschichten der Genien* präsentierten »Kubla Khan« mit dem Schlüsselbild einer *Huri*, die von ihrem Liebhaber durch einen düsteren Abgrund getrennt ist, aus dessen Tiefe »wilde Klänge einer fremden, ungeschlachten, kriegsähnlichen Musik« ertönen. Der Orient war für Coleridge eine Fundgrube unheimlicher und alptraumhafter Bilder und über diese Bilder hinaus die Quelle für etwas Größeres, noch weniger Greifbares. Durch die Lektüre von *Tausendundeiner Nacht* hatte sich sein Verstand »an das Riesige gewöhnt – und ich habe meine Sinne nie und in keiner Weise als die Kriterien für meinen Glauben angesehen.« Aber der Einfluß von *Tausendundeiner Nacht* ging noch weiter. John Livingstone Lowes schreibt in seiner schönen Untersuchung zu den Quellen für Coleridges Imagination *Der Weg nach Xanadu* (1927): »zu versuchen, die Spuren von *Tausendundeiner Nacht* in *Der Rauhreif des alten Matrosen*, *Christabel* und *Kubla Khan* aufzuspüren, wäre, als suchte man die Sonne und den Regen verschwundener Zeiten in den Ästen und dem Laubwerk einer Eiche. Doch der Regen und die Sonne sind da.«[41]

Wie Coleridge wurde Thomas De Quincey (1785-1859) als Kind durch *Tausendundeine Nacht* in Angst und Schrecken versetzt. De Quincey war generell kein Verehrer von *Tausendundeiner Nacht*. Er fand, den Geschichten mangele es an psychologischem Tiefgang und künstlerischer Einheitlichkeit. Zu *Sindbad* beispielsweise bemerkte er, daß »das überhaupt keine Geschichte ist, sondern nur eine Serie von Abenteuern, die keine einheitlichen Interessen verbinden«. Aber in seiner *Autobiographie* nahm er *'Ala' ed-Din* davon aus wegen eines Ereignisses in der Geschichte, das ihn erschreckt hatte, als er klein war, und das einen komplizierten und recht unheimlichen Einfluß auf seine Denkmuster als Erwachsener haben sollte. Der Zauberer sucht in den Tiefen Afrikas das Kind 'Ala ed-Din, das eine vom Schicksal erwählte Kind, das ihn zu dem Schatz führen kann:

»Wo kann man ein solches Kind finden? Wo soll man nach ihm suchen? Der Zauberer weiß es: Er legt das Ohr an die Erde; er hört auf die zahllosen Geräusche von Schritten, die in diesem Augenblick seines Experiments die Oberfläche der Erdkugel peinigen. Und unter ihnen allen unterscheidet er über eine Entfernung von 6000 Meilen in den Straßen von Bagdad die besonderen Schritte des Kindes 'Ala ed-Din.«

Denn der Zauberer »hat die Kraft, die noch weniger greifbar ist, in jenem eiligen Moment ein Alphabet neuer und unendlicher Symbole zu lesen ... Die Pulsschläge des Herzens, die Bewegungen des Willens, die Phantome des Gehirns müssen sich in geheimen Hieroglyphen wiederholen, die von fliegenden Schritten zum Ausdruck gebracht werden.«[42]

De Quincey fand in diesem Abschnitt eine Anspielung auf die Beobachtung – die bei arabischen Wahrsagern und Physiognomisten verbreitet ist –, daß alles Grammatik und Bedeutung habe und daß »die geringsten Dinge im Universum geheime Spiegel der größten sein müssen«. Es ist ein bemerkenswerter Abschnitt in De Quinceys Erinnerungen – auch deswegen, weil eine Beschreibung des Zauberers, so, wie er sie in Erinnerung hat, der auf die Myriaden von Schritten in der Welt hört, in keiner Fassung von *Tausendundeiner Nacht* zu finden ist. Vielleicht ist es eine falsche Erinnerung, aus einem der Opiumträume des Autors stammend, die stets reich an unheimlichen orientalischen Bildern waren. So mag diese Reminiszenz De Quinceys als sein eigener Beitrag zum Korpus von *Tausendundeiner Nacht* und als Teil von deren beunruhigend umfangreicher Pseudoepigraphik angesehen werden. De Quincey assoziierte *Tausendundeine Nacht* immer mit Bildern des Schreckens und hoffnungsloser Unvermeidlichkeit. In *Suspiria de Profundis*, *Seufzer aus den Tiefen*, enthüllt er, wie in seinem Herzen – leicht verworrene – Erinnerungen an die *Geschichte des zweiten Bettelmönchs*, in der der junge Mann, der mit der *Dschinnen*frau geschlafen hat, von dem *Dschinn* verfolgt wird, für immer mit dem Schuldgefühl des plötzlichen Entdecktwerdens verbunden sind: »Es wurde dann deutlich, daß ich eine Legende über mich selbst in *Tausendundeiner Nacht* gelesen hatte. Über mich als Urform war schon vor tausend Jahren an den Ufern des Tigris nachgedacht worden. Es waren Schmerz und Schrecken, die plötzlich diesen Gedanken provozierten.«

In einer kurzen Abhandlung über den Einfluß von *Tausendundeiner Nacht* auf die englische Literatur bemerkt Edward Said – etwas verärgert –, daß »*Tausendundeine Nacht* zum Beispiel gewöhnlich mit Kindheitsphantasien assoziiert wird, mit wohltuenden, das ist wahr, aber jedenfalls welchen, die so auftauchen, daß man sie hinter sich lassen kann.«[43] Said dachte sicher an Passagen wie die, die im fünften Buch von William Wordsworths *Präludium* erscheinen:

> »Schon lang besaß ich als kostbaren Schatz
> Ein kleines gelbes Lederbändchen, das,
> Gekürzt, Arabiens Märchen wiedergab.
> Als später ich – nach meiner Übersiedlung –
> Von neuen Freunden hörte, daß dies Kleinod
> Ein Block nur war aus einem großen Steinbruch,
> Daß es vier dicke Bände gab, gefüllt
> Mit gleichem Stoff, da war mir das fürwahr
> Eine fast überirdische Verheißung.«[44]

Tennyson (1809-1892) beschreibt in seinen *Recollections of the Arabian Nights*, *Erinnerungen an Tausendundeine Nacht* ähnliche kindliche Verzückungen:

> »Wenn eines frohen Morgens freie Bris'
> In das seidene Segel der Kindheit blies,
> Dann flossen die Gezeiten der Zeit mit mir zurück,
> Die voranfließenden Gezeiten der Zeit;
> Und an manch Sommermorgens Glanzesblick
> Wurd an des Tigris Ufer ich neu geborn,
> An den golden vergitterten Schreinen Bagdads,

In hoch ummauerten Gärten, grün und weit.
Ein richt'ger Muslim war ich, dem Islam verschworn,
Denn es war in der goldenen Blütezeit
Des guten Harun er-Raschid.«[45]

Auch bei Dickens ist das Band zwischen den Geschichten aus *Tausendundeiner Nacht* und den verlorenen Freuden einer unschuldigen Kindheit stark. In *Ein Weihnachtslied in Prosa* führt der Geist vergangener Weihnachtsfeste Scrooge zu den vergessenen Entzückungen der Kindheit zurück:

»›Ei sieh! Es ist Ali Baba!‹ rief Scrooge begeistert aus; ›der gute, ehrliche alte Ali Baba! Ja, ich kenn ihn! Einmal zur Weihnachtszeit, als dieses einsame Kind hier ganz allein zurückgeblieben war, erschien er zum erstenmal, gerade wie heute. Der arme Knabe! ... Und wie hieß doch gleich der, den man, während er schlief, in Unterhosen vor das Tor von Damaskus setzte? Siehst du ihn nicht? Und des Sultans Reitknecht, der von den Genien auf den Kopf gestellt wurde: dort steht er ja auf dem Kopf! Geschieht ihm ganz recht! Es freut mich. Was mußte er sich auch mit der Prinzessin verheiraten!‹«[46]

In *Harte Zeiten* tritt der seelenlose und materialistisch denkende Gradgrind Sissy Jupe gegenüber und fragt sie, was sie ihrem Vater vorgelesen habe. »›Von den Feen, mein Herr, und dem Zwerg und dem Buckligen und den Geistern‹, brachte sie schluchzend heraus ... ›Schluß!‹ befahl Mr. Gradgrind, ›das ist genug! Verlieren Sie kein Wort mehr über solch destruktiven Unsinn!‹«

Es ist zwar nicht schwer, bestätigende Beispiele für Edward Saids Beobachtung zu finden, aber das ist immer noch eine selektive Lektüre. Selbst bei Dickens wird die Bilderwelt aus *Tausendundeiner Nacht* nicht immer verwendet, um Unschuldiges und Kindhaftes zu beschwören. Der erste Abschnitt des ersten Kapitels von *Das Geheimnis des Edwin Drood* präsentiert eine Opiumvision der Stadt Cloisterham, in der die Turmspitze der Kathedrale von Cloisterham ihr englisches Aussehen verliert und zu Altbagdad wird:

> »Was ist das für eine Spitze, die sich da vordrängt, und wer hat sie aufgestellt? Vielleicht ist sie auf Befehl des Sultans aufgestellt worden, um eine Horde türkischer Banditen, einen nach dem anderen, darauf zu pfählen? Ja, so ist es, denn die Becken dröhnen, und der Sultan zieht auf dem Weg zu seinem Palast mit großem Gefolge vorüber. Zehntausend Krummsäbel blitzen im Sonnenlicht, und dreimal zehntausend tanzende Mädchen streuen Blumen.«[47]

Die orientalisierende Umformung einer englischen Provinzstadt leitet die Rolle von Verbrechen und Opium in diesem Kriminalroman ein.[48]

Nicht alle, die in ihrer Kindheit *Tausendundeine Nacht* lasen, wurden dazu inspiriert, Romanciers oder Dichter zu werden. Manche wurden Bankangestellte oder Gemüsehändler, und wenn sie Anregung oder Trost in den Geschichten fanden, dann war das ihre Privatangelegenheit und ist längst vergessen. Für viele Leser bot *Tausendundeine Nacht* die erste Einführung in alte und fremde Kulturen. Edward Gibbon (1737-94) lernte *Tausendundeine Nacht* sehr früh kennen. Er meinte, es sei ein Buch, »das durch das bewegende Bild menschlicher Sitten und blendender Wunder immer gefallen wird«. Seinem Biographen G. M. Young zufolge »bewegte sich seine Vorstellungskraft im Orient äußerst frei, und durch das Werk seiner Mannestage schillert die Vision eines Kindes von ernsten und bärtigen Sultanen, die am Kampftag nur lächeln, vom Schwert des Alp Arslan, dem Streitkolben von Mahmud, von Imaus und Caf und von Altai, von den Goldenen Bergen und dem Gürtel der Erde«. Es ist wahrscheinlich auf Gibbons kindliche Lektüre der *Tausendundeinen Nacht* zurückzuführen, daß seine Darstellung des Vorderen Orients, besonders die des Abbasidenhofs, in den späteren Bänden seines Werks *Der Niedergang und Fall des römischen Reiches* von bilderreicher Sympathie glüht, etwas, was in seiner Beschreibung des feudalen Europa oft fehlt.[49] So, wie die Lektüre von Homers *Ilias* Heinrich Schliemann dazu anregte, nach den Ruinen des historischen Troja zu suchen, ließ die Kindheitslektüre der *Geschichte vom Ebenholzpferd* und *Der Geschichte von der Messingstadt* den erwachsenen Henry Layard um 1840 die Ruinen des alten Ninive entdecken. Dieselben phantastischen toten arabischen Städte sind natürlich die geisterhaften Vorläufer solch morbid-poetischer viktorianischer Nekropolen wie Christina Rosettis *Die Totenstadt* (1847) und James Thomsons *Die Stadt der schrecklichen Nacht* (1874).

Es haben niemals zwei Menschen dasselbe Buch gelesen. Dieselben Geschichten, die Layard zur Archäologie brachten, sprachen zu Newman von göttlichen Mysterien. Cardinal Newman, der im Rückblick auf seine Kindheit in der *Apologia pro Vita sua* (1864), *Rechtfertigung seines Lebens*[50] sich daran erinnert, daß »er sich immer wünschte, die arabischen Geschichten wären wahr: Meine Vorstellungskraft folgte unbekannten Einflüssen, magischen Kräften und Talismanen«. Es scheint, als hätten die übernatürlichen und wundervollen Eigenschaften der arabischen Märchen den jugendlichen Geist von John Henry Newman so geprägt, daß er später als Erwachsener den katholischen Glauben annahm, einen Glauben, in dem das Übernatürliche und das Wunderbare für die, die ihn vertreten, Wahrheit sind. In ähnlicher Weise sollte im nächsten Jahrhundert C. S. Lewis' kindliche Begeisterung für altnordische Mythen und Legenden ihn als Erwachsenen dazu bringen, die Inkarnation Gottes in Christus als einen Mythos zu akzeptieren, aber als einen Mythos, der den Vorzug hatte, wahr zu sein. Pseudoorientalische Literatur hatte ebenfalls einen Anteil daran, Newman auf den spirituellen Weg zu führen, dem er später folgte. Southeys episches Poem über das Thema der spirituellen Prüfung, *Thalaba*, beeindruckte Newman sehr und beeinflußte seine geistige Mission: »*Thalaba* war für mein Gefühl immer das großartigste aller englischen Poeme – ich meine: Moralisch großartig.«

Während *Tausendundeine Nacht* die Phantasie von Dichtern, Romanciers und anderen in der viktorianischen Zeit weiterhin beflügelte, kamen orientalisierende Geschichten, wie Hamilton oder Beckford sie schrieben, in England außer Mode. Der einzige ganz und gar pseudoorientalische Roman von Bedeutung, der in dieser Zeit erschien, war der exzentrische, heute kaum noch gelesene *Shaving of Shagpat: An Arabian Entertainment* (1855), *Schagpats Rasur: Eine arabische Unterhaltung.*[51] George Meredith (1828-1909) hatte *Tausendundeine Nacht* als Kind gelesen. Es war sein Lieblingsbuch, und *The Shaving of Shagpat*, sein erster Roman, war ihm nachgestaltet. Im Vorwort sagt er seinen Lesern, daß dieses Buch ein Versuch sei, »den Stil und die Art der orientalischen Erzähler wiederzugeben«. Was den Stil angeht, so war er eher dem der Laneschen Übersetzung von *Tausendundeiner Nacht* nachgebildet, die 1838-41 erschienen war. Meredith hatte arabische Erzählungen imitiert, um sie seiner kleinen Stieftochter zu erzählen, und es kann sein, daß manche Elemente in *The Shaving of Shagpat* aus diesen abendlichen Kreationen stammten. Aber der Roman war für Erwachsene bestimmt:

> »Und jetzt die Geschichte von Schibli Bagarag und dem Ball, dem er folgte, dem unterirdischen Königreich, in das er gelangte, und dem verzauberten Palast, den er betrat, von dem schlafenden König, den er rasierte, und den beiden Prinzessinnen, die er befreite, von dem Afriten, der durch die Künste der einen von beiden unterworfen und durch sie in eine Flasche gesperrt wurde: Ist sie nicht bekannt, als ›sei sie den Menschen auf die Fingernägel geschrieben und in ihre Hausgewänder gestickt?‹«

Bagarag, der bescheidene Barbier, findet sich in seinem Bemühen darum, ein verzaubertes Haar vom Haupte Schagpats, des Tuchhändlers, zu scheren, und so die Stadt, die auch Schagpat heißt, von der Unterwerfung unter diesen Mann zu befreien, mit einer Serie heroischer Suchwanderungen und Mut- und Tapferkeitsproben befaßt.

Die Geschichte wird parodistisch weitschweifig erzählt und durch die Einschiebung von Geschichten und Gedichtfragmenten zusätzlich in die Länge gezogen. Schibli Bagarag ist nur ein bescheidener Barbier, aber seine Art zu sprechen ist geradezu pompös. Ziemlich lächerliche pseudoorientalische Vergleiche gibt es in reicher Zahl, und hochstilisierte Sprache spielt gegen eine klamottenhafte Handlung an. Der bescheidene Bagarag wird bei seinen schweren Prüfungen von hochgeborenen Frauen ebenso unterstützt wie behindert. Meredith' asiatische Königinnen sind femmes fatales. In der Rahmengeschichte *Bhanavar, die Schöne* besitzt Bhanavar ein Juwel, das ihr Macht über die Schlangen verleiht. Allein in ihrem Zimmer

> »erhob sie sich, und ihre Arme, ihr Hals, ihre Lippen glänzten vom Schleim der Schlangen. Sie warf die Kleider von sich bis auf die ihren Busen eng umspannende Seidenweste voller Perlen und wirbelte in einem irren Tanzschritt zwischen ihnen umher, melancholische Lieder singend; sie machte sie rasend, faszinierte sie. Sie folgten ihr Runde um Runde in Windungen, Drehungen und Kurven, mit erhobenen Köpfen und steifen Schwänzen. Das Zimmer schwamm wie ein wogendes Meer sich verschiebender Saphire, erleuchtet vom mitternächtlichen Mond.«

Rabesqurat ist Gebieterin der Illusionen, »umgeben von Sklaven mit Krummsäbeln, eine liebliche Königin, mit schwarzen Augen, die Stürme entfachen, Fackeln im Sturm, mit fließenden Locken, gekrönt von einem Reifen grünsplittriger Edelsteine und Massen von hochrotem Unkraut mit Perlenlaschen«. Ebenso ist die Prinzessin Goorelka eine Giftmischerin und Zauberin, die Männer in Vögel verwandelt und gefangenhält und sie quält, wenn sie etwas tun, was ihr mißfällt. Noorna bin Noorna andererseits ist der gute Geist des Barbiers, der ihn leitet, und die Frau, die er schließlich heiraten wird.

Heute ist *Schagpats Rasur* ein vergessener Roman eines Autors, der unmodern geworden ist. In mancher Hinsicht verdient der Roman, daß man ihn nicht mehr kennt. Nimmt man ihn als Nachahmung oder als Parodie von *Tausendundeiner Nacht*, dann ist er keine sehr gute. Als Abenteuergeschichte ist er verworren und weitschweifig. Viele der gängigen Mantel-und-Degen-Geschichten sind erzähltechnisch besser. Wenn man *Schagpats Rasur* als eine Allegorie liest, wie das viele Kritiker getan haben, dann ist die Allegorie unverständlich. Ganz allgemein ist klar, daß Schagpat mit seinem Zauberhaar für Unterdrückung steht, die auf der Macht der Illusion beruht, aber ob die Unterdrückung eine soziale und klassenmäßig bedingt ist oder ob sie auf irgendeinem intellektuellen Betrug basiert oder mit überholten Gedanken zusammenhängt, bleibt unklar, und weitere Details der Allegorie sind undurchschaubar. Doch einige der phantasievollen Bilder in dem Buch, etwa Rabesqurats Spiegel aus menschlichen Augen oder die Brücke aus Eiern, sind brillant.

Meredith' arabischer Mantel-und-Degen-Roman wurde durch Lanes Übersetzung inspiriert. Seltsam ist allerdings, daß das Erscheinen, zunächst von Lanes, dann von Burtons Übersetzung mit einem Schwinden des Einflusses von *Tausendundeiner Nacht* auf die englische literarische Imagination einherging. Es kann schon sein, daß diese Übersetzungen, die stilistisch unattraktiv und durch ihre Anmerkungen schwerfällig waren, für dieses Schwinden des Einflusses verantwortlich waren. Paradoxerweise führte eine bessere und genauere Kenntnis der *Tausendundeinen Nacht* dazu, daß die Tore der Phantasie sich schlossen. Seit dem ausgehenden neunzehnten Jahrhundert gehörte *Tausendundeine Nacht* nicht mehr zur literarischen Allgemeinbildung für Erwachsene. Kinder lasen jetzt ausgewählte und stark gereinigte Versionen der Geschichten. *Sindbad*, *Ali Baba*, *'Ala ed-Din*, *Das Ebenholzpferd* und einiges andere wurde weiterhin rezipiert, aber der Korpus war geschrumpft, und *Tausendundeine Nacht* hatte zunehmend mit Büchern um die kindliche Aufmerksamkeit zu konkurrieren, die als Kinderliteratur gedacht waren, wie die vom Canterbury-Dechanten F. W. Farrar (1831-1903), von George MacDonald (1825-1905), Frederick Marryat (1792-1848), Edith Nesbit (1858-1924) und anderen. Natürlich beeinflußte *Tausendundeine Nacht* diese neue Schriftstellergeneration oft stark. Edith Nesbits *Psammead Geschichten* etwa verdanken offensichtlich arabischen Vorbildern einiges.

Robert Louis Stevenson schrieb für Kinder und Erwachsene, und oft ist schwer zu entscheiden, für wen seine Geschichten bestimmt waren. Meredith' Bücher hatten großen Einfluß auf ihn, und wie *Schagpats Rasur* ahmten Stevensons *Neue arabische Nächte* (1882) den Stil von *Tausendundeiner Nacht* nach, das heißt, den Stil der gängigen englischen Übersetzung nach Galland. Auch Stevensons Buch hat so etwas wie eine Rahmengeschichte, in der Prinz Florizel und Colonel Geraldine verkleidet durch Londons Straßen im neunzehnten Jahrhundert wandern, so, wie es Harun er-Raschid und Dscha'far im alten Bagdad taten. Das ist der Rahmen für sechs recht gute Geschichten über Abenteuer, Mord und Selbstmord. In den *Neuen arabischen Nächten* und dem Folgeband *Weitere neue arabische Nächte: Der Sprengstoffattentäter* liegt die Betonung stärker auf der Handlung und dem farbigem Ambiente als auf psychologischer oder sozialer Glaubwürdigkeit, das war aber auch das, was Leser des ausgehenden neunzehnten Jahrhunderts in der mittelalterlichen Sammlung *Tausendundeine Nacht* fanden. Eine spätere Geschichte von Stevenson, *The Bottle Imp*, *Das Flaschenteufelchen*, in *Island Nights Entertainments* (1893), *Inselnachtunterhaltungen* kehrt die Suchformel dahingehend um, daß die Wunderflasche etwas ist, das man loswerden sollte, ein Fluch, der aufgehoben werden, nicht etwas, wonach man suchen muß. Diese Verkehrung der Suchformel in ihr Gegenteil ist ein Gegenstück zur Rahmengeschichte im *Buckligen*-Zyklus in *Tausendundeiner Nacht* und hat Ähnlichkeiten mit dem Rahmen von Maturins *Melmoth der Wanderer*.[52]

Im neunzehnten Jahrhundert unterhielten Kaufleute in den USA einen erstaunlich umfangreichen Handel mit dem muslimischen Sansibar. Später litt die amerikanische Seefahrt im Mittelmeer unter den Raubzügen berberischer Piraten, die die Regierung der Vereinigten Staaten zu schnellem Handeln zwangen. Aber im Gegensatz zu England regierten die USA nicht über ein Reich von Muslimen. So ist es nicht erstaunlich, daß der Einfluß von *Tausendundeiner Nacht* auf die amerikanische Literatur des neunzehnten Jahrhunderts relativ begrenzt war. Doch war er zwar gering, aber es gab ihn.[53]

Washington Irving (1783-1859) wurde bereits als einer der Plagiatoren genannt, die Potocki nutzten. *Die Eroberung von Granada* (1829) und *Die Legenden der Alhambra* (1832, überarbeitet und erweitert 1857) beruhten auf seinem dreimonatigen Aufenthalt in Spanien 1829. *Die Legenden der Alhambra* sind eine Art Sammelalbum von Reiseerinnerungen, belanglosen Begegnungen und Rahmenerzählungen. Irving war bezaubert von der alten Welt und den Überresten vergangener Kulturen. Vor allem spukten die Mauren in Spanien, geheimnisvoll und vergessen als die Einwohner der Messingstadt, in seiner Phantasie. Die mondlichtbeschienenen Ruinen des maurischen Palasts der Alhambra dienten als Szenerie für moralisierende und melancholische Gedanken, die reich an Atmosphäre und Klischees sind. Die Rahmenerzählungen kreisen um Geister, verborgene Schätze, Zauberer, Räuber und Zigeuner. Bei Irving – ebenso wie bei Cazotte, Potocki, Maturin und Richard Burton – war der Kult des Orients eng verbunden mit der Faszination für Zigeuner.

Die Legende vom maurischen Astrologen ist vielleicht das Beste an dem Buch. Es ist die Nacherzählung einer Geschichte, die sich in el-Makkaris *Nafh et-Tib min Ghusn el-Andalus erratib* (*Der Dufthauch vom frischen Zweig Andalusiens*) findet, einer umfangreichen Geschichte des untergegangenen muslimischen Reichs in Andalusien, geschrieben 1629 in Kairo.[54] Eine frühere Version der Geschichte bei el-Makkari steht in *Tausendundeiner Nacht*. Ein Herrscher im muslimischen Spanien hat einen Astrologen in seinen Diensten, um dessen magische Kräfte zur Verteidigung seines Königreichs einzusetzen. Der Astrolog nutzt sein okkultes Wissen und stellt die bronzene Talisman-Gestalt eines bewaffneten Reiters ebenso her wie Armeen kleiner Gestalten. Daß der Astrolog diese Miniaturfiguren im Turm bewegt, sichert den Armeen des Königs Siege im Feld. Als der Astrolog eine Belohnung für sich fordert, geht der König nicht darauf ein. Der Astrolog rächt sich, und das Reich geht zugrunde. *Die Legende vom Prinzen Ahmed el Kamel oder der Pilger der Liebe* borgt Motive aus *Tausendundeiner Nacht*, darunter Grundmotive wie das vom jungen Prinzen, der eingeschlossen wird, um ihn vor einem üblen Schicksal zu bewahren, das man ihm prophezeit, das Erlernen der Vogelsprache, das Sich-in-Vögel-Verlieben, den fliegenden Teppich und ein fliegendes Pferd.[55]

Auch wenn Edgar Allan Poe 1840 eine Erzählsammlung publiziert hat, die den Titel *Tales of the Grotesque and the Arabesque*, *Geschichten des Grotesken und Arabesken*, trägt, scheint der Einfluß von *Tausendundeiner Nacht* auf sein schriftstellerisches Werk nur oberflächlich zu sein. Als Poe einige seiner Geschichten als *Arabesken* charakterisierte, wollte er damit nicht auf die arabische Art des Erzählens anspielen. Er verwendete diesen Terminus nur, um kompliziert gestaltete Geschichten zu bezeichnen – kompliziert als Design eines orientalischen Teppichs –, in denen es mehr um eine raffiniert erdachte Handlung ging als um eine ausgeklügelte Figurengestaltung. Generell gehörten Wörter wie »Arabeske«, »Karbunkel«, »Talisman« und Wendungen wie »barmekidisches Fest«, »'Ala ed-Dins Höhle« damals zum üblichen Repertoire der literarisch-kulturellen Requisitenkammer.

Poes Erzählung *Schehrezads tausendundzweite Geschichte* ist ein leichter, wennschon sorgfältig gestalteter, Sketch: Schehrezad beginnt, Schehrijar eine Geschichte zu erzählen, eins von den bisher noch nicht vorgetragenen Abenteuern Sindbads, in dem es um ein metallbeschlagenes Dampfboot, ein automatisches Schachspiel, Babbages Rechenmaschine, den Telegraphen, Daguerreotypien und ähnliches geht. Schehrijar findet ihren Bericht über die technologischen Wunder der Zivilisation des neunzehnten Jahrhunderts so lächerlich, daß ihm die Geduld ausgeht und er befiehlt, sie zu hängen. »Sie bezog allerdings, während das Seil festgemacht wurde, sehr viel Trost aus dem Gedanken, daß vieles von der Geschichte noch nicht erzählt worden war und daß die Gereiztheit ihres Scheusals von Ehemann ihm eine nur allzu gerechte Strafe hatte heranreifen lassen, denn sie enthielt ihm viele unvorstellbare Abenteuer vor.« Möglicherweise hatte Poe als früher Autor von Science Fiction ähnliche Probleme, sein Publikum für Geschichten über künftige wissenschaftliche Wundertaten zu interessieren.

Oberflächlich betrachtet erscheint es unmöglich, daß arabische oder pseudoarabische Themen in einem Roman über ein Walfangschiff aus Nantucket eine größere Rolle spielen könnten. Aber es ist offensichtlich, daß Herman Melvilles Roman *Moby Dick* (1851) sich sehr stark auf solches Material stützt. Wie jeder gebildete Westeuropäer im neunzehnten Jahrhundert las Melville *Tausendundeine Nacht* als Kind. Er reiste auch im Orient und war in Berichten anderer über orientalische Reisen ebenso wie in Romanen wie *Vathek* und *Anastasius* sehr belesen. Insbesondere haben die beiden Despoten, Captain Ahab und der Kalif Vathek, das schreckliche furchteinflößende eine Auge gemeinsam, und Ahabs manische Jagd nach dem, wonach nicht gesucht werden darf, hat eine gewisse Affinität zur Suche des Beckfordschen Kalifen nach dem verbotenen Schatz. Die Meere, über die Ahab streift, sind voller Wunder, Geister und ominöser Dinge. Ahabs Lieblingsharpunist und Vertrauter, der turbanbekleidete Fedallah, ist so »ein Geschöpf, wie es zivilisierte, häusliche Menschen in der gemäßigten Zone nur in ihren Träumen erblicken und das auch nur verschwommen; aber derengleichen gelegentlich unter den unwandelbaren asiatischen Gesellschaften dahingleitet, speziell den orientalischen Inseln östlich des Kontinents.« Es wird angedeutet, daß Fedallah Abkömmling eines *Dschinns* sein könnte. *Moby Dick* ist reich an versteckten Anspielungen auf *Tausendundeine Nacht* und andere

Quellen der Kultur des neunzehnten Jahrhunderts. In einem früheren Roman, *Mardi und eine Reise dorthin* (1849), ist der Einfluß von *Tausendundeiner Nacht* deutlicher, bleibt aber stärker an der Oberfläche. Das Buch stützt sich stark auf Motive, die Melville bei seiner Lektüre von Lanes Übersetzung von *Tausendundeiner Nacht* begegnet waren. *Mardi* erzählt von der Suche nach einer entführten Prinzessin auf einem phantastischen Archipel in der Südsee und von den seltsamen Gesellschaften, die es auf diesen Inseln gibt. Es ist eine moderne Version von Sindbads Reisen, aber für Melville sind politische, soziale und religiöse Allegorien wichtiger als Wunder.

Im neunzehnten Jahrhundert plünderten englische und französische Schriftsteller *Tausendundeine Nacht* auf orientalische Requisiten und orientalischen Schnickschnack hin aus. Das Interesse von Autoren des zwanzigsten Jahrhunderts war stärker rational bestimmt, und *Tausendundeine Nacht* wurde, da es frühe und exotische Beispiele für Rahmenhandlungen, Selbstbezüge, versteckte Verweisungen, verborgene Muster, vorher bestimmte Handlungsabfolgen und Intertextualität enthält, zu einer Quelle für modernistische Literatur in ihrer Verspieltheit. Die Sammlung diente auch als eine Ankündigung hoher Ansprüche von seiten moderner Autoren.

James Joyce (1882-1941), entsetzlich gut belesen, besaß ein Exemplar der *Tausendundeine-Nacht*-Übersetzung von Richard Burton – »Old Burton«, »der alte Burton«, wie er ihn in *Finnegans Wake* nennt. Sein Meisterwerk *Ulysses* (1922) berichtet über einen einzigen Tag – Bloomsday, 16. Juni 1904 – im Leben von Stephen Dedalus und Leopold und Molly Bloom. Joyces Werk spielt zwar in Dublin, aber es ist offenkundig, daß die Struktur des Romans ebenso wie viele seiner detaillierteren Anspielungen von Homers *Odyssee* herrühren. Doch hinter den Wanderungen des Odysseus gibt es einen weiteren Bereich von Anspielungen auf einen anderen sturmgetriebenen, die Meere durchstreifenden Seefahrer – auf Sindbad. Es muß daran erinnert werden, daß Galland – dessen erste Übersetzung der Abenteuerroman *Sindbad der Seefahrer* war, den er erst später in seine *Tausendundeine-Nacht*-Version einfügte – schon zu Beginn des achtzehnten Jahrhunderts überlegt hatte, daß der *Sindbad*-Zyklus einige seiner Details dem Homerschen Epos entnommen haben könnte. In Joyces Roman sind Trugbilder des alten Bagdad und Basra im Dublin des zwanzigsten Jahrhunderts erkennbar. Im *Proteus*-Kapitel, einem Kapitel der Transformationen und Verkleidungen, erwacht Stephen erschöpft aus dem Schlaf und seinen Träumen. Einen Gedanken gelingt es ihm immerhin zu fassen: »Erinnere dich an Harun er-Raschid.« Das ist eine Projektion seiner Begegnung mit Bloom, der wie Harun er-Raschid inkognito durch die Straßen der Stadt wandert. Wird Stephen Dedalus wie Sindbad sicher zum Hafen zurückkehren? Schließlich ja. Gegen Ende des Buches, im *Ithaka*-Kapitel, denkt Leopold Bloom, der Stephen einen sicheren Hafen geboten hatte, über Stephens derzeitigen Schlafzustand nach:

> »Er ruht. Er hat gereist.
> Mit?
> Sündbad dem Seefahrer und Tintbad dem Tailleur und Kindbad dem Kerkermeister und Windbad dem Walfänger und … (und so weiter).«[56]

Finnegans Wake (1939), eine sprachlich ausschweifende und bekanntermaßen anstrengende Phantasmagorie, handelt unter anderem von der zyklischen Natur von Geschichte und Mythos. Die Träume von Humphrey Chimpden Earwicker umrahmen Erzählungen, wie eine(s) der Vorbilder und Quellen des Romans es tut, »die ›untausendste und wärste nett‹« oder, wie sie auch bekannt sind, die »arubyat Knächte mit ihren Geschichten in Reedern und stachen zwischen sprachen« oder »diese scherzarade von eines tausend und einen Nächtlichkeiten«. In Anspielung auf die kunterbunte Vielfalt von *Tausendundeiner Nacht* erhob Joyce Anspruch auf dieselbe Qualität für seinen Roman *Finnegans Wake* und begab sich in Konkurrenz zu den mittelalterlichen arabischen Erzählern: »Nicht der

König dieser Zeit konnte reichlicher augenfesten in orientalischer Langwächtigkeit mit wechselnden Nachtfreuden von eintausend Arten bis auf eine. Einen Flickschuster-Cobbler Schehrijars auf mich, wenn ich lüge!« Als Joyce *Finnegans Wake* schrieb, hatte er die französische[57] Übersetzung von Mardrus kennengelernt, der als »der Mördrus Duellakt« erscheint, und an anderer Stelle sagt uns Joyce, daß »der Autor tatsächlich gemarmörtert« wurde. Und so geht es weiter mit den spottenden Anspielungen, »bis der Verderber der Vreuden kam«.[58]

»Na denn, Prost!« *Finnegans Wake* enthält auch viele Anspielungen auf Proust, und dessen Meisterwerk *Auf der Suche nach der verlorenen Zeit* ist ebenfalls übersät mit Hinweisen auf *Tausendundeine Nacht*. Bereits im ersten Kapitel des ersten Bandes, *Swanns Weg* denkt der Erzähler darüber nach, daß seine Großtante, wenn sie vom geheimen Liebesleben des äußerlich ungeheuer bedeutenden Charles Swann erfahren hätte, den sie bei Tisch zu unterhalten pflegte, sie es als so ungewöhnlich empfunden hätte »wie den Gedanken, Ali Baba zu Tisch dazuhaben, der, sobald er sich allein und unbeobachtet fände, sich sicherlich auf den Weg zur Höhle begeben würde, die mit ihren unerwarteten Schätzen glänzte«, einer Szene, mit der sie vertraut war, »denn sie hatte sie auf den Tellern, die wir in Combray für Kuchen benutzten, abgebildet gesehen«. Ganz zum Schluß, am Ende des letzten Kapitels des letzten Bandes, *Die wiedergefundene Zeit*, grübelt der Erzähler über seinen nahen Tod und das mögliche Ende seiner erzählerischen Aufgabe nach:

> »Wenn ich arbeitete, würde es nur nachts geschehen können, aber es würde vieler Nächte bedürfen, vielleicht hunderter, vielleicht tausender. Ich aber würde in der Angst leben, nicht zu wissen, ob der Herr meines Geschicks, der weniger nachsichtig als der Sultan Scheriar war, am Morgen, wenn ich meine Erzählung unterbrach, mein Todesurteil noch etwas aufschieben und mir erlauben würde, am nächsten Abend darin fortzufahren.«[59]

Wie *Tausendundeine Nacht* ist Prousts Roman eine Geschichte, die gegen den Tod erzählt wird.

Zwischen Prousts Anfang und seinem Schluß läuft ein Gewirr von Anspielungen und Vergleichen, die die Erinnerung des Erzählers unweigerlich in die Kindheit zurückführen. Vergleiche mit Gestalten und Geschehnissen in *Tausendundeiner Nacht* werden auch dazu genutzt, das ansonsten Vertraute fremdartig und exotisch zu gestalten. So erscheint die Prinzessin von Guermantes denen, die sie nicht kennen, so phantastisch wie die Prinzessin Badr el-Budur. Der Erzähler, der bei Nacht verlegen durch die fremde Stadt Venedig wandert, vergleicht sich mit einer Gestalt aus *Tausendundeiner Nacht*. Ebenso erscheint Paris, das durch den Krieg und die Anwesenheit senegalesischer Truppen und levantinischer Taxifahrer ungewohnt geworden ist, wie das alte Bagdad. Im Gegensatz dazu ist das Basra aus *Tausendundeiner Nacht* zu dem Basra geworden, von dem aus britische Truppen im Zweistromland ihren Angriff gegen die osmanische Türkei führten. Dann wiederum vergleicht der Erzähler seinen flüchtigen Blick auf den Baron de Charlus, der gerade in einem Homosexuellenbordell ausgepeitscht wird, mit einer Geschichte in *Tausendundeiner Nacht*, »der, in der eine Frau, die in einen Hund verwandelt wurde, sich willig verprügeln läßt, um ihre frühere Gestalt wiederzuerlangen« (das heißt: *Die Geschichte des Lastträgers und der drei Damen*).

Wie schon gesagt, erscheint *Tausendundeine Nacht* in Prousts Roman zunächst in nichtliterarischer Form: In Form von Bildern auf Kuchentellern im Haus seiner Kindheit in Combray. Die Teller stellen Szenen aus *Ali Baba*, *Sindbad* und dem *Erwachten Schläfer* dar. Später sind die so geliebten Teller unwiederbringlich verloren. Auch wenn die orientalischen Szenen auf den Kuchentellern weniger berühmt sind als die in Tee getauchten Plätzchen, spielen sie immer wieder eine Rolle, wenn es darum geht, den Erzähler in seine verlorene Vergangenheit zurückzuführen. Später, als er im mittleren Lebensalter steht, erzählt ihm seine Mutter von seiner Kindheit in Combray und seiner kindlichen Lektüre dort, und der Erzähler äußert den Wunsch, *Tausendundeine Nacht* wiederzulesen. Seine Mutter schickt ihm Exemplare der Übersetzungen von Galland und Mardrus, aber sie zögert zunächst, die mardrussche Version dazuzulegen. Nicht nur mißbilligt die ältere Generation die Freizügigkeit von Mardrus, auch Mardrus' läppisch neumodische Art, den Text umzusetzen – man kann es wohl kaum eine Methode der Umsetzung nennen – hat eine verfremdende Wirkung. Sogar der Titel ist anders: Nicht *Die Tausendundein Nächte* wie bei Galland, sondern *Tausend Nächte und eine Nacht*.

Proust liebte *Tausendundeine Nacht*, aber er betonte, daß *Auf der Suche nach der verlorenen Zeit* nicht als Nachahmung oder etwa eine Form der Überarbeitung von *Tausendundeiner Nacht* im modernen Gewand gedacht sei. Im letzten Satz der Meditationen über sein Ende und den Schluß dieses Buches sagt er: »Du kannst eine neue Version dessen, was du liebst, nur dadurch herstellen, daß du es aufgibst. So wird mein Buch, auch wenn es vielleicht genauso lang ist wie *Tausendundeine Nacht*, ganz anders sein.« Und doch könnte es sein, daß der Erzähler, als er den beliebten Geschichten seiner Kindheit zugunsten der Wahrheit abschwor, tatsächlich – und paradoxerweise – eine *Tausendundeine-Nacht*-Version für seine Zeit geschrieben hat.

Wenn die Länge von Prousts Roman den Vergleich mit der Erzählsammlung *Tausendundeine Nacht* geradezu herausfordert, dann konkurriert die Kürze der Erzählungen von J. L. Borges mit der vieler Geschichten in der Sammlung. Die Ansichten des argentinischen Kurzgeschichtenautors und Dichters Jorge Luis Borges (1899-1986) über die Verdienste der verschiedenen Übersetzungen von *Tausendundeiner Nacht* wurden schon vorgestellt. Neben seinem Essay über die Übersetzer schrieb er auch einen über die Geschichten selbst: *Die Tausendundein Nächte* (veröffentlicht in *Siete noches*, *Sieben Nächte*, 1980). *Tausendundeine Nacht* ist ein Schlüsseltext, vielleicht sogar der Schlüsseltext in Borges' Leben und Werk. Schon als relativ kleines Kind entdeckte Borges in seines Vaters Bibliothek die Burtonsche Übersetzung und bewunderte sie ebenso wie die Werke von Thomas De Quincey, Robert Louis Stevenson, G. K. Chesterton und anderen. Die Schlüsselautoren und -texte, die diesen berühmten modernistischen Autor beeinflußten, sind größtenteils erstaunlich altmodische. Später in Spanien, 1919, traf Borges Rafael Cansinos-Assens, den polyglotten Dichter und Übersetzer von *Tausendundeiner Nacht* ins Spanische. Borges Geschichten sind nicht nur wie viele in *Tausendundeiner Nacht* kurz, sie sind auch wie diese stark in ihrer Handlung und in ihrer Absicht, den Sinn für Wunder im Leser zu provozieren, und haben meist nicht viel psychologischen Tiefgang. Um Edgar Allen Poes Terminologie zu übernehmen: Borges schrieb *Arabesken*.

Borges' Sicht auf *Tausendundeine Nacht* ist eine anglophile und anglophone. Nicht nur lernte er die Sammlung durch die Burtonsche Übersetzung kennen, seine Reaktion auf die Geschichten ist fast immer ausgelöst durch die Reaktion seiner Lieblingsautoren Stevenson und Chesterton. G. K. Chesterton, der eine kritische Untersuchung über Stevenson schrieb, war wie dieser ein Meister kurzer und sehr farbiger Erzählungen. Natürlich stieß Borges in *Tausendundeiner Nacht* auf einen wahren Schatz an orientalischen Requisiten, den er in Geschichten wie *Averroes auf der Suche*, *Der Weg zu al-Motasim*, *Der Färber in der Maske Hakim von Merw*[60] einsetzte. Manchmal beschränkte sich Borges darauf, Geschichten aus *Tausendundeiner Nacht* nachzuerzählen, zum Beispiel *Die Kammer der Standbilder* und *Geschichte von zweien, die träumten* aus der *Universalgeschichte der Niedertracht*. Aber Geschichten, die im Kontext einer anonymen mittelalterlichen arabischen Erzählsammlung eine Bedeutung haben, gewinnen eine ganz andere Bedeutung, wenn sie von einem modernistischen argentinischen Erzähler des zwanzigsten Jahrhunderts wiedergegeben werden. Ebenso ist *Don Quichote*, wenn er von Borges' Erfindung, dem Literaten Pierre Menard aus dem zwanzigsten Jahrhundert, erzählt wird, ganz und gar nicht dasselbe Buch wie das, das Cervantes geschrieben hat, obwohl die beiden Versionen wortwörtlich identisch sind. Die *Geschichte der Stadt Lepta* aus *Tausendundeiner Nacht* ist eine *'Adscha'ib*-Geschichte, eine Geschichte über die Wunder des vorislamischen Spanien;[61] Borges' Version ist im wesentlichen eine Geschichte über die sich wiederholende Natur des Schicksals. Es ist möglich, daß man sein Schicksal entdeckt, aber man wäre diesem Schicksal nicht begegnet, hätte man nicht zuvor nach ihm gefragt. Das Paradoxon ist in der arabischen Fassung vorhanden, doch Borges' Version macht, eben weil sie von Borges stammt, das Paradoxon zur Zentralfigur. *Die Geschichte von dem reichen Mann, der verarmte und dann wieder reich wurde*, ist eine arabische Geschichte über eine realisierte Weissagung, aber wenn derselbe Stoff in Borges' *Universalgeschichte der Niedertracht*[62] erscheint, dann wird er zu einer Parabel über die vorherbestimmte Folge von Handlungen. So wird das kulturelle Repertoire von *Tausendundeiner Nacht* durch Borges mit metaphysischen Themen ausgestattet, und Borges fand in *Tausendundeiner Nacht* genau das, was er zu finden hoffte – Doppelgänger, Selbstüberprüfungen, labyrinthische Strukturen und Paradoxe, darunter besonders Paradoxa der Kreisförmigkeit und der Unendlichkeit.

Die Nacht, in der Schehrezad begann, Schehrijar ihre eigene Geschichte und die ihres Erzählens zu erzählen, faszinierte Borges ganz besonders. Er läßt Albert in *Der Garten der Pfade, die sich verzweigen* auf diesen Teil hinweisen. Albert, der darüber nachdenkt, auf welche Weise Bücher unendlich werden könnten, »dachte auch an jene Nacht, die in der Mitte von *Tausendundeiner Nacht* steht, wo die Königin Schehrezad (wohl infolge einer magischen Zerstreutheit des Abschreibers) sich anschickt, wortwörtlich die Geschichte von *Tausendundeiner Nacht* zu erzählen, so daß sie Gefahr läuft, wieder bei der Nacht, in der sie sie erzählt, anzukommen, und so immer fort.«[63] Dasselbe erschreckende Problem wird in *Partielle Zaubereien im ›Quijote‹*[64] erörtert. Italo Calvino, der die Episode in *Tausendundeiner Nacht* nicht entdecken konnte, bezichtigte

Borges später, sie erfunden zu haben, – ein durchaus glaubwürdiger Vorwurf angesichts Borges' Hang zu spielerischer literarischer Fälschung. Tatsächlich erzählt Schehrezad *Die Geschichte von den beiden Königen und den Töchtern des Wesirs* in der Breslauer Ausgabe der *Tausenddundeinen Nacht* – Burton hat sie in seinem zweiten Supplementband übersetzt – aber Borges' Interpretation dessen, was geschieht, war ein Mißverständnis, vielleicht ein absichtliches, auf jeden Fall ein fruchtbares Mißverständnis. In Burtons Übersetzung folgen zwar auf *Die Geschichte von den beiden Königen und den Töchtern des Wesirs* weitere Geschichten, doch im Breslauer Text ist Schehrezads Geschichte ihrer eigenen Geschichte die letzte und bringt den Erzählzyklus zu Ende. Es war nicht beabsichtigt, das Publikum in eine neue und vielleicht endlose Folge von Geschichten in Geschichten zu ziehen. Doch Borges soll selbst das letzte Wort zum Thema »literarische Mißverständnisse« haben: »Ich denke, der Leser sollte das, was er liest, bereichern. Er sollte den Text mißverstehen; er sollte ihn in etwas anderes verwandeln.«

Die Funktion des »Rahmens« in Literatur faszinierte Borges. Nicht nur, daß eine Geschichte den Rahmen für eine andere bilden kann, die wiederum der Rahmen für eine andere sein kann, und damit die Möglichkeit einer unendlich verlängerten Abstammung durch Geschichten in Geschichten suggeriert wird. Borges fand auch, daß die Faszination des Rahmens von der Möglichkeit herrühre, daß der Leser, wenn er eine Geschichte in einer anderen liest, selbst besorgt begreifen könnte, daß auch er eingerahmt, das heißt, Teil einer Geschichte werden könnte, die ein anderer erzählt. Der Leser könnte beim Lesen Verdacht schöpfen, daß er ebenso eine Fiktion ist wie die Gestalten in *Tausendundeiner Nacht*, die Geschichten erzählen, die aber selbst Erfindungen von Schehrezad sind.

Der Süden ist eine von mehreren Erzählungen von Borges, in denen *Tausendundeine Nacht* eine offenkundige, wenn auch rätselhafte Rolle spielt. Die Geschichte beginnt damit, daß der Protagonist, Dahlmann, ein unvollständiges Exemplar der *Tau-*

sendundeine-Nacht-Übersetzung ins Deutsche von Gustav Weil[65] kauft. Sein Kauf dieses Bandes löst eine mysteriöse Reihe von Ereignissen aus, die mit einem Unfall in einem Treppenhaus beginnt, bei dem Dahlmann von einem unbekannten Gegenstand verletzt wird. Nachdem er sich[66] davon offensichtlich wieder erholt hat, steigt Dahlmann in einen Zug in Richtung Süden. Er hat den ersten Band von *Tausendundeiner Nacht* bei sich. »Mit diesem Buch zu reisen, das so eng mit der Geschichte seines Mißgeschicks verknüpft war, war so viel wie eine Art Bestätigung, daß dieses Mißgeschick behoben war, und eine heitere und geheime Herausforderung an die gescheiterten Mächte des Bösen.«[67] Es scheint so, als stürbe Dahlmann bei einem Messerduell in den argentinischen Pampas, aber das frühe Auftauchen des phantastischen arabischen Texts ist vielleicht eine Warnung, daß alle Erfahrungen Dahlmanns in den Pampas nur Phantasie sein könnten.

In *David Brodies Bericht* vermittelt die Tatsache, daß jener Bericht in einem Band der Laneschen Übersetzung von *Tausendundeiner Nacht* entdeckt wird, – einer Übersetzung, die von Lane reichlich mit Anmerkungen über muslimische Sitten und Gebräuche versehen wurde – dem Leser die Warnung, daß die Borgessche Geschichte, die nun folgt, eine ethnographische Phantasie ist.[68] Ebenso ist es kein Zufall, daß in *Tlön, Uqbar, Orbis Tertius* unter den Bänden der Enzyklopädie, die der seltsamen alternativen Welt von Tlön und Uqbar gewidmet ist, der elfte Band 1001 Seiten hat.[69] Für Borges ist 1001, wie für die Araber im Mittelalter, eine unendliche Zahl. So öffnet die nicht existierende Enzyklopädie den Weg in unendliche alternative Möglichkeiten. Aber auch wenn *Tausendundeine Nacht* als ein literarisches Labyrinth gesehen werden könnte, teilten ihre anonymen mittelalterlichen Autoren Borges' Vorliebe für Irrgärten nicht. Es gibt im mittelalterlichen Arabischen kein Wort für »Irrgarten«.

Borges stützte sich nicht nur auf *Tausendundeine Nacht* selbst, er überarbeitete auch westliche Erzählungen, die von der Sammlung herrührten oder sie in pseudoorientalischer

Weise nachahmten. Borges' Geschichte *Der hintergangene Hexenmeister* in seiner *Universalgeschichte der Niedertracht* handelt von dem Motiv »jahrelange Erfahrung in einem Moment durchlebt«. Dasselbe Motiv findet sich in der *Geschichte von dem Zauberer und dem jungen Koch aus Bagdad* aus *Tausendundeiner Nacht*, aber Borges entnahm seine Anregung nicht daher, sondern der *Geschichte von Don Illan* in der mittelalterlichen Erzählsammlung *Der Graf Lucanor* von Don Juan Manuel. Don Juan Manuel bearbeitete sein originalarabisches Material, um eine moralisierende Geschichte zu erzählen, die vor dem Frevel des Undanks warnt. Dieselbe Geschichte, von Borges erzählt, wird ein paradoxes Gleichnis über die Natur des Erzählens; denn wie lange ein Mensch auch braucht, um sein Leben zu leben, dieses Leben kann als Erzählung in etwa zehn Minuten wiedergegeben werden. Ebenso entnimmt die Geschichte *Der Färber in der Maske Hakim von Merw* in derselben Sammlung ihre Handlung der ersten Rahmenerzählung in Moores Poem *Lalla Rukh*.

Borges las *Tausendundeine Nacht* als Kind und später viele Male als Erwachsener. Er zitiert aus der Sammlung, schreibt Erzählungen aus ihr um und sucht oft nach denselben phantasievollen Effekten, wie sie die mittelalterlichen Autoren der Geschichten aus *Tausendundeiner Nacht* erreichten. Offensichtlich in mehrerlei Aspekten, alle naiv, war Borges durch *Tausendundeine Nacht* beeinflußt, aber was bedeutet das wirklich? Einfluß verläuft nicht von älteren Schriftstellern zu jüngeren, so wie ein Fluß talabwärts fließt. Schriftsteller sind nicht passive Gefäße. Sich beeinflussen zu lassen, ist ein aktiver Prozeß, und Schriftsteller jagen tatsächlich den Büchern hinterher, von denen sie sich beeinflussen lassen wollen, treffen unter den Tausenden von Büchern, von denen sie beeinflußt werden könnten, ihre Wahl. Manchmal suchen sie die rückwirkende Autorisierung eines vergangenen Vorfalls für etwas, das sie irgendwie schreiben werden – oder, wenn nicht das, dann ein altes Bündel von Hinweisen, das eine gewohnte Form für etwas Neues bieten soll. Schriftsteller wählen diejenigen aus, von denen sie beeinflußt werden, und sie treffen auch eine Entscheidung darüber, wie sie beeinflußt werden wollen.

Nicht nur finden Schriftsteller ihre Einflüsse; dadurch, wie sie das tun, modifizieren sie unsere Ansicht von den Werken, von denen sie beeinflußt wurden. Als Borges *Tausendundeine Nacht* las, rezipierte er die Geschichten nicht so, wie das ein Ägypter im Mittelalter getan hatte. Er las sie vielmehr so, wie sie Stevenson und Chesterton gelesen hatten. Wie Borges selbst in *Kafka und seine Vorläufer* in der Sammlung *Befragungen* bemerkt: »Im kritischen Vokabular ist das Wort ›Vorläufer‹ unentbehrlich, man sollte jedoch versuchen, es von jedem polemisierenden oder rivalisierenden Beiklang zu reinigen. Tatsache ist, daß jeder Schriftsteller seine Vorläufer *erschafft*. Seine Arbeit modifiziert unsere Auffassung von der Vergangenheit, so wie sie die Zukunft modifiziert.«[70] David Lodge macht sich in seinem Roman *Kleine Welt* (1984) über diese Bemerkung sanft, aber ernsthaft lustig. Persse, Lodges forschender Ritter in akademischen Dingen, kündigt an, daß er dabei sei, eine Dissertation über Shakespeare und T. S. Eliot zu erarbeiten:

> »Es geht um den Einfluß von T. S. Eliot auf Shakespeare.«
> »Das hört sich ziemlich irisch an, wenn ich mal so sagen darf«, kommentierte Dempsey laut auflachend. Seine kleinen Äuglein schauten sich eifrig nach Unterstützung um.
> »Nun, was ich versuche zu zeigen«, sagte Persse, »ist, daß wir nicht anders können, als Shakespeare durch die Brille von T. S. Eliots Poesie zu lesen. Ich meine, wer kann heute noch *Hamlet* lesen, ohne an *Alfred Prufrock* zu denken? Wer kann die Reden von Ferdinand im *Sturm* hören, ohne sich an den *Feuerreden*-Teil in *The Waste Land* erinnert zu fühlen?«[71]

So ist es also so, daß diejenigen unter uns, die Borges gelesen haben, finden, daß sie eine ganz andere *Tausendundeine Nacht* lesen als den Text, den Bewunderer von *Vathek* oder von *Schagpats Rasur* zur Kenntnis nahmen. John Barth (geb. 1930) ist ein (postmodernistischer) amerikanischer Autor von langen, anspruchsvollen und etwas chaotischen Romanen wie *The Sot-Weed Factor* (1960), in der deutschen Übersetzung *Der Tabakhändler*, und *Giles Goat-Boy*, *Giles Ziegenhirt*. Barths intertextuelle sportliche Spiele mit *Tausendundeiner Nacht* würden Addison oder Hawkesworth sicher verblüffen. Selbst Borges könnte ihn als ein bißchen schwierig empfunden haben. 1974 erschien Barths Roman *Chimera*. Teilweise eine Bearbeitung der griechischen Legende von Pegasus und Bellerophon, ist er auch eine Meditation über die Natur des Erzählens, eine Meditation, in der sich der Autor selbst in seine Erzählung einschaltet und in der Verkleidung eines durch die Zeit reisenden Geists mit Schehrezad, alias »Sherry«, und Dunjazad, alias »Duny«, kommuniziert. Barth teilt Borges' Vorliebe für die Probleme literarischen Selbstbezugs. *Tausendundeine Nacht* ist laut Barth ein Buch, das damit beginnt, daß es sich selbst so zitiert: »Es gibt ein Buch, das *Tausendundeine Nacht* genannt wird.« In Barths Buch lautet die Botschaft des Geistes an Schehrezad: »der Schlüssel zum Schatz ist der Schatz.« Es ist nicht ganz klar, was der Geist, oder auch Barth, mit dieser kryptischen Formulierung beabsichtigten, aber vielleicht ist der Sinn der, daß die Geschichte des Erzählens der Geschichte die Geschichte selbst ist – oder daß die Lösung für die Blockierung eines Schriftstellers ist, daß er Literatur über Literatur schreibt. Die erste Formulierung erinnert etwas an Tzvetan Todorovs Beobachtung, daß in der *Suche nach dem Gral*, einem Werk des dreizehnten Jahrhunderts, die Suche nach dem Gral im tiefsten Sinn die Suche nach der Geschichte jener Suche ist.[72] Barth verfolgt seine eigene Suche nach der Erzählung der Erzählung in einer Reihe schwindelerregender Spiralen.

Im ersten Teil von *Chimera*, dem *Dunyazadiad*, ist Barth stark mit den Möglichkeiten befaßt, mit denen eingerahmte Geschichten auf die Geschichten wirken können, die ihren Rahmen bilden. Schehrezad und der Geist denken darüber nach, ob man hinter die normalen Konventionen von eingerahmten Geschichten gehen könne, um etwas Dynamischeres zu schaffen »und uns eine Serie von, sagen wir, sieben konzentrischen Geschichten in Geschichten vorstellen, die so angeordnet sind, daß der Höhepunkt der innersten den der nächst äußeren vorwegnehmen würde und der den der nächst äußeren und so weiter, wie eine Kette von Knallfröschen oder die Ketten von Orgasmen, die Schehrijar manchmal bei meiner Schwester hintereinander auslösen konnte.« Tatsächlich hat der Geist das bereits in einem begrenzten Präzedenzfall für dies alles, in der *Geschichte des versteinerten Prinzen* (Li I, S. 83-96), angeregt, die in die *Geschichte von dem Fischer und dem Dämon* (Li I, S. 48-96) eingefügt ist, aber deren Schluß den Schluß der Geschichte bestimmt, die sie einrahmt. In späteren Teilen des Buchs, in *Perseid* und *Bellerophoniad*, setzt Barth die Ausführung dieses vom Geist angeregten Programms fort. Die Ergebnisse sind auf sensationelle Weise verwirrend.

Das alles beherrschende Bild der Spirale bezeichnet die selbstreflexive Natur des Buches. Aber Barths Gespür für die Erotik von Literatur hindert *Perseid* und *Bellerophoniad* daran, übertrieben rational zu werden. Barth arbeitet sich durch Höhepunkte und Orgasmen, um feministische Themen zu skizzieren, in einer vielleicht bewußten Reaktion auf Lahy-Hollebecques Sicht von *Tausendundeiner Nacht* als feministischem Dokument. In diesen späteren Teilen des Buches, wo Perseus und Bellerophon Zentralfiguren sind, gibt es auch so etwas wie eine spielerische Untersuchung der Klassifikationssysteme von Volksliteratur, die Vladimir Propp und Stith Thompson ausgearbeitet haben. Der Ton von *Chimera* ist durchweg salopp und erfrischend.

Dieses Erfrischende findet in Barths Essayband *The Fryday Book, or Book-Titles Should Be Straightforward and Subtitles avoided* (1984), *Das Freitagsbuch oder Büchertitel sollten unkompliziert sein und Untertitel vermieden werden*, seine Fortsetzung. In diesem Band bietet Barth autobiographische Schnipsel, etwa die Tatsache, daß er *Tausendundeine Nacht* und Somadevas *Ozean der Märchenströme* entdeckt habe, als er als Student an der Johns-Hopkins-Universität in der Bibliothek jobbte. Er kommentiert sowohl *Tausendundeine Nacht* als auch *Chimera* und widmet dem *Ozean der Märchenströme* einen gesonderten Essay. Was *Tausendundeine Nacht* angeht, so war er vor allem von zwei Problemen in Anspruch genommen: Warum hat Schehrezad genau tausendundein Nächte lang erzählt, und was haben die drei Schwangerschaften zu bedeuten? Das Resultat seiner Überlegungen über die sexuelle Natur von Schehrezads Erzählen fand in ein weiteres raffiniertes literarisches Vexierspiel Eingang, in die *Tidewater Tales*, *Erzählungen zur Zeit der Ebbe* (1987). In diesem komplexen Kunterbunt von Geschichten in Geschichten erwidert Schehrezad verspätet den Ruf des Geistes, macht sich auf, um an einer Schiffs- und Erzählparty in Chesapeake Bay teilzunehmen und findet sich dann plötzlich als dem zwanzigsten Jahrhundert in die Falle gegangen. »Gute Leser lesen die Zeilen, bessere Leser lesen die Zwischenräume.« Vor ihrer Reise durch die Zeiten nimmt Barth die Frage wieder auf, die er im *Freitagsbuch* gestellt hat, und leitet ziemlich unglaubwürdig aus Andeutungen und Verschweigen in *Tausendundeiner Nacht* ab, daß das Limit von tausendundein Nächten eng und direkt mit der Folge von Schehrezads Schwangerschaften und ihrem Menstruationszyklus verbunden ist. *Erzählungen zur Zeit der Ebbe* als Ganzes ist verspielt und raffiniert, aber verglichen mit *Chimera* ziemlich seicht. Barths schmarotzerische Prozeduren haben seinen literarischen Spenderleib vielleicht schließlich doch eintrocknen lassen.[73]

Salman Rushdie entschied sich, als er im BBC-Programm *Kassetten für ein Wüsteneiland* gefragt wurde, welche Bücher er, abgesehen von der Bibel und Shakespeare, auf sein Eiland mitnehmen würde, für *Tausendundeine Nacht*. Aber Rushdie hat in diesem seinem Lieblingsbuch wiederum etwas anderes entdeckt als das, was Borges und Barth darin fanden. Rushdies *Tausendundeine Nacht* stellt eine alternative Tradition in der islamischen Literatur dar, etwas, was man den sturen Bestimmungen der Mollahs im Vorderen Orient und den Diktatoren des Indischen Subkontinents entgegensetzen kann. In allen Büchern von Rushdie gibt es zahlreiche Anklänge an *Tausendundeine Nacht*. In den *Mitternachtskindern* (1981) taucht Salim Sinai, eins von 1001 Kindern, die in der Nacht geboren wurden, als Indien seine Unabhängigkeit errang, in frühem Alter in die Geschichten von *Sindbad* und *'Ala ed-Din und der Wunderlampe*, bevor er sich zu seinen eigenen Zauberabenteuern einschifft. In den *Satanischen Versen* (1988) rahmen die Geschichten der beiden Helden, Gibril Farishta und Saladdin Chamcha, wieder andere Geschichten von Wunder und Zauber ein, und Bilder aus *Tausendundeiner Nacht* erhalten eine surrealistische Bearbeitung – etwa der Glasgeist, der seine eigene Flasche ist. Schließlich spielt Rushdies intertextuelles Kinderbuch *Harun und das Meer der Geschichten* (1990) mit *Tausendundeiner Nacht* ebenso wie mit dem *Ozean der Märchenströme*. Aber die Frage, die er schließlich, in sarkastischer Form, stellt, ist ernst und an Erwachsene, an Machthaber gerichtet: »Was nützen Geschichten, die nicht einmal wahr sind?«

Barth ebenso wie Rushdie sind heute mit ihren Kenntnissen vom und ihrem Interesse am Text von *Tausendundeiner Nacht* ungewöhnlich. Die meisten Menschen in Europa lernen heutzutage als Kinder ein paar gereinigte Fassungen von Geschichten aus *Tausendundeiner Nacht* kennen. Später, als Erwachsene, vergessen sie wahrscheinlich sogar auch diese wenigen Geschichten. Borges machte die Beobachtung: »Alle große Literatur wird Kinderliteratur.« Diese Beobachtung hat etwas Wahres, und zweifellos dachte Borges an Klassiker wie *Gullivers Reisen* und *Robinson Crusoe*: ebenso sicher hat er Werke wie *Die Brüder Karamasov* und *Auf der Suche nach der verlorenen Zeit* dabei übersehen. Sie lassen jedenfalls keinerlei Anzeichen dafür erkennen, daß sie je zu Kinderliteratur werden könnten. Wenn *Tausendundeine Nacht* wieder den Status erringen soll, den es einmal im geistigen Leben Europas hatte, wäre es wahrscheinlich wichtig, daß (im Englischen) eine neue Übersetzung aller oder der meisten Geschichten der Sammlung in der vollständigsten Rezension angefertigt würde, so, daß die Burtonsche Version endlich ad acta gelegt werden könnte. Von

Nutzen wären sicherlich auch weitere Untersuchungen des Inhalts und des Einflusses von *Tausendundeiner Nacht*. Wir haben in diesem Kapitel einen sehr selektiven und persönlich gefärbten Blick auf ausgewählte Phänomene unterschiedlicher Formen des Einflusses von *Tausendundeiner Nacht* auf sehr unterschiedliche Autoren geworfen. An die Stelle der Schriftsteller, die hier genannt wurden, hätte man auch Goethe,[74] Walter Scott, Thackeray, Wilkie Collins, Elizabeth Gaskell, Nodier, Flaubert, Stendhal, Dumas, Gérard de Nerval, Gobineau, Puschkin, Tolstoi, Hofmannsthal,[75] Conan Doyle, W. B. Yeats, H. G. Wells, Cavafy, Calvino, Georges Perec, H. P. Lovecraft, A. S. Byatt und Angela Carter setzen können, denn alle diese Schriftsteller standen in der einen oder anderen Weise unter dem Einfluß von *Tausendundeiner Nacht*. Wahrscheinlich wäre das Kapitel kürzer und leichter geworden, wenn ich mich auf die Schriftsteller konzentriert hätte, die nicht von *Tausendundeiner Nacht* beeinflußt wurden. Ein Kapitel über den fehlenden Einfluß, nun, sagen wir, bei William Blake, Evelyn Waugh und Vladimir Nabokov hätte ebenso vielversprechend sein können. Aber genug ...

Es wird zwar in den nächsten hundert Jahren sicher bessere und vollständigere Übersetzungen von *Tausendundeiner Nacht* geben, aber es ist nicht sehr wahrscheinlich, daß die Sammlung den Status und die Popularität wiedererlangt, die sie einmal in Großbritannien und in ganz Europa im achtzehnten und neunzehnten Jahrhundert besaß. Teilweise liegt der Grund darin, daß, wie oben angedeutet wurde, *Tausendundeine Nacht* eine wichtige Rolle dabei spielte, sich selbst Konkurrenz zu machen. In England zum Beispiel kursierten Übersetzungen von *Tausendundeiner Nacht* seit dem frühen achtzehnten Jahrhundert. Die ersten Romane kamen hier erst etwas später auf den Markt: Defoes *Robinson Crusoe* 1719, Richardsons *Pamela* 1741, Fieldings *Joseph Andrews* 1742. Wie wir gesehen haben, beeinflußte *Tausendundeine Nacht* die Entwicklung des Romans vom späten achtzehnten Jahrhundert an auf vielerlei wichtige Art. Jede Ausgabe von *Tausendundeiner Nacht*, die heute erscheint, erhält Konkurrenz von Science-Fiction-Literatur, von Mantel-und-Degen-Phantasien, von Horror- und Liebesgeschichten, von Krimis und Thrillern. Das ist Massenliteratur, an die noch nicht zu denken war, als die erste englische Version von *Tausendundeiner Nacht* in Umlauf gesetzt wurde, aber in ihren Ursprüngen verdanken sicher alle diese Gattungen der Unterhaltungsliteratur der alten orientalischen Erzählsammlung einiges. Wir wollen John Livingston Lowes über Coleridge noch einmal zitieren und seinen Worten Allgemeingültigkeit geben: »Zu versuchen, den Spuren von *Tausendundeiner Nacht* zu folgen ... ist, als suche man Sonne und Regen vergangener Zeiten in den Ästen und dem Blattwerk einer Eiche. Aber der Regen und die Sonne sind da.«

Heute hat natürlich auch jede Ausgabe von *Tausendundeiner Nacht* mit Film und Fernsehen um die Aufmerksamkeit des Publikums zu konkurrieren. Aber die »eigennützigen Wortketten«, die die Geschichten von *Tausendundeiner Nacht* enthalten, haben weiter mutiert und sind erfolgreich in den Film übergegangen. Schon 1905 hat der Pionierfilmemacher Georges Méliès sich der Tradition der Pantomime angenommen, um mit *Der Palast der Tausendundeinen Nacht* eine opulente, wenn auch jetzt veraltete, Sicht eines prachtvollen Orients zu präsentieren. Andere Filme mit Titeln wie *Eine Haremsgeschichte*, *Der Schuhflicker und der Kalif*, *Kismet* und *Sindbads siebente Reise* folgten. Die meisten filmischen Versionen von Geschichten aus *Tausendundeiner Nacht* sind schlichtweg Kitsch, aber einige wenige, darunter die beiden Fassungen des *Diebs von Bagdad* (1924 und 1940) und Pasolinis *Il fiore delle Mille e una notte* (1974), deutsch: *Erotische Geschichten aus Tausendundeiner Nacht* gehören zu den Meisterwerken der internationalen Filmkunst. So assimiliert sich *Tausendundeine Nacht* weiterhin, nimmt an Umfang zu und reproduziert ihre Geschichten in neuen und fremden Formen. Die Sammlung ist heute in der westlichen Welt ebenso ein kulturelles Mischwesen, wie sie das im mittelalterlichen Vorderen Orient war, und so wirkt die Inspiration durch *Tausendundeine Nacht* nicht nur in Intellektuellenromanen, sondern auch erfolgreich in Filmen, die auf Massenunterhaltung abzielen. Pier Paolo Pasolinis Schlußwort für seinen wundervollen Film mag auch für dieses Buch gelten:

La verità non sta in un solo sogno, ma in molti sogni.

»Die Wahrheit steckt nicht nur in einem einzigen Traum, sondern in vielen.«

Zeittafel

18.-16. Jh. v. d. Z.	Westcar Papyrus
5. Jh. v. d. Z.	älteste erhaltene Version des *Dschataka*
vor 250	Kang Seng Huis Übersetzung aus dem indischen *Tripitaka* ins Chinesische: *Jiu za pi yu ching*, die *Alte Sutra, Sutra der gemischten Gleichnisse*
622	Auswanderung des Propheten Mohammed mit seinen Anhängern von Mekka nach Medina: Beginn der islamischen Zeitrechnung
630	Mohammad erobert Mekka
632	Tod Mohammeds
ca. 630-640	Niederlage der byzantinischen und sassanidisch-persischen Armeen; Besetzung ihrer Regionen durch die Araber
661	Gründung der Dynastie der Omajjaden (Hauptstadt Damaskus)
710	Einmarsch der Muslims in Spanien
711	muslimische Besetzung von Transoxanien und Nordindien
750	Gründung der Abbasidendynastie
ca. 750	*Kalila wa-Dimna* wird aus dem Mittelpersischen ins Arabische übersetzt
762-66	Gründung Bagdads als Hauptstadt der Abbasiden
ca. 800	der Zyklus *Sindbad der Seefahrer* wird zusammengestellt
ca. 800-900	das *Kitab Hadith Alf Laila* wird zusammengestellt
831	Tod des Philologen el-Asma'i
836	Gründung der Stadt Samarra, die für ca. 50 Jahre Abbasidenresidenz wird
ca. 850(?)	ältestes erhaltenes Fragment von 1001 Nacht
869	Tod des *Adab*-Autors el-Dschahiz

910	Gründung des Fatimidenkalifats in Nordafrika
942	Tod von el-Dschachschijari, dem Kompilator einer Erzählsammlung, die nicht mehr erhalten ist
956	Tod des Historikers el-Mas'udi
969	Fatimidische Besetzung Ägyptens; Gründung von Kairo
987	Ibn en-Nadims *el-Fihrist*, das bekannte Bagdader Bücherverzeichnis, abgeschlossen
994	Tod von et-Tanuchi, dem Kompilator der Erzählsammlung *Freud nach Leid*
1085	Soma Devas *Katha Sagit Sagara*, der *Ozean der Märchenströme*
frühes 12. Jh.	der volkstümliche *Antar*-Roman entsteht
1110	Tod von Petrus Alfonsi, dem Verfasser der *Disciplina clericalis*
1122	Tod von el-Hariri, dem Autor der berühmten *Makamāt*
1143	erste *Koran*übersetzung ins Lateinische
1171	Saladdin stürzt das Fatimidenkalifat in Ägypten und gründet die Ajjubidendynastie
1200	Tod des Ibn el-Dschauzi
frühes 13. Jh.	el-Dschaubaris Werk über Gaunertricks, der *Kaschf el-Asrar*, wird geschrieben
1250-60	Zusammenbruch der Ajjubidenherrschaft in Ägypten und Syrien; an ihre Stelle tritt das Mamlukensultanat
1252-84	Regierung Alfons' des Weisen in Kastilien
1253	Tod des Pornographen et-Taifaschi; *Sindbad der Seefahrer* wird ins Spanische übersetzt
1258	die Mongolen erobern Bagdad; Hinrichtung des letzten Abbasidenkalifen von Bagdad
1260-77	der Mamlukensultan ez-Zahir Baibars herrscht über Ägypten und Syrien

1311	Tod des ägyptischen Augenarztes und Schattenspielautors Ibn Danijal
1330	Nachschabis *Tuti-Name*, das *Papageienbuch*
1353	Boccaccios *Decamerone*
1367	Tod el-Jafi'is, eines Kompilators sufischer Erzählungen
1384	Tod Don Juan Manuels
1387	Chaucer beginnt seine *Canterbury-Geschichten*
ca. 1410	der tunesische Erotikautor en-Nafzawi schreibt
1412	Tod von el-Ghuzuli, Kompilator der Sammlung *Ma'ali el-Budur*
1424	Tod Sercambis
1486	Hinrichtung von Achmed ed-Danaf, einem bekannten ägyptischen Kriminellen
1516	osmanisch-türkische Besetzung des mamlukischen Syrien. Ariost veröffentlicht seinen *Orlando Furioso*
1517	osmanisch-türkische Besetzung des mamlukischen Ägypten; Hinrichtung des letzten Mamluken, Tumanbay
1549-59	Margarete von Navarra stellt das *Heptameron* zusammen
1634-36	Basiles *Pentamerone*
1646	Geburt Antoine Gallands
1697	d'Herbelots *Bibliothèque orientale* wird postum durch Galland ediert; Perraults *Contes de ma mère l'Oye* erscheinen
1704-17	Erscheinen von Gallands *Les Mille et une nuit* in zwölf Bänden
1706	Publikation des ersten Bandes dieser Ausgabe in englischer wie in deutscher Übersetzung
1715	Tod Gallands
1721	Montesquieus *Persische Briefe* erscheinen

1742	*Das Sofa* von Crébillon d. J.; Cazottes *Tausendundeine Albernheit*
1748	Diderots *Die geschwätzigen Kleinode*; Voltaires *Zadig*
1759	Johnsons *Rasselas*
1761	Hawkesworth' *Almoran und Hamet*
1764	Ridleys *Geistergeschichten*
1765	Walpoles *Das Schloß von Otranto*
1767	Sheridans *Nurdschehad*
1772	Cazottes *Der verliebte Teufel*
1776	Richardsons *Grammar of the Arabick Language*
1786	Englische Ausgabe von Beckfords *Vathek*
1792	Cazotte wird guillotiniert
1794	Alexander Russells *Natural History of Aleppo*
1796	Gründung der »École des langues orientales vivantes» in Paris
1796	Tod des Orientalisten Sir William Jones; M. G. Lewis' *Der Mönch* erscheint
1798-1801	die Napoleonische Expedition in Ägypten
1799	Joseph von Hammer-Purgstall in Istanbul
1800	Southeys *Thalaba* erscheint
1804	Maria Edgeworths, *Murad der Unglückliche* erscheint
1804-5	Erscheinen des ersten Teils von Potockis *Die Saragossa-Handschrift*
1810	Silvestre de Sacys *Grammaire arabe*; Southeys *Der Fluch des Kehama*
1811	Jonathan Scotts Übersetzung von *1001 Nacht*
1812-22	die *Kinder- und Hausmärchen* der Brüder Grimm
1812-32	Byrons *Giaur*
1814-18	erste Kalkuttaer Ausgabe der *Alf Laila wa-Laila*

1815	Selbstmord Potockis
1817	Moores *Lalla Rukh*
1820	Maturins *Melmoth der Wanderer*
1822	Einführung des staatlichen Buchdrucks in Ägypten als erstem arabischen Land mit der Installierung einer Druckerpresse in Bulak, damals bei (heute in) Kairo; damit Erscheinen der ersten offiziösen Zeitung (in Türkisch und Arabisch) in Ägypten möglich
1823-24	deutsche Ausgabe der Hammer-Purgstallschen Version der *Tausendundeinen Nacht*
1824-43	Breslauer Ausgabe der *Alf Laila wa-Laila* von M. Habicht und H. L. Fleischer
1825	Tod des ägyptischen Historikers el-Dschabarti
1825	15-bändige deutsche Übersetzung der *Tausendundeinen Nacht* (nach dem Französ.) von M. Habicht, F. H. v. d. Hagen und C. Schall
1832	Washington Irvings *Legenden der Alhambra*
1835	erster Bulaker Druck der *Alf Laila wa-Laila*
1836	Lanes *Manners und Customs of the Modern Egyptians (*deutsch 1852 und 1856*)*
1837	Gustav Weil beginnt seine deutsche Übersetzung nach dem ersten Bulaker Druck
1838	Torrens' Übersetzung ins Englische
1838-41	Lanes (gekürzte) Übersetzung der *Alf Laila wa-Laila* ins Englische
1839-42	zweiter Kalkuttaer Druck der *Alf Laila wa-Laila*
1840	E. A. Poes *Geschichten des Grotesken und Arabesken*
1844	Kinglakes *Eothen*
1851	G. de Nervals *Reisen im Orient*; Melvilles *Moby Dick*

1855	Merdediths *Schagpats Rasur*
1863-93	Lanes *Arabic-English Lexicon*
1882	Stevensons *Neue arabische Nächte*
1882-84	Paynes englische Übersetzung der *Alf Laila wa-Laila*
1885-88	R. Burtons englische Übersetzung der *Alf Laila wa-Laila*
1895-97	deutsche Ausgabe der *Tausendundeinen Nacht* in 24 Bänden von Max Henning bei Philipp Reclam, Leipzig
1899-1904	Mardrus' französische Adaption der *Alf Laila wa-Laila*
1905	Wiener »erotische Ausgabe« der *Tausendundeinen Nacht* des Verlags C. W. Stern, angeblich nach arab. Texten, tatsächlich nach dem Englischen v. R. Burton
1907	erste Insel-Ausgabe der *Tausendundeinen Nacht* von Felix Paul Greve nach dem Englischen von R. Burton
1911	Aarnes *Verzeichnis der Märchentypen*
1921-28	Enno Littmanns deutsche Übersetzung beim Inselverlag Leipzig in 6 Bänden
1928	Vladimir Propps *Morfologija Skazki*
1943	Tod von Duncan Black Macdonald
1974	John Barths *Chimera*
1978	Albert B. Lords *The Singer of Tales*
1984	Muhsin Mahdis Edition der *Alf Laila wa-Laila* nach der ältesten erhaltenen Handschrift, die Galland benutzte

Zur Umschrift

Im gesamten Text der Übersetzung wurde die populärwissenschaftliche Umschrift arabischer Namen und Titel verwendet, die Enno Littmann in seiner deutschen Übersetzung der Tausendundeinen Nacht benutzt hat.

Z ist stimmhaftes s wie im Deutschen *Rose*.

S ist stimmloses s wie das deutsche *ß*.

H im Innern eines Wortes ist kein Dehnungs-h wie im Deutschen, sondern entspricht eher dem deutschen *ch* in *Bach*, etwa bei den Namen *Ahmed* oder *Mahmud*. Diesem »harten« *ch* entspricht auch das ch bei Namen und Begriffen, etwa in *Scheich, et-Tanuchi*.

Ein ' zu Beginn eines vokalisch anlautenden Worts entspricht dem arabischen gutturalen *'Ain*, etwa in *'Ala ed-Din*. Im Innern eines Worts steht es für *'Ain* oder das arabische *Hamza* und ist als Knacklaut zu sprechen, ähnlich wie der im deutschen Wort Heb'amme.

Dh ist englisches stimmhaftes *th* wie in *the*.

Th ist englisches stimmloses *th* wie in *Thackeray*.

Längenstriche über Vokalen konnten hier nur im Index gesetzt werden. Sie geben meist auch die Betonung an.

Die Anmerkungen und die Auswahlbibliographie verwenden die wissenschaftliche Transkription des Arabischen, wie sie im Deutschen üblich ist, aber aus satztechnischen Gründen ohne Sonderzeichen. Diese wissenschaftliche Transkription sieht im Englischen etwas anders aus als im Deutschen. So erscheint also etwa der arabische Adab-Autor im Text und im Index als *el-Dschāhiz* (spricht sich *el-Dschāhis*), in der wissenschaftlichen Transkription des Deutschen als *al-Ǧāḥiẓ*, in der Englischen (bei in England oder den USA erschienenen Titeln als *al-Jāḥiẓ* (auch *al-Djāḥiẓ*).

Anmerkungen

Einleitung

1 Aus: Jorge Luis Borges, *Sämtliche Erzählungen*, München 1970, S. 203 (Die Bücher der neunzehn).

2 J. L. Borges, *Tausendundeine Nacht*, in ders., Sieben Nächte, in: ders., Die letzte Reise des Odysseus, Essays 1980-1982. Ges. Werke, Bd. 10, München, Wien 1987, S. 54.

3 W. W.: Vf. nennt hier R. Burton als Quelle für das ausgehende 19. Jahrhundert. Diese Beobachtung stammt aber bereits von Edward William Lane in den dreißiger Jahren des 19. Jahrhunderts, vgl. das Vorwort zu seiner Übersetzung, Bd. 1, London 1840. Burton hat diese Beobachtung vermutlich in den Ausführungen zu seiner Übersetzung wiederholt, ohne sich auf den ungeliebten Lane zu berufen.

4 W. W.: 1776-1788 in 6 Bänden erschienenes, vom Geist der Aufklärung geprägtes, berühmtes historisches Werk, erste deutsche Übersetzung v. F. A. W. Wenk u. C. G. Schreiter in 19 Bänden, Leipzig 1779-1806.

5 R. A. Nicholson, *A Literary History of the Arabs*, 1. Aufl. London 1907, S. 456-59, 10. Aufl., Cambridge, London u.a., 1979, S. 456-59; H. A. R. Gibb, J. Landau, *Arabische Literaturgeschichte*, Zürich, Stuttgart 1968 (engl. Original 1963), S. 175 u. Index; W. W.: Ausführlichere Darstellungen im Deutschen: H. u. S. Grotzfeld, *Die Erzählungen aus ›Tausendundeiner Nacht‹*, Darmstadt 1984. (Erträge der Forschung, Bd. 207): über Herkunft, Wachstum und Endfassungen der Sammlung; W. Walther, *Tausendundeine Nacht*. Eine Einführung. München, Zürich 1987 (Artemis-Einführungen): die Geschichte der Sammlung im Orient und in Europa, unterschiedliche Übersetzungen, literaturwissenschaftliche Analysen der Sammlung insgesamt und einzelner Geschichten, heutige Rezeption im arabischen Raum.

6 W. W.: Vgl. zur Rezeption der Sammlung in arabischen Ländern seit den siebziger Jahren des 19. Jahrhunderts das Kapitel *Vom archetypischen Glanz und literarischer Neubesinnung* in W. Walther, *Tausendundeine Nacht*, S. 160-165.

7 Leiden 1963. W. W.: Gute literaturwissenschaftliche Analysen nach der textnächsten Übersetzung, der deutschen von Enno Littmann. Die arabischen Originale konnte M. Gerhardt als Nichtara-

bistin nicht einbeziehen. Vgl. dazu W. Walther, *Tausendundeine Nacht*: Rahmenerzählung und die Geschichten *Von Dschullanar, der Meermaid, Ali Baba und die vierzig Räuber, 'Ala ed-Din und die Wunderlampe, Vom Schuhflicker Ma'ruf* und *Sindbad der Seefahrer.* Analysen der Geschichten *Vom Ebenholzpferd, Vom Prinzen Ahmed und der Fee Peri Banu* und *Von der listigen Dalila*, in: Oriens 32(1990), S. 139-177.

8 *Alf Laila wa-Laila*, Bd. 1, 2. Leiden 1984. W. W.: Inzwischen, 1995, ist Band 3 mit Essays des Herausgebers zur Gallandschen Übersetzung, den späteren Editionen und mit drei *Interpretationen* erschienen.

9 Husain Haddawy, *The Arabian Nights*, London, New York 1990. In Europa sehr bekannte Geschichten wie *Sindbad der Seefahrer, 'Ala' ed-Din und die Wunderlampe, Ali Baba und die vierzig Räuber* sind in dieser ältesten Version nicht enthalten. W. W.: Vgl. zur Geschichte der Sammlung die in Anm. 5 genannten deutschen Titel von H. u. S. Grotzfeld und W. Walther.

10 W. W.: Hier nennt Vf. die englische Übersetzung von Haddawy als seine Quelle. Es folgen kritische Bemerkungen des Vf.s zu der für die übrigen Geschichten von ihm verwendeten englischen Übersetzung von R. Burton, die ich auslasse.

Schöne Ungetreue

1 W. W.: 1. Auflage 1952, 5. stark erweiterte Auflage 1985.

2 W. W.: Das trifft vor allem für Galland zu, der wohl unter anderem deswegen mehr adaptierte als übersetzte. Auch Lane adaptierte seinen strengen moralischen Wertmaßstäben entsprechend, hatte aber durch längere Aufenthalte in Kairo, wo er in Volksvierteln lebte wie ein Ägypter der damaligen Zeit, sehr gute Kenntnisse der damaligen Kairoer Umgangssprache. Die bis heute im Druck vorliegenden arabischen Ausgaben der *Alf Laila wa-Laila* geben das Mittelarabische in sehr unterschiedlichem Maße wieder. Nur die Breslauer Ausgabe von Maximilian Habicht und H. L. Fleischer hat die Originalvorlagen weder korrigiert noch stilistisch angehoben, alle anderen Drucke, bis auf die relativ neue Textausgabe von Muhsin Mahdi, haben das getan.

3 W. W.: Samuel Weller, ein ehemaliger Schuhputzer, ist der unterwürfige-weltkluge, humorvoll im Cockney-Dialekt kommentierende Diener in Charles Dickens' Roman *Die nachgelassenen Auf-*

zeichungen des Pickwick-Klubs (1836/37); Joe Gargery ist ein braver Dorfschmied in Dickens' Roman *Große Erwartungen* (1860/61); Sarah Gamp ist in Dickens' Roman *Leben und Abenteuer Martin Chuzzlewits* (1843/44) eine verschlampte Hebamme und Krankenpflegerin, die in einer Mischung aus Slang und Bibelzitaten spricht.

4 W. W.: auch abstruse Häßlichkeit.

5 W. W.: Ich lasse die von Irwin hier zitierte Stelle aus Burton als unübersetzbar aus.

6 W. W.: Vf. nennt hier die Übersetzung von Enno Littmann als die beste deutsche Übersetzung, in der das der Fall sei. Tatsächlich ist aber Littmanns Übersetzung deswegen die beste deutsche, weil er so textgetreu wie möglich, aber durchaus ästhetisch ansprechend übersetzt hat und dabei auch die Reimprosapassagen und die Gedichte in Reime/Verse umgesetzt hat. Es war Max Henning, der zum Ende des 19. Jahrhunderts eine deutsche Übersetzung nach dem Arabischen ohne alle Reime und Verse publizierte. Der Engländer Lane hat nicht nur Reimprosa und Gedichte »unterschlagen«, sondern auch alles, was ihm moralisch anstößig erschien – er war Sohn eines Bischofs aus Hereford, einem Hochsitz der anglikanischen Kirche.

7 W. W.: Die Handschriften waren wahrscheinlich Gedächtnisstützen der Erzähler. Diese trugen ihre Geschichten meist frei vor, d. h., nicht so konzentriert wie eine schriftlich fixierte Geschichte.

8 Zum Leben und Werk von A. Galland vgl. Mohamed Abdel-Halim, *Antoine Galland, Sa Vie et son oeuvre*, Paris 1964; Georges May, *Les Milles et Une Nuit d'Antoine Galland*, Paris 1986; Claude Hagège, *Traitement du sens et fidelité dans l'adaption classique: Sur le texte arabe des Mille et Une Nuits et la traduction de Galland*, in: Arabica 27(1980), S. 114-39. W. W.: Vgl. auch Wiebke Walther, *Tausendundeine Nacht*, S. 28 ff.

9 Zu Leben und Werk von d'Herbelot vgl. Henry Laurens, *Aux sources de l'orientalisme: La Bibliothèque orientale de Barthélemi d'Herbelot*, Paris 1978.

10 W. W.: Die *Enzyklopädie des Islams*, Bd. 1-4, Leiden, Leipzig 1913-1938, Suppl.bd. Leiden 1943, ist das erste moderne, von Orientalisten gefertigte Nachschlagewerk für den Islam, die islamischen Länder, ihre Geschichte usw. Die 2., erheblich umfangreichere Auflage erscheint seit 1960 nur noch in englischer und französischer Sprache unter zunehmender Beteiligung orientalischer Orientalisten und auch wieder von solchen deutscher Herkunft.

Die Stichwörter in beiden Nachschlagewerken sind die orientalischen, häufig arabischen Begriffe in englischer/französischer Transkription. Für die Neuauflage der EI wird jetzt auch ein Sachindex mit den relevanten Termini in Englisch, bzw. Französisch publiziert.

11 W. W.: Vgl. zur *Bibliothèque orientale* und ihren (relativ späten, damals, das heißt, in der Frühzeit der Orientalistik, bekannten) Quellen: Johann W. Fück, *Die arabischen Studien in Europa*, Leipzig 1955, S. 98ff.

12 W. W.: Der Engländer William Beckford, 1759-1844, von Lord Byron als »der wohlhabendste Sohn Englands« bezeichnet, schrieb diesen orientalisierenden Roman über Lüste und Grausamkeiten einer autokratischen, hedonistischen Gesellschaftsschicht 1783 in französischer Sprache, er erschien 1787 und in englischer Übersetzung bereits 1786, vgl. zu ihm Kap. 10.

13 W. W.: der 842-47 als letzter Vertreter starker abbasidischer staatlicher Gewalt regierte.

14 Vgl. zu Southey Kap. 10.

15 W. W.: also erst nach Gallands Tod.

16 W. W.: Es handelt sich hier um zwei fragmentarische Seiten eines datierten Papyrus. Das Datum entspricht dem Oktober 879 n. Chr., also 9. Jahrhundert. Vgl. Wiebke Walther, *Tausendundeine Nacht*, S. 12. Der Papyrus ist analysiert und abgebildet bei Nabia Abbott, *A Ninth-Century Fragment of the »Thousand Nights«*, in: Journal of Near Eastern Studies 8(1949)3, S. 129-64.

17 W. W.: Die Gallandsche Version enthält diese Passage nur in der Form, daß die Fee betont, sie sei im Gegensatz zu (menschlichen) Damen »Herrin ihrer Entschlüsse«. Erst und nur die »Übersetzung« von Richard Burton macht daraus eine Kampfansage gegen familiär arrangierte Ehen. Vermutlich fügte Burton diese Stelle ein, weil die aristokratisch-konservative Familie seiner Frau, Isabel Arundell, sich gegen deren Ehe mit ihm gestellt und sie ihn ohne die Zustimmung ihrer Familie geheiratet hatte. Für diese Geschichte ist übrigens bis heute kein orientalisches Original gefunden worden. Sie erinnert in ihrer Struktur an französische Feenmärchen der damaligen Zeit, findet sich aber als Resumee einer Erzählung von Hanna Diab in Gallands Tagebuch, vgl. die Analyse von W. Walther in Oriens 32(1990), S. 152-165.

18 Vgl. die Analyse der Geschichte in verschiedenen Text-Versionen und den Vergleich mit dem altfranzösischen Ritterroman von Cléomades aus dem 13. Jahrhundert, mit dem sie sehr viele Ähn-

lichkeiten aufweist, von Wiebke Walther in: Oriens 32(1990), S. 140-152.

19 W. W.: sowie der *Nächtlichen Abenteuer des Kalifen*.

20 W. W.: Auch für diese Geschichten ist bis heute keine orientalische Quelle entdeckt worden.

21 W. W.: Die erste deutsche Übersetzung erschien bereits 1706, vgl. zu Übersetzungen von *Tausendundeiner Nacht* in europäische Sprachen das Kapitel *Fürs Kinderzimmer, für die Bibliothek, fürs Studierzimmer, für die Gosse?* in: Wiebke Walther, *Tausendundeine Nacht*, S. 36ff., und die Bibliographie, ibid., S. 169.

22 W. W.: seit 1835 Hammer-Purgstall.

23 Vgl. zu Leben und Werk von Hammer-Purgstall: Baher Mohammed Elgohary, *Joseph Freiherr von Hammer-Purgstall, 1774-1856: Ein Dichter und Vermittler orientalischer Literatur*, Stuttgart 1979; Bernhard Lewis, *Die Assassinen*, Frankfurt/M 1989, S. 30f.; Peter Partner, *The Murdered Magicians: The Templars and their Myth*, Oxford 1982, S. 138-45. W. W.: vgl. auch J. W. Fück, *Die arabischen Studien in Europa*, S. 159ff.; R. Kaiser, *J. v. Hammer-Purgstall, Sprachknabe, Diplomat, Orientalist*, in: G. Sievernich, H. Budde (Hg.), *Europa und der Orient 800-1900*. LeseBuch. Berlin 1989, S. 106-114.

24 W. W.: 16 Jahre vor der Entzifferung der Hieroglyphen durch Champollion.

25 W. W.: darunter auch arabische Deutungen der Hieroglyphen und hieratischer Schriften.

26 W. W.: Seine Übersetzung enthält nur die Geschichten, die damals noch nicht in einer Übersetzung in eine europäische Sprache vorlagen. Wir wissen aus dem Inhaltsverzeichnis der Handschrift, die er aufgespürt hatte, daß sie auch Geschichten enthielt, die sich in Gallands Handschrift nicht finden, sondern die Galland in seine *Les Mille et une nuit* aufnahm, weil sie ihm von Hanna Diab erzählt worden waren, etwa *Die Geschichte vom Ebenholzpferd*. Vgl. den Nachdruck Joseph Freiherr von Hammer-Purgstall, *Der Tausend und Einen Nacht noch nicht übersetzte Mährchen, Erzählungen und Anekdoten, zum erstenmale aus dem Arabischen ins Französische u.a. d. Französischen ins Deutsche* von A. E. Zinserling, Bd. 1-3, Hildesheim, New York 1976.

27 W. W.: Vgl. zu ihm J. W. Fück, *Die arabischen Studien*, S. 140ff.

28 W. W.: Irwin nennt ihn »a student called Fleischer«, tatsächlich war H. L. Fleischer einer der bedeutendsten deutschen Arabisten des 19. Jahrhunderts. Vgl. zu ihm J. W. Fück, *Die arabischen Stu-*

dien, S. 170ff. Das für den Arabisten interessante an der Habicht/Fleischerschen Ausgabe ist, im Gegensatz zu dem, was Irwin in seiner Originalfassung sagt, daß die Herausgeber die mittelarabischen Texte im wesentlichen »ungeschönt« abdruckten.

29 Nach: J. W. Fück, *Die arabischen Studien*, S. 175ff. ergänze: nach einer talmudischen Ausbildung an der Universität Heidelberg Geschichte studiert und dort, später auch bei A. Perron.

30 W. W.: und lebte insgesamt fünf Jahre lang dort und in Algier und Stambul, lernte also den Orient aus eigener Anschauung ebenso kennen wie das lebendige Arabisch und Türkisch der damaligen Zeit. 1836 habilitierte er sich in Heidelberg.

31 W. W.: die bis heute viele Nachauflagen erfahren hat, sicher schon deswegen, weil sie als Kinderausgabe gut verwendbar ist. Als er 1836 vom »Verlag der Classiker« in Stuttgart gebeten wurde, die Übersetzuung der *Alf Laila wa-Laila* zu übernehmen, wollte er, daß »einmal eine unmittelbar aus dem Arabischen fließende Verdeutschung an die Stelle der vielen Afterübersetzungen trete«. Doch der Verlag ließ das Manuskript durch einen Modeschriftsteller der Zeit, August Lewald, überarbeiten und so ändern, daß sich die aus der 1838/40 bei Ernst Bourdin erschienenen dreibändigen französischen Ausgabe stillschweigend übernommenen Holzschnitte an denselben Stellen einfügen ließen wie dort. Weil distanzierte sich später von dieser Übersetzung und bekannte sich erst zur dritten Auflage 1866/67, der er Geschichten aus dem inzwischen erschienenen zweiten Bulaker Druck hinzugefügt hatte. Weil hat sich zwar weit mehr am Originaltext orientiert als vor ihm französische Übersetzer, denen Habicht folgte. Er gibt aber wie sie Reimprosa und Verse in Prosa wieder, kürzt sie auch oder eliminiert sie ganz. In seiner Wiedergabe erotischer und/oder sexueller Szenen ist er weniger prüde als etwa zur selben Zeit der Engländer E. W. Lane, doch hat entweder er oder Lewald hier so überarbeitet, daß das Lesepublikum der damaligen Zeit keinen Anstoß nehmen konnte. Wie überhaupt bei einem Vergleich der ersten mit der dritten, von Weil nun als alleinigem Übersetzer autorisierten, Ausgabe auffällt, daß ihm die Lewaldschen Stilschönungen in den fast dreißig Jahren, die inzwischen vergangen waren, so gewohnt geworden sein müssen, daß er sie fast gänzlich beließ. Er erklärt im Vorwort weder die Prinzipien seiner Übersetzung, noch die der Geschichtenreihung, noch warum er, vermutlich nach dem Vorbild E. W. Lanes, die Nachtzäsuren hat entfallen lassen. Nach: W. Walther, *Tausendundeine Nacht*, S. 43f. Dort ausführlicher zu dieser und anderen Übersetzungen ins Deut-

sche, auch eine Gegenüberstellung von Weils »gereinigter« Wiedergabe der erotischen Tändelszene des *Lastträgers mit den drei Damen* und der genaueren Littmannschen Übersetzung.

32 Zu Lanes Leben und Werk vgl. Leila Ahmed, *Edward William Lane: A Study of his Life and Works and of British Ideas of the Middle East*, London 1978; A. J. Arberry, *Oriental Essays*, London 1960, S. 87-121; R. Irwin, *The Garden of Forking Paths*, Times Literary Supplement, 26. 4. 1985, S. 474; W. W.: W. Walther, *Tausendundeine Nacht*, S. 46ff.

33 W. W.: Vgl. dazu J. W. Fück, *Die arabischen Studien*, S. 169.

34 W. W.: Ediert 1883 von Lanes Großneffen, dem Enkel seiner Schwester, Stanley Edward Lane-Poole (1857-1931), der auch Lanes Lexikon weiterführte. Lane hatte seine Schwester, Sophia Poole, und ihre beiden Söhne auf seine dritte Ägyptenreise 1842-49 mitgenommen. Er lebte nach seiner Rückkehr mit ihr und ihren Söhnen zusammen und sorgte nach dem Tod ihres jüngeren Sohns, eines Arabisten, bis zu seinem Tod 1876 auch für dessen Familie. Lanes Frau Nafisa, eine ehemalige griechische Sklavin, die ihm in Kairo als noch sehr junges Mädchen für die Hausarbeit vermittelt worden war und die er etwas ausbildete und später heiratete, lebte ebenfalls mit ihm in Worthing. Sophia Poole veröffentlichte über ihr Leben in Kairo ein Buch *An Englishwoman in Egypt* (1844-46), *Eine Engländerin in Ägypten*, vgl. *Dictionary of National Biography* und L. Ahmed, *Edward William Lane*, London, New York 1978.

35 Über das Leben von John Payne vgl. Thomas Wright, *The Life of John Payne*, London 1919.

36 Zu englischen Pornographen des 19. Jahrhunderts vgl. Steven Marcus, *The Other Victorians*, London 1966, bes. Kap. 2.

37 W. W.: Dem sind im Deutschen die großen Publikationen der Brüder Grimm gleichzusetzen, vor allem das 1838 begonnene, 1861 mit dem 32. Band abgeschlossene etymologische *Deutsche Wörterbuch*, aber auch Jacob Grimms *Deutsche Grammatik* (1819-1837). Die dem *Dictionary of National Biography* vergleichbare *Allgemeine Deutsche Biographie*, hg. v. R. v. Liliencron und F. X. Wegele, erschien in 56 Bänden 1875-1912 mit anschließenden Nekrolog-Bänden, Nachdruck 1967-1972, die *Neue Deutsche Biographie* erscheint seit 1953. Die Shakespeare-Gesellschaft in Deutschland wurde 1864 mit Sitz in Weimar gegründet, die Goethe-Gesellschaft erst 1885, die Deutsche Schillergesellschaft ging aus dem 1895 gegründeten Schwäbischen Schillerverein hervor.

38 W. W.: 1846 als Ableger der Königlich Geographischen Gesell-

schaft gegründet mit dem Ziel der Veröffentlichung von Reisebeschreibungen. Benannt nach Richard Hakluyt (1552-1616), der nach einer Tätigkeit als Kaplan des englischen Botschafters Sir Edward Stafford in Paris 1583-88, wo er maritime Unternehmungen anderer Nationen schätzen gelernt hatte, sich der Sammlung und Edition englischer Reise- und Forschungsberichte über andere Länder widmete, da er fand, die Engländer seien zu sehr für ihre »schwerfällige Sicherheit« bekannt.

39 W. W.: wegen des persischen Dichters Hafis.

40 Thomas Wright, *The Life of John Payne*, S. 269.

41 Es gibt vier moderne Burton-Biographien in englischer Sprache, die Beachtung verdienen (jede hat ihre Sicht und ihre besonderen Probleme): Byron Farewell, *Burton*, London 1963; Fawn M. Brody, *The Devil Drives*, New York 1967; Edward Rice, *Captain Sir Richard Burton*, New York 1990; Frank McLynn, *Snow upon the Desert*, London 1990. Für Rezensionen zu den beiden letztgenannten Büchern vgl. R. Irwin, *The Many Lives of Ruffian Dick*, Washington Post Book World, 20. 5. 1990, u. ders., *A Passion for the Unknowable*, Times Literary Supplement, 12. 10. 1990, S. 1089-90. Richard Francois Gournay, *L'Appel du Proche Orient: Richard Francis Burton et son Temps* ist eine gründlichere Untersuchung als alle englischen Biographien. James A. Casada, *Sir Richard Burton: A Bibliographical Study*, London 1990, ist exzellent.

42 W. W.: Gemeint ist Samuel Johnson, 1709-1784, der für seine Eigenwilligkeit und seine Exzentrik bekannte englische Literat.

43 W. W.: deswegen für einen Europäer verbotenen.

44 W. W.: Tatsächlich hat Burton 1885 zwei vom Satzspiegel her identische Ausgaben publiziert, die ich beide 1985 in der Bibliothek des Orientarchäologen Prof. Dr. Heinz Mode (1915-1992) in Halle (Saale), einem Sammler von Tausendundeine-Nacht-Ausgaben und -Übersetzungen, einsehen konnte. Eine trug das Impressum Benares: Kama Shastra Society 1885 für 2000 Subskribenten. Die andere war numeriert, hatte ganzseitige erotische Illustrationen und das Impressum Burton Club 1885, wahrscheinlich für 1000, vermutlich noch zahlungskräftigere, Subskribenten.

45 W. W.: Die Beispiele, die Irwin hier aufführt, sind unübersetzbar: chevisance, fortalice, kemperly, cark, foison, soothfast, perlection, wittol, parergon, brewis, bles, fadaise, coelebs, vivisepulture.

46 Über Urquhart vgl. Sir Thomas Urquhart, *The Jewel*, ed. R. D. S. Jack und R. J. Lyall, Edinburgh 1983; Richard Boston (ed.), *The Admirable Urquhart: Selected Writings*, London 1975.

47 W. W.: Im Original close-buttock game, the two-backed beast, springal, shite-a-bed, tosspot, looby.

48 J. L. Borges, *Das Eine und die Vielen*. Essays zur Literatur, München 1966, S. 35-62.

49 Ibid., S. 60f.

50 Husain Haddawy, *The Arabian Nights*, London, New York 1990, S. XXV. W. W.: Der zwischen 1815 und 1823 vom Architekten John Nash im Auftrag des Prinzen von Wales, des späteren Georg IV., im englischen Seebad Brighton errichtete Pavillon ist ein typisches Beispiel für orientalisierende Archtitektur im Europa der damaligen Zeit, mit deutlichen Einflüssen des indischen Moghulbaustils, nach Coleridge »ein Lustschloß, stolz und kuppelschwer«. Vgl. zu diesen und anderen Bauten in orientalisierendem Stil S. Koppekamm, *Der imaginierte Orient*. Bd. 3 des Katalogs *Exotische Welten – Europäische Phantasien*. Berlin 1987, bes. S. 150-56.

51 W. W.: Die von Irwin hier aufgeführten Beispiele lassen sich im Deutschen kaum adäquat wiedergeben.

52 W. W.: Henry Havelock Ellis, 1859-1939, Arzt mit literarischen Ambitionen vor allem auf dem Gebiet einer liberaleren Sexualität, Verfasser einer Vielzahl von Werken über Sexualpsychologie, Ehe, Zensur, Sozialhygiene mit beträchtlichem liberalisierenden Einfluß, vgl. P. Großkurth, *Havelock Ellis*, 1980.

53 W. W.: Richard Monckton Milnes, 1809-85, später Baron Houghton, Absolvent des Trinity College in Oxford, war mit bekannten englischen Dichtern wie Tennyson, Thackeray, Swinburne, den Brownings befreundet, wurde 1837 Mitglied des Parlaments und setzte sich für zahlreiche Reformen ein, darunter das Copyright, veröffentlichte seine ersten Gedichte seit 1838, schrieb aber auch detaillierte biographische sowie historische und soziologische Werke. War bekannt für seine umfangreiche Erotika-Bibliothek, die die erste ernsthafte Sammlung der Werke des Marquis de Sade umfaßte.

54 W. W.: John Aubrey, 1626-97, Antiquar und Biograph, Verfasser verschiedener Werke, der aber vor allem wegen seiner Sammlung *Lives*, *Leben*, berühmter Zeitgenossen bekannt wurde, die er über viele Jahre recht ungeordnet zusammentrug und vier Jahre vor seinem Tod, 1693, als Handschrift beim Ashmolian Museum deponierte. Frühe Editionen von 1813 und 1893 waren gereinigt, eine vollständige Ausgabe edierte Oliver Lawson Dick 1949. Diese heterogene Mischung von Anekdoten, Beobachtungen, Folklore und Gelehrsamkeit gilt heute als wertvolles und sehr offenes, unterhaltsames Portrait einer Epoche.

55 Rana Kabbani, *Europe's Myths of the Orient*, London 1986, S. 45-66, vgl. Edward Said, *Orientalismus*, S. 220-23, (englisches Original: *Orientalism*, London 1978, S. 195-7).

56 W. W.: etwas, was allerdings bereits Galland seiner Adaption vorausgeschickt hatte. Vgl. W. Walther, *Tausendundeine Nacht*, S. 31.

57 Edinburgh Review 164(1886), S. 184.

58 Zu Leben und Werk von Mardrus vgl. Emile-François Julias (in jeder Hinsicht unlesbares Buch) *Les Mille et une nuits et l'enchanteur Mardrus*, Paris 1935; Rana Kabbani, *Turkish Delight*, The Observer 13. 7. 1986, S. 53. Für eine weniger rhapsodische Sicht auf Mardrus und seine Übersetzung vgl. D. B. Macdonald, *On Translating the »Arabian Nights«*, The Nation, New York 30. 8. 1900. S. 167f., 6. 9. 1900, S. 185f.; V. Chauvin, *Les Mille et Une Nuits de M. Mardrus*, Revue des bibliothèques et archives de Belgique 3(1905), S. 290-95; I. Cattan, *Une traduction dite »littérale«: Le livre des Mille et Une Nuits par le docteur J.-C. Mardrus*, Revue Tunisienne 13(1906), S. 16-23; Mohamed Abdel-Halim, *Antoine Galland, sa vie et son oeuvre*, Paris 1964, S. 208-13; Suhair al-Qalamawi, *Alf Laila wa-Laila* (arab.), Kairo 1976, S. 23; Hagège, *Traitement du sens et fidelité*, S. 129-32.

59 W. W.: der die Irreführung der Wissenschaft durch Maximilian Habicht und seine »Handschrift aus Tunis« aufgedeckt hatte.

60 W. W.: dem berühmten Verfasser der *Sieben Säulen der Weisheit*.

61 Jeremy Wilson, *Lawrence of Arabia*, London 1989, S. 719.

62 W. W.: vermutlich weil das Interesse von Lesern in England und Frankreich als Kolonialmächten an arabischer Literatur besonders groß war.

63 W. W.: eine erste Übersetzung des ersten Bands der Gallandschen französischen Adaption ins Deutsche erschien bereits 1706 gleichzeitig mit der ersten Übersetzung ins Englische, beim fiktiven Verleger Pierre Marteau in Köln unter dem Titel *Arabische Liebes=Händel/und andere Seltzame Begebenheiten/welche von einer Sultanin in tausend Nacht=Gesprächen erzehlet/und zugleich viele Sitten und Gewohnheiten der Morgenländer/auf eine gar sonderbahre und angenehme Art vorgetragen werden*, vgl. W. Walther, *Tausendundeine Nacht*, S. 41 u. 174. Wer sich hinter dem Namen des Übersetzers, Amander, verbirgt, läßt sich in Anonymenverzeichnissen nicht eindeutig feststellen. Eine vollständigere deutsche Übersetzung erschien anonym 1711 in Leipzig. Der Autor der Vorrede nennt sich Talander. Das war August Bohse, damals als Verfasser galanter Staats- und Liebesromane bekannt.

64 W. W.: Littmann war sehr an Folklore und Volksliteratur interessiert. Er war vom Insel-Verlag in Leipzig gebeten worden, die deutsche Übersetzung von Felix Paul Greve – ein Pseudonym für F. C. Gerden, 1879-1910 –, die dort 1907 in zwölf Bänden erschienen und nach der englischen Übersetzung von R. Burton gefertigt war, zu überarbeiten. Nach einer genaueren Prüfung ging er daran, den zweiten Kalkuttaer Druck neu und ästhetisch adäquat zu übersetzen. Er übertrug arabische Verse in deutsche, arabische Reimprosa meist in deutsche Reime. Littmann hob stilistisch an. Seine Fassung ist oft dezenter als das Original. Einige wenige Passagen, die ihm zu obszön erschienen, etwa ein Gedicht aus der 950. Nacht, übersetzte er ins Lateinische. Im Hinblick auf den Geschichtenbestand hielt er sich an Galland, beziehungsweise Burton. Das heißt, Geschichten, die aus anderen *Tausendundeine-Nacht*-Übersetzungen bekannt waren, aber nicht im zweiten Kalkuttaer Druck standen, übertrug er nach anderen Textvorlagen, zum Beispiel dem Breslauer Druck. Für die Geschichten, für die bis heute keine arabische oder orientalische Textvorlage gefunden wurde, stützte er sich auf Burton, etwa die *Geschichte vom Prinzen Ahmad und der Fee Peri Banu*.

65 Borges, op. cit., S. 61. – W. W.: »Es wäre dann aber, um im Bild zu bleiben, wenn schon kein illegitimes, so doch ein durch Schönheitsoperationen verändertes Kind, das wir vor uns hätten«. W. Walther, *Tausendundeine Nacht*, S. 52. Vgl. zur Littmannschen Übersetzung auch W. Walther, *Enno Littmann als Übersetzer von Tausendundeiner Nacht*, in: Wolfgang Reuschel (Hg.), Orientalistische Philologie und arabische Linguistik, Berlin 1990, S. 35-39. Asien, Afrika, Lateinamerika Sonderheft 2(1990).

66 Francesco Gabrieli, *Le mille e una notte nella cultura europeana*, in ders., *Storia e civiltá Musulmana*, Neapel 1947, S. 99-107.

67 W. W.: Eine deutsche Übersetzung des von Mahdi edierten Textes liegt noch nicht vor.

Ein Buch ohne Autoren

1 W. W.: der Deutschen Morgenländischen Gesellschaft in Leipzig 1845.

2 W. W.: und war andererseits Indiz für das gewachsene Interesse. R. J.: Zur Entstehung der Orientalistik und des Orientalismus vgl. Raymond Schwab, *La renaissance orientale*, Paris 1950 (aber Schwab konzentriert sich hauptsächlich auf Indien); außerdem:

Maxime Rodinson, *Europe and the Mystique of Islam*, Seattle, London 1987; Albert Hourani, *Islam in European Thought*, Cambridge 1991;(W. W.: zur Dienstbarmachung der Orientalistik besonders in England und Frankreich für die Kolonialpolitik dieser Länder): Edward W. Said, *Orientalismus*, Frankfurt/M 1981, ein anregendes Buch. Zu einigem an Kritik, die es heraufbeschworen hat: B. Lewis, *The Question of Orientalism*, in: New York Review of Books, 24. 1. 1982, S. 49-56; R. Irwin, *Writing about Islam and the Arabs*, A Review of E. W. Said's Orientalism, in: Ideology and Consciousness 9 (1981/2), S. 103-12; E. Sivan, *Edward Said and his Arab Reviewers*, in: ders., Interpretations of Islam, Past and Present, Princeton 1985, S. 133-54. W. W.: Vgl. auch J. W. Fück, *Die arabischen Studien in Europa*, Leipzig 1955; sehr detailliert H. Bobzin, Geschichte der arabischen Philologie in Europa, in: W. Fischer (Hg.), *Grundriß der arabischen Philologie,* Bd. III, Wiesbaden 1992, S. 155-208; A. Schimmel, *Europa und der islamische Orient*, in: A. Schimmel u. a., Der Islam III, Stuttgart, Berlin, Köln 1990 (Die Religionen der Menschheit, Bd. 25,3), S. 336-387 (sehr lesenswerte Überblicksdarstellung); Maxime Rodinson, *Die Faszination des Islams*, München, 2. Aufl. 1991; zur heutigen Situation: Ekkehard Rudolph, *Westliche Islamwissenschaft im Spiegel muslimischer Kritik*. Grundzüge und aktuelle Merkmale einer innerislamischen Diskussion, Berlin 1991.

3 W. W.: nachdem im Vorderen Orient sehr viel später als in Europa der Buchdruck eingeführt wurde.

4 *The Arabian Nights Entertainments in the Original Arabic*: Published under the Patronage of the College of Fort William by Sheykh Uhmud bin Moohummud Sheerwanee ool Yumunee, Bd. 1, 2, Calcutta 1814, 1818. Über die frühen Drucke allgemein vgl. Nikita Elisséef, *Thèmes et motifs des Mille et Une Nuits*, Beirut 1949, S. 65-68; Muhsin Mahdi, *Alf Layla wa-Layla*, Leiden 1984, Bd. 1, S. 14-22.

5 W. W.: Vgl. zur Textgeschichte, bis heute entdeckten und bekannten arabischen Handschriften und den frühen Drucken die sehr minutiöse Untersuchung von Heinz und Sophia Grotzfeld, *Die Erzählungen aus ›Tausendundeiner Nacht‹*, Darmstadt 1984 (Erträge der Forschung, Bd. 207), die allerdings inzwischen in einigem durch die Untersuchungen von Muhsin Mahdi in Band 3(1995) seiner Ausgabe korrigiert wird.

6 *Tausend und Eine Nacht Arabisch: Nach einer Handschrift aus*

Tunis Herausgegeben von Dr. Maximilian Habicht, Bd. 1-8, Breslau 1825-38; Bd. 9-12, herausgegeben von Heinrich Leberecht Fleischer, Breslau 1842-43.

7 W. W.: Vgl. dazu J. W. Fück, *Die arabischen Studien*, S. 141.

8 W. W.: 2. stark erweiterte und verbesserte Auflage 1831, die aus seinen Vorlesungen an der École Spéciale des Langues Orientales Vivantes erwachsen war, auf deren Lehrstuhl für das Arabische er bei deren Gründung, vermutlich von Langlès, berufen worden war.

9 Silvestre de Sacy, *Compt-rendu du tome 1er de la première edition de Calcutta*, in: Journal des Savants, November 1817, S. 667-86; ders., *Mémoire sur l'origine du recueil de contes intitulés les Mille et une Nuits*, Mémoires de l'Académie des Inscriptions et Belles-Lettres, 10(1829), S. 30-64.

10 *Alf Laila wa-Laila*, Bd. 1, 2, Bulaq 1835. W. W.: Gelegentlich in Kairo in anastatischen Nachdrucken erhältlich.

11 W. W.: wandte sich doch Napoleon wiederholt mit demagogisch formulierten Aufrufen in Arabisch an die ägyptische Bevölkerung.

12 W. W.: abgesehen von kleinen christlichen Druckereien im Raum Syrien/Libanon.

13 *The Book of the Thousand and One Nights Commonly Known as the »Arabian Nights' Entertainments«. Now for the First Time Published Complete in the Original Arabic.* Ed. W. H. Macnaghten, Calcutta 1839-42.

14 W. W.: das heißt, sie näherten den umgangssprachlichen Stil ihrer Vorlage stilistisch dem hochsprachlichen an.

15 Richard Burton, *A Plain and Literal Translation of the Arabian Nights' Entertainments Now Entitled the Book of the Thousand Nights and a Night*, Benares (=Stoke Newington, London) 1885, Bd. 10, S. 66-94 (Teil 1 des *Terminal Essay*).

16 W. W.: Vgl. Fück, *Die arabischen Studien*, S. 251.

17 H. Zotenberg, *Notice sur quelques manuscrits de la Bibliothèque Nationale de Paris et la traduction de Galland*, in: Notices et extraits des manuscrits de la Bibliothèque de Paris 28(1888), S. 167-320; D. B. Macdonald, *Lost Manuscripts of the Arabian Nights and a Projected Edition of Galland*, in: Journal of the Royal Asiatic Society 1911, S. 219-26; ders.: *A Preliminary Classification of some Mss of the Arabian Nights*, in: Volume of Oriental Studies Presented to E. G. Browne, Cambridge 1922, S. 304-21; ders: *The Earlier History of the Arabian Nights*, in: Journal of the Royal Asiatic Society 1924, S. 355-97; Elisséeff, *Thèmes et motifs*, S. 55-64; Mahdi, *Alf Layla wa-Layla*, V. 1, S. 25-36 (in Arabisch);

W. W.: vgl. auch H. u. S. Grotzfeld (wie Anm. 5) und M. Mahdi, Bd. 3 (1995) seiner Ausgabe, Kap. 1-3.

18 al-Mas'udi, *Les Prairies d'Or*, ed. C. Barbier de Meynard, Paris 1861-77, Bd. 4, S. 89f. W. W.: Die deutsche Auswahlübersetzung der *Goldwäschen* des al-Mas'udi von Gernot Rotter u. d. Titel *Bis zu den Grenzen der Erde*, Tübingen, Basel 1978, konzentriert sich auf (kultur-)geographische Passagen, auch im weiteren Sinn, in diesem Werk.

19 W. W.: Anstelle der vom Vf. zitierten englischen Übersetzung von Bayard Dodge habe ich meine Übersetzung nach dem arabischen Original in: Ibn an-Nadim, *Kitāb al-Fihrist*, mit Anmerkungen hg. v. F. Wüstenfeld, Bd. 1, Leipzig 1871, S. 304, zitiert, vgl. auch Walther, *Tausendundeine Nacht*, S. 15.

20 Ibn an-Nadim, hg. v. F. Wüstenfeld, Bd. 1, S. 307.

21 D. S. Goitein, *The Oldest Documentary Evidence for the Title Alf Laila wa-Laila*, JAOS 78(1959), S. 301f.

22 al-Maqrizi, *Kitab al-Hitat*, Kairo 1854, Bd. 1, S. 485.

23 Richard Burton, *Supplemental Nights*, Bd. 3, S. 41f.; N. Abbott, *A Ninth-Century Fragment of the ›Thousand Nights‹*, in: Journal of Near Eastern Studies 8(1949), S. 157n. W. W.: Tatsächlich war aber el-Asma'i, ein arabischer Sprachgelehrter, »Held« volkstümlicher arabischer Anekdoten, wie sie sich auch in der ägyptischen Rezension von *Tausendundeiner Nacht* finden.

24 N. Abbott, op. cit., S. 129-64. W. W.: Die Lesung der letzten Zeilen ist umstritten.

25 Vgl. zu ihm William Douglas Mackenzie, *Duncan Black Macdonald: Scholar, Teacher and Author*, in: The Macdonald Presentation Volume, Princeton, London, Oxford 1933, S. 3-10; J. J. Waardenburg, *L'Islam dans le miroir de l'occident*, The Hague 1962, S. 132-5; W. W.: außerdem J. W. Fück, *Arabische Studien*, S. 285f.

26 Zu Textkritik und dem Edieren von Handschriften vgl. Paul Maas, *Textual Criticism*, Oxford 1958; M. L. West, *Textual Criticism and Editorial Technique*, Stuttgart 1973; E. J. Kenny, *The Classical Text: Aspects of Editing in the Age of the Printed Book*, Berkeley, Los Angeles 1974; Sebastiano Timparano, *The Freudian Slip*, London 1976. Zum Edieren arabischer Handschriften (darunter 1001 Nacht) vgl. Jan Just Witkam, *Establishing the Stemma: Fact or Fiction?*, in: Manuscripts of the Middle East 3(1988), S. 88-101.

27 Muhsin Mahdi, *The Thousand and One Nights (Alf Layla wa-Layla) from the Earliest Known Sources*. Arabic Text with Introduction and Notes. Bd. 1, 2. Leiden, Brill 1984. Mahdi hat am Ende des

ersten Bandes kurz in Englisch seine Zielstellung und Schlußfolgerungen dargelegt. Alles andere ist arabischer Text mit Anmerkungen. W. W.: Vgl. meine Rezension *Persische Märchen und Tausendundeine Nacht*, in: Orientalistische Literaturzeitung 81(1986)6, S. 534-42; Mahdi hat 1995 dieser Edition einen dritten Band folgen lassen, der der Textgeschichte in Europa seit Gallands Übersetzung und bis ins 19. Jahrhundert, darunter auch den verschiedenen Drukken gewidmet ist und außerdem einige »Interpretationen« enthält.

28 W. W.: Tatsächlich gibt es so etwas wie eine »Figurensprache«, d.h., die Charakterisierung von literarischen Gestalten durch ihre unterschiedliche Art zu sprechen, erst in der modernen arabischen Literatur, und dort auch längst nicht bei jedem in der Tradition des Realismus oder gar Naturalismus schreibenden Autor. Bei dialogreichen Erzählungen aus *Tausendundeiner Nacht* wäre allerdings auch an Straßenaufführungen mit verteilten Rollen zu denken, bei denen vielleicht eine solche Charakterisierung im Rollenspiel stattgefunden haben könnte.

29 Muhsin Mahdi, *Exemplary Tales in the 1001 Nights*, in: The 1001 Nights: Critical Essays and Annotated Bibliography/ Mundus Arabicus 3(1983), S. 1-24.

30 W. W.: *The Life and Opinions of Tristam Shandy*, *Das Leben und die Meinungen von Tristam Shandy*, Roman von Laurence Stern, publiziert 1759-67, der in seiner sprunghaften Erzählweise als Vorläufer von Bewußtseinsstrom-Romanen des 20. Jahrhunderts gilt.

31 In dieser Fassung nicht, W. W.

32 Mahdi, op. cit. (wie Anm. 27), S. 23.

33 Zum wenig erbaulichen Leben dieses Abenteurers vgl. Jonathan Curling, *Edward Wortley Montague, 1713-1776*, London 1954. Zur Handschrift vgl. Fatma Moussa-Mahmoud, *A Manuscript Translation of the Arabian Nights in the Beckford Papers*, JAL 7(1976), S. 7-23. W. W.: Die relativ zahlreichen (und insgesamt ziemlich obszönen) Geschichten dieser Handschrift, die sich in den anderen »Tausendundeine Nacht«-Übersetzungen, d.h. auch, anderen Handschriften und Drucken nicht finden, wurden von Felix Tauer ins Deutsche übersetzt: *Erzählungen aus den Tausendundein Nächten*, zum ersten Male aus dem arab. Urtext der Wortley-Montague-Handschrift der Oxforder Bodleian Library übertr. u. hg., Frankfurt/M. 1966. Tauers deutscher Stil kommt dem schlichten Arabisch des Originals näher als der von Enno Littmann in seiner Übersetzung.

34 Über die Datierung der Sammlung vgl. Macdonald, *The Earlier History of the Arabian Nights*, S. 353-97; W. Popper, *Data for*

Dating a Tale in the »Nights«, JRAS 1926, S. 1-14; W. Walther, *Tausendundeine Nacht*, S. 16-18.

35 Mahdi, *Alf Layla wa-Layla*, Bd. 1, S. 235; W. W.: dieses Datum wäre allerdings leicht austauschbar. Es erscheint mir nicht als schlüssiger Beweis.

36 Mahdi, *Alf Layla*, Bd. 1, S. 319. Über die Laufbahn von Sudun vgl. Gaston Wiet, *Les Biographies du Manhal Safi*, Kairo 1932, S. 162, Nr. 1133.

37 Mahdi, *Alf Layla*, Bd. 1, S. 319. W. W.: Auch H. und S. Grotzfeld, *Die Erzählungen*, S. 26, sehen hierin den Beweis für die Ansetzung des Alters der Handschrift, aber ist nicht auch eine Münze in einer Erzählung austauschbar?

38 Vgl. H. T. Norris' Rezension zur Übersetzung der Alf Laila wa-Laila in der Mahdischen Edition durch H. Haddawy in: BSOAS 55(1992), S. 330-31.

Ozeane von Geschichten

1 W. W.: Die *Canterbury Tales* von Geoffrey Chaucer (ca. 1343-1400), berühmtes Erzählwerk mit Rahmenerzählung, aus der Zeit um 1387.

2 Vgl. E. L. Ranelagh, *The Past We Share: The Near Eastern Ancestry of Western Folk Lore*, London 1979, S. 205-7.

3 W. W.: Deutsch: *Somadevas Kathasaritsagara oder Ozean der Märchenströme* in 6 Bänden, Bd. 1 v. Albert Wesselski, Berlin 1914/15.

4 Vgl. Petrus Alfonsi, *Die Kunst vernünftig zu leben (Disciplina Clericalis)*, dargest. u. a. d. Lat. übs. v. E. Hermes, Zürich, Stuttgart 1970, S. 165 ff.; D. Metlitzki, *The Matter of Araby*, S. 97-103; Ranelagh, *The Past We Share*, S. 182-88.

5 Vgl. die Analyse von W. Walther in: Oriens 32(1990), S. 140-52.

6 Über die Geschichtensammlungen in Sanskrit vgl. A. B. Keith, *History of Sanskrit Literature*, Oxford, 1928.

7 W. W.: Vgl. zu ihm: *Jataka*, in W. Jens (Hg.), Kindlers Neues Literatur Lexikon, München Bd. 18(1992), S. 828 ff.; Deutsche Übers. i. Ausw. von J. Mehlig, *Buddhistische Märchen*, Bd. 1, 2, Wiesbaden 1982.

8 W. W.: Vgl. *Vetalapancavimsatika,* in W. Jens (Hg.), Kindlers Neues Literatur Lexikon, München Bd. 19(1992), S. 736. Deutsch v. E. Ritschl u. M. Schetelich, *Die fünfundzwanzig Erzählungen des Totendämons*, Leipzig 1979.

9 W. W.: Vgl.: *Gesta Romanorum*, in: W. Jens (Hg.), Kindlers Neues Literatur Lexikon, Bd. 18(1992), S. 634f. Deutsch u.a. v. J. G. Th. Grässe, *Gesta Romanorum. Das älteste Märchen- und Legendenbuch des christlichen Mittelalters*, Frankfurt am Main 1978 (Insel Tb.).

10 W. W.: Auf das *Pantschatantra* und auf *Kalila wa-Dimna* wies zuerst T. Benfey, *Pantschatantra*, Bd. 1, 2, Leipzig 1859, hin; Nachdr. Hildesheim 1966, überarb. München 1986; W. Ruben, *Das Pantschatantra und seine Morallehre*, Berlin 1959; H. Falk, *Quellen des Pancatantra*, Wiesbaden 1978; *Pancatantra*, in: W. Jens (Hg.), Kindlers Neues Literatur Lexikon, Bd. 19 (1992), S. 233f.; zu *Kalila wa-Dimna* W. Jens (Hg.), Kindlers Neues Literatur Lexikon, Bd. 18(1992), S. 851ff.; Übs.: Ph. Wolff, *Die Fabeln Bidpais*, Bd. 1, 2, Stuttgart 1837.

11 Emmanuel Cosquin, *Études Folkloriques: Recherches sur les migrations des contes populaires et leur point du départ*, Paris 1920.

12 W. W.: Korrektur des Originals nach einer freundlichen Information von Prof. Dr. Hermann Kogelschatz, Universität Tübingen. Quelle: *Taisho Shinshu Daizokyo (The Tripitaka in Chinese)*, Tokyo 1960ff., Titel Nr. 206, Bd. 4, S. 510-522.

13 W. W.: Kommentierte Auswahlübersetzung von Schriften dieses islamischen Universalgelehrten von G. Strohmaier, *Al-Biruni, In den Gärten der Wissenschaft*, Leipzig 1988.

14 W. W.: im Gegensatz zur *Ilias*, die durch den libanesischen Christen Salim el-Bustani sehr kunstvoll im Jahr 1904 in Verse umgesetzt wurde, im Zuge der arabischen kulturellen Erneuerungsbewegung, die Europa sozusagen »an der Wurzel«, an der Literatur und Kultur der Antike, packen wollte. Allerdings hat diese Übertragung in der arabischen Welt nicht viel Resonanz gehabt. Zu Homer und *Tausendundeiner Nacht* vgl. Armand Abel, *Les Enseignements des Mille et une nuit*, Brüssel, 1939, S. 113; Mohammed Abdel-Halim, *Antoine Galland, sa vie et son œuvre*, Paris 1964, S. 296; W. W.: G. E. von Grunebaum, *Schöpferische Entlehnung: Griechenland in Tausendundeiner Nacht*, in ders., Der Islam im Mittelalter, Zürich, Stuttgart 1963, S. 376-405.

15 Vgl. auch die Analyse von W. Walther in: *Tausendundeine Nacht*, S. 95-104.

16 Über das mögliche Vermächtnis der klassischen Literatur generell (und von Plautus im besonderen) an *Tausendundeine Nacht* vgl. Edward Rehatsek, *A Few Analogies in the ›Thousand and One Nights‹ and in Latin Authors*, in: Journal of the Bombay Branch

of the Royal Asiatic Society 14(1880), S. 74-85; Abel, *Les Enseignements*, S. 11-13; Grunebaum, *Schöpferische Entlehnung* (Anm. 14); ders., *Greek Form Elements in the ›Arabian Nights‹*, in: JAOS 62(1942), S. 277-92; Perry, *The Origin of the Book of Sindbad*; ders., *Two Fables Recovered*, in: Byzantinische Zeitschrift 54(1961), S. 4-14; ders., *Some Traces of Lost Medieval Story Books*, in: Humaniora. Essays in Literature, Folklore, Bibliography, Honouring Archer Taylor, Locust Valley, N. Y. 1960, S. 150-60.

17 Ibn al-Nadim, *Kitab al-Fihrist*, engl. v. Bayard Dodge, New York 1970, Bd. 2, S. 718. W. W.: Bayard Dodge, der Herausgeber, sieht in diesen Namensformen a. a. O: »möglicherweise griechische Verstümmelungen der Namen des Königs und der Geschichtenerzählerin aus *Tausendundeiner Nacht*«, d.h., Übernahmen aus dem Persischen ins Griechische. Tatsächlich ist auch Shahzad »Königstochter«, ein persisches Wort, bzw. kann ein persischer Name sein.

18 Vgl. Kap. 2, Anm. 38.

19 Zum Weiterleben pharaonischer Geschichten vgl. Hasan El-Shamy, *Folktales of Egypt*, Chicago 1980, S. 248, 259, 275, 281; EI^1, EI^2, s. v. *Alf Laylah wa-Laylah*. Über altägyptische Literatur allgemein vgl. W. K. Simpson (Hg.), *The Literature of Ancient Egypt*, New Haven 1972, 3. Aufl. 1977; Stith Thompson, *The Folktale*, Berkeley, Los Angeles 1977, S. 273-76; Miriam Lichtheim, *Ancient Egyptian Literature*, Bd. 1-3, Berkeley, Los Angeles, London 1973-80; W. W.: Emma Brunner-Traut, *Altägyptische Märchen*, 10. Aufl., München 1991; Hellmut Brunner, *Grundzüge einer Geschichte der altägyptischen Literatur*, 4. Aufl., Darmstadt 1986; E. Brunner-Traut, *Altägyptische Literatur*, in: Neues Handbuch der Literaturwissenschaft, Bd. 1: Altorientalische Literaturen, hg. v. W. Röllig, Wiesbaden 1978, S. 25-99; Alfred Herrmann, *Die altägyptische Literatur*, in W. Jens (Hg.), Kindlers Neues Literatur Lexikon, Bd. 19(1992), S. 867ff.

20 Stephanie Dalley, *Gilgamesh in the Arabian Nights*, in JRAS 1991, S. 1-17.

21 O. R. Gurney, *The Tale of the Poor Man of Nippur and its Folktale Parallels*, in Anatolian Studies 22(1972), S. 149-58.

22 Vgl. N. Elisséeff, *Thèmes et motifs*, S. 48.

23 Zum Sindbad-Name vgl. Perry, *The Origin of the Book of Sindbad*; S. Belcher, *The Diffusion of the Book of Sindbad*, in Fabula 28(1987), S. 34-58.

24 Vgl. dazu H. Zotenberg, *Histoire de Gal'ad et Chimas, roman*

arabe, in: Journal Asiatique 6(1885), S. 551, 7(1887), S. 92-123; Perry, *The Origin of the Book of Sindbad*, a.a.O., S. 1-94.

25 W. W.: Vgl. jetzt zu den überaus zahlreichen humorvollen Anekdoten im Arabischen U. Marzolph, *Arabia Ridens. Die humoristische Kurzprosa der frühen Adab-Literatur im internationalen Traditionsgeflecht*, Bd. 1, 2, Frankfurt/M. 1992, und die Rezension von W. Walther in: Die Welt des Islams 34(1994), S. 298-302.

26 W. W.: Von mir gegenüber dem Originaltext leicht korrigiert nach A. Schimmel, *Europa und der islamische Orient*, in: A. Schimmel u. a., Der Islam III, Stuttgart, Berlin, Köln 1990, S. 342; A. Hourani, *Die Geschichte der arabischen Völker*, Frankfurt/M. 1992, S. 79.

27 J. R. Walsh, *The Historiography of Ottoman-Safawid Relations in the Sixteenth and Seventeenth Centuries*, in Bernhard Lewis, P. M. Holt (eds.), *Historians of the Middle East*, London 1962, S. 197.

28 W. W.: geboren 720, gefoltert und getötet vermutlich 756, in der Regierungszeit des Abbasidenkalifen el-Mansur 754-75.

29 Zu Übersetzungen vor allem naturwissenschaftlicher und medizinischer Werke ins Arabische vgl. L. E. Goodman, *The Translation of Greek Materials into Arabic*, in: M. L. J. Young, J. D. Latham, R. B. Serjeant (eds.), Religion, Learning and Science in the Abbasid Period, Cambridge 1990, S. 477-97 (The Cambridge History of Arabic Literature); W. W.: Vgl. auch das Kap. *Die Wissenschaften im Mittelalter*, in: G. Sievernich u. H. Budde (Hg.), *Europa und der Orient 800-1900*, S. 650-681; Wulf Piper, *Die Welt der Araber in einer alten Bibliothek*, Kap. II, Die arabische Wissenschaft im Mittelalter, Wolfenbüttel 1983, S. 36-59.

30 Perry, *Traces*, S. 156f.

31 Zu Ibn al-Muqaffa' und Kalila wa-Dimna vgl. Esin Atil, *Kalila wa-Dimna: Fables from a Fourteenth-Century Arabic Manuscript*, Washington 1981; J. D. Latham, *Ibn al-Mukaffa' and Early Abbasid Prose* in: Julia Ashtiany, T. M. Johnstone, J. D. Latham, R. B. Serjeant, G. Rex Smith (eds.), *Abbasid Belles-Lettres*, Cambridge 1990, S. 48-77; F. Gabrieli, *Ibn al-Mukaffa'*; C. Brockelmann, *Kalilah wa-Dimnah*, in: EI², s. v.; R. Irwin, *The Arab Beast Fable*, in Journal of the Warburg and Courtauld Institutes 55(1992), S. 36-50; W. W.: Julius Assfalg, Sophia Grotzfeld u. a., *Kalila wa-Dimna*, in: W. Jens (Hg.), Kindlers Neues Literatur Lexikon, Bd. 18 (1992), S. 851-61. Wolfhart Heinrichs (Hg.), *Orientalisches Mittelalter.* (Neues Handbuch der

Literaturwissenschaft, Bd. 5), Wiesbaden 1990, Index; eine deutsche Bearbeitung unter dem Titel *Das Buch der Beispiele der alten Weisen* durch Antonius von Pforr, Pfarrherr zu Rottenburg, erschien im Auftrag des würtembergischen Grafen Eberhart im Barte bereits 1480/81 in Urach; Neuauflage, hg. v. F. Geissler, Bd. 1, 2, Berlin 1964-71.

32 Zu den *Maqāmāt* von al-Hamadani und al-Hariri vgl. R. A. Nicholson, *A Literary History of the Arabs*, Cambridge 1907 (zahlreiche Nachauflagen bis in die Gegenwart), S. 328-36; Abdelfattah Kilito, *Les Séances*, Paris 1983; A. F. L. Beeston, *Al-Hamadhani, al-Hariri and the Makamat-Genre*, in: J. Ashtiany u.a. (eds.), Abbasid Belles-Lettres, S. 125-35, Shmuel Moreh, *Live Theatre in the Medieval Arab World*, Edinburgh 1992, S. 104-22; W. W.: Der deutsche Dichter und Orientalist Friedrich Rückert veröffentlichte 1826 eine fragmentarische, kunstvolle Nachbildung der *Maqamen* des Hariri, 1837 eine erweiterte Ausgabe dieser Nachbildung, vgl. die Neuausgabe mit Kommentar von W. Walther, *Friedrich Rückert, Die Verwandlungen des Abu Seid von Serug*, Leipzig 1989; W. Walther, *»Der Perlensticker« oder »Erlaubter Redezauber« – Friedrich Rückerts freie Nachbildung der Maqamen des Hariri*, in: W. Fischer, R. Gömmel (Hg.), Friedrich Rückert, Dichter und Sprachgelehrter in Erlangen. Referate des Neunten Interdisziplinären Rückert-Colloquiums der Universität Erlangen-Nürnberg, Neustadt a. d. Aisch 1990, S. 99-116; eine vollständige deutsche Übertragung der *Maqamen* des Hamadani liegt vor in Gernot Rotter, *Al-Hamadhani, Vernunft ist nichts als Narretei*, Tübingen 1982.

33 R. A. Nicholson, *A Literary History of the Arabs*, London 1979 (Nachdruck), S. 332.

34 Über die Ursprünge und die Entwicklung des Begriffs *Adab* vgl. Barbara Daly Metcalf (ed.), *Moral Conduct and Authority: The Place of Adab in South Asian Islam*, Berkeley, Los Angeles 1984, besonders die Kapitel von Peter Brown, Ira M. Lapidus und Gerhard Bowering; S. A. Bonebakker, *Adab and the Concept of Belles-Lettres*, in: J. Ashtiany u.a. (eds.), Abbasid Belles Lettres, S. 16-30; W. W.: H. Fähndrich, *Der Begriff »adab« und sein literarischer Niederschlag*, in: W. Heinrichs (Hg.), Orientalisches Mittelalter. (Neues Handbuch der Literaturwissenschaft, Bd. 5), Wiesbaden 1990, S. 326-365.

35 W. W.: Ibn an-Nadim, *Kitab al-Fihrist*, ed. G. Flügel, Bd. 1, S. 313.

36 W. W.: also *uninteressant*. Ibid., Bd. 1, S. 307.

37 W. W.: oder eher Adaption.

38 Ibid., Bd. 1, S. 314; EI[2] s. v. *al-Djahshiyari*.

39 Hans Wehr (Hg.), *al-Hikayat al-'agiba wa-l-Ahbar al-gariba*, Wiesbaden 1956 (Bibliotheca Islamica, Bd. 18); W. W.: Deutsche Teilübersetzung von H. Wehr, *Wundersame Erlebnisse, seltsame Begebnisse*, Hattingen 1959 (5 Erzählungen); und Max Weisweiler, *Arabische Märchen*, Bd. 1, Köln 1965 (8 Erzählungen).

40 F. Seybold, *Die Geschichte von Sul und Schumul. Unbekannte Erzählungen aus Tausend und Einer Nacht*, Leipzig 1920.

41 Zu at-Tanuhi vgl. die englische Übersetzung seiner Anthologie *Niswar al-Muhadara* (Plauderei beim Zusammensein) von D. S. Margoliouth, *The Table-Talk of a Mesopotamian Judge* (Tischgespräche eines Richters aus Mesopotamien), London 1922; EI[1], s. v. *al-Tanukhi*; W. W.: W. Walther, *Tausendundeine Nacht*, S. 19, 24. At-Tanuhis Anthologie *al-Farag ba'da s-Sidda* (Freud nach Leid) wurde zum größeren Teil ins Deutsche übersetzt von Arnold Hottinger, *at-Tanukhi, Ende gut, alles gut, Das Buch der Erleichterung nach der Bedrängnis*, Auswahl, Übs. a. d. Arab., Nachwort, Zürich 1979.

42 W. W.: die tatsächlich aus Tanuhis *al-Farag ba'da s-Sidda* stammt.

43 W. W.: Es lassen sich interessante Vergleiche zwischen einigen Anekdoten, auch einer längeren Geschichte, aus Tanuhis *Freud-nach-Leid*-Sammlung in ihrer konzentrierten Originalform in der »Hochliteratur« und ihrer für den mündlichen Vortrag »zerzählten« Form in *Tausendundeiner Nacht* anstellen.

44 W. W.: der Prototyp altarabischer Großzügigkeit.

45 W. W.: aber auch von anderen, etwa Abu l-Farag al-Isfahanis *Buch der Lieder.*

46 Zu al-Guzuli vgl. C. Torrey, *The Story of al-Abbas and his Fortunate Verses*, in: JAOS 16 (1896), S. 43-70; ders., *The Story of a Friend in Need: The Arabic Text Edited from the Vienna Manuscript of al-Ghuzuli for the First Time*, in: JAOS 26 (1905), S. 296-305; EI[2] s. v. *al-Ghuzuli*.

47 W. W.: und Abu l-Farag.

48 Vgl. *al-'Ayni* in EI[2].

49 Vgl. O. Pedersen, *Ibn 'Arabshah* in EI[2], s. v.; vgl. außerdem Freytag (Hg.), *Fakihat al-Hulafa' wa-Mufakahat az-Zurafa'*, Bd. 1, 2, Bonn 1832, und die Rezension von Silvestre de Sacy in: *Journal des Savants* 1835, S. 602-12, 652-67; El-Shamy, *Folktales of Egypt*, S. 263, 275 f.

50 Vgl. zum Autor EI[2], s. v. *al-Ibshihi*.

51 Vgl. zu ihm EI[I], s. v. *al-Yafi'i*; Mia Gerhardt, *The Art of Story-Telling*, S. 369, 372n, 374, 465.

52 Vgl. D. Ayalon, *The Historian al-Jabarti and his Background,* in BSOAS 23(1960), S. 246. W. W.: Teile seiner umfangreichen Chronik, soweit sie die französische Besetzung Ägyptens betreffen, also den Eindruck, den die Franzosen bei den Ägyptern hervorriefen, sind ins Deutsche übersetzt von Arnold Hottinger, *Bonaparte in Ägypten. Aus der Chronik des Abderrahman al-Gabarti (1754-1826)* übs., München, Zürich 1989 (Serie Piper 871). 1994 erschien eine englische Übersetzung seines mehrbändigen historischen Werks Thomas Philipp, *'Abd al-Rahman al-Jabarti's History of Egypt 'Aja'ib al-Athar...*, Bd. 1-4, Stuttgart. Bd. 5: Th. Philipp, *A Guide to 'Abd al-Rahman al-Jabarti's History of Egypt...*, Stuttgart 1994.

53 Vgl. C. Huart, *A History*, S. 425 f.; Ayalon, *The Historian al-Jabarti.*

54 Franz Rosenthal, *A History of Muslim Historiography*, Leiden 1962, S. 42 f.

55 Vgl. zum arabischen Volksroman R. Paret, *Die Geschichte des Islams im Spiegel der arabischen Volksliteratur*, Tübingen 1927; ders., *Der Ritterroman von Umar Ibn an-Nu'man und seine Stellung zur Sammlung von Tausendundeine Nacht*, Tübingen 1927, (W. W.: beides nachgedruckt in J. van Ess (Hg.), *Rudi Paret, Schriften zum Islam*, Stuttgart, Berlin u.a. 1981, S. 71-94, S. 17-62); R. Goossens, *Autour du Digenis Akritas: La »Geste d'Omar« dans les Mille et Une Nuits*, in Byzantion 7(1932), S. 303-16; M. Canard, *Delhemma: Epopée arabe des Guerres arabo-byzantines*, in Byzantion 10(1935), S. 283-300; N. Christides, *An Arabo-Byzantine Novel: Umar b. al-Nu'man Compared with Digenis Akritas*, in Byzantion 22(1962), S. 549-604; U. Steinbach, *Dhat al-Himma. Kulturgeschichtliche Untersuchungen zu einem arabischen Volksroman*, Wiesbaden 1972; G. Canova, *Gli Studie sull' epica popolare araba*, in Oriente Moderno 57(1977), S. 211-26; P. Heath, *A Critical Review of Modern Scholarship on Sirat Antar Ibn Shaddad and the Popular Sira*, in JAL 15(1984), S. 19-44; B. Conelly, *The Arab Folk Epic and Identity*, Berkeley, Los Angeles, London 1986; W. W.: P. Heath, *Arabische Volksliteratur im Mittelalter*, in: W. Heinrichs (Hg.), *Orientalisches Mittelalter.* (Neues Handbuch der Literaturwissenschaft, Bd. 5), Wiesbaden 1990, S. 423-39.

56 W. W.: in Burtons englischer Fassung »Jaufran«.

57 W. W.: ein in der jüngsten Fassung allerdings auch mehr als 20-bändiges Werk.
58 W. W.: offensichtlich aber auch, weil kaum Handschriften existierten.
59 Edward William Lane, *An Account of the Manners and Customs of the Modern Egyptians*. Written in Egypt During the Years 1833-1835, London 1836, Teil 2, Kapitel 21-23, deutsche Übersetzung von Th. Zenker, *Sitten und Gebräuche der heutigen Egypter*, Leipzig 1852, 1856.
60 W. W.. Gegenüber dem Text von Irwin geändert nach EI^2, s. *Hilal*.
61 M. Gaudefroy-Demombynes, *Les Cents et Une Nuits*, Paris 1982.
62 Zu mittelalterlichen Übersetzungen aus dem Arabischen generell vgl. R. W. Southern, *Western Views of Islam in the Middle Ages*, Cambridge, Mass. 1962 (W. W. deutsch: *Das Islambild des Mittelalters*, Stuttgart 1981); James Kritzek, *Peter the Venerable and Islam*, Princeton 1964; Norman Daniel, *The Arabs and Medieval Europe*, London 1975; Juan Vernet, *Ce que la culture doit aux Arabes d'Espagne*, Paris 1978; Maxime Rodinson, *Europe and the Mystique of Islam*, Seattle 1987, S. 3-37; W. W.: Vgl. auch F. Rosenthal, *Literatur*, in J. Schacht, C. E. Bosworth (Hg.), *Das Vermächtnis des Islams*, Zürich, München 1980, Bd. II, S. 85-118.
63 W. W.: Petrus Alfonsi, *Die Kunst vernünftig zu leben* (wie Anm. 4), S. 138. Vgl. auch H. Schwarzbaum, *International Folklore Motifs in Petrus Alphonsi's Disciplina Clericalis*, in ders., Studies in Jewish and World Folklore, Berlin 1968, S. 239-358; O. Spies, *Arabische Stoffe in der Disciplina Clericalis*, in Rheinisches Jahrbuch für Volkskunde 21 (1973), S. 170-199.
64 W. W.: oder frühen vierzehnten.
65 W. W.: Vgl. dazu *Gesta Romanorum* in: W. Jens (Hg.), Kindlers Neues Literatur Lexikon, Bd. 18 (1992), S. 634 f.; W. Trillitzsch. *Gesta Romanorum. Geschichten von den Römern*, Frankfurt am Main 1973; B. Weiske, *Gesta Romanorum. Untersuchungen zur Konzeption und Überlieferung*, Bd. 1, 2, Tübingen 1989.
66 Zu Übersetzungen aus dem Arabischen ins Spanische vgl. Angel Gonzalez Palencia, *Historia de la literatura arabico-espaniola*, Barcelona 1928; Vernet, *Ce que la culture doit aux Arabes d'Espagne*.
67 Zu Don Juan Manuel vgl. Palencia, *Historia*, S. 313 f.; Vernet, *Ce que la culture doit aux Arabes d'Espagne*, S. 320 f.; T. Montgomery, *Don Juan Manuel's Tale of Don Illan and its Revision by Jorge Luis Borges*, in Hispania 47(1964), S. 464-6; W. W.: Vgl. auch W. Jens (Hg.), Kindlers Neues Literatur Lexikon, s. v.

Juan Manuel, Bd. 8 (1990), S. 930f.; dt. *Der Graf Lucanor* v. J. v. Eichendorff, Berlin 1840; Zürich 1983.

68 W. W.: In seiner *Universalgeschichte der Niedertracht*, vgl. J. L. Borges, *Sämtliche Erzählungen*, München 1970, S. 337-39.

69 Nai-tung Ting, *Years of Experience in a Moment: A Study of a Tale Type in Asian and European Literature*, in Fabula 22 (1981), S. 210f., S. 190f zu Don Juan Manuel.

70 Vgl. zu ihm E. Allison Peers, *Rámon Lull: A Biography.* London 1929; W. W.: vgl. auch J. W. Fück, *Die arabischen Studien*, S. 16-22.

71 Ferial J. Ghazoul, *The Arabian Nights in Shakespearian Comedy: »The Sleeper Awakened« and »The Taming of the Screw«*, in: The 1001 Nights: Critical Essays and Annotated Bibliography/ Mundus Arabicus 3(1983), S. 58-70.

72 W. W.: Vgl. die Analyse zur *Geschichte vom Ebenholzpferd* v. W. Walther in: Oriens 32(1990), S. 140-52.

73 Über die Verbreitung arabischer Geschichten und Motive in Europa vgl. Metlitzki, *The Matter of Araby*; Ranelagh, *The Past We Share*.

74 W. W. in orientalischen Fassungen eine Palme.

75 Zu einigen arabischen Quellen der *Canterbury Geschichten* vgl. Chaucer Society, *Originals and Analogues of Chaucer's Canterbury Tales*, London 1872-88; W. F. Bryan, *Germaine Dempster, Sources and Analogues of Chaucer's Canterbury Tales*, Chicago 1941; Metlitzki, *The Matter of Araby.* W. W.. Diese Geschichte steht in deutscher Übersetzung schon bei M. Weisweiler, *Von Kalifen, Spaßmachern und klugen Haremsdamen*, Düsseldorf, Köln 1963, S. 130f., nach Gahiz, *Kitab al-Adkiya'*.

76 Vgl. zum Decamerone A. C. Lee, *The Decameron: Its Sources and Analogues*, London 1909. W. W.: Zahlreiche Literaturangaben in W. Jens (Hg.), Kindlers Neues Literatur Lexikon, Bd. 2(1989), S. 826f.

77 W. W.: Allerdings hat Boccaccio sich die Freiheit genommen, nach eigenem Belieben, oder »wie die Geschichten es erforderten«, umzugestalten.

78 W. W.: nicht bei Littmann.

79 Zu Sercambi vgl. Cosqin, *Études folkloriques*, S. 286-8; Bryan, Dempster, *Sources*, S. 21f.; Encyclopedia Iranica, s. v. *Alf Laylah wa-Laylah.* Nur sehr wenige Geschichten bei Sercambi scheinen aus orientalischen Quellen, inklusive *Tausendundeiner Nacht*, zu stammen.

80 Ariosto, *Orlando Furioso*, transl. by Guido Waldmann, Oxford 1974, S. 339-51. W. W.: Dt. u. a.: *Lodovico Ariosto's Rasender Roland*, übs. v. J. D. Gries, T. 1-4, Jena 1804-1808.

81 Italo Calvino, *Italian Folktales*, London 1980, S. XV.

82 Vgl. dazu Otto Spies, *Orientalische Stoffe in den Kinder- und Hausmärchen der Brüder Grimm*, Waldorf-Hessen 1952; J. M. Ellis, *One Fairy Story Too Many*, Chicago 1983. W. W.: Vgl. W. Jens (Hg.), Kindlers Neues Literatur Lexikon, Bd. 6(1989), S. 914 ff. mit den umfangreichen Literaturangaben.

83 W. W. auch zum Adel, wie die Schwestern von Droste-Hülshoff und die Familie von Haxthausen.

84 Ernst Gellner in: *The Times Literary Supplement*, 22. 8. 1986, S. 903. W. W.: Nach meinen Beobachtungen der ägyptischen wie der irakischen kulturellen Erneuerungsbewegung seit den letzten Jahrzehnten des vorigen Jahrhunderts trifft das nicht zu. Wahrscheinlich unter dem Eindruck dessen, was sie bei europäischen Intellektuellen und Geistesschaffenden beobachteten, sammelten Schriftsteller und Kulturinteressierte dieser Länder damals Sprichwörter und Erzählungen in der Volkssprache, verfaßten satirische Sketche und kleine Dramen in ihr und veröffentlichten sie in den damals aufblühenden Kulturzeitschriften, etwa der ägyptischen *al-Ustād, Der Lehrer/Professor*, 1898-1900, in der irakischen *Luġat al-ʿArab, Die Sprache der Araber*, 1911-1914 und ab 1927. Erst der Nationalismus der fünfziger Jahre brachte mit der Baath-Partei in Syrien und dem Irak die Betonung der Hochsprache als einigendem Band für alle Araber, im Irak sogar mit dem Arabisierungsgesetz von 1978 das Verbot, sich bei öffentlichen Veranstaltungen, wie bis dahin allgemein üblich, der Umgangssprache zu bedienen. Regimekritiker und -gegner in diesen Ländern betonen den Wert der Volks-, der Umgangsprache und fördern zum Beispiel in ihr verfaßte Dichtung als emotional echter. Sie kann tatsächlich Sozialsatire, Politkritik m. E. in wirksamerer Form zum Ausdruck bringen als die Literatursprache und wird dafür bis in die Gegenwart gerade von kritischen Autoren gern und zunehmend genutzt. – Zur Rezeption von Stoffen aus *Tausendundeiner Nacht* für die moderne Literatur arabischer Länder vgl. das Kapitel *Von ›archetypischem Glanz‹ und literarischer Neubesinnung*, in W. Walther, *Tausendundeine Nacht*, S. 160-165, und W. Walther, *Geglaubte Wirklichkeit – verfremdete Realität. Phantasie- und Märchenstoffe in der älteren und der modernen arabischen Prosaliteratur*, in M. E. Subtelny, C. I. Cross (eds.), Annemarie Schimmel Festschrift.

Journal of Turkish Studies, Harvard University 18(1994), S. 301-314.

85 W. W.: vorwiegend die der Baath-Ideologie in Syrien und dem Irak verpflichteten.

86 El-Shamy, *Folktales of Egypt*, S. xlii.

Die Kunstfertigkeit des Erzählers

1 Elias Canetti, *Die Stimmen von Marrakesch*, (Reihe Hanser 1), S. 79.

2 Über Chorfa vgl. EI^2, s. v. *Khurafa*; D. B. Macdonald, *The Earlier History of the Arabian Nights*, in JRAS (1924), S. 362-76; N. Abbott, *A Ninth-Century Fragment of the »Thousand Nights«: New Light on the Early History of the Arabian Nights*, in JNES 8(1949), S. 155-8; W. Walther, *Geglaubte Wirklichkeit – verfremdete Realität*, S. 303.

3 Zu den Predigern vgl. EI^2, s. v. *Khatib* und *Khutba*; Über volkstümliche Prediger vgl. Ibn al-Gauzi, *Kitab al-Qussas wa-l-Mudakirrin*, hg. u. übs. v. M. I. Swartz, Beirut 1986; I. Goldziher, *Der Hadit als Mittel der Erbauung und Unterhaltung*, in ders., Muhammedanische Studien, Halle 1889-1890, Bd. 2, S. 1-274; Johannes Pedersen, *The Criticism of the Islamic Preacher*, in WI, NS 2 (1953), S. 215-31; Khatib Athamina, *Al-Qasas: Its Emergence, Religious Origin and Socio-Political Impact on Early Muslim Society*, in SI 76 (1992), S. 53-74; EI^2, s. v. *Kass*.

4 B. E. Perry, *The Origins of the Book of Sindbad*, in Fabula 3(1960), S. 11.

5 Zu Theater in der vormodernen arabischen Welt vgl. Shmuel Moreh, *Live Theatre and Dramatic Literature in the Medieval Arabic World*, Edinburgh 1992; Peter Chelkowski (ed.), *Taziyeh: Ritual and Drama in Iran*, New York 1979; vgl. die kritischen Rezensionen von W. Walther zur Monographie von S. Moreh, in ZDMG 147(1997), S. 232ff., und von R. Karachouli in JAL 27(1996), S. 170ff.

6 W. W.: er war halbnegroider Abstammung.

7 W. W.: den schwarzen Sklaven im Südirak.

8 Charles Pellat, *Arabische Geisteswelt*. Ausgew. u. übs. Texte v. al-Gahiz (777-869). Unter Zugrundelegung d. arab. Originaltexte a. d. Französ. übertr. v. Walter W. Müller, Zürich, Stuttgart 1967, S. 161f.

9 Al-Mas'udi, *The Meadows of Gold: The Abbasids*, transl. and ed. Paul Lunde and Caroline Stone, London 1989, S. 352-54.

10 Bar Hebräus, *The Laughable Stories: The Syriac Text*, ed. and transl. E. A. Wallis Budge, London 1897; W. W.: L. Morales, *Aus dem Buch der »ergötzenden Erzählungen« des Bar-Hebräus*, ZDMG 40 (1886), 59 Erzählungen; vgl. J. Aßalg, *Bar Hebräus, Ktaba d-Tunnaye Mgahhkane*, in: W. Jens (Hg.), Kindlers Neues Literatur Lexikon, Bd. 2(1989), S. 224 f.

11 Vgl. U. Marzolph, *Die Quelle der »Ergötzlichen Erzählungen« des Bar Hebräus*, in OC 69(1985), S. 81-125.

12 Al-Maqrizi, *Kitab al-Hitat*, Bd. 1, Kairo 1854, S. 485.

13 Roger Le Tourneau, *Fez in the Age of the Marinides*, Norman, Okla 1961, S. 71.

14 Ibn Tagribirdi, *An-Nugum az-zahira*, Kairo o. J., Bd. 7, S. 813 f.

15 E. Lévi-Provencal (Hg. u. Übs.), *Seville Musulmane au début du XII siècle: Le Traité d'Ibn Abdun sur la vie urbaine et les corps des métiers*, Paris 1947, S. 60 f., S. 147n.

16 Zum Thema des Sich-ein-Beispiel-Nehmens, der Warnung in *Tausendundeiner Nacht*, vgl. Abdelfattah Kilito, *L'Oeil et l'aiguille*, Paris 1992; David Pinault, *Story-Telling Techniques in the Arabian Nights*, Leiden 1992, S. 148-239.

17 Über die Zunft der Erzähler vgl. Andrée Raymond, *Une Liste des Corporations au Caire en 1801*, in Arabica 4(1957), S. 158; Gabriel Baer, *Egyptian Guilds in Modern Times*, Jerusalem 1964, S. 116.

18 Katib Celebi, *The Balance of the Truth*, London 1957, S. 61; über das Caféhaus im Vorderen Orient allgemein vgl. A. Galland, *De l'origin et du progrès du café: Sur un manuscrit arabe de la Bibliothèque du Roy*, Paris 1699; Ralph S. Hatton, *Coffee and Coffee Houses: the Origins of Social Beverage in the Medieval Near East*, Seattle, London 1985. W. W.: vgl. auch Katerina Vatsella, *Schwarzes Wasser. Zur Geschichte des Kaffees in Europa*, in: G. Sievernich, H. Budde (Hg.) *Europa und der Orient 800-1900*. LeseBuch. Berlin 1989, S. 82-85, und die dort, S. 136 Mitte, angegebene Literatur.

19 Alexander Russell, *The Natural History of Aleppo*, London 1794, S. 148 f.

20 Burton, *Nights*, Bd. 10. S. 164-66.

21 W. W.: doch habe ihm ein junger Osmane, der eine Zeitlang in Fez und Mequinez gewohnt habe, versichert, daß sie noch rezitiert würden. Ibid., S. 166 oben.

22 E. W. Lane, *An Account*, T. 2, Kap. 21-23.

23 W. W.: Sicher die *Sira* von Abu Zaid al-Hilali, von der im vorigen Kapitel die Rede war.

24 Macdonald, *The Earlier History of the Arabian Nights*, S. 370.

25 Vgl. dazu auch die von W. Walther, *Tausendundeine Nacht*, S. 59ff., anhand von Vergleichen der Urformen von Geschichten, die aus Anthologien der »hohen Literatur« in *Tausendundeine Nacht* aufgenommen wurden, mit den dortigen »zerzählten« Formen festgestellten Besonderheiten, wie: enorme Übertreibungen bei Zahlenangaben, unrichtige chronologische Einordnung historischer Gestalten, Vergeßlichkeit des Erzählers im Hinblick auf bereits Vorgetragenes (in einer Geschichte heiratet der Held dreimal hintereinander dieselbe Frau, sichtlich aus purer Unkonzentriertheit des Erzählers), generell unkonzentrierte Darstellung im Vergleich zu literarisch ausgefeilten Schilderungen derselben Handlung. Auch die Entwicklung von Handlungen größerenteils in Monologen und Dialogen, die einen auf mehrere Erzähler verteilten szenischen Vortrag, ein kleines Schauspiel, ermöglicht, ist sicher auf die ursprünglich mündliche Darbietung zurückzuführen.

26 W. W.: Wahrscheinlich, weil die Schriftkultur zunächst noch gar nicht so weit verbreitet, Lesen- und Schreibenkönnen noch nicht Allgemeingut war.

27 Über das Erzählen in der Türkei vgl. Wolfram Eberhard, *Minstrel Tales from South Eastern Turkey*, Berkeley, Los Angeles 1955; Ahmet O. Evin, *Origins and Development of the Turkish Novel*, Minneapolis 1983, S. 26, 30-39; Metin And, *Culture, Performance and Communication in Turkey*, Tokyo 1987, S. 74f., 110-14; EI^2, s. v. *Maddah*. W. W.: Als Fischer-Taschenbuch Nr. 2840 erschien ein Band *Türkische Märchen*.

28 Über die Erzähler in Persien vgl. Jiri Cejpek, *Die iranische Volksdichtung*, in: Jan Rypka, Iranische Literaturgeschichte, Leipzig 1959, S. 461-522; Elwell Sutton, *Collecting Folklore in Iran*, in: Folklore 93(1982), S. 98-104; Peter Chelkowski, *Popular Entertainment, Media and Social Change in Twentieth-Century Iran*, in: Peter Avery, Gavin Hambly (eds.), The Cambridge History of Iran, Bd. 7, Cambridge 1991, S. 766, 782f.; vgl. auch: Inge Höpfner (Hg.), *Märchen aus Persien*, Frankfurt am Main 1982; U. Marzolph (Hg.), *Persische Märchenminiaturen, erzählt von Maschdi Galin Chanum, niedergeschr. v. L. P. Elwell-Sutton*, Köln 1985.

29 John Malcolm, *Sketches of Persia*, London 1845, S. 175.

30 Vgl. Marshall S. G. Hodgson, *The Venture of Islam*, Chicago

1974, Bd. 2, S. 244-49; William Chittick, *The Sufi Path of Love. The Spiritual Teachings of Rumi.* Albany 1983. W. W.: vgl. auch Annemarie Schimmel, *Rumi, Ich bin Wind und du bist Feuer.* Leben und Werk des großen Mystikers, Köln, 3. Aufl. 1982, bes. S. 40ff.; dies., *Mystische Dimensionen des Islam.* Die Geschichte des Sufismus, Köln 1985, S. 438-62; Helmut Ritter, *Das Meer der Seele.* Mensch, Welt und Gott in den Geschichten des Fariduddin 'Attar, Leiden 1978.

31 C. J. Wills, *In the Land of the Lion and the Sun, or Modern Persia: Being Experiences of Life in Persia from 1866 to 1881*, London 1891, S. 44f.

32 W. W.: wörtlich »der mit dem Vorhang«.

33 Mary Ellen Page, *Professional Story-Telling in Iran: Transmission and Practice*, in: IS 12 (1979), S. 195-215.

34 M. Akar, *The Arab Story-Teller: Nacer Khemir and the Revival of a Tradition* in *the Arab Cultural Scene* (Literary Review, Special Supplement), London 1982, S. 105-09. W. W.: Ursula Assaf-Nowak, die 1969 in Freiburg i. Br. über arabische Volksmärchen promoviert hat, hat 1977 in Frankfurt am Main eine Auswahl *Arabische Märchen aus dem Morgenland* (Fischer-Taschenbuch) mit einem recht guten Vorwort herausgegeben.

35 Hasan El-Shamy, *Folktales*, S. xlviii.

36 Richard Hughes, *In the Lap of Atlas*, London 1979, S. 41.

37 Iain Finlayson, *Tangier: City of a Dream*, London 1992, S. 167.

Strassenunterhaltung

1 An historischen Darstellungen der islamischen Gesellschaften in vormoderner Zeit ist zu empfehlen M. G. S. Hodgson, *The Venture of Islam*, Chicago 1974; Ira M. Lapidus, *A History of Muslim Societies*, Cambridge 1988; W. W.: Claude Cahen, *Der Islam I. Vom Ursprung bis zu den Anfängen des Osmanenreiches*, Frankfurt am Main 1968; G. E. von Grunebaum (Hg.), *Der Islam II: Die islamischen Reiche nach dem Fall von Konstantinopel*, Frankfurt am Main 1971 (Fischer Weltgeschichte); Albert Hourani, *Die Geschichte der arabischen Völker*, Frankfurt am Main 1992; U. Haarmann (Hg.), *Geschichte der arabischen Welt*, 3. erw. Aufl., München 1994; Suraiya Faroqhi, *Kultur und Alltag im Osmanischen Reich.* Vom Mittelalter bis zum Anfang des 20. Jahrhunderts, München 1995.

2 W. W.: Die Littmannsche Übersetzung nach dem zweiten Kalkuttaer Druck hat dieses phantastisch wirkende Detail nicht, dafür fallen mir hier die implizierten sozialen Differenzen zwischen Muslims, Juden und Christen auf, die sehr lebensnah und historisch authentisch wirken.

3 W. W.: und Handwerker.

4 W. W.: und in et-Tanuchis *Freud nach Leid*-Anthologie.

5 Zur abbasidischen Geschichte vgl. Hugh Kennedy, *The Prophet and the Age of the Caliphates: The Islamic East to the Eleventh Century*, London 1986; Gaston Wiet, *Baghdad: Metropolis of the Abbasid Caliphate*, Norman, Okla 1974; M. M. Ahsan, *Social Life under the Abbasids*, London 1979; Jacob Lassner, *The Topography of Baghdad in the Early Middle Ages*, Detroit 1970; Louis Massignon, *The Passion of al-Hallaj, Mystic and Martyr of Islam*, Princeton 1982, V. I, bes. S. 224-94. W. W.: Original französ., 1924; Zu Bagdad und dem sozialen Leben im 8., 9., 10. Jahrhundert vgl. Adam Mez, *Die Renaissance des Islams*, Heidelberg 1922, ein äußerst lebendig geschriebenes Buch voller auf intensivem Quellenstudium beruhender interessanter Details und Anekdoten.

6 Oleg Grabar, *The Formation of Islamic Art*, New Haven, London 1973, S. 173.

7 W. W.: Enno Littmann, Bd. 6, S. 701f, sieht allerdings in dieser Geschichte, m. E. zu Recht, »Ortskenntnis« des Erzählers und hält sie für »wohl in spätbagdadischer Zeit entstanden und dem Harun-Kreis eingefügt«, ibid.

8 Haddawy, S. 67. W. W.: nach Littmann, der ja die Fassung aus der ägyptischen Rezension übersetzt: »syrische Äpfel, Jasmin und Wasserlilien aus Syrien«, allerdings auch »osmanische Quitten und Pfirsiche aus Oman«, »alexandrinische Kerzen«. In beiden Fassungen hat sich die Dame in einen Umhang aus dem irakischen Mossul gehüllt (I, 97). Daß es in Oman Pfirsiche gab, erscheint mir zweifelhaft. Der Raum Syrien/Libanon, auch Regionen der Türkei, sind jedenfalls für Früchte dieser Art bis heute bekannt, der Irak dürfte es kaum je gewesen sein.

9 W. W.: Ibn Dschubair, *Tagebuch eines Mekkapilgers*, a. d. Arab. übertr. u. bearb. v. Regina Günther, Stuttgart 1985, S. 162.

10 Zur Geschichte der Mamluken in Ägypten und Syrien vgl. Robert Irwin, *The Middle East in the Middle Ages: The Early Mamluk Sultanate 1250-1382*, Beckenham, Kent 1986; P. M. Holt, *The Age of the Crusades: The Near East from the Eleventh Century to 1517*, London 1986; U. Haarmann, *Der arabische Osten im spä-*

ten Mittelalter 1250-1517, in: ders. (Hg.), Geschichte der arabischen Welt. 3. Aufl., München 1994, S. 217-263. Über das mittelalterliche Kairo vgl. Gaston Wiet, *Cairo: City of Art and Commerce*, Norman, Okla. 1964; S. D. Goitein, *Cairo, An Islamic City in the Light of the Geniza Documents*, in: I. M. Lapidus, Middle Eastern Cities, Berkeley, Los Angeles 1969, S. 80-96; I. M.-Lapidus, *Muslim Cities in the Later Middle Ages*, Cambridge, Mass. 1967.

11 W. W.: Nicht bei Littmann, nach der Ausgabe der *Alf Laila wa-Laila* von Muhsin Mahdi, Bd. I, S. 318 von mir übersetzt; englische Übersetzung durch Husain Haddawy, S. 241, differiert.

12 W. W. Nach: Edward William Lane, *Sitten und Gebräuche der heutigen Egypter.* A. d. Engl. übs. v. J. Th. Zenker, Leipzig 1856, II, S. 147f., vgl. auch Edward William Lane (Transl.), *The Thousand Nights and One Night, Commonly Called in England The Arabian Nights' Entertainments*, London 1877, Bd. 1, S. 67.

13 Richard Burton, *Supplemental Nights*, Bd. 2, S. 72.

14 W. W.: Nicht bei Littmann, nach Haddawy/Mahdi I, S. 317f., von mir übersetzt.

15 Ibn Khaldun, *The Muqaddimah: An Introduction to History*, transl. Franz Rosenthal, London 1958, Bd. 2, S. 69.

16 Zum erstaunlicherweise vernachlässigten Thema des professionellen Furzers vergleiche jetzt Shmuel Moreh, *Live Theatre and Dramatic Literature in the Medieval Arabic World*, S. 65f. Es ist erstaunlich, daß sich Burton bei seinem riesigen Interesse an dem Thema im allgemeinen in seinen Anmerkungen darauf beschränkt, über Amateure zu sprechen.

17 W. W.: Die Geschichte steht bei Li III, S. 492-97, nach dem ersten Kalkuttaer Druck und spielt in dieser Version in Bagdad. Hier ist nur von den Tänzern und Trommlern die Rede, nicht von den Banu Sasan, den Bären- oder Affenführern. Wohl aber wird deutlich, daß die Trommler und Tänzer sozial verachtet werden.

18 Vgl. zu den Banu Sasan Clifford Edmund Bosworths wunderbares Buch *The Medieval Islamic Underworld*, Bd. 1, 2, Leiden 1976. W. W.: Auch in den *Makamen* des Hariri, dem berühmtesten Werk der arabischen Kunstprosa, spielen die Banu Sasan, die Bettlerzunft, mit ihrer Gerissenheit eine wichtige Rolle.

19 Bis heute gibt es weder eine gute Textedition von al-Gaubaris eigenartigem Meisterwerk noch eine wissenschaftliche Übersetzung. Die Ausgaben al-Gaubari, *Kasf al-Asrar*, Kairo 1918 (?) und Abd al-Rahmane al-Djaubari, *Le voile arraché: L'autre visage de l'Is-*

lam, transl. René R. Khawam, Bd. 1, 2, Paris 1979, sollten mit Vorsicht genutzt werden. Zu al-Dschaubari vgl. S. Wild, *Jugglers and Fraudulent Sufis*, in Proceedings of the VI.th Congress of Arabic and Islamic Studies, Stockholm 1975, S. 58-63; Bosworth, *Medieval Islamic Underworld*, Bd. 1, S. 106-18; EI^2, s. v. *al-Djaubari*. W. W.: Mir liegen zwei, sich unwesentlich voneinander unterscheidende, Drucke vor: *Al-Muhtar fi Kasf al-Asrar*, Damaskus 1885 und Kairo 1906, schmale Bändchen, die jedenfalls längst nicht alles enthalten, was der Khawamsche französische Text besagt. Khawam (Bd. 1, S. 9) klagt über den »einzigen erhältlichen« »zensierten Druck« aus Kairo und gibt als Grundlage seiner »vollständigen Übersetzung« 4 alte Handschriften an, von denen er aber nicht eine näher definiert.

20 Über mittelalterliche arabische Geisterbeschwörung vgl. S. Wild, *Jugglers and Fraudulent Sufis*, und ders., *A Juggler's Programme in Medieval Islam*, in: La Signification du bas moyen age dans l'histoire et la culture du monde musulman: Actes du 8ième congrés de l'Union Européenne des Arabisants et Islamisants, Aix en Provence 1976, S. 161-72.

21 Muhammad Abu Bakr az-Zahruri, *Zahr al-Basatin fi 'Ilm al-Masatin*, Brit. Libr., Suppl., MS 1210, f. 42a-b.

22 Ibid., f. 92b-93b.

23 L. Massignon, *Passion of al-Hallaj*, V. 1, S. 155-61.

24 W. W.: Gegenüber dem Text von Irwin geändert nach EI^2, s. v. Ikhwan al-Safa'.

25 Du Camp wird bei Francis Stegmuller (transl. a. ed.), *Flaubert in Egypt*, London 1972, S. 87-89, genannt.

26 Zu Muzaffar al-Haggi vgl. Irwin, *Middle East*, S. 133f.

27 Vgl. dazu Moreh, *Live Theatre*.

28 Littmann, Bd. 3, S. 211, hat, wie schon Burton, *Nights*, Bd. 4, S. 193, den arabischen Text falsch verstanden, vgl. die Ausgabe *Alf Laila wa-Laila*, Bulaq 1252, Bd. 1, S. 487.

29 Vgl. zum Schattenspiel Paul Kahle, *The Arabic Shadow Play in Medieval Egypt (Old Texts and Old Figures)*, in Journal of the Pakistan Historical Society (1954), S. 85-115; ders., *The Arabic Shadow Play in Egypt*, in: JRAS 1940, S. 21-34; M. M. Badawi, *Medieval Arabic Drama: Ibn Daniyal*, in JAL 13 (1982), S. 83-107; S. Moreh, *The Shadow Play (Khayal az-Zill) in the Light of Arabic Literature*, in JAL 18(1987), S. 46-61; P. Kahle, D. Hopwood, M. Badawi (ed.), *Three Shadow Plays by Ibn Daniyal*, Cambridge 1992; S. Moreh, *Live Theatre*; W. W.: Zum Volkstheater vgl. M. Woidich, J. M. Lan-

dau, *Arabisches Volkstheater in Kairo im Jahre 1909. Ahmad ilFar und seine Schwänke*, Beirut 1993, und die Rezension dazu von W. Walther in ZDMG 146(1996), S. 223 f.

Das Volksleben mit seinen Niederungen

1 Es gibt sehr wenig Sekundärliteratur über Kriminalität im mittelalterlichen Vorderen Orient. Vgl. aber C. E. Bosworth, *The Medieval Islamic Underworld*, Bd. 1, 2, Leiden 1976; Muhammad Ragab an-Naggar, *Hikayat as-Suttar wa-l-'Ayyarun fi t-Turat al-'arabi*, Kuweit 1981; EI², s. v. *Liss*; zu Kriminalliteratur vgl. F. Malti-Douglas, *Classical Crime Narratives: Thieves and Thievery in Adab Literature*, in JAL 19(1988), S. 108-27; dies., *The Classical Arabic Detective*, in Arabica 35(1988), S. 59-81; einige äußerst interessante Bemerkungen über die mittelalterlichen arabischen Wurzeln bestimmter detektivischer Techniken finden sich in Carlo Ginzburg, *Spurensicherung: Wurzeln eines überzeugenden Paradigmas* in seinem Buch: *Spurensicherungen. Über verborgene Geschichte, Kunst und soziales Gedächtnis*, München 1988.

2 Al-Mas'udi, *The Meadows of Gold: The Abbasids*, transl. and ed. by Paul Lunde and Caroline Stone, London 1989, S. 356f.

3 Ch. Pellat, *Arabische Geisteswelt*. S. 234.

4 Al-Mas'udi, *Meadows*, S. 348; vgl. auch S. 350, 356.

5 Ibid., S. 150, S. 154f, 156f., 160f. Zur städtischen Miliz und verwandten Gruppen vgl. C. Cahen, *Mouvements populaires et autonomisme urban dans l'Asie musulmane du Moyen Age*, in Arabica 5 (1958), S. 225-50, 6(1959), S. 223-65.

6 Zu diesen und anderen Kriminalskandalen vgl. Ulrich Haarmann, *Quellenstudien zur frühen Mamlukenzeit*, Freiburg i. Br. 1969, S. 172f.; W. W.: und die dort angegebene arabische Quelle.

7 'Abd al-Latif al-Baghdadi, *The Eastern Key: Kitab al-Ifadah wa-'l-I'tibar*, transl. Kamal Hafuth Zand a. John a. Ivy E. Videan, London 1965, S. 223-79. Man erfährt aus der Einleitung zu dieser Edition (Arabisch und Englisch auf gegenüberliegenden Seiten), daß 'Abd al-Latif Hunderte von Jahren nach seinem Tod, in dem verzweifelten Wunsch, sein Buch wieder in Umlauf zu setzen, während einer Séance in London unter der Leitung einer Mrs. Ray Welch zu den Videans Kontakt aufnahm.

8 Al-Maqrizi, *Le Traité des famines de Maqrizi*, transl. Gaston Wiet, Leiden 1962, S. 37.

9 Zur *Sira*, dem Roman von az-Zahir Baibars, vgl. E. W. Lane, *An Account of the Manners*, London 1836, S. 367-80; H. Wangelin, *Das arabische Volksbuch vom König az-Zahir Baibars*, Stuttgart 1936; M. C. Lyons, *The Sirat Baybars*, in Orientalia Hispanica 1(Leiden 1974), S. 490-503; die *Sira* wurde in 48 Teilen in Kairo 1908-09 gedruckt. *Les Enfances de Baibars*, transl. Georges Boulas et Jean-Patrick Guillaume, Paris 1985, ist der erste Band einer Übersetzung nach einer syrischen Handschrift.

10 *The Subtle Ruse: The Book of Arabic Wisdom and Guile*, London, The Hague 1980.

11 Zu Tufailis und der Wissenschaft des Schmarotzertums vgl. Ahmad Ibn 'Ali al-Hatib al-Bagdadi, *At-Tatfil wa-Hikayat at-Tufailiyyin*, Damaskus 1927; al-Mas'udi, *Meadows*, S. 303-05; ders., *Les Prairies d'Or*, ed. et transl. C. Barbier de Meynard, Paris 1874, Bd. 8, S. 13-19; EI^1, s. v. *Tufayli.* Abu Zaid, der pikareske Held aus Hariris Maqamen, war natürlich ein Tufaili par excellence. W. W.: Vgl. auch die deutsche Nachgestaltung von Friedrich Rückert, *al-Hariri, Die Verwandlungen des Abu Seid von Serug*, hg. v. Wiebke Walther, Leipzig 1989, und das Vorgängerwerk von al-Hamadani in der deutschen Übertragung von Gernot Rotter, *Vernunft ist nichts als Narretei*, Tübingen, Stuttgart 1978.

12 Vgl. die Analyse von Wiebke Walther, in: Oriens 32(1990), S. 166 ff.

13 Zum Zyklus der Kriminalgeschichten, die in *Tausendundeine Nacht* inkorporiert wurden, vgl. Nikita Elisséeff, *Thèmes et motifs*, S. 51; Mia Gerhardt, *The Art of Story-Telling*, Leiden 1963, S. 167-90; André Miquel, *Sept contes des Mille et une nuits, ou Il n'y a pas de contes innocents*, Paris 1981, S. 51-78.

14 W. W.: die ägyptische Rezension von.

15 W. W.: In der Berliner Staatsbibliothek findet sich eine Handschrift mit dem Volksroman über die, die Enno Littmann in seiner zuweilen abmildernden Übersetzung die »listige Dalila« nannte, eine längere Geschichte als die aus *Alf Laila wa-Laila*. Wörtlich ist *Dalila al-muhtala* »Dalila, die Gaunerin«.

16 Zu Diebeszünften in mittelalterlicher und in osmanischer Zeit vgl. Lane, *Manners and Customs*, S. 113; Bernard Lewis, *The Islamic Guilds*, Economic Review 8(1937/8), S. 35; Gabriel Baer, *Egyptian Guilds in Modern Times*, Jerusalem 1964, S. 9, 13, 35, 81; ders., *Fellah and Townsman in the Middle East*, London 1982, S. 151.

17 Vgl. zur Futuwwa C. Cahen, *Mouvements populaires*; EI^2, s.v. *Futuwwa*. Das akademische Interesse hat sich allerdings bisher aus-

schließlich auf die ehrenvolle Seite der Futuwwa konzentriert. W. W.: Vgl. auch Franz Taeschner, *Zünfte und Bruderschaften im Islam*. Zur Geschichte der Futuwwa. Zürich, München 1979. – Die Futuwwat spielen als Schlägertruppen im Kairo dieses Jahrhunderts in manchen Erzählungen und Romanen von Nagib Machfus eine Rolle, z.B. in der Erzählung *Die Einöde*, in: Nagib Machfus, *Die Moschee in der Gasse*, hg. u. übs. v. W. Walther, Leipzig 1978, 1989, S. 84ff., auch in seinem Roman *Malhamat al-Harafis*, Kairo 1977 u. ö.

18 Zu feindlichen Berichten über die Futuwwa vgl. I. Goldziher, *Eine Fetwa gegen die Futuwwa*, in ZDMG 73(1919), S. 127f.; außerdem Joseph Schacht, *Zwei neue Quellen zur Kenntnis der Futuwwa*, in Festschrift Georg Jacob, Leipzig 1932, S. 276-87; Idris b. Baidakin b. 'Abdallah at-Turkumani, *Kitab al-Luma' fi l-Hawadit wa-l-Bida'*. Eine Streitschrift gegen unstatthafte Neuerungen, ed. S. Labib, Wiesbaden 1986, S. 54-62, 113-19.

19 Über Schuttar (Suttar) vgl. L. Massignon, *The Passion of al-Hallaj, Mystic and Martyr of Islam*, Princeton 1982, Bd. 1, S. 270f.; I. M. Lapidus, *Muslim Cities in the Later Middle Ages*, Cambridge, Mass. 1967, S. 272; al-Turkumani, *Kitab al-Luma'*, S. 63-68; al-Naggar, *Hikayat as-Suttar wa-l-'Ayyarin fi t-Turat al-'arabi*, al-Kuwait 1981.

20 Vgl. zu dieser Sekte Bernard Lewis, *Die Assassinen: zur Tradition des religiösen Mordes im Islam*, Frankfurt am Main 1989.

21 Zu den Zu"ar vgl. I. M. Lapidus, *Muslim Cities*, S. 153-64, 173-77.

22 W. W.: Sie sind in der Folge mehrerer Generationen die Helden in: Nagib Machfus' oben genanntem umfangreichen Roman *Malhamat al-Harafis*, Kairo 1977 u. ö.

23 Zu Bettleretikette vgl. S. Khulusi, *Didactic Verse*, in: M. L. J. Young, J. D. Latham, R. B. Serjeant (eds.), *Religion, Learning and Science in the Abbasid Period*, Cambridge 1990, S. 498-509, bes. S. 506. W. W.: Vgl. auch mein Nachwort zu Friedrich Rückert, *al-Hariri, Die Verwandlungen des Abu Seid von Serug*, Leipzig 1989.

24 W. W.: hier die *Banu Sasan*.

25 Charles Pellat, *Arabische Geisteswelt*, S. 410f.

26 Lane, *Manners*, S. 299.

27 Zu Drogengenuß vgl. Franz Rosenthal, *The Herb: Hashish versus Medieval Muslim Society*, Leiden 1971; Sami-Ali, *Le Haschisch en Egypte: Essai d'anthropologie psychanalytique*, Paris 1988; Mi-

chael Dols, *Majnun: The Madman in Medieval Islamic Society*, Oxford 1992.

28 Zum Drogenkonsum der Sufis vgl. J. Spencer Trimingham, *The Sufi Orders in Islam*, Oxford 1971, S. 199n; Annemarie Schimmel, *Mystische Dimensionen des Islam. Die Geschichte des Sufismus*, Köln 1985, S. 360, 472, 475; Peter Lamborn Wilson, *Scandal: Essays in Islamic Heresy*, New York 1988, S. 195-213.

29 Zu Wein und seinem Lobpreis im Vorderen Orient vgl. Wilson, *Scandal*, S. 123-55; F. Harb, *Wine Poetry (Khamriyyat)*, in Julia Ashtiany, T. M. Johnstone, J. D. Latham, R. B. Serjeant, G. Rex Smith (eds.), *Abbasid Belles Lettres*, Cambridge 1990, S. 219-34; Dols, *Majnun*, S. 104 f.; EI^2, s. v. *Khamr.*

30 W. W.: Vgl. dazu auch Ewald Wagner, *Grundzüge der klassischen arabischen Dichtung*, Darmstadt 1988, Bd. II, S. 34-45, Weindichtung.

31 *The Assemblings of al-Hariri Retold by Amina Shah*, London 1980, S. 51.

32 Zum Glücksspiel vgl. Franz Rosenthal, *Gambling in Islam*, Leiden 1975; EI^2, s. v. *Kimar.*

33 W. W.: Vgl. dazu Reinhold Wieber, *Das Schachspiel in der arabischen Literatur*, Walldorf-Hessen 1972.

34 Zur Polizei und zum Gesetzesvollzug vgl. Reuben Levy, *The Social Structure of Islam*, Cambridge 1969, S. 331-8; Lapidus, *Muslim Cities*, S. 270.

35 Zu Hinrichtungen vgl. Adam Mez, *Die Renaissance des Islams*, Heidelberg 1922, S. 347 ff.; Max Meyerhof a. Joseph Schacht, *The Theologus Autodidactus of Ibn al-Nafis*, Oxford 1968, S. 81 f.; Boaz Shoshan, *Popular Culture in Medieval Cairo*, Cambridge 1993, S. 5, 6.

Sexuelle Fiktionen

1 W. W.: in der späten ägyptischen Fassung.

2 W. W.: in der frühen syrischen von Mahdi edierten sind es »nur« 98, so daß nun auf hundert aufgerundet werden kann.

3 Zum vermutlichen Wahnsinn von Schehrijar und zu Schehrezads Rolle als mittelalterlicher Psychoanalytikerin vgl. Kap. 9. Auch wenn Michael Dols in seinem Buch *Majnun: The Madman in Medieval Islamic Society*, Oxford 1992, S. 172, eine französische Quelle des 18. Jahrhunderts aufführt, die besagt, daß Insassen von

Kairoer Irrenhäusern Geschichten erzählt wurden, gibt es kaum Beweise dafür, daß im mittelalterlichen Vorderen Orient das Erzählen für therapeutische Zwecke genutzt wurde. W. W.: Vgl. die Zusätze zu Anm. 25 und 26 in Kap. 9. Daß Malerei ebenso wie Musik therapeutisch eingesetzt wurden, findet sich verschiedentlich in klassischer arabischer Literatur; Malerei in *Tausendundeiner Nacht* in der vermutlich aus Persien stammenden *Geschichte von Ardaschir und Hajat en-Nufus*, Li V, S. 7-86, vgl. Wiebke Walther in: *Märchenprinzessinnen in Tausendundeiner Nacht,* S. 95; zu Gesang als Therapeutikum, auch als Sozialtherapeutikum, vgl. Wiebke Walther, *Die Frau im Islam*, Leipzig 1997, S. 124f.

4 Vgl. Rana Kabbani, *Europe's Myths of Orient: Devise and Rule*, London 1986, S. 48.

5 Die Sekundärliteratur über Sexualität in arabischen Ländern ist ziemlich umfangreich. Vgl. besonders Salah ad-Din al-Munaggid, *Al-Hayat al-Ginsiyya 'inda l-'Arab*, Beirut 1958; Afaf Lutfi al-Sayyid Marsot (ed.), *Society and the Sexes in Medieval Islam*, Malibu 1979; B. F. Musallam, *Sex and Society in Islam: Birth Control before the Nineteenth Century*, Cambridge 1983; Abdelwahab Bouhdiba, *Sexuality in Islam*, London 1985; W. W.: stärker um die Rolle der Frau in den islamischen Gesellschaften generell geht es in Fedwa Malti-Douglas, *Woman's Body – Woman's Word: Gender and Discourse in Arabo-Islamic Writing*, Princeton 1991 (vgl. dazu die kritische Rezension von W. Walther, in JAL 24(1993), S. 205ff.); Nikkie R. Keddie, Beth Baron (ed.), *Women in Middle Eastern Societies: Shifting Boundaries in Sex and Gender*, New Haven, London 1991; W. Walther, *Die Frau im Islam*, Leipzig, auch Stuttgart, Berlin u.a. 1980, 1983; 3. überarb. Aufl., Leipzig 1997, zur Erotik/Sexualität speziell das Kapitel *In der Liebe ist Süße und Bitternis*, S. 131-161; Artikel *Bah*, *Djins*, in EI².

6 W. W.: Jüdinnen und Christinnen haben ihn aber wohl meist getragen, denn wenn einmal bei der Mehrheit der Frauen ein Schamgefühl für das Gesicht anerzogen worden ist, dann schließen sich Minderheiten nicht aus, dann ist dieses Schamgefühl stärker kulturkreisspezifisch als religionsspezifisch. Auch Frauen jenseits der Menopause, die dem Koran zufolge keinen Schleier mehr zu tragen brauchen, haben ihn schon aus Eitelkeit weiter getragen. Jüdinnen und Christinnen erkennt man in Geschichten aus *Tausendundeiner Nacht* auch daran, daß von ihrem Schleier eine besondere Farbe angegeben wird. Dies war, zum Zeichen der Unterscheidung, Vorschrift.

7 Vgl. S. D. Goitein, *A Mediterranean Society*, Berkeley, Los Angeles 1988, S. 308.

8 Vgl. dazu Musallam, *Sex and Society.*

9 W. W.: Vgl. dazu Walther, *Die Frau im Islam*, 3. Aufl., S. 24 f.; dies., *Die Frau im Islam*, in: P. Antes u. a., Der Islam. Religion – Ethik – Politik, Stuttgart, Berlin, Köln 1991, S. 98 f.

10 W. W. deutsche Teilübersetzungen durch Hans Wehr, den Herausgeber der Handschrift: *Wunderbare Erlebnisse, seltsame Begebnisse, Arabische Erzählungen*, Hattingen/Ruhr 1959, (5 Erzählungen); und Max Weisweiler, *Arabische Märchen*, Bd. 1, Köln 1965 (8 Erzählungen).

11 W. W.: Vgl. EI^2, s. v. *Hur.*

12 Zu den *al-Hikayat al-'agiba* vgl. Kap. 3; W. W.: deutsche Übersetzung der *Geschichte von den vierzig Jungfrauen* in Max Weisweiler (Hg. u. Übs.), *Arabische Märchen*, Bd. 1, Köln 1965, S. 69-89 (Nr. 3).

13 Über Erotica vgl. Manfred Ullmann, *Die Medizin im Islam*, Leiden 1970, S. 193-98; Munaggid, *Al-Hayat al-ginsiyya*, bes. S. 149-72; Bouhdiba, *Sexuality*, S. 140-58; Luce López- Baralt, *Un Kama Sutra espanol*, Madrid 1992, enthält sowohl den Text, den ein spanisch-muslimischer Exilant in Tunesien im 17. Jahrhundert geschrieben hat, der jetzt der wichtigste Essay arabischer erotischer Literatur ist, als auch die Kenntnis dieser Literatur im mittelalterlichen Westen.

14 Zu at-Taifasi vgl. Ahmad at-Taifasi, *Surur an-nafs*, ed. Ihsan 'Abbas, Beirut 1980; Ahmad al-Tifachi, *Les Délices des coeurs*, transl. René R. Khawam, Paris 1981; Musallam, *Sex and Society*, S. 91-93; Munaggid, *Al-Hayat al-ginsiyya*, S. 161.

15 'Ali al-Bagdadi, *Les Fleurs éclatantes dans les baisers et l'accolement*, transl. René Khawam, Paris 1973. Auch wenn Khawam nichts darüber sagt, scheint er die Handschrift der Pariser Nationalbibliothek MS arabe 3671 des *Kitab az-Zahr al-aniq* übersetzt zu haben.

16 Zu an-Nafzawi vgl. *The Perfumed Garden of the Shaykh Nefzawi*, transl. Sir Richard Burton, ed. Alan Hull Walton, London 1963; an-Nafzawi, *The Glory of the Perfumed Garden: The Missing Flowers*, London 1975; Burtons Übersetzung von an-Nafzawi ist in Wirklichkeit eine plagiarisierte Form einer früheren französischen Übersetzung. Die ältere Literatur versieht an-Nafzawi mit einer falschen Datierung. Zur korrekten zeitlichen Einordnung vgl. Robert Brunschvig, *La Berberie orientale sous les Hafsides*, Paris

1947, S. 372 f. W. W.: Es gibt verschiedene deutsche Übersetzungen nach dem Englischen oder auch Französischen, leider meist ohne Angabe, was der deutschen Übersetzung zugrunde gelegt wurde, z. B.: *Der duftende Garten des Scheich Nefzawi.* Die arabische Liebeskunst, verbunden mit zugehörigen Texten aus der erotischen Dichtung der Araber: Al agani, Alf laila wa laila, al iqd al farid, Al mustatraf, Nafhat al jaman (so!), München 1966.

17 Richard Ettinghausen, *Arab Painting*, New York 1977, S. 32.

18 Bouhdiba, *Sexuality*, S. 75, 171, 202 f. W. W.: Hinterteile spielen z. B. auch noch in der Kairoer Romantrilogie (1956/7) des ägyptischen Literaturnobelpreisträgers Nagib Machfus (geb. 1911) als erotisch aufreizend eine wichtige Rolle. Moderne arabische Dichtung dagegen besingt eher Liebe als Gefühl und die psychisch-geistigen Qualitäten von Frauen.

19 Zum *Tasmin* vgl. Bouhdiba, *Sexuality*, S. 202; vgl. auch Huda Lutfi, *Manners and Customs of Fourteenth-Century Cairene Women: Female Anarchy versus Male Shar'i Order in Muslim Presckriptive Treatises*, in Keddie, Baron, *Women*, S. 110; W. W.: W. Walther, *Die Frau im Islam*, 3. Aufl., S. 184.

20 W. W.: Vgl. dazu W. Walther, *Märchenprinzessinnen in Tausendundeiner Nacht*, in: Frederick de Jong (ed.), *Verse and the Fair Sex*, Studies in Arabic Poetry and the Representation of Women in Arabic Literature, Utrecht 1993, S. 92-100, und dies., *Das Bild der Frau in Tausendundeiner Nacht*, in Hallesche Beiträge zur Orientforschung (4)1982, S. 69-91, auch dies., *Tausendundeine Nacht*, S. 75 ff.

21 W. W.: vgl. aber dazu schon für das Bagdad des 9./10. Jahrhunderts Adam Mez, *Die Renaissance des Islams*, S. 336 f.

22 Zu den *Gulamiyyat* vgl. auch Ahmad Abd ar-Raziq, *La Femme au temps des Mamlouks en Egypte*, Kairo 1973, S. 183; Bouhdiba, *Sexuality*, S. 201.

23 Vgl. Ibn Khaldun, *The Muqaddimah: An Introduction to History*, transl. Franz Rosenthal, London 1958, Bd. 2, S. 295 f.

24 Über Homosexualität im mittelalterlichen Vorderen Orient vgl. EI^2, s. v. *Liwat*. Burtons Theorien über die »sotadische Zone« in seinem *Terminal Essay* in Band 10 seiner Übersetzung besagen nur eine Menge über Burtons Phobien.

25 Über die Unterscheidung zwischen aktiver und passiver Homosexualität und die letztere als Krankheit vgl. Franz Rosenthal, *Ar-Razi on the ›Hidden Illness‹*, in Bulletin of the History of Medicine 52(1978), S. 45-60; Dols, *Majnun*, S. 95-99; Zu einer ähnlichen

Unterscheidung in einer vorislamischen Kultur vgl. K. J. Dover, *Greek Homosexuality*, London 1979.

26 Eine Übersetzung gibt es bei R. Khawam, vgl. oben, Anmerkung 14; aber da Khawam es unterläßt, die Handschrift preiszugeben, die er übersetzt, ist es unmöglich, die Genauigkeit der Übersetzung zu überprüfen; vgl. aber al-Munaggid, *Al-Hayat al-ginsiyya*, S. 161.

27 W. W.: Von Littmann, Bd. III, S. 576f., als »zu abstoßend« nicht übersetzt. Die Gelehrte entschuldigt sich anschließend für ihre unweiblichen Worte.

28 W. W.: Vgl. dazu aber W. Walther, *Die Frau im Islam*, Kapitel *In der Liebe ist Süße und Bitternis*, S. 150ff, bes. S. 151. Der Historiker at-Tabari berichtet, daß der Abbasidenkalif Musa al-Hadi seinen Höflingen die abgeschlagenen, mit Diademen geschmückten Köpfe zweier Lesbierinnen präsentierte, die bei ihrem Tun im Harem ertappt wurden, sicher als abschreckendes Beispiel.

29 W. W.: Ich habe hier den Vf. korrigiert. Nach K. Schubarth-Engelschall, *Johann Leo Africanus, Beschreibung Afrikas*, Leipzig, 1984, S. 11, wurde Leo Africanus 1492 geboren, seine Beschreibung Afrikas erschien 1526 in Italien; er beschreibt also Verhältnisse aus dem ersten Viertel des 16. Jahrhunderts, nicht Ende des 15. Jahrhunderts, wie Vf. hier sagt. Die Stelle über die lesbischen Wahrsagerinnen in Fez steht a.a.O. S. 122f. – Zu Lesbiertum allgemein vgl. Bouhdiba, *Sexuality*, S. 44f.

30 W. W.: Vermutlich eine »würzende« Zugabe von Richard Burton. In der Littmannschen Übersetzung findet sich nichts dergleichen.

31 W. W.: Auch dies scheint von Burton zu stammen, es findet sich bei Littmann nicht.

32 W. W.: Von ihr heißt es: »Sie war eine grauhaarige Alte mit blauen Augen – die nach Meinung der Muslime Unglück bringen – und einer großen Nase, ein Schrecken der Schrecken, das häßlichste Geschöpf, das es nur geben konnte; ihr Gesicht war pockennarbig, sie hatte keine Augenbrauen, die Zähne waren ihr abgebrochen, die Wangen voller Runzeln, ihr Haar war grau, ihre Nase troff, und ihr Mund floß ihr über von Geifer« (Li V, S. 416).

33 Pellat, *Arabische Geisteswelt*. S. 427.

34 Al-Mas'udi, *The Meadows of Gold*. S. 264. (W. W.: El-Dschahiz erklärt aber auch das Verhalten der Sängersklavinnen aus ihrer sozialen Situation und ihrer Umgebung, die ihnen gar nichts anderes übrigließe, als so zu leben).

35 Robert Irwin, *The Middle East in the Middle Ages: The Early Mamluk Sultanate 1250-1382*, Beckenham, Kent 1986, S. 130, 133.

36 Zur Prostitution vgl. Abd ar-Raziq, *La Femme*, S. 48f; Bouhdiba, *Sexuality*, S. 189-95; EI^2, s. v. *Bigha'*. W. Walther, *Die Frau im Islam*, 3. Aufl., S. 86f.

37 W. W.: Leo Africanus (s. Anm. 29), S. 75, berichtet darüber, daß die »Französische Krankheit« (um dieselbe Zeit) »in der Berberei sehr weit verbreitet« sei, sie sei »von den Juden eingeschleppt« worden, »die durch König Ferdinand aus Spanien vertrieben« worden waren. »Man hält es für zweifelsfrei, daß die Seuche aus Spanien kam, und nennt sie daher die Spanische Krankheit. In Tunis, wo sie einige Zeit sehr gewütet hat, in Ägypten und Syrien heißt sie, wie in Italien, die Französische Krankheit.«

38 Zum *Udar* vgl. EI^2, s. v. *Liwat*.

39 Bernard Lewis, *Race and Slavery in the Middle East*, Oxford 1990, S. 20.

40 W. W.: Es gab auch die Ansicht, eine freie Frau könne sich ihn verbitten, eine Sklavin dagegen nicht. Die empfängnisverhütende Wirkung des Koitus interruptus war bekannt, vgl. W. Walther, *Die Frau im Islam*, 3. Aufl., S. 135f.

41 Über den Adab der Liebe vgl. Lois Anita Giffen, *Theory of Profane Love among the Arabs*, London, New York 1972; vgl. auch W. Walther, *Die Frau im Islam*, 3. Aufl., Kap. *In der Liebe ist Süße und Bitternis*, S. 131-161.

42 W. W.: und sie in die Arme schließt. Auch sie wird im selben Moment vom Tod ereilt.

43 Über die Banu 'Udhra vgl. E. Littmann, Bd. II, S. 32, Anm. 1; Giffen, *Theory*, S. 29, 33, 75; J. C. Bürgel, *Love, Lust and Longing: Eroticism in Early Islam as Reflected in Literary Sources*, in: A. Lutfi as-Sayyid-Marsot (ed.), *Society and the Sexes in Early Islam*, S. 91-96; A. Hamori, *Love Poetry (Ghazal)*, in: Julia Ashtiany, T. M. Johnstone, J. D. Latham, R. B. Serjeant, G. Rex Smith (eds.), Abbasid Belles-Lettres, Cambridge 1990, S. 205f.; vgl. auch *Die Geschichte der Liebenden aus dem Stamme der 'Udhra*, Li III, S. 424ff; und Li IV, S. 641ff. W. W.: Vgl. jetzt auch Susanne Enderwitz, *Liebe als Beruf, Al-'Abbas Ibn al-Ahnaf und das Gazal*, Beirut 1995; W. Walther, *Die Frau im Islam*, 3. Aufl., S. 131-161. Heinrich Heines »Denn ich bin vom Stamme jener Asra, die da sterben, wenn sie lieben« aus dem *Romanzero* nimmt auf sie Bezug.

1 W. W.: Zu Balinus für zwei verschiedene Männer namens Apollonius, vgl. M. Plessner in: EI², s. v. *Balinus*.
2 Jorge Luis Borges, *Die Erzählkunst und die Magie*, in: ders., Ausgewählte Essays, Frankfurt am Main, 1982, S. 27-38, bes. S. 34.
3 Brauchbare Literatur über islamischen Okkultismus ist nicht leicht zu finden. Auch wer Arabisch kann, ist kaum besser daran. Vgl. aber Edmond Doutté, *Magie et religion dans l'Afrique du nord*, Algiers 1908; Paul Kraus, *Jabir Ibn Hayyan: Contribution à l'histoire des idées scientifiques dans l'Islam*, Bd. 1, 2, Cairo 1942-3; Manfred Ullmann, *Die Natur- und Geheimwissenschaften im Islam*, London 1972; Sylvie Matton (ed.), *La Magie arabe traditionelle*, Paris 1977; EI², s. v. *Sihr*; Armand Abels *La Place des sciences occultes dans la décadence*, in: R. Brunschvig und G. E. v. Grunebaum (eds.), *Classicisme et déclin culturel dans l'histoire de l'Islam*, Paris 1957, S. 291-311, ist ein außergewöhnlich anregender Überblick.
4 Tanya Luhrmann, *Persuasions of the Witch's Craft*, Oxford 1989, S. 87.
5 (Pseudo-)al-Magriti, *Gayat al-Hakim*, ed. H. Ritter, Leipzig, Berlin 1933, S. 139f.; David Pingree (ed.), *Picatrix: The Latin Version of the Ghayat al-Hakim*, London 1986; die mittelalterliche lateinische Übersetzung übergeht diese Anekdote und begnügt sich mit der Bemerkung: »eorum tanta fuere mirabilia que si narrare vellemus essent auditoribus et narrantibus difficilia« (»sie haben solche Wunderdinge, daß es das Auditorium wie die Erzähler schwer ankäme, wollte man sie erzählen.« Vgl. auch Ibn Khaldun, *The Muqaddimah: An Introduction to History*, transl. Franz Rosenthal, London 1958, Bd. 1, S. 221; Ibn an-Nadim, The Fihrist of al-Nadim, ed. Richard Dodge, New York 1970, Bd. 2, S. 753. Zu einigen interesssanten Gedanken über den Hintergrund von Teilen des seltsamen und höchst unheimlichen Texts von Pseudo-Magriti vgl. J. Hjarpe, *Analyse critique des traditions arabes sur les Sabeens harraniens*, Uppsala 1972. – W. W.: Vgl. EI², s. v. Madjriti.
6 Über al-Ma'mun und die Pyramiden vgl. Richard Burton, *A Plain and Literal Translation of the Arabian Nights' Entertainments*, Bd. 5, S. 105-7; Ulrich Haarmann (Hg.), *Das Pyramidenbuch des Abu Ga'far al-Idrisi*, Beirut 1991 (Arab. Text), S. 128f.
7 Richard Burton, *Supplemental Nights*, Bd. 6, S. 135-42; A. Schimmel, *Some Glimpses of the Religious Life in Egypt during the Later*

Mamluk Period, in Islamic Studies (Rawalpindi), 7(1965), S. 373 f.; vgl. Nai-tung Ting, *Years of Experience in a Moment: A Study of a Tale Type in Asian and European Literature*, in Fabula 22 (1981), S. 183-211.

8 Ein Buch über die *'Aga'ib* von Roy Mottahedeh ist angekündigt. Bis dahin: Mohammed Arkoun, Jacques Le Goff, Tawfiq Fahd und Maxime Rodinson (eds.), *L'Étrange et le merveilleux dans l'Islam médiéval*, Paris 1978.

9 Über den Zyklus von Sindbad dem Seefahrer und verwandtes islamisches Seemannsgarn vgl. Francesco Gabrieli, *I viaggi di Sinbad*, in: ders., Storia e civiltà musulmana, Neapel 1947, S. 83-89; Jean Sauvaget (ed. et transl.), *Ahbar as-Sin wa-l-Hind: Relation de la Chine et de l'Inde*, Paris 1948; Mia Gerhardt, *The Art of Story-Telling*, S. 236-63; Michel Gall, *Le Secret des Milles et une nuits*, Paris 1972, S. 17-72; Captain Buzurg ibn Shahriyar of Ramhormus, *The Book of the Wonders of India*, London, The Hague 1981; André Miquel, *Sept Contes, S. 79-109; W. Walther, Tausendundeine Nacht*, S. 134-159.

10 Zu Gespensterglauben im europäischen Mittelalter vgl. M. R. James, *Twelve Ghost-Stories*, in English Historical Review 37 (1922), S. 413-22; Keith Thomas, *Religion and the Decline of Magic*, London 1971, S. 701 f.; R. C. Finucane, *Appearances of the Dead: A Cultural History of Ghosts*, London 1982, S. 29-89.

11 Fabri, *Le Voyage en Egypte de Felix Fabri, 1483*, transl. J. Masson, Paris 1975, Bd. 2, S. 445 f. W. W.: Vgl. auch die gekürzte deutsche Fassung Felix Fabri, *Galeere und Karawane. Pilgerreise ins Heilige Land, zum Sinai und nach Ägypten 1483*. Bearb. u. m. e. Nachwort vers. v. Herbert Wiegandt. Darmstadt 1996.

12 Burton, *Nights*, Bd. 3, S. 252n.

13 Vgl. EI^2, s. v. *Mihna*.

14 W. W.: In der Littmannschen Übersetzung dieser mit Wundern und Wunderwesen überreichlich versehenen Geschichte, d. h., auch dem zweiten Kalkuttaer Druck, erscheint hier keine böse, nymphomanische Zauberin, sondern eine mit Flügelkleid ausgerüstete wunderschöne Feenprinzessin, bzw. deren mehrere, aber in eine verliebt sich Dschanschah, sie trägt ihn durch die Lüfte, verläßt ihn aber später, und um sie wiederzugewinnen, muß er harte Proben bestehen. Diese eigentlich ja mit ewiger Lebenskraft ausgerüstete schöne, ewig junge Fee verliert aber schließlich ihr Leben bei einem Bad im Meer durch den Biß eines Hais, womit die Geschichte ihr trauriges Ende findet.

15 W. W.: Nachzulesen bei Littmann II, S. 629 ff. Zu 'Ala ed-Din als Grabräuber vgl. C. R. Long, *Aladdin and the Wonderful Lamp*, Archaelogy 9(1956), S. 210-14; zu Schatzsuche in islamischen Ländern vgl. G. Maspero, *L'Abrégé des merveilles*, in Journal des savants 1899, S. 69-81, 155-72; Doutté, *Magie*, S. 265-70; Haarmann, *Pyramidenbuch*; W. W.: vgl. zur Geschichte der Geschichte W. Walther, *Tausendundeine Nacht*, S. 113-23.

16 Vgl. die Analyse bei Mia Gerhardt, *The Art of Story-Telling*, S. 328-33.

17 W. W.: So nach dem mir vorliegenden Druck des *Kasf al-Asrar*, Damaskus 1885, S. 79, weil sie »vorgeben, an die Wunschobjekte, *Matalib*, der Menschen gelangen zu können«, auch die *Ashab al-Mim*, »die Besitzer des Mim«, vielleicht für matalib?

18 Nach: Abd al-Rahmane al-Djawbari, *Le voile arraché: L'Autre Visage de l'Islam*, transl. R. Khawam, Paris 1979, Bd. 1, S. 243-54. W. W.: Der mir vorliegende Druck des arabischen Texts, Damaskus 1885, enthält diese Angaben nicht.

19 Über arabische Automaten vgl. Banu-Musa, *The Book of Ingenious Devices*, transl. Donald R. Hill, Dordrecht 1979; al-Jazari, *The Book of Knowledge of Ingenious Mechanical Devices*, transl. Donald R. Hill, Dordrecht 1974. Aber Banu Musa und al-Gazari lieferten genauere Angaben für Maschinen, die tatsächlich funktionieren konnten. Es gibt, soweit ich weiß, keine Literatur über deren Gegenstücke in der fiktionalen Literatur. W. W.: Vgl. aber die Analyse zur *Geschichte vom Ebenholzpferd* in ihren verschiedenen Textfassungen von W. Walther, in Oriens 32(1990), S. 140-52; und E. Wiedemann, *Über Uhren im Bereich der islamischen Kultur*, in Nova acta Leopoldina C, Nr. 5, Halle 1915; Wiedemann übersetzt al-Gazaris Schrift über die Uhren und bringt Skizzen der in ihr enthaltenen Miniaturen, die im Original farbenprächtig und hochinteressant sind; vgl. auch die z. T. farbigen Wiedergaben von Miniaturen, bzw. Zeichnungen arabischer Uhren-, Getränke-, Handwasch-, auch eines Blutdruckmeßautomaten in: B. Brentjes, Siegfried Richter, Rolf Sonnemann, *Geschichte der Technik*, Köln, 2. Aufl. 1987, S. 120-23.

20 W. W.: Vgl. zu Automaten in Märchen I. Köhler, *Automaten*, in: Enzyklopädie des Märchens, Bd. 1(1977).

21 Zur islamischen Geomantik vgl. Stephen Skinner, *Terrestrial Astrology: Divination by Geomancy*, London 1980, S. 30-52; E. Savage-Smith, Marion B. Smith, *Islamic Geomancy and a Thirteenth-Century Divinatory Device*, Malibu 1980; EI , s. v. *Khatt*.

22 Zu *Firasa* vgl. Yasin Mourad, *La Physiognomie arabe*, Paris 1939; Fahd, *Divination*, S. 369-429; EI , s. v. *Firasa*.

23 Carlo Ginzburg, *Spurensicherungen*. S. 117.

24 Zu Träumen und Traumdeutung im Vorderen Orient vgl. N. Bland, *On the Muhammedan Science of Ta'bir or Interpretation of Dreams*, in JRAS (1856), S. 118-71; G. E. v. Grunebaum, R. Caillois (eds.), *The Dream and Human Societies*, Berkeley 1966; K. Brackertz (Übs.), *Das Traumbuch des Achmet ben Sirin*, München 1986; Fedwa Malti-Douglas, *Dreams, the Blind and the Semiotics of the Biographical Notice*, in Studia Islamica 51(1980), S. 137-62; Peter Burke, *L'Historie sociale des rèves*, in Annales: Economies, sociétés, civilizations 28(1973), S. 329-42.

25 Dieselbe Geschichte erscheint schon als nicht fiktional in der Chronik des Ibn ad-Dawadari aus dem vierzehnten Jahrhundert, vgl. U. Haarmann, *Der Schatz im Hause des Götzen*, in U. Haarmann, P. Bachmann (Hg.), *Die islamische Welt zwischen Mittelalter und Neuzeit*, Beirut 1979, S. 198-229, bes. S. 208 f. W. W.: Die Geschichte kommt, wie einige andere aus *Tausendundeiner Nacht*, bereits als Anekdote im Trostbuch des Bagdader Richters at-Tanuhi mit dem Titel *Al-Farag ba'd as-Sidda*, *Freud nach Leid*, aus dem zehnten Jahrhundert vor.

26 Thomas Mann, *Joseph und seine Brüder*, Frankfurt am Main 1964, Teil IV: *Joseph, der Ernährer*, S. 1006. Generell ist Thomas Manns große Tetralogie ein exzellenter Führer zu vielen Aspekten der alten semitischen Kultur.

27 Vgl. zu at-Tanuhi Kap. 3; W. W.: Vgl. auch die deutsche Übersetzung von Arnold Hottinger, *at-Tanukhi, Ende gut, alles gut. Das Buch der Erleichterung nach der Bedrängnis*. Auswahl, Übs. a. d. Arab. u. Nachwort, Zürich 1979.

28 W. W.: Vgl. zur (heterogenen) Herkunft der Geschichte und der in sie eingeschachtelten Parabeln Littmann, Bd. VI, S. 713 f.

29 W. W.: Eigentlich: »Fate and character are the same conceipt«, »Schicksal und Charakter sind derselbe Begriff«, aus *Heinrich von Ofterdingen*, in mir zugänglichen deutschen Zitatenlexika nicht nachweisbar, wohl aber im *Concise Oxford Dictionary of Quotations*, dort auch als von George Eliot zitiert und wohl eigentlich auf Heraklit zurückgehend aufgeführt. Auch dieser Gedanke spielt bei Nagib Machfus eine wichtige Rolle, allerdings in dem Sinn, daß der Charakter eines Menschen, der ihm von Gott gegeben ist, letztlich sein Schicksal bestimmt. Vgl. W. Walther, *Schicksalsgebundenheit und Realitätsdarstellung in den Romanen von N. M.*, in: J. C.

Bürgel, H. Fähndrich (Hg.), *Die Vorstellung vom Schicksal und die Darstellung der Wirklichkeit in der zeitgenössischen Literatur arabischer Länder*, Bern, Frankfurt am Main, New York 1983, S. 183-202.

30 Zu Todorov vgl. Kap. 9; W. W.: Vgl. auch die deutsche Übersetzung seines Essays *Erzählpersonen* in T. Todorov, *Poetik der Prosa*, Frankfurt am Main 1972, S. 77-89.

31 C. S. Lewis, *On Stories*, in ders., Of This and Other Worlds, London 1982, S. 39.

32 Julian Barnes, *Flauberts Papagei*. A. d. Engl. v. Michael Walter, Zürich 1987, S. 93f.

33 Paul Willemen, (ed.), *Pier Paolo Pasolini*, London 1977, S. 74.

34 Walther Benjamin, *Schicksal und Charakter*, in ders., *Gesammelte Schriften* II, 1, hg. v. Rolf Tiedemann u. Hermann Schweppenhäuser, Frankfurt am Main 1977, S. 174.

35 Jacques Monod, *Zufall und Notwendigkeit*. Philosophische Fragen der modernen Biologie. München 1970, S. 203f.

36 Die meisten Werke Abu l-Qasims existieren bis heute nur als Handschriften. Vgl. aber zu ihm P. Casanova, *Alphabets magiques arabes*, in Journal Asiatique, ser. 11, 18(1921), S. 38; E. J. Holmyard, *Abu l-Qasim al-'Iraqi*, Isis 8 (1926), S. 403-26; Stefan Wild, *A Juggler's Programme in Medieval Islam*, in: *La signification du bas moyen age dans l'histoire et la culture du monde musulman*, Provence 1976, S. 353-60; M. Ullmann, *Die Natur- und Geheimwissenschaften*, S. 125, 237, 412.

37 Über die Dschinnen vgl. Taufiq Fahd, *Anges, démons, et djinns en Islam*, in D. Bernot et a. (eds.), *Génies, anges et démons*, Paris 1971, S. 153-214; EI , s. v. *Djinn*.

38 Nach Abdelwahab Bouhdiba, *Sexuality in Islam,* S. 50.

39 Vgl. EI^2, s. v. *Iblis*.

40 Über Lycanthropie als Geisteskrankheit vgl. Michael W. Dols, *Majnun: The Madman*, S. 61, 64-66, 84, 87, 89.

41 W. W.: Vgl. die Analyse der Geschichte, für die bis heute keine orientalische Textvorlage gefunden wurde und die sehr stark an französische Feenmärchen der Zeit erinnert, von W. Walther in: Oriens 32(1990), S. 152-165.

42 Gilbert Adair, *Myths and Memories*, London 1986, S. 75.

43 Brian Stableford, *Proto Science Fiction*, in Peter Nicholls, John Clute (eds.), *The Encyclopedia of Science Fiction*, London 1979, S. 476-8. Pierre Versin vertrat die Ansicht, daß Science Fiction kein Genre sei, das man näher definieren und datieren könne, sondern

eher »ein Geisteszustand«. Vgl. seine großartige *Encyclopédie de l'utopie, des voyages extraordinaires et de la science fiction*, Paris 1972, bes. s. v. Arabe (culture).

44 Vgl. oben, Anmerkung 8.

45 Stephanie Dalley, *Gilgamesh in the Arabian Nights*, in JRAS 1991, S. 1-17.

46 Ibn Sinas phantastische Reise ist nur fragmentarisch im Kommentar des Persers Nasir ed-Din Tusi mit dem Titel *Hall Muskilat al-Isarat*, Teheran 1926, aus dem 13. Jahrhundert erhalten. Zu Salaman wa-Absal vgl. Henry Corbin, *Avicenna and the Visionary Recital*, transl. W. R. Trask, Princeton 1960, S. 223-41; Hossein Nasr, *An Introduction to Islamic Cosmological Doctrines: Conceptions of Nature and Methods Used for its Study by the Ikhwan al-Safa, al-Biruni and Ibn Sina*, Cambridge, Mass. 1964, S. 181, 263n., 265f., 274; I. Strousma, *Avicenna's Philosophical Stories: Aristotle's Poetics Reinterpreted*, Arabica 39(1992), S. 183-206.

47 Vgl. oben, Anmerkung 9.

48 W. W.: Vgl. die Analyse von W. Walther in *Tausendundeine Nacht*, S. 95-104.

49 Zu al-Farabi vgl. E. I. J. Rosenthal, *Political Thought in Medieval Islam*, Cambridge 1962, S. 122-42; W. W.: Vgl. auch: Tilman Nagel, *Staat und Glaubensgemeinschaft im Islam. Geschichte der politischen Ordnungsvorstellungen der Muslime*, Bd. 1, 2. Zürich, München 1981, Index.

50 W. W.: Ich habe bei allen hier aufgeführten Beispielen entprechend dem Text der Littmannschen Übersetzung leicht geändert oder ergänzt.

Auffassungen, Auslegungen

1 Georges Eliot, *Middlemarch. Eine Studie über das Leben in der Provinz*. A. d. Engl. übs., m. Nachwort u. Anmerkungen vers. v. Rainer Zerbst, Stuttgart 1985, S. 31f.

2 Leigh Hunt, *Literary Criticism*, S. 246, zitiert in Muhsin Jassim Ali, *Scherezade in England: A Study of Nineteenth-Century English Criticism of the Arabian Nights*, Washington 1981, S. 83.

3 W. W.: nach Hans Fromm, *Elias Lönnrot, Kalevala*, in W. Jens (Hg.), Kindlers Neues Literatur Lexikon, Bd. 10(1990), S. 522ff. gegenüber dem Original erweitert.

4 Thompson, *The Types of the Folktale: Antti Aarne's Verzeichnis*

der Märchentypen, transl. a. enlarged, Helsinki 1932-36. W. W.: Neuere Auflage: A. Aarne, St.Thompson, *The Types of the Folktale, A Classification and Bibliography*, Helsinki 1971 (FFC 184).

5 W. W.: Roget's *Thesaurus of English Words and Phrases*, d.i. *Thesaurus für englische Wörter und Sätze*, vom englischen Arzt und Gelehrten Peter Mark Roget (1779-1879) erarbeitetes umfangreiches Nachschlagewerk, in dem Wörter in Gruppen nach ihrem semantischen Gehalt, also nach ihrer Bedeutung, angeordnet sind. 1852 publiziert und öfter erweitert und überarbeitet nachaufgelegt, zunächst von Nachfahren des Verfassers. Jüngste Ausgabe von 1982.

6 W. W.: Es gibt im Deutschen die für den Literaturwissenschaftler sehr brauchbaren Nachschlagewerke von Elisabeth Frenzel, *Motive der Weltliteratur*, 3. erw. Aufl., Stuttgart 1988, und *Stoffe der Weltliteratur*, 7. verb. u. erw. Auflage, Stuttgart 1988, die freilich essayistisch abgefaßt und (leider) im wesentlichen auf Europa und die USA beschränkt sind. Im ersteren wird z.B. vom Stichwort *Ehebruch* verwiesen auf: *Gattenehre, Die verletzte*; *Hahnrei; Liebesbeziehung, Die heimliche; Mann zwischen zwei Frauen*. Für Komparatisten unentbehrlich! Hinzu kommt Horst S. u. Ingrid Daemmich, *Themen und Motive in der Literatur, Ein Handbuch*, Tübingen 1987; Kurt Ranke (Hg.), *Die Enzyklopädie des Märchens*, Berlin, New York, Bd. 1 (1977)ff., derzeit bis Bd. 7 (1993), Stichwort *Kleines Volk*, vorangeschritten, behandelt Märchenliteratur einzelner Länder, Gattungen, Sammlungen, Geschichten, Motive, Requisiten usw., z.B. *Behindertenkomik* (als Ergänzung zum *Buckligen*-Zyklus), *Frau* u.a.m.; Walter Scherf, *Das Märchenlexikon*, Bd. 1, 2, München 1995, das auch einige Artikel über sehr bekannte Märchen aus *Tausendundeiner Nacht* enthält, konzentriert sich stark auf eine psychologisierende Interpretation von Zaubermärchen.

7 Hasan M. El-Shamy, *Folktales*, Chicago 1980, S. 237. W. W.: An deutschsprachigen Untersuchungen auf diesem Gebiet ist zu ergänzen: W. Eberhard, P. N. Boratav, *Typen türkischer Volksmärchen*, Wiesbaden 1953; Ursula Nowak, *Beiträge zur Typologie des arabischen Volksmärchens*, Freiburg i. Br., Phil. Diss. 1969; Ulrich Marzolph, *Typologie des persischen Volksmärchens*, Beirut 1984; vgl. auch O. Spies, *Arabisch-islamische Erzählstoffe*, in K. Ranke (Hg.), Enzyklopädie des Märchens, Bd. 1(1977), Sp. 685-718.

8 W. W.: oder eher persische.

9 W. W.: Für komparatistische Märchenforschung scheint es mir schon interessant zu wissen, wo ein solcher märchenhafter »Flug-

körper« zu orten ist und wie die Unterschiede seines Äußeren und seines Einsatzes von einer Zeitepoche zur anderen und einem Kulturkreis zum anderen beschaffen sind.

10 Vladimir Propp, *The Morphology of the Folktale*, Austin, London 1968; vgl. außerdem ders., *Theory and History of the Folklore*, Manchester 1984.

11 Paul Willemen (ed.), *Pier Paolo Pasolini*, London 1977, S. 74.

12 Über Proppsche Ansätze bei der Filmbetrachung vgl. Pam Cook (ed.), *The Cinema Book*, London 1985, S. 234-38.

13 Alan Dundes, *The Morphology of North American Indian Tales*, Helsinki 1964; ders., *On Game Morphology*, in New York Folklore Quarterly 20(1964).

14 David Pinault, *Story-Telling Techniques in the Arabian Nights*, Leiden 1992, S. 131.

15 Zum Echo von Literaturtheoretikern auf Propp vgl. Robert Scholes, *Structuralism in Literature*, New Haven, London 1974, S. 59-69, 91-117; Jonathan Culler, *Structuralist Poetics: Structuralism, Linguistics and the Study of Literature*, London 1975, S. 207-09, 212-13, 232-34. W. W.: Umberto Eco hat sich bei seinen geistvollen Analysen von James-Bond-Romanen als Beispielen für erfolgreiche moderne Trivialliteratur vermutlich von Propp anregen lassen, vgl.: U. Eco, *Die erzählerischen Strukturen im Werk Jan Flemings*, in: ders., *Apokalyptiker und Integrierte. Zur kritischen Kritik der Massenkultur.* A. d. Italien. v. Max Looser. Frankfurt am Main 1984, S. 273-312.

16 W. W.: In deutscher Übersetzung abgedruckt in T. Todorov, *Poetik der Prosa*, Frankfurt am Main 1972, S. 77-89.

17 Todorov, *Einführung in die fantastische Literatur*, München 1972, S. 40-54.

18 W. W.: Hier handelt es sich um Geschichten, die gar nicht zum Genre der phantastischen Literatur gehören, sondern zu dem der Schelmengeschichten.

19 Todorov, *Einführung*, S. 97 ff.

20 W. W.: Vgl. auch die Rezension von W. Walther in JAL 25(1994), S. 272-74.

21 Pinault, *Story-Telling Techniques*, s. o.

22 W. W.: *An Allegory from the Arabian Nights: The City of Brass*, und *The Music of the Spheres: The Porter and the Three Ladies of Baghdad*, in A. Hamori, *On the Art of Medieval Arabic Literature*, Princeton 1974, S. 145-180.

23 Todorov, *Einführung*, S. 143.

24 Bruno Bettelheim, *Kinder brauchen Märchen.* A. d. Amerikan. v. Liselotte Mickel u. Brigitte Weitbrecht, 5. Aufl., Stuttgart 1990, S. 81-88.

25 W. W.: Ich habe hier R. Irwin korrigiert: In der Fassung der Rahmenerzählung der von Muhsin Mahdi besorgten Textausgabe der *Alf-Laila-wa-Laila*-Handschrift der Pariser Nationalbibliothek, die der Gallandschen Übersetzung zugrundelag, der ältesten bis heute bekannten, aber leider nur bis zur 281. Nacht reichenden Handschrift der Sammlung, Bd. 1, S. 61, Z. 126ff. sagt Schehrijar zu seinem Bruder Schahzaman, nachdem der ihn über das Treiben seiner eigenen Gattin informiert hat als Begründung für seinen schlechten Gesundheitszustand bei seiner Ankunft: »Wenn es mir so gegangen wäre, dann hätte ich wenigstens hundert oder sogar tausend Frauen getötet, und ich wäre wahnsinnig geworden und als Wahnsinniger losgezogen.« Der Erzähler läßt ihn damit die künftige Handlung vorwegnehmen und bewertet sie als Wahnsinn. Ebenso ibid., S. 62, penult., als Erzählerbericht: »Als der Sultan Schehrijar sah, was seine Gattin und ihre Mädchen taten, da verlor er den Verstand.« (*haraga min 'aqlihi*, wörtlich »da stieg er aus seinem Verstand aus«) vgl. auch W. Walther, *Tausendundeine Nacht*, S. 86-95, über die verschiedenen Fassungen der Rahmenerzählung, speziell S. 86 zu dieser Stelle. Die englische Übersetzung von Husain Haddawy gibt das adäquat wieder.

26 Vgl. Mahdi I, S. 71, und W. Walther, *Tausendundeine Nacht*, S. 90. Schehrezad sagt zu ihrer Schwester Dinazad, ebenfalls die Zukunft vorwegnehmend: »So erzähle ich Euch Geschichten, und das ist die Ursache meiner Rettung und der Befreiung dieses Volks, und so bringe ich den König von seiner Gewohnheit ab.«

27 W. W.: Ein irischer Krieger, Hauptheld des mittelalterlichen Ulsterzyklus, *Zyklus der Ritter vom roten Zweig*, vgl. Campbell, *Heros*, S. 302f. u. ö.

28 Joseph Campbell, *Der Heros in tausend Gestalten*, dt. v. Karl Koehn, Frankfurt am Main 1953, S. 213.

29 Pasolinis Film *Il fiore delle Mille e una notte*, deutsche Fassung *Erotische Erzählungen aus Tausendundeiner Nacht*, wurde 1974 gedreht. Zwar haben auch andere Filmversionen ihre Verdienste, besonders die von Powell und Pressburger, aber Pasolinis Verfilmung ist die einzige, die für Erwachsene bestimmt ist.

30 Jacques Monod, *Zufall und Notwendigkeit*, S. 202f.

31 Dawkins Gedanken über eigennützige Genres finden sich in seinem Buch *The Selfish Genre*, Oxford 1976, dt. *Das egoistische Genre.*

1 W. W.: Erschienen 1824, ironisch-doppelbödiger Roman des schottischen Autors über die diabolischen Gedanken und Taten eines religiösen Fanatikers, mit gewissen Anklängen an den Schauerroman.

2 Jorge Luis Borges, *Tausendundeine Nacht*, in ders., Sieben Nächte. J. L. Borges, *Die letzte Reise des Odysseus*, Essays 1980-1982, Gesammelte Werke, Bd. 10, München, Wien 1987, S. 60.

3 Zu Thomas Guellette, seinen Rivalen und Nachahmern vgl. M.-L. Dufrenoy, *L'Orient romanesque en France 1704-1789*, Bd. 1-3, Montreal, Amsterdam 1946/7, 1975; Martha Pike Conant, *The Oriental Tale in England in the Eighteenth Century*, New York 1908.

4 Vgl. Anmerkung 3.

5 W. W.: vor allem »die Kleinode« der Hofdamen, als »dem aufrichtigsten Teil, den sie besitzen«, wenn der Zauberring auf sie gerichtet wird.

6 W. W.: Vgl. aber die positive Bewertung von Crébillons *Das Sofa* in W. Jens (Hg.), Kindlers Neues Literatur Lexikon, Bd. 4(1989), S. 285 f., als ironisch-psychologisierendes Zeitbild. Dt. u. a. v. E. Sander u. E. Höhnisch, Berlin 1968, in Das Gesamtwerk, Bd. 3, S. 173-362. Dasselbe für Diderots *Indiskrete Kleinode* in ibid., S. 661 f., dt. u. a. in Das erzählerische Gesamtwerk von D. Diderot, hg. v. H. Hinterhäuser, Bd. 2, Berlin 1966, vgl. auch den einleitenden Essay von Michel Butor in Band 1 dieser Ausgabe zur Neubewertung dieser »unzüchtigen Literatur«. Vgl. auch Karl Ulrich Syndram, *Der erfundene Orient in der europäischen Literatur vom 18. bis zum Beginn des 20. Jahrhunderts*, in Gereon Sievernich, Hendrik Budde (Hg.), *Europa und der Orient 800-1900*. S. 324-341.

7 Montesquieu, *Persische Briefe*. Dt. v. Fritz Montfort, Wiesbaden 1947, S. 260, Brief von Rika vom »6. des Chalval-Monds, 1719«.

8 Voltaire, *Zadig oder Das Schicksal*, in ders., Kleine Romane und Erzählungen, dt. v. C. Gersch, Berlin 1985, S. 46.

9 W. W.: »an die Sultanin Sheraa, verfaßt von Sadi«.

10 Vgl. W. H. Trapnell, *Destiny in Voltaire's »Zadig« and the »Arabian Nights«*, in International Journal of Islamic and Arabic Studies 4(1987), S. 1-15.

11 Über frühe englische Versionen von Galland vgl. Sheila Shaw, *Early English Editions of the Arabian Nights: Their Value to Eigh-*

teenth-Century Literary Scholarship, in Muslim World 49(1959), S. 232-38; C. Knipp, *The Arabian Nights in England: Gallands Translation and its Successors*, in JAL 6(1974), S. 44-54. W. W.: Zur vermutlich ersten deutschen Übersetzung aus dem Jahr 1706, dem Jahr, in dem auch die erste englische Übersetzung des ersten Bandes erschien, vgl. K. K. Walther, *Eine unbekannte frühe deutsche Übersetzung von 1001 Nacht*, in Marginalien 65(1977), S. 43; vgl. zu weiteren deutschen Übersetzungen und ihrer Rezeption W. Walther, *Tausendundeine Nacht*, S. 41 ff.

12 W. W.: Vgl. Kap. 9: *Moden aus dem Orient: Musik und Feste, Theater und Turquerien, Literatur, Kaffee und Tulpen*, in G. Sievernich, H. Budde (Hg.), *Europa und der Orient 800-1900*, S. 759-793; vgl. auch die Beiträge von Pieter Biesboer, *Tulipa Turcarum: Über die ›Tulipomania‹ in Europa*; Gunther Joppig, *›Alla turca‹: Orientalismen in der europäischen Kunstmusik vom 17. bis zum 19. Jahrhundert*, und Maria Elisabeth Pape, *Turquerie im 18. Jahrhundert und der ›Recueil Ferriol‹*, ibid. Vgl. auch den achtbändigen Katalog der Ausstellung *Exotische Welten – europäische Phantasien*, Stuttgart 1989.

13 Edward Said, *Orientalism*, S. 42.

14 Zu Addison und anderen orientalisierenden Schriftstellern in England in dieser Zeitperiode (Samuel Johnson, John Hawkesworth, Joseph Crabtree u. a.) vgl. Conant, *The Oriental Tale* (Anm. 3).

15 W. W. dem von Addison selbst herausgegebenen sehr populären Blatt.

16 Hawkesworth' *Almoran and Hamet* ist 1972 zusammen mit Frances Sheridans *The History of Nourjahad*, Clara Reeves *The History of Charoba, Queen of Egypt* und Maria Edgeworth' *Murad the Unlucky* in Robert L. Mack (ed.), *Oriental Tales*, Oxford, nachaufgelegt worden.

17 Vgl. Anmerkung 16.

18 Die Literatur über Beckford ist umfangreich; André Parreaux, *William Beckford, Auteur de Vathek (1760-1844): Etude de la création littéraire*, Paris 1960, ist grundlegend. Vgl. auch Fatma Moussa-Mahmoud (Hg.), *William Beckford of Fonthill 1760-1844: Bicentenary Essays*, New York 1960; Boyd Alexander, *England's Wealthiest Son: A Study of William Beckford*, London 1962; Fatma Moussa-Mahmoud, *A Manuscript Translation of the Arabian Nights in the Beckford Papers*, in JAL 7(1976), S. 7-23. *Vathek* ist in unzähligen Ausgaben erschienen. Beckfords *Suite de contes arabes*, ed. Didier Girard, wurde zum ersten Mal 1992 in

Paris veröffentlicht. W. W.: Es gibt mehrere deutsche Übersetzungen, die wohl erste von dem Erotika-Spezialisten Franz Blei, 1907, mehrfach nachaufgelegt, u.a.m. e. Vorwort v. S. Mallarmé, Frankfurt am Main 1964, Insel-Tb. 1989.

19 J. W. Oliver, *The Life of William Beckford*, London 1932, S. 89 f., 91.

20 Beckford, *Vathek*, dt. v. F. Blei, Insel-Tb., (vgl. Anm. 18), S. 29.

21 Ibid., S. 84.

22 Ibid., S. 119.

23 Ibid., S. 121.

24 Ibid., S. 122.

25 Ibid., S. 123.

26 W. W.: Vgl. eine Schauergeschichte über eine schöne junge Frau aus guter Familie, die nachts als Raubtier verkleidet Gräber ausplündert, in Max Weisweiler (Übs.), *Arabesken der Liebe, Früharabische Geschichten von Liebe und Frauen*, Leiden 1954, S. 289-295 (*Die Grabräuberin*, nach at-Tanuhis in Kap. 3 und 8 genannter *Freud-nach-Leid*-Anthologie), vgl. auch die darauffolgende Geschichte *Das Höllenweib*, S. 295-301, nach Nuwairi, *Nihaya* über eine schöne Frau als Ausbund alles Bösen, von mehrfachem Inzest, Anstiftung zum Inzest bis zu mehrfachem Kindermord, ohne jeden Versuch zu psychologisieren.

27 Über Potocki gibt es wenig Literatur (außer auf Polnisch), vgl. aber Edouard Krakowski, *Le Comte Jean Potocki: Un témoin de l'Europe des Lumières*, Paris 1963; Czeslaw Milosz, *The History of Polish Literature*, London 1969, S. 192-4; *Jean Potocki et le Manuscrit trouvé à Saragosse*, in Actes du colloque par le Centre de civilization francaise de l'Université de Varsovie, April 1972, Warschau 1974; Franz Rottensteiner, *The Fantasy Book*, London 1978, S. 21 f.; Tzvetan Todorov, *Einführung in die fantastische Literatur*, S. 32 ff., 43 f. u. ö.; Marcel Schneider, *Histoire de la littérature fantastique en France*, Paris 1985, S. 114-19. Eine vollständige Version des Romans wurde vor wenigen Jahren veröffentlicht: *Manuscrit trouvé à Saragosse*, ed. René Radrizzani, Paris 1989. Einige seiner Reiseschriften wurden publiziert: Jean Potocki, *Voyages*, Bd. 1, 2, Paris 1980. Dominique Triaire, *Potocki*, Arles 1991, habe ich erst so spät gesehen, daß ich es nicht mehr benutzen konnte. W. W.: Zur komplizierten Textgeschichte, dem Roman selbst und weiterer Sekundärliteratur, auch auf Deutsch, vgl. W. Jens (Hg.), Kindlers Neues Literatur Lexikon, Bd. 13 (1991), S. 579 ff.: Erste deutsche Übersetzung des ersten Teils bereits 1809

in Leipzig von Friedrich Adelung u. d. T. *Abentheuer in der Sierra Morena, aus den Papieren des Grafen von ****; zweibändige deutsche Übersetzung u. d. T. *Die Handschrift von Saragossa*, Insel Verlag, Frankfurt am Main 1988; u. d. T. *Die Abenteuer in der Sierra Morena oder Die Handschrift von Saragossa* v. W. Kreuziger, hg. v. L. Kukulski, Berlin 1962; Zürich 1988.

28 W. W.: Zu Swedenborg vgl. Henri Corbin, *Swedenborg and Esoteric Islam*, West Chester 1995.

29 Jacques Cazotte, *The Devil in Love*, transl. Judith Landry, ed. Brian Stableford, Sawtry, Cambs. 1991; zu Cazotte vgl. Richard Burton, *Supplemental Nights*, Bd. 6, S. I-XII; Edward Pease Shaw, *Jacques Cazotte (1719-92)*, Cambridge, Mass. 1942; Schneider, *Histoire*, S. 99-107; W. W.: erste deutsche Übersetzung offensichtlich von F. I. W. Meyer, Berlin 1780, u. d. T. *Biondetta*; diverse weitere deutsche Übersetzungen, darunter von Franz Blei, Berlin 1924, Nachauflage Frankfurt am Main u.a., Ullstein-Tb. 1984; D. Rieger, *J. C. Ein Beitrag zur erzählenden Literatur des 18. Jahrhunderts*, Heidelberg 1969.

30 W. W.: Eine neuere Auswahl von Feenmärchen französischer Autoren und Autorinnen ist: Friedmar Apel, Norbert Miller (Hg.), *Das Kabinett der Feen. Französische Märchen des 17. und 18. Jahrhunderts*, München 1984.

31 Zu Southey vgl. Byron Porter Smith, *Islam in English Literature*, 2nd. ed. 1975, S. 179-87; Peter L. Caracciolo, *Introduction*, in ders., *The Arabian Nights in English Literature: Studies in the Reception of the Thousand and One Nights in British Culture*, London 1988, S. 9. Caracciolos Buch, insbesondere die Einleitung, ist für das Studium des Einflusses von *Tausendundeiner Nacht* auf die englische Literatur grundlegend.

32 W. W.: Vgl. die Inhaltsangabe in W. Jens (Hg.), Kindlers Neues Literatur Lexikon, Bd. 15(1991), S. 776, dort weitere Literaturangaben, darunter A. Wächter, *Über R. S.s orientalische Epen*, Diss., Halle 1890.

33 Zu Moore vgl. Smith, *Islam*, S. 195-201; M. Asfour, *Thomas Moore and the Pitfalls of Orientalism*, in International Journal of Arabic and Islamic Studies 4(1987), S. 75-92; F. Sultana, *Romantic Orientalism and Islam: Southey, Shelley, Moore and Byron*, Diss., Tufts Univ. 1989. W. W.: Deutsche Übersetzung u. d. T. *Lalla Rukh, die Mongolische Prinzessinn* v. F. de la Motte Fouqué, Berlin 1822, letzte Nachauflage ca. 1904, Vertonung u.a. v. R. Schumann *Das Paradies und die Peri*, Uraufführung Leipzig, 4. 12. 1843.

34 W. W.: In seiner Sammlung *Universalgeschichte der Niedertracht*, in: J. L. Borges, Sämtliche Erzählungen. München 1970, S. 315-20.

35 Zu Byron vgl. Smith, *Islam*, S. 127f., S. 189-95; Wallace Cable Brown, *Byron and English Interest in the Near East*, in Studies in Philology 34(1937), S. 55-64; Harold S. L. Wiener, *Byron and the East: Literary Sources of the »Turkish Tales«*, in Nineteenth Century Studies 1940, S. 89-129; Caracciolo, *Introduction*, S. 20.

36 W. W.: oder vielleicht besser orientalisierenden.

37 W. W.: Vgl. zu diesem Werk W. Jens (Hg.), Kindlers Neues Literatur Lexikon, Bd. 9(1990), S. 389.

38 Samuel Taylor Coleridge, *Collected Letters*, Bd. 1, S. 347, zitiert nach John Beer, *Coleridge's Poetic Intelligence*, London 1977.

39 W. W.: einer der Geschichten in Gallands Übersetzung, für die erst 1889 eine orientalische Textvorlage entdeckt wurde, die also von Galland ersonnen sein könnte.

40 Zu Coleridge und *Tausendundeiner Nacht* vgl. Allan Grant, *The Genie and the Albatross: Coleridge and the Arabian Nights*, in: Caracciolo (ed.), The Arabian Nights, S. 11-29.

41 Aletha Hayter, *Opium and the Romantic Imagination*, London 1968, S. 207.

42 John Livington Lowes, *The Road to Xanadu*, Boston 1927, S. 416.

43 Thomas De Quincey, *Autobiography*, Edinburgh 1889, S. 128f; vgl. Hayter, *Opium*, S. 128. Zu De Quincey und dem Orient vgl. John Barrell, *The Infection of Thomas De Quincey: A Psychopathology of Imperialism*, New Haven, London 1991.

44 Edward W. Said, *Islam, Philology and French Culture*, in: ders., *The World, the Text and the Critic*, London 1984, S. 271.

45 William Wordsworth, *Präludium oder Das Reifen eines Dichtergeistes*, ein autobiographisches Gedicht. Ins Deutsche übertr., kommentiert u. m. e. Einleitung hg. v. Hermann Fischer. Stuttgart 1974, S. 129.

46 Deutsche Übersetzung von Wiebke Walther.

47 Charles Dickens, *Ein Weihnachtslied in Prosa*, in: ders., *Weihnachtserzählungen*, München (1962), S. 39.

48 Charles Dickens, *Das Geheimnis des Edwin Drood*, vollst. Ausg. in d. Übertr. v. Emil Lehmann, durchges. v. Siegfried Schmitz, Darmstadt 1970, S. 5.

49 Über arabische Themen bei Dickens vgl. Harry Stone, *Dickens and the Invisible World: Fairy Tales, Fantasy and Novel-Making*, London 1979, S. 21-5; Michael Slater, *Dickens in Wonderland*, in: Caracciolo (ed.), The Arabian Nights, S. 130-42.

50 G. M. Young, *Gibbon*, London 1932, S. 13 f.

51 W. W.: Dt. u. a. v. M. Knöpfler, *Apologia pro Vita sua, Geschichte meiner religiösen Überzeugungen*, Mainz 1951 u. ö.

52 Zu Shagpat vgl. Cornelia Cook, *The Victorian Scheherazade: Elizabeth Gaskell and George Meredith*, in: Caracciolo (ed.), The Arabian Nights, S. 130-42.

53 Zu Stevenson vgl. Leonee Ormond, *Cayenne and Cream Tats: W. M. Thackeray and R. L. Stevenson*, in: Caracciolo (ed.), The Arabian Nights, S. 178-96.

54 Zu orientalisierender Literatur in den Vereinigten Staaten vgl. Luther S. Luedtke, *Nathaniel Hawthorne and the Romance of the Orient*, Bloomington, Indianopolis 1989.

55 W. W.: Korrektur zum Text von Irwin, vgl. EI^2 , s. v. al-Makkari (Levi-Provencal-Ch. Pellat).

56 Zu Washington Irving vgl. E. I. Ranelagh, *The Past We Share*, London 1979, S. 247-58; M. M. Obeidat, *Washington Irving and Muslim Spain*, in: International Journal of Islamic and Arabic Studies 4(1987), S. 27-44.

57 Deutsche Übersetzung von Wiebke Walther, die dem Originaltext näherkommt als die von Georg Goyert, Zürich 1956, S. 756.

58 W. W.: sehr freie.

59 Zu orientalischen Themen bei Joyce vgl. Robert G. Hampson, *The Genie Out of the Bottle: Conrad, Wells and Joyce*, in: Caracciolo (ed.), The Arabian Nights, S. 229-43. – Übersetzung Wiebke Walther, da diese Passagen in der Auswahlübersetzung von H. Wollschläger, bzw. W. Hildesheimer zu *Anna Livia Plurabelle* nicht enthalten sind. Originale Irwin, S. 279: »the unthowsent and wonst nice« … the »arubyat knychts, with their tales within wheels and stucks between spokes« ….»this scherzarade of one's thousand and one nightinesses« …»Not he king of this age could richlier eyefeast in oriental longuardness with alternate nightjoys of a thousand kinds but one kind. A shahriyar cobbler on me when I am lying!« … »the Murdrus dueluct« … »the author was in fact mardred«…»until there came the marrer of mirth.«

60 Marcel Proust, *Auf der Suche nach der verlorenen Zeit*, dt. v. Eva Rechel-Mertens, Bd. 3, Frankfurt am Main 1957, S. 4188 f.

61 In den Bänden *Das Aleph* und *Universalgeschichte der Niedertracht*.

62 W. W.: Wahrscheinlicher ist Leptis magna im heutigen Libyen, also an der nordafrikanischen Küste.

63 W. W.: als *Geschichte von den zweien, die träumten.*

64 J. L. Borges, *Der Garten der Pfade, die sich verzweigen*, in: ders., Sämtliche Erzählungen, München 1970, S. 206.

65 In J. L. Borges, *Das Eine und die Vielen*, Essays zur Literatur, München 1966, S. 149-153.

66 Vgl. zu ihr Wiebke Walther, *Tausendundeine Nacht*, S. 43-45.

67 W. W.: nach einem längeren, bedrückenden Krankenhausaufenthalt.

68 J. L. Borges, *Der Süden*, in: ders., Sämtliche Erzählungen, S. 266.

69 J. L. Borges, *David Brodies Bericht*, in: ders., David Brodies Bericht, München 1972, S. 87-96.

70 Aus: J. L. Borges, *Fiktionen, Der Garten der Pfade, die sich verzweigen*, in: ders. Sämtliche Erzählungen, S. 137-153.

71 J. L. Borges, *Ausgewählte Essays*, Frankfurt am Main 1982, S. 164.

72 David Lodge, *The Small World*, London 1984, S. 51 f.

73 Tzvetan Todorov, *Die Suche nach der Erzählung*, in: ders., Poetik der Prosa, Frankfurt am Main 1972, S. 126-145.

74 W. W: Barths aus dem Jahr 1991 stammender ironisch-heiterer Roman *The Last Voyage of Somebody the Sailor, Die letzte Reise von Irgendwer, dem Seefahrer*, wirkt allerdings beim ersten Anlesen durch seine spielerische Verwendung von Namen, Gestalten und auch Topoi aus *Tausendundeiner Nacht* recht amüsant.

75 W. W.: Vgl. dazu Katharina Mommsen, *Goethe und die arabische Welt*, Frankfurt am Main 1988; dies., *Goethe und 1001 Nacht*, 2. Aufl., Frankfurt am Main 1981; vgl. auch z.B. Mounir Fendri, *Halbmond, Kreuz und Schibboleth. Heinrich Heine und der islamische Orient*, Hamburg 1980; Christiane Barbara Pfeifer, *Heine und der islamische Orient*, Wiesbaden 1990; Andrea Fuchs-Sumiyoshi, *Orientalismus in der deutschen Literatur*, Hildesheim, New York 1984.

76 W. W.: Vgl. dazu Wolfgang Köhler, *Hugo von Hofmannsthal und Tausendundeine Nacht. Untersuchungen zur Rezeption des Orients im epischen und essayistischen Werk*, Berlin, Frankfurt am Main 1972.

Nachwort zur deutschen Ausgabe

»Hier ist Buntheit und Tiefsinn, Überschwang der Phantasie und schneidende Weltweisheit, hier ist die kühnste Geistigkeit und die vollkommenste Sinnlichkeit in eins verwoben.« – So schwärmte Hugo von Hofmannsthal in seinem Vorwort zur deutschen Übersetzung der *Tausendundeinen Nacht* von Felix Paul Greve nach der englischen von Richard Burton, die 1907 beim Insel-Verlag in Leipzig erschien.

Robert Irwin, der Autor dieses Buches, das ich gern übersetzt habe, denn auch ich habe, von anderen Aspekten aus, über *Tausendundeine Nacht* gearbeitet, scherzt launig, er habe manchmal gedacht, er würde sich eher die Halsschlagader aufschneiden, als ein Buch über dieses Buch zu schreiben, zumal in der »höchst unattraktiven Übersetzung von Richard Burton«. Er spricht von Burtons *Omnium gatherum*, seiner *Sammelsurium*-Übersetzung, und führt Beispiele für seinen barokkisierenden Stil an, die kaum bis gar nicht übersetzbar sind.

Tatsächlich hat Burton, um es noch einmal deutlich zu sagen, aus den vier arabischen Textfassungen, die damals gedruckt vorlagen, eine »Bestfassung« nach seinen Vorstellungen komponiert und mit eigenen Zutaten nicht gegeizt. Im Gegensatz zu seinem Landsmann John Payne, dessen Übersetzung er ansonsten ziemlich schamlos aus- und abschrieb oder besser: variierte – Irwin bringt auf Seite 42 Beispiele dafür –, hat er all das, was in den Originaltexten an erotischen oder sexuellen Aussagen manchmal nur angedeutet wird, schon, um seine vielleicht noch von viktorianischer Prüderie besessenen Leser zu schockieren, aufgebauscht, hypertrophiert. Auf dieser »Übersetzung« beruht auch, im Gegensatz zu dem, was das Titelblatt behauptet,[1] die achtzehnbändige deutsche Ausgabe des Wiener Erotika-Verlegers C. W. Stern aus den Jahren 1906-14, die sich heute nur noch in wenigen Bibliotheken und bei

Sammlern finden dürfte, denn sie wurde für eine zahlungskräftige Elite bewußt klein gehalten.

Wir haben im Deutschen heute andere Übersetzungen. Enno Littmann, Professor für semitische Sprachen an der Universität Tübingen, ein Wissenschaftlerleben lang an Volkskunde und Volksliteratur interessiert, nahm, als er vom Insel-Verlag 1919 gebeten wurde, die von Greve gefertigte Übersetzung »mit dem arabischen Original des zweiten Kalkuttaer Drucks von 1839-42 zu vergleichen und nach ihr zu verbessern«, vom zweiten Band (1922) an eine Neuübersetzung nach dem Arabischen vor. Die Erzählungen, die sich im zweiten Kalkuttaer Druck nicht finden, die aber seit der »Rezension« des französischen Orientalisten Antoine Galland, der ersten Übersetzung oder besser Adaption der *Alf Laila wa-Laila* in eine europäische Sprache überhaupt zwischen 1704 und 1717, in Europa als zur Sammlung gehörig gelten, übertrug er nach anderen arabischen, und wenn es die nicht gab, nach englischen Textvorlagen.[2] Seine Fußnoten geben darüber Auskunft.

Ich habe die Geschichten, die Irwin nach der Burtonschen Übersetzung und mit deren Titelgebung aufführt, soweit sie sich bei Littmann finden, jeweils mit Stellenangabe und dem Littmannschen Titel genannt. Zitate aus der Burtonschen Übersetzung habe ich durch die oft differierende Littmannsche Version ersetzt. Auf die Unterschiede habe ich in den Anmerkungen hingewiesen, auch den Text von Irwin gelegentlich leicht dementsprechend geändert. Da, wo Irwin die Haddawysche Übersetzung der Ausgabe der Gallandschen Handschrift von Muhsin Mahdi (s. S. 71 ff.) zitiert, habe ich direkt aus dieser arabischen Ausgabe ins Deutsche übertragen und Haddawy zum Vergleich herangezogen. Wenn sich in meiner Übersetzung bei Geschichten, die Irwin nennt, keine Hinweise auf Littmann finden, dann weil sie aus den sechs Supplementbänden stammen, die Burton damals schnell seinen zehn Grundbänden folgen ließ. Deren Vorlagen hat Littmann nicht übersetzt, denn sie entstammen unterschiedlichen Quellen, sind spätere Zutaten aus der Zeit, als vor allem in Frankreich *Le Mille et une Nuit* die Freude an allem Orientalischen oder auch Orientalisierenden geweckt hatte. Diese Geschichten finden sich aber größerenteils in den letzten sieben Bänden der deutschen Übersetzung, die Max Henning ebenfalls nach arabischen und englischen Textvorlagen bei Reclam Leipzig um 1900 in 24 kleinen Bänden publiziert hat, und können dort nachgelesen werden. Henning hat das Burtonsche Prinzip der Sexbetonung nicht befolgt, sondern Zensur walten lassen, wenn auch nicht so rigoros wie Edward William Lane 1841/44, hat aber sonst recht hübsch formuliert.

Übersetzungen (oder eher: Umsetzungen) der *Tausendundeinen Nacht* in europäische Sprachen über nunmehr fast drei Jahrhunderte auf ihre unterschiedliche Wiedergabe, Umformung oder Unterschlagung von Sex and Crime hin abzuklopfen ist reizvoll und wirft ein bezeichnendes Licht auf den Wandel europäischer Einstellungen in dieser Hinsicht, auch natürlich auf regionale und individuelle Unterschiede. Galland adaptierte die arabischen Volkserzählungen für die französische höfische Damenwelt seiner Zeit, also überwiegend rokokohaft-galant, mit aufklärerisch bildend-belehrenden Einschüben. Sex wie Grausamkeiten formte er meist rationalisierend um. Burton, »enfant terrible« seiner Zeit, hatte 170 Jahre später sichtlich an der Ausmalung von Sexszenen mit zusätzlichen provozierenden Fußnoten seine helle Freude, fühlte sich aber doch bemüßigt, zu Sindbads des Seefahrers Morden und seiner Leichenfledderei während seiner vierten Reise, beides aus Not und im arabischen Original ganz offen und naiv beschrieben, eine rational erklärende, die mögliche Empörung der britischen bürgerlichen Leser seiner Zeit beschwichtigende Fußnote zu setzen. Max Henning (1861-1927), der für den Reclam-Verlag auch eine bis heute mehrfach nachaufgelegte, recht lesbare Koranübersetzung fertigte und in Frankfurt freidenkerische Schriften publizierte, zudem 1901-1920 die Zeitschrift *Das freie Wort* herausgab, hat die im Original oft sehr offene, meiner Meinung nach meist eher derbe als pornographisch-lüsterne oder obszöne Freude an Sexualität ganz unterschlagen.

Aus der lasziven Nacktbaderei des poetisch gebildeten Lastträgers mit den drei Damen in der zehnten Nacht ist bei ihm eine weinbeschwingte, durchaus schickliche erotische Tändelszene geworden. Sindbad des Seefahrers Grausamkeiten während seiner vierten Reise dagegen scheinen Henning, der sich auch mit Schmähschriften in religiösen Auseinandersetzungen seiner Zeit hervortat und sich im *Freien Wort* für religiöse Toleranz, die Frauenrechtsbewegung, Vernunft, Wahrheit und Sachlichkeit einsetzte, kaum gestört zu haben. Während bei Galland Sindbad noch auftritt wie ein nobler französischer Ritter des frühen achtzehnten Jahrhunderts galten später Crime und Grausamkeiten offensichtlich der Mehrheit der europäischen »gebildeten Lesewelt«, an die sich die Übersetzer ja zunächst wandten, als weniger störend oder gefährdend als Sex.

Jorge Luis Borges, sehr belesen, von *Tausendundeiner Nacht* in Übersetzungen fasziniert, aber des Arabischen nicht kundig, hat Enno Littmann in einem Essay *Die Übersetzer von Tausendundeiner Nacht* wegen seiner deutschen Redlichkeit (die nach Borges' Ansicht sichtlich mit Langweiligkeit gleichzusetzen ist) ironisiert (vgl. S. 54).[3] Tatsächlich hat Littmann die arabischen Texte ziemlich originalgetreu und ästhetisch adäquat ins Deutsche umgesetzt. Er hat sogar die zahlreichen Poesie- und Reimprosaeinlagen der Originale aus einer Zeit, in der es nicht auf straffe, spannende Handlungsdarstellung, sondern darauf ankam, die arabische Erzählgemeinschaft sprachlich zu unterhalten und zusammenzuschließen, versucht adäquat wiederzugeben. Kinderausgaben in aller Welt haben auf sie als retardierende Elemente im Handlungsverlauf, die meisten Übersetzer ohnehin, als zu schwierig umzusetzen, weitgehend verzichtet. Nur gelegentlich hat Enno Littmann als deutscher Universitätsprofessor der zwanziger Jahre da, wo ihm Sexualität zu derb erschien (und auch obszön war), das Lateinische vorgezogen. Und er hat den Stil dem deutscher Märchen, vor allem der Brüder Grimm, angeglichen. Das heißt, er hat literarisiert. Die arabischen Originale sind meist viel schlichter. Sie bestehen aus kurzen, einfachen Hauptsätzen ohne Nebensätze, ohne rationale Begründungen. Vieles wirkt hier nahezu kindlich naiv, ganz anders als der Burtonsche Neobarock, über den Irwin ironisch klagt.

Das, was deutsche Leser in Kinderausgaben an Märchen aus *Tausendundeiner Nacht* kennen- und liebengelernt haben, beruht meist auf Überarbeitungen der Übersetzung von Gustav Weil[4] – und gehörte größerenteils ursprünglich gar nicht in die Sammlung wie die Abenteuergeschichte von *Sindbad dem Seefahrer*, die unabhängig umlief. Ja, es stammt nicht einmal aus dem Arabischen, sondern ist nachempfunden wie *'Ala ed-Din und die Wunderlampe*: ein Zeichen für die Faszination und die Inspirationen, die *Tausendundeine Nacht* einmal ausgelöst hat.

Ich habe in die Anmerkungen Erklärungen für den deutschen Leser gesetzt, Übersetzungen ins Deutsche genannt, soweit sie mir bekannt sind, und zusätzliche Literaturhinweise gegeben. Außerdem habe ich, wenn ich das für notwendig hielt, meine von der Irwins, gelegentlich auch der seiner Quellen, abweichende Meinung zum Ausdruck gebracht. Also stoßen Interessenten hier auch auf so etwas wie eine Debatte.

Irwins humorigen Klagen zu Beginn über die komplizierte Natur des Arabischen und die Verworrenheit seiner Lexik stimme ich insofern zu, als auch ich, an schwierigen Sprachen und dem Zugang, den sie zu anderen Kulturen geben, interessiert, als Anfängerin, zumal bei der damaligen »Methodik« des Arabisch-Unterrichts an einer deutschen Universität, zunächst manchmal glaubte, durch diesen Reisberg fräße ich mich nie. Heute, viele Jahre später, ist mir klargeworden, daß auch die arabische Sprache einer präzisen Logik gehorcht. Ihre, wie die aller semitischen Sprachen, auf einem Wurzelsystem beruhende Lexik macht Erschließungen meist leicht und läßt oft interessante sprachpsychologische Schlüsse zu. Der »Stenographiecharakter« des Arabischen allerdings, die Tatsache, daß die Schrift nur die Konsonanten und die langen Vokale wiedergibt, also das Rätseln manchmal schon bei der Vokalisierung von Namen beginnt, läßt auch mich seufzen.

Irwin behandelt ausführlich und farbig die Auswirkung von *Tausendundeiner Nacht* und der stark durch sie ausgelösten Orientbegeisterung auf die Herausbildung der französischen und englischen Romanliteratur. Zu ergänzen sind die Rückwirkungen, die die europäische Begeisterung für *Tausendundeine Nacht* auf den Vorderen Orient und seine sich unter europäischen Einflüssen seit etwa der Mitte des vorigen Jahrhunderts herausbildende modernere Prosa und Poesie gehabt hat und hat. Zwar bin ich an Universitäten im Irak wie in Jordanien mit Vorträgen und Seminaren zu *Tausendundeiner Nacht* immer von den Arabistischen Abteilungen an die Anglisten vermittelt worden. Aber im Hinblick auf die moderne Literatur arabischer Länder könnte man von etwas sprechen, was in vulgäreren Bereichen »Pizza-Effekt« genannt wird, daß nämlich etwas, das in der Herkunftsregion nicht viel galt, dann im Ausland zu Ansehen gelangt, als Re-Import eine ganz andere Be-, im Fall von *Tausendundeiner Nacht* in der modernen arabischen Literatur eine glänzende Aufwertung erfährt.

Da ich das im letzten Kapitel *Vom archetypischen Glanz und literarischer Neubesinnung* meiner 1987 bei Artemis erschienenen Einführung in *Tausendundeine Nacht* für die Prosaliteratur behandelt habe, will ich hier nur Weniges herausgreifen: Immer wieder wird die Sammlung oder werden einzelne Geschichten aus ihr zur Folie für die Kritik an bestehenden Machtverhältnissen. Die *Geschichte vom erwachten Schläfer* etwa, im Original der Breslauer Ausgabe eine mehrepisodige Schelmengeschichte, drollig und ohne jede kritische Spitze, wird im sehr bekanntem Stück des syrischen Dramatikers Sa'dallah Wannus (1941-1997), *al-Malik huwa l-Malik, König ist König* (1978), dessen Titel an Bert Brecht orientiert ist, zur beißenden Satire auf die Korrumpierbarkeit des Menschen durch Macht. Nagib Machfus (geb. 1911), ägyptischer Literaturnobelpreisträger von 1989, variiert in seinem Roman *Layali Alf Laila, Die Nächte von Tausendundeiner Nacht* (1982 und öfter) Szenen und Gestalten aus der Sammlung, bereichert durch Gedankengut der islamischen Mystik, zu Episoden über die Verführbarkeit des Menschen durch Macht und Schönheit, die Bloßstellung ethischer Vorwände wie dem des »Befehlsnotstands«.

In der modernen arabischen Prosa seit den dreißiger Jahren, in der Poesie, deren Traditionen über Jahrhunderte die stärkeren waren, seit den Vierzigern wird Schehrezad zum Symbol weiblicher Klugheit und Bildung, auch zum Modellfall für eine Frau, die, sprühend vor Aktivität, imstande war, die ihr von einer extrem patriarchalischen Gesellschaft zugedachte Opferrolle in eine humanistische, menschlich sinnvolle zu verwandeln. Der libanesische Dichter Adonis (geb. 1930), seit Jahren in Paris lebend, besingt in einem seiner eher surrealistischen Gedichte ihre sanfte Klugheit, die Misogynie immer noch nicht überwinden konnte, so:

Lied Nr. 6 aus: *Die Verwandlungen des Liebenden*
Immer noch wacht Schehrijar
Im Bett der Versöhnung,
Im Zimmer, wo Sanftmut war.
In den Spiegeln des Tages
Bewahrt er das Unheil.
Leicht stahlen Worte
Ihm das Gesicht,
Wurde ihm Schlaf zuteil.
Doch in der Schwärze des Sees,
Seiner Kiesel Blau,
Zwischen Ruinen, vertraut,
Trägt immer noch Schehrijar
Sein Schwert, zu töten die Braut,
Den Krug voller Winde im Schoß,
Und den Aschenflakon.
Es vergaß Schehrezad, zu geben das Licht
Den geheimen Gassen im Adergesproß.
Es vergaß Schehrezad, das Licht
In den Schlund zu werfen zwischen dem Fuß
Schehrijars und seines Opfers Gesicht.[5] (1962)

Der große ägyptische Kulturpolitiker und Schriftsteller Taha Husain (1889-1972) läßt in seinem Märchenroman *Schehrezads Träume* (1943) ein König sich selbst verspotten, in jedem Mann stecke manchmal ein Schehrijar.

Schehrezad wird in Ländern, in denen verschlüsselt gegen die Zensur autoritärer Regierungen angeschrieben werden muß, auch zur Metapher für gedankliche, für schöpferische geistige Freiheit.

Sindbad der Seefahrer ist in der Dichtung zum Archetyp des aus unerfüllten Lebensträumen nach anderen Welten Suchenden, des nach freiheitlicheren Ufern in der Fremde Aufbrechenden, also auch des Emigranten geworden. Denn die Welt von *Tausendundeiner Nacht* war sicher nie die romantisierte, ferne exotische Traumwelt, in die sich suchende Europäer seit der Aufklärung gern flüchteten. Es war der deutsche Dichter und Orientalist Friedrich Rückert, der den Orient nie persönlich kennenlernte, aber in Besinnung auf den großen persischen Dichter Hafis davon sang, »in Schiras' Rosenhain bei Lieb und Wein die Welt vergessen« zu wollen.

Heute ist diese Welt in der Darstellung unserer Medien oft mehr noch als in der Realität eine Welt harter sozialer Spannungen, blutiger Kämpfe, politischer Repressionen, starrköpfiger Fanatiker, eine Welt mit faszinierender Vergangenheit, aber erdrückenden Frustrationen in der Gegenwart. Daß sie auch im Mittelalter nicht nur eine Welt prachtvoller Paläste und weingeschwängerter polygyner erotischer Vergnügungen von Kalifen und Wesiren mit ihren Singmädchen und Odalisken war, eine Welt, in der man zusätzlich mit Hilfe fliegender Teppiche und hölzerner Pferde, auch mächtiger, dem Menschen dienstbarer *Dschinnen* übernatürlicher Freuden teilhaftig werden konnte, legt Irwin ausführlich dar: das Ambiente, aus dem die Märchenträume wuchsen. Kindermord, Kannibalismus aus Hunger kann grausame Realität oder auch nur Hunger- oder Schreckensphantasie sensationslüsterner Autoren gewesen sein, wie wir das aus anderen mittelalterlichen Kulturen, auch der europäischen, ebenfalls kennen.[6] Noch bis zum Ersten

Weltkrieg wurde die Bevölkerung Bagdads, der einst glanzvollen Metropole Harun er-Raschids und anderer Abbasiden, von Pestepidemien heimgesucht.[7]

Das gerade *Tausendundeine Nacht* (in der Adaption von Antoine Galland) zu romantisierenden Klischees über den Vorderen Orient geführt hat, hat Edward Said, der Herkunft nach libanesischer Christ, aber schon lange an amerikanischen Universitäten lehrend, in seinem Buch *Orientalism, Orientalismus*, 1978, deutlich gemacht.

Der irakische Dichter Abdelwahhab al-Bayati (geb. 1926), der lange in Spanien lebte und seit 1991 seinen Aufenthalt in Amman genommen hat, spielt auf diese Stereotype in einem Gedicht aus seinem Diwan *Der Tod im Leben*, (Beirut 1968), nicht ohne Bitterkeit an:

Etwas aus Tausendundeiner Nacht

Ich fliege jede Nacht auf meinem schwarzen Zauberflügelroß
In ein Land, Freundin, das nie du sahst, und an dessen verlassenem Tor du nie wartetest in Einsamkeit.
Ich trage mein Feuer, meine Asche hin zu des Märchenbergs Hang,
Hülle mich ein in den Sternenumhang,
Wartend in Fieber,
Meine Wunde bedeckend mit Salz, über die Buchstaben vergießend meinen Tod
Und die Trauer leerer religiöser Männerfeste.
So häng ich an Dunkel und Wind,
Berauscht vom Feuer des Lichts,
Wickelte zum Turban des Fiebers Leichentuch.
Auf meinem schwarzen Zauberroß
Trag ich 'Ala ed-Dins Lampe
Und versinke im singenden Morgen, dem trauernden, blassen.
Ich errichte eine Leiter aus Stimmen,

Um mit ihr Babylon zu erklimmen.
Singend und zaubernd
Such ich in dessen hängenden Gärten
Nach einer blauen Blume,
Nach des Priesters Worten im Tempel über der Mauer der Tränen
Und sehe nur Laternenpfähle und leeres Straßenpflaster,
Auch einen Bettler, in seine Lumpen gehüllt und seßhaft geworden,
Klopfend an des Landes verlassenes Tor.
Ich stürze von des Todes Roß
Und meinem Lager, als Toter im Haus,
Halte in meiner Hand eine Zeitung,
Alt und doch neu.
Spöttisch lacht mein Nachbar, und das Radio hält in der Rede an.
Da merkte Schehrezad, daß der Morgen begann

Ich sah des Messias Verräter in des glücklichen Königs Palast
Als Sterndeuter, Spitzel und Schreiber
Und tanzend auf Seilen im Spiel
Zog Hasen er aus dem Mantel
Und ritt auf dem Esel verkehrt.
Ich sah ihn als Kater ohne Krallen
Redend des Löwen Macht zum Ballen.
Neidzerfressen,
Sich mit der Säulenhalle messen.
Der Scharfrichter und der Siegelwesir,
Haben Furcht vor seinem Schatten.
Er heftet die Jungfernhaut
an die graue, verhurte Papageienbraut.
Ich sah ihn als falschen Zeugen in Zeiten von Eis und Tod
Dem glücklichen König sagen:
»Gut gemacht, wiederhol die Tat!«
Der Führer der Heere fürchtet ihn, der Wesir fragt ihn um Rat

Als Fanfare für den, der die Glocke umhängt
Einem Hund aus Ton,
Der des neuen Königs Sandale leckt.
So sah ich ihn in den Städten aus Zement, aus Kupfer und
Stahl
Als Herold, als Spitzel und Schreiber
Auf Seilen tanzend im Spiel.
Ich jagte ihn fort, doch er kam zurück.
Da blies Asche ich ihm in den Blick.
Da bemerkte Schehrezad, daß der Morgen begann
(Und hielt mit der verstatteten Rede an).

Im letzten Teil dieses langen Gedichts ist auch von Sindbads Nachen am Ufer des neuen Erdteils die Rede, den der Dichter im Angesicht des Todes entdeckte, von *Iram, der Säulenstadt*, al-Bayatis Äquivalent für Platos *Idealen Staat,* der ins mittelalterliche Arabische als die *ideale Stadt* überging, zu der er seine Leiter aus Lauten errichtete, und vom »Abwesenden«, dem Rechtleitenden/Rechtgeleiteten, dem *Mahdi*, der auf seinem Pferd kommen würde unter Speerspitzen aus Blitzen. Aber als er aus seinem Schlaf erwacht, fällt er tot von seinem Lager: »Da bemerkte Schehrezad, daß der Morgen begann (Und hielt in der verstatteten Rede an).«

Das, was Littmann mit *verstattete Rede* übersetzt hat, das arabische *al-Kalam al-mubah*, ist *die erlaubte, die rechtmäßige Rede*, in Ländern mit Zensur und autoritären politischen Systemen heute sicher eine besondere Metapher.

Tübingen, im August 1997 Wiebke Walther

Anmerkungen

1 Vollständige und in keiner Weise gekürzte Ausgabe nach den vorhandenen orientalischen Texten besorgt von Cary von Karwath, ab Band 10 (1911) von Adolf Neumann. C. v. Karwath, auch mit dem Titel »Edler von Würdeburg«, war Autor mehrerer Erotika des Verlages, dessen Kunden, schon auf Grund seiner Preise, vorwiegend in Angehörigen des österreichischen Hochadels bestanden. Die Ausgabe ist mit erotischen Illustrationen von F. C. Bayros, F. Kirchner und anderen versehen: üppigen Frauenakten mit orientalisierenden Requisiten.

2 Vgl. seine Ausführungen im Nachwort, Bd. 6, S. 641 ff. *Die Übertragung aus dem Arabischen.*

3 Vgl. zu diesem Thema W. Walther, *Tausendundeine Nacht*, S. 36-53.

4 Vgl. zu ihr ibid., S. 43 f.

5 *Al-A'mal as-si'riyya al-kamila*, Bd. 1, 4. Aufl., Beirut 1985, S. 76, nach W. Walther, Gedichte von Adonis, in D. Bellmann (Hg.), Gedenkschrift Wolfgang Reuschel, Stuttgart 1994, S. 297 ff.

6 Vgl. Hedwig Röckelein (Hg.), *Kannibalismus und europäische Kultur*, Tübingen 1996 (Forum Psychohistorie).

7 Zu entnehmen der ersten irakischen Kulturzeitschrift *Lugat al-'Arab, Die Sprache der Araber*, zwischen 1911 und 1914.

Auswahlbibliographie

(zusammengestellt von Wiebke Walther)

Aarne, A., Thompson, St., *The Types of the Folktale.* A Classification and Bibliography. 3. Aufl., Helsinki 1971.

Abbasid Belles-Lettres = Julia Ashtiany, T. M. Johnstone, J. D. Latham, R. B. Serjeant, G. Rex Smith (Hg.), *Abbasid Belles Lettres*, Cambridge 1990. (The Cambridge History of Arabic Literature).

Abbott, Nabia, *A Ninth-Century Fragment of the ›Thousand Nights‹*, in: JNES 8 (1949), S. 85-111.

Abdel-Halim, M., *Antoine Galland, sa vie et son œuvre.* Paris 1964.

Amander = *Arabische Liebes-Händel und andere Seltzame Begebenheiten/welche von einer Sultanin in tausend Nacht-Gesprächen erzehlet/und zugleich viele Sitten und Gewohnheiten der Morgenländer/auf gar sonderbahre und angenehme Art vorgetragen werden.* Unlängst durch Herrn Galland ... a. d. Arabischen Sprache in die Frantzösische/Und ietzo aus solcher in die Teutsche mit Fleiss übersetzet/Durch Amandern, Cölln bei Peter Marteau (1706).

Borges, Jorge L., *Tausendundeine Nacht*, in: ders., Die letzte Reise des Odysseus, Essays 1980-82, Gesammelte Werke, Bd. 10, München, Wien 1987.

Bosworth, Clifford Edmund, *The Medieval Islamic Underworld*, Bd. 1, 2, Leiden 1976.

Bouhdiba, Abdelwahab, *Sexuality in Islam*, London 1985.

Breslauer Ausgabe = *Tausend und eine Nacht arabisch.* Nach einer Handschrift aus Tunis hg. v. Maximilian Habicht. Bd. 1-8, Breslau 1824-38; Bd. 9-12, hg. v. H. L. Fleischer, Breslau 1842-43.

Bulak 2 = *Kitāb Alf Laila wa-Laila*, Bd. 1-4, Būlāq 1279/1862.

Burton = *A Plain and Literal Translation of the Arabian Nights' Entertainments, Now Entituled the Book of the*

Thousand Nights and One Night. With Introduction, Explanatory Notes on the Manners and Customs of Moslem Men and a Terminal Essay upon the History of the Nights by Richard F. Burton. Bd. 1-10, Benares (= Stoke Newington), Kamashastra Society 1885.

Burton, Suppl. = *Supplemental Nights to the Book of the Thousand Nights and One Night*. With Notes Anthropological and Explanatory by Richard F. Burton. Bd. 1-6. Benares (= Stoke Newington), Kamashastra Society 1886-88.

Caracciolo, Peter L., *The Arabian Nights in English Literature: Studies in the Reception of the Thousand and One Nights in British Culture*, London 1988.

Dols, Michael, *Majnun: The Madman in Medieval Islamic Society*. Oxford 1992.

EI[1] = *Enzyklopädie des Islams*, Bd. 1-4, 1913-1938.

EI[2] = *The Encyclopedia of Islam*, Bd. 1 (1960) ff.

Elisséef, Nikita, *Thèmes et motifs des milles et une nuits*, Beyrouth 1949.

El-Shamy, Hasan, *Folktales of Egypt*, Chicago 1980.

EM = *Enzyklopädie des Märchens*, hg. v. Kurt Ranke, Bd. 1 (1977) ff.

Fück, Johann, *Die arabischen Studien in Europa bis in den Anfang des 20. Jahrhunderts*, Leipzig 1955.

Galland, Antoine, *Les Mille et une Nuits*, contes arabes. Bd. 1-3, Paris 1955.

Gaudefroy-Demombynes, M., *Les Cents et une Nuits*, Paris 1982.

Gerhardt, Mia, *The Art of Story-Telling. A Literary Study of the Thousand and One Nights*, Leiden 1963.

Goitein, S. D., *The Oldest Documentary Evidence for the Title Alf Laila wa-Laila*, in: JAOS 78 (1959), S. 301 f.

Grotzfeld, Heinz und Sophia, *Die Erzählungen aus ›Tausendundeiner Nacht‹*, Darmstadt 1984 (Erträge der Forschung, Bd. 207).

Grunebaum, Gustav E. v., *Greek Form Elements in the Arabian Nights*, in: JRAS 1942, S. 277-92.

Ders.: *Schöpferische Entlehnung: Griechenland in Tausendundeiner Nacht*, in: ders., Der Islam im Mittelalter, Zürich, Stuttgart 1963, S. 376-405 (Die Bibliothek des Morgenlandes).
Haarmann, Ulrich (Hg.), *Geschichte der arabischen Welt*, 2. Aufl., München 1994.
Haddawy, Husain, *The Arabian Nights*, London, New York 1990.
Hammer = *Der Tausend und Einen Nacht noch nicht übersezte Mährchen, Erzählungen und Anekdoten.* Zum erstenmale aus dem Arabischen ins Französische übersezt v. J. von Hammer und a. d. Französischen ins Deutsche von A. E. Zinserling. Bd. 1-3, Tübingen, C. G. Cotta 1823-24. Nachdr. Hildesheim, New York 1976.
Hamori, A., *On the Art of Medieval Arabic Literature*, Princeton 1974.
Heinrichs, Wolfhart (Hg.), *Orientalisches Mittelalter*, Wiesbaden 1990 (Neues Handbuch der Literaturwissenschaft, Bd. 5).
Henning = *Tausend und eine Nacht*. A. d. Arab. übertr. v. Max Henning. Bd. 1-17; Nachträge, Bd. 18-24, Leipzig o. J. (1895-97).
Hourani, Albert, *Die Geschichte der arabischen Völker*, Frankfurt am Main 1992.
Ibn an-Nadīm, *The Fihrist of al-Nadīm*, transl. Bayard Dodge, Bd. 1, 2, New York 1970.
Irwin, Robert, *The Middle East in the Middle Ages: The Early Mamluk Sultanate 1250-1382*, Beckenham, Kent 1986.
IS = *Islamic Studies.*
JAL = *Journal of Arabic Literature.*
JNES = *Journal of Near Eastern Studies.*
JOAS = *Journal of the American Oriental Society.*
JRAS = *Journal of the Royal Asiatic Society.*
Kalkutta (II) = *The alif laila or Book of the Thousand Nights and One Night, Commonly Known as »The Arabian Nights' Entertainments«*, publ. complete in the Original Arabic from

an Egyptian Manuscript ... ed. by W. H. Macnaghten, Bd. 1-4, Calcutta 1839-42.
Kilito, Abdelfattah, *L'Oeil et l'Aiguille.* Essai sur le Mille et Une Nuits, Paris 1992.
KLL = *Kindlers Neues Literatur Lexikon*, hg. v. Walter Jens. Bd. 1-20, München 1989-1992.
Lane = *The Thousand and One Nights.* A New Translation from the Arabic. Bd. 1-3, London, C. Knight & Co. 1840-41.
Lane, Edward William, *An Account of the Manners and Customs of the Modern Egyptians.* Written in Egypt during the Years 1833-35, London 1836. Dt. v. Th. Zenker, *Sitten und Gebräuche der heutigen Egypter*, Leipzig 1852, 2. Aufl. 1856.
Lapidus, Ira M., *A History of Muslim Societies*, Cambridge 1988.
Li = Enno Littmann, *Die Erzählungen aus den tausendundein Nächten.* Zum ersten Mal n. d. arab. Urtext der Calcuttaer Ausgabe vom Jahre 1839 übertr. v. E. Littmann. Bd. 1-6, Leipzig, (auch Wiesbaden) Insel-Verlag o. J. (Mit ausführlichem Nachwort über die Geschichte der Sammlung und die Herkunft einzelner Geschichten. Auch die Artikel Alf Layla wa-Layla in EI^1 und EI^2 stammen von E. Littmann).
Littmann, Enno, *Arabische Märchen.* A. mündl. Überlieferung ges. u. übertr., Leipzig 1957.
Macdonald, Duncan Black, *Maximilian Habicht and his Recension of the Thousand and One Nights*, in: JRAS 1909, S. 685-704.
Ders., *The Earlier History of the Arabian Nights*, in: JRAS 1924, S. 353-397.
Mahdi, Muhsin, *The Thousand and One Nights (Alf Layla wa-Layla) from the Earliest Known Sources.* Arabic Text ed. with Introduction and Notes. Bd. 1, Arabic Text; Bd. 2, Critical Apparatus, Description of Manuscripts, Leiden 1984; Bd. 3, Leiden, New York, Köln 1995.
Malti-Douglas, Fadwa, *Classical Crime Narratives: Thieves*

and Thievery in Adab Literature, in: JAL 19 (1988), S. 108-27.
Dies., *The Classical Arabic Detective*, in: Arabica 35 (1988), S. 59-81.
Mardrus = *Le Livre des Mille Nuits et Une Nuit*, traduction littérale et complète du texte arabe par J.-C. Mardrus. Bd. 1-16, Paris 1900-1904.
Masʿūdī, al-, *The Meadows of Gold: The Abbasids*, transl. a. ed. Paul Lunde and Caroline Stone, London 1989.
May, Georges, *Les Mille et Une Nuit d'Antoine Galland*, Paris 1986.
Miquel, André, *Sept Contes des Milles et Une nuits, ou Il n'y a pas de contes innocents*, Paris 1981.
Monod, Jacques, *Zufall und Notwendigkeit*, München 1970.
Moreh, Shmuel, *Live Theatre and Dramatic Literature in the Medieval Arabic World*, Edinburgh 1992.
Naǧǧār, Muḥammad Raǧab an-, *Ḥikāyāt aš-Šuṭṭār wa-l-ʿAyyārun fī t-Turāt al-ʿarabī*, Kuweit 1981.
Nicholson, R. A., *A Literary History of the Arabs*, Nachdr., London 1979.
Payne = *The Book of the Thousand Nights and One Night*. Now first completely done into English Prose and Verse from the Original Arabic by John Payne. Bd. 1-9, London, Villon Society 1882-84.
Pellat, Ǧāḥiẓ = Charles Pellat, *Arabische Geisteswelt*. Ausgew. u. übs. Texte v. al-Ǧāḥiẓ (777-869). Unter Zugrundelegung d. arab. Originaltexte a. d. Französ. übertr. v. Walter W. Müller, Zürich, Stuttgart 1967 (Die Bibliothek des Morgenlandes).
Perry, B. E., *The Origins of the Book of Sindbād*, in: Fabula 3 (1960), S. 1-94.
Pinault, David, *Story-Telling Techniques in the Arabian Nights*, Leiden 1992.
Propp, Vladimir, *Morphologie des Märchens*, Frankfurt am Main 1975.
Qalamawi, Zuheir al-, *Alf Laila wa-Laila*, Kairo 1976.

Rodinson, Maxime, *Die Faszination des Islam,* München, 2. Aufl. 1991.

Said, Edward, *Orientalism*, London 1978. (dt. *Orientalismus*, Frankfurt am Main, Berlin, Wien 1981).

Ranelagh, E. L., *The Past We Share: The Near Eastern Ancestry of Western Folk Lore*, London 1979.

Schimmel, Annemarie, *Europa und der Islamische Orient*, in: A. Schimmel u. a., Der Islam III, Berlin, Köln 1990, S. 336-387.

Dies., *Mystische Dimensionen des Islam*, Köln 1985 u. ö.

Sievernich, G., Budde, H. (Hg.), *Europa und der Orient 800-1900, LeseBuch*, Berlin 1989.

Dies., *Europa und der Orient 800-1900 (Ausstellungskatalog)*, München 1989.

Southern, R. W., *Das Islambild des Mittelalters*, Stuttgart 1981.

Spies, Otto, *Orientalische Stoffe in den Kinder- und Hausmärchen der Brüder Grimm*, Waldorf-Hessen 1952.

Talander = *Die Tausend und Eine Nacht, Worinnen Seltsame Arabische Historien und wunderbahre Begebenheiten, benebst artigen Liebes-Intriguen, auch Sitten und Gewonheiten der Morgenländer auf sehr anmuthige Weise erzehlet werden* ... Erster und Anderer Theil m. e. Vorrede Hrn. Talanders. Gedr. zum dritten mahl, Leipzig, Johann Ludwig Gleditsch u. Moritz Georg Weidmann 1717-21.

Tauer, Felix, *Erzählungen aus den Tausendundein Nächten.* Zum ersten Male a. d. arab. Urtext der Wortley Montague-Handschrift der Oxforder Bodleian Library übertr., Frankfurt am Main 1966.

Tausendundein Tag. Orientalische Erzählungen. Bd. 1, 2, Leipzig 1962.

Thompson, Stith, *Motif-Index of Folk-Literature: A Classification of Narrative Elements in Folktales, Ballads, Myths, Fables, Medieval Romances, Exempla, Fabliaux, Jest-Books and Local Legends*, Bd. 1-6, Bloomington, London 1975.

Todorov, Tzvetan, *Einführung in die fantastische Literatur*, München 1972.

Ders., *Poetik der Prosa*, Frankfurt am Main 1972.
Ullmann, Manfred, *Die Medizin im Islam*, Leiden 1970.
Ders., *Die Natur- und Geheimwissenschaften im Islam*, Leiden 1972.
Walther, Wiebke, *Tausendundeine Nacht*. Eine Einführung, München, Zürich 1987.
Dies., *Drei Geschichten aus Tausendundeiner Nacht: Die Geschichte vom Ebenholzpferd; Die Geschichte von dem Prinzen Ahmed und der Fee Perī Banū; Die Geschichte von den Streichen der listigen Dalīla*, in: Oriens 32 (1990), S. 139-177.
Dies., *Enno Littmann als Übersetzer von Tausendundeiner Nacht*, in: Wolfgang Reuschel (Hg.), Orientalistische Philologie und arabische Linguistik, Berlin 1990, S. 35-39.
Dies., *Märchenprinzessinnen in Tausendundeiner Nacht*, in: Frederick de Jong (Hg.), Verse and the Fair Sex. Studies in Arabic Poetry and in the Presentation of Women in Arabic Literature, Utrecht 1993, S. 92-100.
Dies., *Geglaubte Wirklichkeit – verfremdete Realität. Phantasie- und Märchenstoffe in der älteren und der modernen arabischen Literatur*, in: M. E. Subtelny, C. I. Cross (Hg.), Annemarie Schimmel Festschrift. Journal of Turkish Studies 18 (1994), S. 301-314.
Dies., *Das Märchen von der Schlangenkönigin*, Versuch einer Analyse, in: W. Heinrichs, G. Schoeler (Hg.), Festschrift Ewald Wagner z. 65. Geburtstag, Beirut 1994, S. 545-67.
Dies., *Die Frau im Islam*, 3. überarb. Aufl., Leipzig 1997.
Wehr, Hans (Hg.), *al-Ḥikāyāt al-ʿağība wa-l-Aḫbār al-ġarība*, Wiesbaden 1956.
Ders., *Wundersame Erlebnisse, Seltsame Begebnisse*, Hattingen 1959.
Weil, Gustav, *Tausend und eine Nacht*. Arab. Erzählungen, zum ersten Male a. d. Urtext vollst. u. treu übers. Bd. 1-4, Berlin 1913. (Grundlage vieler Kinderausgaben).
Weisweiler, Max, *Von Kalifen, Spaßmachern und klugen Haremsdamen*, Düsseldorf, Köln 1963.
Wright, Thomas, *The Life of John Payne*, London 1919.

Register